# 中国外交

# China's Foreign Affairs

## 2014年版

中华人民共和国外交部
政策规划司编

世界知识出版社

**政策规划司编辑小组** / 孙安林　谢曼青　钟旭辉　蒋书婉

# 外交部长序

2013年是中国发展进程中不平凡的一年。以习近平同志为总书记的党中央带领13亿中国人民万众一心、意气风发，开启了迈向“两个一百年”奋斗目标的新的历史征程。中国共产党第十八届三中全会吹响了全面深化改革的号角，为中国发展开辟了更加广阔的前景，为世界发展注入新的活力。

2013年是中国外交不平凡的一年。世界变革潮流更趋强劲，从经济发展方式到区域贸易安排，从地缘政治格局到国际治理体系，都在经历深刻调整。在党中央、国务院坚强领导下，中国外交顺应国际环境演变趋势和国内改革发展需求，主动擘划进取，锐意开拓创新，正在探索走出一条有中国特色的大国外交之路。

我们唱响中国梦的世界意义，增强和平发展道路的聚合效应，树立起正确义利观这面旗帜，推动中国外交理论创新取得新突破。我们倡导构建中美新型大国关系，推动中俄关系始终保持高水平，掀起中欧务实合作新高潮，营造了稳定健康发展的大国关系格局。我们召开了新中国成立以来首次周边外交工作座谈会，提出亲、诚、惠、容新理念，推出一系列重大合作倡议，周边友好合作空前活跃、精彩纷呈。我们着力巩固同发展中国家的团结友好，在新时期续写传统友谊新篇章。我们大力引导朝鲜半岛局势走向缓和，推动伊朗核问题达成首份协议，促进叙利亚问题从战争边缘转入政治解决轨道，积极为应对各种全球性问题提出中国方案，贡献中国力量，展现中国智慧。我们牢记外交为民宗旨，倾力打造海外民生工程，努力做到中国人走到哪里，我们的服务和保护就延伸到哪里。

展望未来，中国外交正站在大发展的历史新起点上。我们将深入贯彻落实党的十八大和十八届三中全会精神，敢于担当，善于谋划，勇于创新，勤于实干，为实现中国梦和“两个一百年”目标营造更加有利的外部环境，为世界和平发展事业作出新的贡献。

2014年版《中国外交》深入分析过去一年国际形势主要特点，全面记录以习近平同志为总书记的党中央外交开局的丰硕成果，为国内外人士观察世界大势、了解中国外交提供了全面、翔实、权威的参考。希望大家继续关心、支持中国外交，共同推动中国同世界各国和平发展、合作共赢事业再谱新篇。

王毅

2014年3月

# 目 录

## 外交部长序

## 第一章 2013年的国际形势

## 第二章　2013年的中国外交

## 第三章　中国与各建交国家的关系

## 第四章　中国与国际和地区组织的关系

## 第五章 中国外交中的军控、裁军与防扩散工作

## 第六章 中国外交中的条约法律工作

## 第七章　中国外交中的边界与海洋工作

## 第八章 中国外交中的新闻和公共外交工作



## 第九章 中国外交中的领事工作

## 附录一



## 附录二



## 附录三

# 第一章

# 2013年的国际形势

## （一）概述

2013年，世界变革潮流更趋强劲，从经济发展方式到区域贸易安排，从国际治理体系到地缘政治格局，都在经历深刻调整。国际形势主要呈现以下特点：

### 1. 全球经济深刻转型

国际金融危机走入第六个年头，世界经济缓慢复苏，但仍存在不稳定不确定因素。发达经济体形势有所好转，但赤字、债务、就业等深层问题难以根本解决。新兴市场国家经济下行压力增大。各国纷纷以改革促转型、以创新谋发展，力图在日趋激烈的国际竞争中下出先手棋、抢占制高点。美国推进再工业化和能源独立，欧盟加强财金改革，新兴市场国家和发展中国家也纷纷加快转变经济发展方式。

2. 国际体系深刻变革

面对深刻变化的世界和纷繁复杂的挑战，如何加强全球治理成为国际社会日益重视的重大课题。二十国集团峰会机制作为国际经济金融治理的主要平台，作用和影响不可替代。各种区域和次区域合作机制蓬勃发展，国际影响不断扩大。广大发展中国家在国际事务中的代表性和发言权不断提升。巴西候选人当选世界贸易组织总干事、中国候选人当选联合国工业发展组织总干事，表明发展中国家在当今国际体系中发挥着越来越重要的作用。

3. 世界格局深刻调整

尽管新兴市场国家和发展中国家面临的困难增多，但整体实力不断增强的大趋势没有改变，世界多极化进程更加明朗。亚太日益成为21世纪最具发展活力的地区，世界各主要力量不断加大对亚太地区投入，进一步提升了亚太的国际战略地位。西亚北非地区国家仍在艰难推进政治转型和经济重建，寻求符合自身国情的发展道路。各方就伊朗核问题达成重要协议，迈出和平解决问题的第一步。叙利亚问题进入销毁化学武器与推动政治解决的双轨渠道。

4. 中国同世界关系深刻演变

中国同外部世界利益融合进一步加深，相互影响、相互作用更加紧密。在全球增长乏力的形势下，中国成功应对外部风险挑战，经济保持稳定健康发展，继续成为拉动世界经济复苏的重要引擎。中国推出全面深化改革重大举措，彰显出锐意改革、开拓创新的信心与活力，对外部世界的影响力进一步提升。

## （二）全球各地区形势

1. 亚洲地区*形势

2013年，亚洲地区政治经济形势总体保持稳定，在国际事务中的地位和作用进一步上升，亚洲国家的群体性崛起已成为影响国际形势走向的突出要素。

* 仅指东亚、东南亚、南亚。

亚洲经济继续领跑全球经济。亚洲经济基本面总体良好，仍是世界经济增长的重要引擎。亚洲新兴经济体和发展中国家继续保持较快增长，据国际货币基金组织统计，2013年增长率为6.5%，是世界平均增速2倍多。各国政府致力于发展经济、改善民生，致力于互利合作。亚洲国家在国际治理机制中的代表性和话语权上升，亚洲在世界格局中的地位更加显著。

和平与发展是地区形势主流。亚洲国家保持了政治稳定、社会发展局面，为经济发展创造了良好环境。地区国家互动频繁，相互依存日益加深，通过友好协商妥善处理分歧是亚洲国家的广泛共识。亚洲与域外大国互动和跨区域合作不断拓展。

亚洲区域合作日益深化。区域经济一体化体系日益完善。亚洲已经成为全球自贸合作最活跃的地区，自贸协定由2002年的70个增长到2013年的近260个，“区域全面经济伙伴关系”、中日韩等自贸区谈判不断推进，经济相互依存日益加大，政治、安全合作不断加强。

另一方面，亚洲也面临一些风险和挑战。受外部环境和自身经济结构调整等因素制约，亚洲新兴经济体增长速度有所回落，经济下行的压力增加。影响亚洲地区和平稳定的不确定因素仍然存在，局部冲突的隐患并未消除，热点难点问题不时发酵，领土主权和海洋权益争端不时干扰国家间关系。一些国家经历政权交接或政治转型，政治躁动和社会波动加剧。经济风险、环境恶化、恐怖主义等非传统安全挑战仍然严峻。求和平、谋发展、促合作仍是地区国家的共同期盼。

### 2. 西亚北非地区局势

2013年，西亚北非地区局势整体上动荡不安，乱中有变，继续沿着长期化、复杂化、国际化的方向发展。

热点问题跌宕起伏，政治解决势头上升，但前景依然难料。叙利亚问题以化学武器危机为分水岭，暂时避免外部军事干预，化武问题、政治解决、战场争夺三轨交织并进，政治解决进程艰难推进。叙利亚问题外溢效应深度释放，人道主义状况急剧恶化，难民和流离失所者突破千万。伊朗举行总统大选，哈桑·鲁哈尼当选新总统，西方国家与伊朗关系出现缓和势头。伊核问题六国与伊朗签署伊核问题初始协议，外交努力取得重要阶段性进展，但初始协议落实以及全面协议谈判还面临诸多复杂因素。巴勒斯坦以色列双方重启直谈，美国提出“框架协议”构想，但和谈仍面临犹太人定居点等不少障碍。南北苏丹加强接触，但关系仍起伏不定；南苏丹国内爆发军事冲突，造成大量人员伤亡。

变革转型艰难曲折。埃及总统穆罕默德·穆尔西下台，埃及穆斯林兄弟会、突尼斯复兴运动等政治势力遭遇挫折。埃及、突尼斯、利比亚、也门政治社会动荡与经济民生困难交织，安全形势恶化，过渡进程缓慢推进。

地区国家经济增速放缓。根据国际货币基金组织统计，2013年，西亚北非地区经济增速2.3%，同比下降2.3个百分点。石油出口国因全球需求疲软，石油生产下降，经济增速为1.9%，同比下降3.5个百分点；伊朗受西方制裁影响，经济持续下滑，负增长1.5%。石油进口国经济增速为2.8%，同比微升0.8个百分点。发展问题仍是困扰转型国家的重要因素，埃及、突尼斯经济增长率分别为1.8%、3%，同比下降0.4和0.6个百分点。另一方面，地区国家努力改善社会政治环境，加大对传统能源及新能源领域的投入，加快基础设施建设，推进经济多元化，但制约地区经济发展的结构性问题依然突出。

地区国家间关系复杂调整。逊尼派与什叶派阵营围绕叙利亚、伊朗等问题激烈较量，地区国家间围绕埃及、突尼斯等转型国家形势态度进一步分化，关系更加复杂。美国、俄罗斯在地区事务中既有分歧也有合作，加强政策协调、防止热点失控的一面上升。美国总统奥巴马在第68届联合国大会期间系统阐述美国中东政策，突出责任分担。俄罗斯在叙利亚等热点问题上更加积极进取。

### 3. 撒哈拉以南非洲地区形势

2013年，撒哈拉以南非洲地区继续保持总体向好局面，联合自强和一体化进程稳步推进，主要大国持续加大对非洲关注和投入。同时，非洲和平与发展面临的挑战也不容低估。

政治安全形势整体趋稳，但局部新老问题层出不穷。大多数撒哈拉以南非洲国家局势保持稳定，索马里形势持续改善并步入国家重建进程，肯尼亚、津巴布韦等国大选平稳举行，马达加斯加有望通过选举恢复宪政，几内亚比绍成立更具包容性过渡政府。马里虽经战乱但最终通过大选恢复宪政。刚果（金）东部经过政府成功平叛，形势趋于缓和。但同时，中非国家机器瘫痪，宗教冲突和人道主义危机加剧。萨赫勒地区安全形势恶化，肯尼亚、索马里、尼日尔、尼日利亚发生多起恐怖袭击事件，几内亚湾海盗活动猖獗。

经济增长势头抢眼，但挑战依旧严峻。在全球经济增长乏力的大背景下，撒哈拉以南非洲经济保持较快增长，“非洲机遇论”在国际上渐成共识。根据国际货币基金组织统计，撒哈拉以南非洲经济2013年增长率达到5%。塞拉利昂、安哥拉、加纳、莫桑比克、坦桑尼亚等能矿资源富集国和战后重建国家表现突出，埃塞俄比亚等非资源富集国经济平稳增长。赤道几内亚被从联合国“最不发达国家名单”中移除。各国普遍将发展经济置于政策优先位置，积极调整宏观经济政策，加大对基础设施和工业等领域投入。但受局部地区形势动荡、经济基础薄弱及发达经济体需求下降等影响，非洲“有增长少发展”现象依旧突出，如期实现千年发展目标困难重重。

提振联合自强共识，一体化在曲折中前进。非洲联盟（简称“非盟”）就其前身非洲统一组织成立50周年举办系列庆祝活动，大力提振泛非主义和非洲复兴共识。5月非盟特别峰会确定推进一体化八大战略领域，就制定《非盟2063年议程》作出部署，通过《非盟委员会战略规划》（2014～2017年），决定加紧实施“非洲发展新伙伴计划”，同意建立非洲危机应对快速反应部队。非盟和次区域组织积极引导地区热点问题步入解决轨道。东非共同体通过货币联盟协议草案，西非国家经济共同体决定2015年起实行对外共同关税税则，南部非洲发展共同体出台未来五年跨国基础设施发展规划。

积极参与国际事务，国际地位和作用上升。非洲国家继续在安理会改革、2015年后发展议程、气候变化、世界贸易组织多哈回合谈判等重大问题上协调发声。非盟就非洲国家与国际刑事法院关系问题召开特别峰会。

国际各方持续加大对非洲国家的关注和投入。年内，美国总统奥巴马访非并推出“电力非洲”等合作倡议。法国总统弗朗索瓦·奥朗德多次访非，并主持召开非洲和平与安全爱丽舍峰会。日本在第五届东京非洲发展国际会议上推出总额为320亿美元的一揽子对非合作举措。金砖国家与非洲国家领导人对话会、第三届南美洲—非洲合作论坛峰会、第三届阿拉伯—非洲国家峰会先后举行。印度、巴西、土耳其也与非洲国家间互动频繁。此外，主要大国领导人几乎悉数出席南非前总统纳尔逊·曼德拉葬礼。

#### 4. 欧亚地区形势

2013年，欧亚地区形势总体稳定。普京复任俄罗斯总统后，大力团结社会各界力量，整合执政团队，增设总统经济委员会，加强对社会政治经济治理的管控权，引领俄罗斯继续走强国复兴之路。亚美尼亚、格鲁吉亚、塔吉克斯坦、阿塞拜疆四国大选和权力交接顺利举行，土库曼斯坦议会选举波澜不惊。吉尔吉斯斯坦经济持续低迷，乌克兰朝野两派在处理对欧、对俄关系上矛盾激化，引发两国国内反对派大规模抗议行动，政局不稳定状态持续至岁末。其他地区国家国内局势整体平稳有序。

俄罗斯继续大力推动独联体一体化进程，取得显著成效。政治军事上，大力提倡巩固集体安全。推出苏联解体以来最大规模增兵中亚计划，计划将驻吉尔吉斯斯坦和塔吉克斯坦的兵力增至3.5万人，拨款10多亿美元帮助吉尔吉斯斯坦、塔吉克斯坦提升军力，更新集体安全条约组织装备，加强集体安全条约组织快速反应力量建设。俄罗斯、哈萨克斯坦签署军事技术合作协定，决定建立统一地区防空体系。经济上，继续致力于提升俄白（俄罗斯）哈（萨克斯坦）关税同盟的影响力和向心力，多方推动亚美尼亚和吉尔吉斯斯坦尽快加入。12月24日召开的欧亚经济最高理事会元首会议批准了《亚美尼亚加入关税同盟和统一经济空间的路线图》，商定继续协商制定吉尔吉斯斯坦入盟的路线图。此外，俄罗斯、白俄罗斯和哈萨克斯坦坚定执行2015年1月1日建成欧亚经济联盟的时间表。俄罗斯还积极游说乌克兰加入欧亚地区一体化进程。推动关税同盟与新西兰、越南等国进行自贸区谈判。双边层面上，重点深化与哈萨克斯坦、白俄罗斯和乌克兰等地区大国的关系，与哈萨克斯坦签署新联盟条约，持续增加对白俄罗斯投资和贷款。在乌克兰国内陷入严重政治分歧和派系对立的危机关头，俄罗斯主动对乌克兰当局施以援手，决定认购乌克兰150亿美元国债并大幅降低售乌气价。此外，俄罗斯还积极释放信号，致力于推动与格鲁吉亚关系正常化。

受世界经济复苏乏力的影响，欧亚地区国家主要经济体俄罗斯、白俄罗斯经济表现乏力，国内生产总值（GDP）同比增速均不超过2%。乌克兰近乎负增长。中亚五国GDP平均增幅超过8%，成为欧亚地区国家中的一道亮丽板块。哈萨克斯坦、土库曼斯坦、阿塞拜疆等能源富集国纷纷加大能源勘探开发力度，拓宽出口渠道，成为地区经济增速的领头羊。

地区形势中仍存在一些不稳定、不确定因素，传统和非传统安全威胁并存。临近年底，俄罗斯伏尔加格勒连续遭受两起自杀式恐怖袭击，车臣分裂势力活动有死灰复燃之迹，普京总统再次强硬表态将铲除恐怖分子。乌克兰等国反对派较前活跃，执政当局维稳压力增大。地区国家在领土、边界、民族、水资源等问题上矛盾盘根错节。受西亚北非地区局势持续动荡、美国从阿富汗撤军后前景不明等因素影响，中亚地区外部安全环境变数陡升。中亚地区“三股势力”和毒品走私依旧猖獗。

美欧均重视发展与欧亚地区国家关系。俄罗斯、美国围绕人权法案、“监听门”事件、叙利亚、伊朗核等问题交锋不断，在美国驻玛纳斯军事基地去留等问题上相互角力，俄罗斯反对美国部署全球反导系统，反对美国在第三国对俄罗斯公民实施抓捕和制裁，但双方均注意保持克制与理性，维持俄美关系大局。俄欧关系整体平稳有序，双方均致力于发展战略伙伴关系。俄罗斯与欧盟积极商谈签署新基础协议，致力与北约发展可预见和信任关系，积极参与欧洲安全与合作组织机制建设，推动制定共同“游戏规则”。同时，俄欧围绕乌克兰等国的地缘政治争夺也有新发展。

### 5. 欧洲地区形势

2013年，欧洲主权债务问题（简称“欧债”）企稳向好，但对欧洲全方位、深层次的影响仍在发酵。欧洲联盟（简称“欧盟”）机构加大同成员国协调力度，推动欧洲经济、政治、社会及一体化进程向前发展。

#### （1）内部形势

欧债形势趋稳，欧洲经济开始缓慢微弱复苏。2013年欧元区第二、三季度分别增长0.3%和0.1%，摆脱二战后持续最长时间的衰退。全年欧元区萎缩0.4%，欧盟零增长。欧元区失业率虽仍居12%高位，但逐渐稳定并出现两年多来的首次下降。

欧洲重债国结构改革持续推进。意大利、葡萄牙先后经历政治危机考验，塞浦路斯爆发银行业危机，但欧债问题总体形势未出现大的逆转。12月，爱尔兰成为首个成功退出国际援助的欧元区成员国。欧盟冬季峰会前，各方就银行业单一清算机制达成共识。欧债问题从“应急管理”逐步过渡到“常态管理”的阶段。但欧洲彻底走出困境仍需较长时间。

欧洲政治和社会趋稳。2013年，德国、意大利、奥地利、捷克等13个欧洲国家举行了大选。德国联盟党在大选中获胜，联盟党和社民党组成大联合政府，标志欧洲近几年执政党“逢选必败”魔咒的终结。但欧洲政坛“左右混治”、大联合政府现象增多，政府须投入更多精力在凝聚内部共识上。各国集中释放不满情绪的街头行动有所减缓，但民意碎片化现象仍继续对欧洲政治及社会制度产生影响。

欧盟一体化进程续有进展。克罗地亚于2013年7月成为欧盟第28个成员国，拉脱维亚将于2014年1月1日加入欧元区，标志欧盟和欧元区实现“双扩大”。欧盟启动塞尔维亚入盟谈判。12月欧盟冬季峰会重点讨论了共同安全与防务政策和经货联盟建设两大议题，从防务和经济两手推进一体化。同时各国内部疑欧情绪上升，要求与欧盟机构重新分权的呼声增大。一体化建设处于关键十字路口。

#### （2）对外关系

欧洲受自身问题牵制，对外行动能力有所收缩。随着经济形势好转，欧洲对外进取心增强。

继续推进东部伙伴关系。11月欧盟召开东部伙伴关系峰会，与格鲁吉亚、摩尔多瓦草签联系国协定及深入全面自贸区协定，与俄罗斯就乌克兰展开争夺。欧盟、乌克兰未能正式签署联系国协定和自贸区协定，但欧盟方面表示大门始终对乌敞开。

积极介入西亚北非事务。欧盟及成员国领导人多次访问西亚北非地区。叙利亚化学武器危机爆发后，法英第一时间响应美对叙展开军事行动的呼吁，但受欧盟内部意见分歧及民间反战呼声等影响，各方终就“化武换和平”达成一致。在埃及问题上，欧盟努力充当冲突“调停人”，欧盟外交政策与安全事务高级代表阿什顿7月两度赴埃及斡旋。欧盟还呼吁重启中东和平进程，积极参与伊朗核问题谈判。延长索马里军事训练行动至2015年3月。法国出兵介入马里局势。

加强对美国的倚重。重新强调与美的共同价值观基础，强调共同维护西方利益。启动跨大西洋贸易与投资伙伴协定谈判，迄已举行三轮。但欧美关系因“监听门”事件受到影响，双方政治互信降低。

加大对亚太地区关注。推进《欧盟对东亚地区外交与安全政策纲要》。德、法、英等国及欧盟领导人频繁访问亚太国家。积极参加亚欧首脑会议，举行欧印（度）、欧日峰会及欧盟—东盟工商峰会，推进对亚太自贸战略。加大关注涉南海、中日关系、朝核问题等地区热点问题。

### 6. 北美大洋洲地区形势

2013年，北美大洋洲地区国家积极调整内外政策，加紧应对全球和地区挑战。

美国总统奥巴马着手将执政重心从应对危机向谋划长远转变。奥巴马先后在国情咨文及经济政策系列演讲中，以重振中产阶级为主轴阐释施政理念，着眼美国经济、社会的结构性问题，提出包含促进经济和就业、改革教育制度、保障中产阶级住房、改革税制、落实医保改革等五大支柱的长期发展战略，为未来执政谋篇布局，更为美国长远发展描绘蓝图。为此，美国努力培育新的经济增长点，争夺未来国际竞争制高点，大力发展制造业，加大对科技创新的投入，确保下一次制造业革命源于“美国制造”；出台《总统气候变化行动计划》，加快向可持续能源过渡，积极应对气候变化问题；提出“优先修缮”计划，改造美国陈旧基础设施；举办首届全球投资峰会，积极吸引外国对美投资。

美国经济逐步走出危机阴影，总体稳步复苏。房地产市场回暖，股市屡创新高，实体经济和对外贸易投资稳定向好。2013年，美国国内生产总值（GDP）增长率为1.9%，12月失业率为6.7%，创五年来新低。2013财年美联邦财政赤字降至6800亿美元。12月，美联储宣布从2014年1月开始小幅缩减量化宽松规模。长期看，美国经济复苏仍受货币政策、大宗商品价格波动等风险制约。美国债总额约17.3万亿美元，超过GDP的100%。

奥巴马政府继续推动全球战略“再平衡”，实施“巧实力”外交，推进各项外交议程，推动建设“多伙伴世界”。

继续加大对亚太地区投入，推进亚太战略“再平衡”。美国副总统拜登，国务卿克里，国防部长哈格尔，总统特别代表、财政部长雅各布·卢等分别访问中国、日本、韩国、印度、印度尼西亚、马来西亚、新加坡、越南、菲律宾等亚太国家。为弥补总统奥巴马因国内政治原因缺席10月亚太经合组织（APEC）领导人系列会议、东亚峰会（EAS）造成的负面影响，拜登、克里、总统国家安全事务助理赖斯等多次强调美“重返”亚太的信心和决心，高调宣布奥巴马2014年4月将访问亚太，把实施亚太战略的范围扩展到囊括美洲的“大亚太”，并提出强化安全、扩大繁荣、培育民主价值观和促进人的尊严等重点着力领域。美国继续巩固与日本、韩国、澳大利亚、菲律宾、泰国等盟国关系，维持在军事安全领域的传统优势。举行美日、美澳、美韩外长和防长“2+2”对话等，引导盟国在地区热点问题上一致发声。在朝鲜核问题上对朝保持高压，同时不放弃谈判选项，要求朝先作实质性让步。加强亚太反导建设和先进武器部署，在日本部署P–8反潜机、轮驻F–22“猛禽”战机，在新加坡部署濒海战斗舰，宣布将于2014年在日本部署第二部X波段预警雷达。强化前沿军力部署，扩大在澳大利亚、菲律宾轮驻规模，对韩推迟移交战时指挥权，与亚太盟国和地区伙伴国频繁举行双边、多边联演联训。开展军工军贸合作，在9000万美元预算基础上向东南亚追加3250万美元军援。力推“跨太平洋战略经济伙伴关系协定”谈判取得重要进展，塑造美主导的地区自贸体系。密切与印尼、越南等东南亚国家合作，加大对缅甸、老挝、柬埔寨等国的社会民生领域投入和多层面接触与合作，启动美国—东盟新一期五年合作计划，包括“通过贸易与投资促进东盟互联互通”、“良政、公正和可持续发展及安全伙伴”计划等。克里代表奥巴马出席EAS、APEC领导人非正式会议。美国积极参加太平洋岛国论坛、香格里拉对话会、东盟地区论坛、东盟国防部长扩大会等地区机制，着力打造以东亚峰会为基础的地区多边安全合作机制、以“美日+X”为基础的三边安全对话机制。

积极应对中东地区热点问题。奥巴马第二任期首次外访即前往中东，国务卿克里、国防部长哈格尔等高官多次访问该地区。在巴以和谈问题上，推动双方于7月恢复谈判，并加大对巴勒斯坦经济援助，任命专职特使，敦促巴以双方相向而行，推动约旦积极参与，呼吁国际社会支持配合。在叙利亚问题上，强调巴沙尔政权已丧失一切合法性，支持叙利亚反对派推翻政府；针对叙利亚化学武器事件，一度欲对叙利亚采取军事行动，后接受俄罗斯提议，暂缓动武，加快销毁叙利亚化武进程，同时推动召开叙利亚问题日内瓦会议，寻求政治解决。在伊朗核问题上，继续推行“双轨战略”，一方面保持对伊朗制裁压力，另一方面加强与伊朗双边接触，奥巴马总统与伊朗新任总统鲁哈尼通话，推动伊核问题六国与伊就解决伊核问题第一阶段措施达成临时协议。对埃及局势，美国避免将埃军方推翻穆尔西政权定性为“军事政变”，努力保持与埃及关系，并密集斡旋埃及国内各方；强烈谴责埃及军方针对示威者的强力“清场”行为，暂停向埃及交付大型军事装备，削减部分资金援助，促埃及推进民主转型进程。

与俄罗斯关系“再重启”进程遭遇干扰。5月，美国务卿克里上任以来首次访俄。6月，美俄元首在八国集团峰会期间首次会晤。8月，两国重启中断五年的外长、防长“2+2”磋商，建立网络安全热线。双方就应对波士顿爆炸案进行合作，同意继续加强在反恐和安全领域合作，并就叙利亚、伊朗核等国际地区问题保持协调。同时，美对俄为美国安局雇员斯诺登提供临时庇护表示“极度失望”，宣布取消总统奥巴马9月访俄计划。美推进欧洲和亚太反导体系，俄对此予以公开批评。

继续加强美欧关系，推进跨大西洋贸易与投资伙伴协定（TTIP）谈判。美国总统奥巴马两次访欧，出席八国集团峰会。副总统拜登出席慕尼黑安全会议，顺访法国、德国、英国。国务卿克里就职后首站出访欧洲，之后多次访欧，出席八国集团、北约外长会等。美欧宣布正式启动TTIP谈判，并于2013年举行三轮谈判。双方继续就欧债危机、叙利亚、伊朗核、阿富汗等问题保持沟通与协调，在打击避税天堂、推进银行信息交换、提高资源开发透明度等领域进行合作。美国“监听门”曝光后，欧盟、法国、德国、西班牙等多国对美大规模监听监控其领导人和公民通信行为强烈不满，双方关系受到一定干扰。

着力发展与南亚国家关系，推进阿富汗战略。在与印度关系上，6月，国务卿克里访问印度并举办第四次美印战略对话；7月，副总统拜登访问印度；8月，印度国家安全顾问梅农访美；9月，印度总理辛格访美；12月，美警方逮捕印度驻美领事官员，对美印关系造成一定冲击。在对巴基斯坦关系上，10月，巴总理谢里夫访美，美宣布恢复向巴提供每年16亿美元军事和经济援助，推进美巴反恐合作；12月，国防部长哈格尔访问巴基斯坦，讨论美无人机越境打恐及美巴在阿富汗问题上合作等问题；11月，美无人机越境击毙巴基斯坦塔利班首领马哈苏德，引发巴强烈抗议和不满。在与阿富汗关系上，1月，阿总统卡尔扎伊访美，双方同意美向阿富汗安全部队移交作战任务主要职责的期限将由原定的2013年夏提前到2013年春；6月，美同意阿富汗塔利班在多哈设立和谈办事处，与阿塔举行首次正式接触；10月，国务卿克里访问阿富汗；12月，美阿就《双边安全协定》文本达成一致。

重视发展与拉美国家关系。美国提出愿与拉美建立“平等伙伴关系”，公开宣称放弃百余年“门罗主义”，誓言美将持续加大对拉经济、安全、民主等领域投入。5月，总统奥巴马访问墨西哥和哥斯达黎加，出席中美洲持续经济发展论坛，同中美洲国家领导人举行特别首脑会议。6月，副总统拜登访问巴西、哥伦比亚、特立尼达和多巴哥，集体会晤加勒比国家领导人。国务卿克里出席美洲国家组织年会，并与委内瑞拉外长举行双边会晤。8月，克里出访哥伦比亚、巴西。9月，拜登再访拉美，与墨西哥举办首次美墨高级经济对话。12月，奥巴马与古巴领导人劳尔·卡斯特罗实现“历史性握手”。“监听门”曝光后，拉美多国抗议美对巴西等国领导人和公民大规模监听，巴西总统罗塞芙取消原定对美的国事访问，中止空军战机订单，与德国等在联大发起反窃听决议案。

持续重视非洲地位。3月，总统奥巴马集体会晤到访的塞拉利昂、塞内加尔、马拉维和佛得角四国领导人。6月，奥巴马访问塞内加尔、南非和坦桑尼亚，其间发表对非政策演讲，提出建设美非新型平等伙伴关系，推出“贸易非洲”、“亮点非洲”等合作新倡议，重申将在医疗卫生、粮食安全等领域继续对非援助。8月，美非举办第12届《非洲增长与机遇法案》部长级论坛。12月，奥巴马出席南非前总统曼德拉逝世悼念活动。美国采取举措应对非洲局势动荡。呼吁中非停止国内冲突，承诺将向中非追加1500万美元人道主义援助，向非盟维和部队提供4000万美元资金援助。敦促南苏丹内部对话解决分歧，派特使前往密集斡旋，同时派出飞机和军事人员前往南苏丹，撤出美国驻南苏丹使馆外交人员及美公民。

2013年，加拿大政局总体平稳。执政党保守党保持议会多数党地位。哈珀政府于7月改组内阁，为2015年大选预作铺垫。反对党自由党选举贾斯廷·特鲁多为新领袖，支持率呈上升势头，但尚未出台系统施政纲领。加拿大政府继续主打经济、就业牌，实施宽松货币政策，力争在2015年前实现预算平衡；重点加强基础设施建设，促进能源资源、农林渔等产业发展。但受世界经济复苏乏力拖累，加拿大经济增速进一步放缓，2013年GDP增长率为1.6%。巩固与美、欧等传统盟友关系，积极参与“跨太平洋战略经济伙伴关系协定”谈判，与欧盟就签署“全面经济贸易协定”达成原则一致。在人权、宗教等问题上展示高姿态，设立隶属于加拿大外交部的宗教自由办公室。努力拓展面向亚太地区和中国的贸易投资和能源资源出口多元化战略。以担任北极理事会轮值主席国为契机，积极推进北极议程，捍卫北极权益。对伊朗核和叙利亚等国际地区热点问题较为关注。

2013年，澳大利亚、新西兰政局稳中有变。9月，阿博特领导的联盟党赢得澳大利亚第44届联邦大选，阿博特当选总理，并组建新一届政府。联盟党政府上台后致力于减税节支，扩大出口，加快基础设施建设，推动众议院通过废除矿产资源租赁税和碳税等重要议案。受大宗商品价格下滑等因素影响，澳大利亚经济有所放缓，2013年国内生产总值增长3%。外交上坚持中等强国定位，巩固与美国同盟关系，积极发展与亚洲国家关系，重视联合国、二十国集团、亚太经合组织等多边机制作用，积极参与国际和地区热点问题。重视经济外交，于12月完成与韩国的自贸协定谈判，加快推进与中国、日本、印尼等国自贸协定谈判。新西兰国家党政府稳步推进财政管理，提高经济竞争力，取得显著进展，民调支持率保持在较高水平。但国家党政府的执政伙伴出现种种困难，对国家党政府声望造成一定影响。经济继续保持平稳增长，但内生动力仍不足。继续奉行积极、务实的外交政策，推进与澳大利亚共同市场建设，进一步改善与美国关系，加大对太平洋岛国援助。更加重视亚太，积极参与区域合作及应对全球和地区热点问题，推动贸易自由化。

2013年，太平洋岛国地区形势总体稳定。斐济制定新宪法，颁布新政党法并开始政党登记，大选筹备工作逐步推进。巴布亚新几内亚、密克罗尼西亚联邦、萨摩亚、汤加等多数岛国政局平稳。3月，瓦努阿图政府更迭。巴布亚新几内亚、斐济经济增长较快，但多数太平洋岛国经济增长内生动力不足，民生、消除贫困等问题突出。太平洋岛国在区域、次区域合作和联合自强方面更加进取，第44届太平洋岛国论坛会将气候变化定义为对岛国地区人民生活和安全最大的威胁和挑战，呼吁国际社会承诺减排。

## 7. 拉丁美洲和加勒比地区形势

2013年，在国际政治经济格局持续深刻复杂演变背景下，拉美和加勒比作为最具发展潜力的新兴地区之一，保持总体稳定、联合自强、整体崛起势头，同时面临的挑战续有增多。

政局总体稳定。墨西哥新政府开局良好，在教育、劳工、电信等领域结构性改革取得积极进展。巴西政府有效应对经济社会难题，总统罗塞芙执政地位稳固。阿根廷执政联盟赢得议会中期选举，古巴稳步推进经济社会政策调整，加勒比多国顺利举行大选。委内瑞拉总统查韦斯病逝，副总统马杜罗赢得大选，委内瑞拉政权平稳过渡。另一方面，受经济社会转型等因素影响，地区多国发生示威游行等群体性事件，社会治理难度加大，政府执政能力经受考验。

经济增速放缓。受外部复杂经贸环境和自身结构性问题双重影响，拉美经济下行趋势明显。据联合国拉丁美洲和加勒比经济委员会统计，2013年拉美地区增速约为2.7%，低于全球平均水平。各国经济表现不一，秘鲁、哥伦比亚、阿根廷、智利等国保持较快增长，全年增速逾4%；委内瑞拉、巴西、墨西哥等国增长徘徊在1%～2%之间，部分国家经济波动增大，金融风险上升。各国既着力防范短期经济金融风险，又着眼长远加快经济结构调整，推进关键领域改革，并掀起新一轮基础设施建设热潮。总的看，拉美经济基本面依然良好。

地区一体化续有发展。拉美和加勒比国家共同体成功举行首届峰会，内部协调和对外行动能力得到加强。南方共同市场和拉美“太平洋联盟”等次地区组织“内联外扩”取得新进展，并积极就区域内外重大事务共同发声。南美国家联盟、“美洲玻利瓦尔联盟”、加勒比国家共同体等次地区组织保持良好发展势头，务实合作不断发展。

多元外交取向更加明确。拉美国家在保持同美欧传统关系同时，更加重视开拓与中国、俄罗斯、印度、南非等新兴大国和其他发展中国家关系。在联合国、二十国集团、金砖国家等多边框架下，拉美国家就全球经济治理、区域一体化、网络安全、叙利亚等问题积极施加影响，维护本地区国家共同利益。美国加大对拉美关注，国务卿克里发表讲话宣布“门罗主义”终结，重申致力于发展美拉“平等伙伴关系”。但受美国“监听门”事件等因素影响，拉美国家与美国互信严重受损。欧盟、俄罗斯、印度等域外力量继续加大对拉美投入，拉美国际地位更趋主动。

## （三）专题评述

### 1. 联合国2015年后发展议程和可持续发展目标

2013年，国际发展合作进入承前启后的关键阶段。千年发展目标落实期限日益临近，落实工作全面加速。与此同时，2015年后发展议程已提上国际议事日程，联合国可持续发展大会后续工作全面展开，可持续发展目标制定进程开始。

2013年9月，第68届联大将2015年后发展议程确定为一般性辩论主题。9月25日，联合国举行千年发展目标特别会议，决定于2014年9月第69届联大启动2015年后发展议程政府间谈判，并于2015年9月举行领导人峰会，正式通过发展议程。9月24日，联合国可持续发展高级别政治论坛成立并举行首次会议，对全球可持续发展进行政治领导和监督落实。可持续发展目标工作组和可持续发展筹资政府间专家委员会进入实质性工作阶段，将向2014年第69届联大提交可持续发展目标报告。

联合国积极推动制定2015年后发展议程和可持续发展目标。联合国开发计划署、亚太经社理事会等在不同国家和地区举行发展问题的区域对话，在80多个国家开展2015年后发展议程国别咨询活动。联合国秘书长发起成立2015年后发展议程高级别名人小组，并提交了《新型伙伴关系：通过可持续发展实现消除贫困和经济转型》报告。联合国秘书长办公室、可持续行动网络、全球契约等纷纷出台报告，提出政策建议。联合国工业发展组织、联合国贸易和发展会议、国际劳工组织、世界卫生组织等组织加紧研究各自领域与发展议程的关系并出台相关报告。

中国积极支持制定2015年后发展议程和可持续发展目标。中国主张，2015年后发展议程和可持续发展目标应以发展为主线，以人本为宗旨，以消除贫困为核心，统筹考虑各国国情与发展阶段，尊重各国的发展道路。应加强全球发展伙伴关系，维护现有南北合作为主的国际发展合作框架，加大对发展中国家的资金及技术支持。应完善全球经济治理，大力推进贸易、投资自由化和便利化，提升新兴市场和发展中国家的话语权和决策权。

中国全面参与了2015年后发展议程和可持续发展目标的有关工作。9月，外交部长王毅出席第68届联大期间举行的千年发展目标特别会议和可持续发展高级别论坛首次会议，全面阐述中国对国际发展合作的看法，介绍中国落实千年发展目标和推进可持续发展的有关举措。其间中国正式对外发布《2015年后发展议程中方立场文件》和《中国实施千年发展目标进展情况报告》（2013年版）。中国还参与了联合国秘书长2015年后发展议程名人小组、可持续发展高级别政治论坛、可持续发展目标工作组、可持续发展筹资政府间专家委员会等相关工作。中国在国际发展合作领域的重要地位和积极作用得到国际社会的广泛肯定。

### 2. 欧洲主权债务问题

2013年，随着国际经济形势总体好转，欧洲应对债务问题的努力取得成效，欧债问题呈现企稳向好态势，基本度过危机阶段。

年初，意大利、葡萄牙先后经历政治危机考验，塞浦路斯爆发银行业危机，引发市场小幅震动，但欧债问题总体形势未出现大的逆转。“三驾马车”对希腊、葡萄牙等国救助稳步推进，重债国债务形势得到初步控制，多国国债收益率回落，金融市场回暖，国际资金回流，债务可持续性明显改善。12月，爱尔兰成为首个成功退出国际援助的欧元区成员国。

欧洲经济开始缓慢微弱复苏。2013年第二、三、四季度欧元区经济分别增长0.3%、0.1%和0.5%，摆脱持续六个季度的衰退。欧洲多国的消费信心、采购经理人、贸易盈余等指数出现全面改善迹象。西班牙实现两年来首次正增长。2013年全年，欧元区和欧盟GDP分别增长-0.4%和0.1%。预计2014年将分别增长1.2%和1.5%。

欧债问题从“重症监护期”转入“留院观察期”，应对欧债问题亦从“应急管理”逐步过渡到“常态管理”阶段，重点整顿财政纪律，推进制度建设，加大促进增长和就业的力度。5月，欧洲议会批准银行业单一监管机制有关法律草案，授权欧洲央行直接监管欧元区最大银行。6月，欧盟夏季峰会提出多项促进就业与增长的措施，决定从2014年1月引入“青年就业倡议”机制。12月，欧盟冬季峰会重点就建立银行业单一清算机制达成共识，标志银行联盟建设迈出新的重要一步。欧盟和欧元区平均财赤率降至国内生产总值的3.5%和3%，结构性预算赤字大幅降低。

但欧债问题的“病灶”仍未根除，欧洲经济增长态势仍很疲弱且不均衡。欧元区失业率长期徘徊在12%的高位，希腊、西班牙等国青年失业率尤甚。10月，欧元区消费者物价指数降至0.7%的四年低点，欧洲央行不得不再次降息。年内，法国、意大利、荷兰等国及欧盟的主权信用评级和欧洲金融稳定机制信用评级均遭下调。欧洲经济能否巩固仍有一定不确定性。

### 3. 非洲庆祝非洲统一组织成立50周年，大力推进联合自强

非洲统一组织（简称“非统”）的成立是非洲联合自强和一体化进程中具有划时代意义的重大事件。2013年正值非统成立50周年。非洲国家共同决定将2013年命名为“泛非主义和非洲复兴年”，将当年两次非盟首脑会议的主题均确定为“泛非主义和非洲复兴”，年内在非洲大陆及中国等区外国家举行了多场庆祝活动。

2013年5月25日，在非盟总部所在地亚的斯亚贝巴举行的庆祝非统成立50周年非盟特别峰会是全年系列活动的高潮，区内外70多个国家领导人和高级别代表与会。随后举行的非盟第21届首脑会议发表了《非洲统一组织成立50周年宣言》。《宣言》回顾了非统和非盟成立以来取得的巨大成就，表示将致力于建设一个和平、团结、繁荣以及在国际上具有应有地位的非洲，使21世纪成为非洲的世纪，并确定了推进一体化的八大战略领域，包括非洲身份认同与复兴、反抗殖民主义、一体化进程、经济社会发展、和平与安全、民主治理、决定非洲命运、提升国际地位等。会议并就非洲和一些全球性问题通过了一系列决议。在宏观规划方面，会议通过了《非盟委员会战略规划（2014～2017年）》，并就制订《非盟2063年议程》作出部署，决定加快实施“非洲发展新伙伴计划”，重点推动全非自贸区和基

础设施建设，加大农业投入。在和平与安全方面，会议原则同意建立非洲危机应对快速反应部队，并就非洲和平与安全框架建设以及热点问题作出决定。在国际和地区事务方面，会议就2015年后发展议程等问题形成共同立场。

中国坚定支持非洲联合自强和一体化进程，对非统成立50周年表示祝贺。5月25日，国家主席习近平向庆祝非统成立50周年非盟特别峰会致贺词，国务院副总理汪洋作为习近平主席特别代表与会。习近平主席在贺词中高度肯定非统的历史功绩和非盟在非洲和平发展事业中的重要作用，表示相信非洲国家和人民将以庆祝非统成立50周年为契机，推动非洲复兴事业不断迈上新台阶，强调中方一贯坚定支持非洲联合自强和一体化进程，愿同非方共同努力，推动中非新型战略伙伴关系深入发展，为非洲的和平、发展、繁荣、复兴作出积极贡献。同日，全国人大常委会委员长张德江出席了非洲驻华使团在北京举办的庆祝非统成立50周年招待会。

### 4. 六国与伊朗就伊朗核问题达成第一阶段协议

2013年11月24日，伊朗核问题六国（中国、美国、俄罗斯、英国、法国、德国）及欧盟与伊朗在日内瓦就解决伊朗核问题达成第一阶段协议（简称“协议”），迈出了限制伊核计划和解除对伊制裁的第一步，标志着伊核问题外交努力取得重要阶段性进展，对维护国际核不扩散体系、稳定中东地区局势具有重要意义。

协议规定了执行期为六个月的初始步骤，主要包括：伊朗暂停5%丰度以上铀浓缩活动，转换或稀释20%丰度浓缩铀库存，暂不运行阿拉克重水堆，接受更严格的国际核查等。作为回报，美欧暂停迫伊减少原油出口，同意伊回收商定数额的滞留国外售油款，放松部分领域对伊制裁等。协议并列举了最终步骤的要素，主要包括：伊确保核计划和平性质，同时享有和平利用核能权利；六国解除所有联合国安理会和多双边对伊核问题相关制裁等。

中国在伊朗核问题上一贯采取客观、公正和负责任的立场。中国认为，伊朗作为《不扩散核武器条约》的缔约国，拥有和平利用核能的权利，同时也应履行相应的防扩散国际义务。中国始终主张通过对话与谈判和平解决伊朗核问题，维护国际核不扩散体系，维护中东地区和平与稳定。中国一直呼吁有关各方坚持外交解决方向，求同化异，建立互信，寻求伊朗核问题的全面、长期、妥善解决。

中国作为联合国安理会常任理事国和六国机制成员，一直积极劝和促谈，为推动伊核问题政治外交解决进程发挥了建设性作用。2013年8月，伊朗新政府上任后，伊核局势出现积极变化，面临阶段性缓和的重要机遇。中方高度重视，加大劝和促谈力度。国家主席习近平、全国人大常委会委员长张德江、国务院总理李克强、国务委员杨洁篪等领导人利用各种外交场合，深入细致地做主要各方工作，推动各方坚持对话谈判，照顾彼此关切，切实显示灵活。中国积极参与六国与伊对话进程，推动六国与伊妥善处理分歧，寻求务实合理的解决办法。外交部长王毅出席了伊核问题六国外长会及对话会。外交部副部长李保东、部长助理马朝旭多次参加伊核问题六国与伊对话会及六国协调会。中国并以建设性态度参加国际原子能机构理事会关于伊朗核问题的审议，鼓励国际原子能机构与伊朗加强合作，早日就澄清相关未决问题取得进展。

中国将与国际社会一道，继续致力于维护六国与伊朗对话进程，积极参与执行第一阶段协议和谈判全面解决方案，为推动通过对话合作和平解决伊朗核问题发挥建设性作用。

## 5. 叙利亚问题政治解决艰难推进

### 叙利亚政府与反对派对立继续

2013年1月，叙利亚反对派、美国等西方国家及地区反叙国家拒绝了叙总统巴沙尔提出的有关政治解决叙危机的倡议。3月，阿拉伯国家联盟峰会给予叙反对派“全国联盟”在阿盟席位，允许成员国给予其军事支持。

2013年5月以后，叙利亚政府军夺取战略重镇古赛尔，并加大对中部霍姆斯、南部德拉等地攻势，赢取阶段性主动。

在此背景下，美国决定向叙利亚反对派提供非致命性军事援助，并在约旦部署战机和反导系统。欧盟宣布取消对叙反对派武器禁运。英国、法国等推动欧盟将黎巴嫩真主党列入恐怖组织名单。“叙利亚之友”核心小组成员国决定向叙反对派提供紧急援助。俄罗斯表示将继续履行与叙政府签订的军售合同。

### 政治解决出现曙光

美国、俄罗斯于2013年5月初就政治解决叙利亚问题达成部分共识，倡议召开叙利亚问题第二次日内瓦会议。美、俄及联合国多次会晤，推动早日召开第二次日内瓦会议。

11月25日，联合国秘书长潘基文对外宣布，第二次日内瓦会议将于2014年1月22日举行，会议目标是推动叙利亚政府和反对派就落实2012年通过的日内瓦会议公报达成全面协议。

### 化武危机和平解决

8月底，叙利亚反对派指称政府军在大马士革郊区使用化学武器，造成大量人员伤亡，美、英、法等国一度威胁对叙动武，叙局势随之急剧升温。

9月14日，美国、俄罗斯在日内瓦就解决叙利亚化学武器问题达成框架协议，叙遭受外部军事打击的风险暂时缓解。禁止化学武器组织执理会和联合国安理会先后通过决定和第2118号决议，就销毁叙化武问题作出具体安排。联合国—禁化武组织联合特派团10月16日正式成立，联合国开发计划署前助理署长、荷兰人卡格担任特派团团长。

根据安理会决议和禁止化学武器组织决定，销毁叙利亚化学武器工作分为三阶段：第一阶段评估叙政府提交的化武清单。第二阶段核查叙化武生产设施并监督叙政府将其拆毁。第三阶段，叙应在2013年12月31日前将所有关键化武运输出境，2014年6月30日前完成销毁；其他化武应于2014年3月15日前在叙境内完成销毁。第一和第二阶段工作已完成，叙政府向国际核查人员提供了积极合作。

## 6. 朝鲜半岛核问题再次突出

2013年，朝鲜半岛核问题再度突出，半岛紧张局势加剧，引发国际社会高度关注。

1月23日，联合国安理会通过第2087号决议，对朝鲜2012年12月12日发射“光明星3号”2号星予以谴责和制裁，强调如朝鲜再次发射或核试，安理会将采取行动。1月23日，朝鲜外务省发表声明，谴责并拒绝安理会第2087号决议。1月24日，朝鲜国防委员会发表声明，宣称六方会谈、9·19共同声明和半岛无核化终结。

2月12日，朝鲜宣布成功进行第三次地下核试验。国际社会普遍强烈谴责朝鲜违反联合国安理会决议，执意进行第三次核试。中国外交部2月12日发表声明，对朝鲜再次核试表示坚决反对。强烈敦促朝方信守无核化承诺，不再采取可能恶化局势的行动。呼吁各方冷静应对，坚持通过对话协商，在六方会谈框架下解决半岛无核化问题。3月7日，联合国安理会一致通过第2094号决议。决议最严厉谴责朝鲜第三次核试验，要求朝鲜不再使用弹道导弹技术进行进一步发射，不再进行核试验或进一步挑衅，以完全、可核查和不可逆的方式放弃所有核武器和现有核计划并立即停止所有相关活动，决定全面强化对朝制裁。

针对国际压力，朝鲜接连采取一系列强硬应对措施。3月5日，朝军最高司令部发言人发表声明，宣称从3月11日美韩“关键决心·秃鹫”军演全面实施之日起，《朝鲜停战协定》完全“白纸化”。朝鲜将不受其约束，全面中止朝军板门店代表处的活动，切断板门店朝美军事热线，将采取第二轮、第三轮更强有力的实质性应对措施。3月7日，朝鲜外务省发言人发表声明，主张朝鲜将行使“先发制人核打击权利”。3月8日，朝鲜祖国和平统一委员会发表声明，宣布全面废弃关于朝韩互不侵犯的一切协议，全面废弃关于朝鲜半岛无核化的共同宣言，关闭朝韩板门店联络渠道。3月9日，朝鲜外务省发言人发表声明，谴责安理会第2094号决议，宣布要使朝鲜拥核国、射星国地位永久化。3月31日，朝党中央全体会议决定“并行推进经济建设与核武力建设”新战略路线。4月1日，朝鲜召开最高人民会议第12届七次会议，出台《关于进一步巩固自卫拥核国地位》、《朝鲜民主主义人民共和国宇宙开发法》的法令，决定设立国家宇宙开发局。4月2日，朝鲜原子能总局发言人称，决定根据国家新战略路线，调整和变更现有核设施用途，具体措施涉及铀浓缩工厂等所有宁边核设施，包括重新整修并启动根据2007年10月六方会谈有关协议终止运转并去功能化的5兆瓦石墨反应堆。4月18日，朝鲜国防委员会发表声明，要求美国停止所有反朝挑衅言行，首先是撤销安理会制裁决议；不再进行威胁或恐吓朝的核战争演习；全面撤走部署在半岛的核战争手段。

### 7. 委内瑞拉总统查韦斯病逝

2013年3月5日，委内瑞拉总统乌戈·拉斐尔·查韦斯·弗里亚斯因病在委首都加拉加斯逝世。

查韦斯总统逝世后，中国方面在极短时间内妥善安排一系列慰问活动，体现了中方对查韦斯总统不幸逝世的哀悼和对中国委内瑞拉关系的重视。

3月6日，国家主席胡锦涛和中共中央总书记习近平分别向委内瑞拉代总统尼古拉斯·马杜罗致唁电。胡锦涛主席在唁电中说，查韦斯总统是委内瑞拉卓越领导人，是拉美杰出政治家，毕生致力于国家振兴发展和社会公正进步，赢得了委内瑞拉人民的拥护和爱戴。查韦斯总统是中国委内瑞拉共同发展的战略伙伴关系的开拓者和推动者，生前为加强两国各领域交流合作，增进两国人民友谊作出了重要贡献。查韦斯总统的不幸逝世不仅是委内瑞拉人民的巨大损失，也使中国人民失去了一位伟大朋友，我们为此深感痛惜。中国政府和人民十分珍视中委传统友谊，愿同委方一道努力，不断深化中委共同发展的战略伙伴关系，更好地造福两国和两国人民。

习近平总书记在唁电中说，查韦斯总统是委内瑞拉伟大的政治家和杰出的领导人，带领委内瑞拉政府和人民在建设国家的伟大事业中取得了巨大成就，赢得了委内瑞拉人民的拥护和爱戴。查韦斯总统是中国人民的伟大朋友，为推动两国友好互利合作、增进两国人民之间友谊作出了卓越贡献。中国共产党、政府和人民高度重视同委内瑞拉发展关系，将与委方一道继续努力，不断加强和深化两国友好互利合作，推动中委共同发展的战略伙伴关系进一步向前发展。

此外，习近平总书记、吴邦国委员长、杨洁篪外长分别向委内瑞拉统一社会主义党第一副主席迪奥斯达多·卡韦略、委全国代表大会主席迪奥斯达多·卡韦略和外交部长埃利亚斯·豪阿致唁电。

同日，中共中央政治局常委俞正声代表中国政府赴委内瑞拉驻华使馆吊唁。

3月8日，委内瑞拉政府在加拉加斯为查韦斯总统举行隆重国葬，来自50多个国家的领导人、特使及世界粮农组织、美洲国家组织、南美国家联盟等多个国际和地区组织代表参加。中国国家发展和改革委员会主任张平作为主席特使赴委出席葬礼，并会见代总统马杜罗。马杜罗感谢中方在委内瑞拉人民最悲痛的时刻派特使专程赴委参加葬礼，并表示委内瑞拉永远是中国忠实的朋友，将继续深化和加速发展同中方各领域战略合作。

### 8. “监听门”事件引发国际社会高度关注

2013年，“监听门”（亦称“棱镜门”、“监控门”）事件引发国际社会对网络安全的高度关注。5月下旬，美国国家安全局前雇员斯诺登陆续披露美在全球范围内开展的大规模网络、电信监控活动，包括美国实施多年的“棱镜”、“元数据”、“获取特定情报行动办公室”等监控计划；美国与英国、澳大利亚、新西兰和加拿大四国合作利用其在全球约80个使领馆进行全球监听；美国监控德国总理等35位国际政要及各国公民、企业的通讯信息等。

7月，斯诺登向外界披露，美国长期对拉美和加勒比地区国家进行网络监控，引发拉美国家强烈抗议。巴西、墨西哥分别召见美驻巴和驻墨大使，对美表示不满。墨西哥外交部发表公报，强烈谴责和反对任何针对墨公民的监听行为。玻利维亚总统指责美国政府斥巨资用于情报活动和间谍行为，并召开“首届捍卫人权和国际公约反帝反殖峰会”，要求各国政府共同谴责美监控行径，呼吁强化信息主权意识。哥伦比亚政府对美国未经授权在哥进行数据采集和通信截听表示担忧，反对这一侵犯个人隐私和违反相关国际电信公约的间谍行为，要求美政府作出解释。智利外交部发表声明谴责美国行为，表示将同国际组织开展合作，推动建立明确的国家网络行为准则，维护各国主权及公民权利。

10月，法国内政部长瓦尔斯对法国《世界报》关于美国国家安全局窃听数千万法民众电话的报道表示震惊，并要求美方就此作出解释。法国还就美国国家安全局窃听法民众电话事召见美驻法大使。10月23日，德国总理默克尔发言人称，针对美国情报部门监听默克尔总理手机的消息，默克尔已就此与美国总统奥巴马通话，并表示如情况属实，将完全不可接受。美国此举严重破坏互信，应立即停止并作出解释。同日，意大利总理莱塔在会晤正在欧洲访问的美国国务卿克里时，当面要求克里解释美国监控意大利公民的问题。10月24～25日召开的欧盟理事会秋季峰会提出，欧美关系应建立在相互尊重和信任基础上，同意法德年底前与美就规范情报收集达成协议，并鼓励其他成员国参与。

10月，美国广播公司引述澳大利亚情报工作专家消息称，澳有关机构长期同美“特殊情报搜集部门”合作，与美国家安全局共享资源，专门负责对亚太地区国家政府部门通讯进行监听。11月，印度尼西亚外交部召见澳驻印尼大使，要求作出解释。印尼外长马尔迪提出强烈抗议。同月，马来西亚外交部召见美驻马大使代表和澳驻马高级专员，分别递交了抗议照会。缅甸总统发言人表示，美国必须尊重其他国家主权，缅将开展必要安全调查，以维护国家安全和个人隐私。

9月，巴基斯坦代表中国、俄罗斯、巴西、印度尼西亚、古巴等十国在人权理事会第24次会议发言，指出一些国家滥用先进监视技术，严重侵犯隐私权以及各国法律和国际法。11月，第68届联大三委协商一致通过巴西、德国提交的“数字时代的隐私权”决议。

中国高度重视网络安全。中国认为，网络安全是各国面临的共同安全威胁与挑战。各国应在相互尊重、相互信任的基础上，通过有效国际合作积极应对。当务之急是制定普遍有效的国家行为规范，并推动构建多边、民主、透明的互联网治理体系，防止少数国家利用信息技术和资源垄断优势，损害他国的主权、安全和公民个人隐私。中国是网络安全的坚定维护者，愿与各方一道，共同推动构建和平、安全、开放、合作的网络空间。

# 第二章

# 2013年的中国外交

## （一）概述

2013年，以习近平同志为总书记的党中央准确把握国情、世情新变化，在保持外交大政方针连续性和稳定性的基础上，积极推进外交理论和实践创新，实现外交成功开局。

**1. 丰富和发展了中国特色外交理论体系**

提出中国梦奋斗目标并深刻阐述其世界意义。中国梦是和平、发展、合作、共赢的梦，与各国人民的美好梦想息息相通。中国人民愿同各国人民一道，携手共圆世界梦。中国梦将中国复兴与世界进步融为一体，不仅激发13亿中国人民团结奋斗的活力，也吸引国际社会越来越多的关注和期待，成为连接中国与世界的重要纽带。

进一步丰富和平发展的战略思想。强调要把世界的机遇转变为中国的机遇，把中国的机遇转变为世界的机遇，在中国与各国良性互动、互利共赢中开拓前进。中国走和平发展道路，其他国家也要走和平发展道路。中国坚持走和平发展道路，但决不能放弃正当权益，决不能牺牲国家核心利益。

强调坚持正确义利观，要求秉持公道正义，坚持互利共赢，见利思义，义利并举，正确义利观是对中国优秀传统文化的继承和发展，反映了中国特色社会主义的本质属性，进一步增强了中国的软实力。

### 2. 开辟了中国特色大国外交的新局面

国家主席习近平、国务院总理李克强等领导人出访足迹遍及亚非拉及欧洲、美洲，同300多位外国政要会见接触，接待60多位外国国家元首和政府首脑来华，中国同各国签署约800项合作协议。总的看，2013年的中国外交更具主动性和开创性。

一是推动同主要大国关系进入新阶段。

中俄全面战略协作伙伴关系进一步提升。习近平主席首次出访第一站为俄罗斯，同普京总统就加强中俄全方位战略协作达成一致。双方明确宣示，坚定支持对方发展复兴，坚定支持对方维护核心利益，坚定支持对方自主选择发展道路和社会政治制度。此后，习近平主席与普京总统又在各种多边和国际场合四次会面，建立起密切的工作关系和个人友谊。通过这一系列密集的高层交往，中俄进一步加深了战略互信，提升了务实合作，活跃了人文交流，加强了国际协作，使全面战略协作伙伴关系始终在高水平上运行。

中美构建新型大国关系取得重要进展。习近平主席应邀与美国总统奥巴马在加利福尼亚州安纳伯格庄园举行历史性会晤，就共同构建不冲突不对抗、相互尊重、合作共赢的中美新型大国关系达成重要共识，为中美关系长远发展指明了方向，向世界传递了中美关系长期健康稳定发展的积极信号。两国元首在二十国集团领导人圣彼得堡峰会期间再次会晤，一致同意加强对话，深化合作，管控分歧，致力于推进中美新型大国关系建设。美国副总统拜登访华，中美第五轮战略与经济对话、第四轮人文交流高层磋商、中美第24届商贸联委会取得数百项积极成果。在双方共同努力下，中美新型大国关系的内涵正在不断得到充实和拓展。中方敦促美方妥善处理台湾、涉藏、人权等问题，强调双方要尊重和照顾彼此核心利益和重大关切，保持中美关系的正确发展方向。

中欧互利合作不断深化。李克强总理访问德国等欧洲国家，中欧举行第16次中欧领导人会晤和中国—中东欧国家领导人会晤，发表《中欧合作2020战略规划》，宣布启动投资协定谈判，推动中欧关系实现新发展。

二是开创周边睦邻友好与互利合作的新局面。

中国同周边21个国家实现国家元首或政府首脑级别交往，务实合作不断拓展。中国领导人着眼于与周边国家共同发展的现实与长远需要，提出建设“丝绸之路经济带”、21世纪“海上丝绸之路”、打造中国—东盟自贸区升级版、筹建亚洲基础设施投资银行等一系列重大合作倡议。新中国成立以来首次周边外交工作座谈会成功举行，确定了今后五至十年中国周边外交的战略目标、基本方针和总体布局，明确要求在与周边各国交往中体现亲、诚、惠、容的理念，为周边外交开辟了更加广阔的前景。

三是全面增进同广大发展中国家的传统友谊。

中国加强同新兴市场和发展中国家团结合作，支持扩大发展中国家在国际事务中的发言权。习近平主席访问非洲、拉美国家，同地区数十个国家领导人举行双边或集体会晤，签署一批有利于非洲国计民生的大项目，宣布支持加勒比国家经济社会发展的一系列新举措，将中非新型战略伙伴关系提升到新水平，推动中拉合作取得新进展。中国还积极推动金砖国家在设立开发银行和外汇储备库等方面取得突破，进一步增强了这一发展中国家合作重要平台的生机与活力。

四是坚定维护国家主权与领土完整。

中国对日本在钓鱼岛问题上的错误言行进行坚决斗争，坚决反对菲律宾单方面将南海争议提交国际仲裁，有力捍卫了国家领土主权。同时，在充分尊重历史事实和国际法的基础上，与有关当事国通过对话谈判寻求妥善解决争议的办法。中国与东盟国家在落实《南海各方行为宣言》框架下启动“南海行为准则”磋商，与文莱、越南就推进共同开发、加强海上合作达成一致，为维护地区和平稳定展现了诚意，作出了贡献。

五是在国际和地区热点问题上更主动发挥建设性作用。

中国积极施加影响，缓解朝鲜半岛紧张局势，为推动重启六方会谈创造条件。中国积极劝和促谈，为和平解决叙利亚化学武器问题以及伊朗核问题达成协议发挥了重要作用。提出解决巴勒斯坦问题四点主张，首次派出安全部队参与联合国马里维和行动，进一步树立了中国负责任大国的形象。

六是大力践行外交为民理念。

积极打造海外民生工程，全力维护中国公民和企业海外合法权益，处置各类领事保护案件四万余起。与塞舌尔、毛里求斯、巴哈马签署互免普通护照签证协议，推动达成一批简化或互免签证协议。

## （二）中国与各地区国家关系

### 1. 中国与亚洲地区*国家关系

2013年，中国更加鲜明地把周边外交作为外交优先方向，全面推进与亚洲国家关系，睦邻友好再上新台阶。

10月，中国召开周边外交工作座谈会，确定了今后五至十年周边外交的战略目标、基本方针和总体布局，强调要坚持与邻为善、以邻为伴，坚持睦邻、安邻、富邻，突出体现亲、诚、惠、容的重要理念，表明中国将更加真诚、更加包容地对待周边国家，愿通过深化互利合作，不断增进与周边国家的相互信任与友好感情，不断给周边国家和人民带来实实在在的利益。

中国着力提升同亚洲国家关系，基本实现与亚洲国家高层交往全覆盖。国家主席习近平2013年4月出席博鳌亚洲论坛年会，10月出席亚太经合组织领导人非正式会议并访问印度尼西亚和马来西亚。国务院总理李克强首访选择印度、巴基斯坦，9月出席中国—东盟博览会并会见与会东盟国家领导人，10月出席东亚领导人系列会议并访问文莱、泰国和越南。中国与印尼、马来西亚关系升格为全面战略伙伴关系，提升与文莱、斯里兰卡合作关系，同印度实现半个多世纪以来两国总理首度年内互访，同巴基斯坦实现两个月内两国总理互访。据不完全统计，2013年中国与东亚、南亚国家外长以上互访超过70次，双多边场合会谈会见300多场，签署合作协议220多项。这些高层交往促进了中国与亚洲各国的相互理解与信任，有力带动了双边关系发展。中国还通过主办中国—东盟博览会、中国—南亚博览会、中国—东盟特别外长会等与亚洲国家共同探讨和规划地区合作前景。

中国和亚洲国家经贸合作进一步加强。中国是日本、韩国、朝鲜、蒙古、印度尼西亚、马来西亚、越南、缅甸等国的最大贸易伙伴，已成为许多亚洲国家的最大出口市场和重要投资来源地。2013年，中国与东亚和南亚国家贸易额达1.14万亿美元，占同期中国对外贸易总额的27.4%。中国对外投资约七成投向亚洲国家和地区。据估计，中国经济增长对亚洲经济增

* 仅指东亚、东南亚、南亚。

长的贡献率超过50%。2013年，中新苏州工业园区、中新天津生态城、中马钦州产业园区、马中关丹产业园等稳步推进，一大批周边合作大项目取得积极进展。

中国积极推进区域经济一体化。中方提出的打造中国—东盟自贸区升级版、打造亚洲货币稳定体系、亚洲信用体系和亚洲投融资合作体系等重大合作倡议，体现了中国深化区域合作、促进互利共赢的积极意愿。中国积极推进互联互通，提出建设“丝绸之路经济带”、21世纪“海上丝绸之路”、中巴（基斯坦）经济走廊、孟中印（度）缅经济走廊，筹建亚洲基础设施投资银行等一系列重大倡议。中国推动中韩、中日韩、中斯自贸区谈判取得进展，积极参与“区域全面经济伙伴关系”谈判进程。

中国积极维护地区和平与稳定。中国坚持互信、互利、平等、协作的新安全观，倡导全面安全、合作安全、共同安全，积极参与解决地区热点问题，致力于同周边国家共同营造和平稳定、平等互信、合作共赢的地区环境。在朝核问题上，高度关注朝鲜半岛局势发展，积极开展劝和促谈工作，为推动局势稳定作出了不懈努力。有关各方围绕重启六方会谈互动增多，半岛局势逐渐趋于缓和。在南海问题上，中国与东盟国家在落实《南海各方行为宣言》框架下，启动了“南海行为准则”的磋商。与文莱就加强海上合作达成共识，与越南成立海上共同开发磋商工作组。在阿富汗问题上发挥建设性作用，中国支持阿富汗推进广泛、包容的民族和解，敦促有关方面切实履行对阿富汗和平重建的承诺，同时照顾地区国家的合理关切，宣布2014年承办阿富汗问题伊斯坦布尔进程第四次外长会。

### 2. 中国与西亚北非地区国家关系

2013年，西亚北非地区整体形势动荡不安，乱中有变。中国积极稳妥推进对地区外交工作，继续巩固和发展同地区国家的传统友好关系。

政治互信进一步深化。国家主席习近平、国务院总理李克强等主要国家领导人接待巴勒斯坦总统阿巴斯、以色列总理内塔尼亚胡、约旦国王阿卜杜拉二世、巴林国王哈马德、也门总统哈迪、阿拉伯联合酋长国议长莫尔、伊朗议长拉里贾尼、阿尔及利亚民族院议长本萨拉赫等地区国家领导人来访。中共中央政治局委员、中央书记处书记、中共中央宣传部部长刘奇葆访问土耳其和以色列，全国政协副主席韩启德访问以色列、土耳其，国务委员杨洁篪访问伊朗。外交部长王毅访问巴勒斯坦、以色列、阿尔及利亚、摩洛哥、沙特阿拉伯，宣示中国在新形势下对阿拉伯国家政策的“四个支持”：支持阿拉伯国家坚定走自己选择的道路；支持阿拉伯国家通过政治手段解决热点问题；支持阿拉伯国家与中国加强合作，共同发展；支持阿拉伯国家维护自身的正当权益。沙特、埃及、约旦、摩洛哥、苏丹外长或外交大臣，也门国防部长，以色列、阿联酋、苏丹、突尼斯等国经济部长，摩洛哥国王特使，南苏丹总统特使等高级别官员分别访华。

务实合作实现新突破。2013年，中国与地区国家双边贸易额达3128亿美元，同比增长8.85%；进口原油1.58亿吨，同比增长6.56%。中国积极推动重启与海湾合作委员会自贸区谈判；与沙特阿拉伯签署《关于加强和平利用核能合作的谅解备忘录》；与阿拉伯联合酋长国正式签署上游合作区项目合同并启动运行；与以色列建立政府间合作机制，启动中以自贸区联合可行性研究；为土耳其成功发射第二颗卫星，中标土耳其远程防空系统项目，安卡拉至伊斯坦布尔高铁二期工程全线贯通；与阿尔及利亚签署中国与阿拉伯国家之间的首个政府间航天合作协定；首次进入埃及油气领域上游。

人文交流有声有色。首批阿拉伯政治精英代表团、阿拉伯青年代表团访华，中阿论坛研究中心专家学者代表团访问西亚北非地区。在中阿合作论坛框架下创建卫生高官会等新机制，延伸集体合作平台。新疆、宁夏分别举办第五届中阿关系暨中阿文明对话研讨会、首届中国—阿拉伯国家博览会。

妥善应对地区热点。巴以问题上，习近平主席提出中方关于解决巴勒斯坦问题的“四点主张”，即实现巴以两国和平共处是解决巴以问题的正确方向，和平谈判是实现和解的唯一现实途径，“土地换和平”原则是推进中东和平进程的重要基础，国际支持是推进和平进程的重要保障；习近平主席向联合国“声援巴勒斯坦人民国际日”纪念大会致贺电；中国在北京承办联合国支持巴以和平国际会议；王毅外长在耶路撒冷出席巴以和平人士座谈会；中国中东问题特使五次访问地区国家；继续向巴提供人道主义援助。叙利亚问题上，建设性地做叙政府和反对派工作，推动化武危机“软着陆”；继续通过多种渠道、多批次地向叙人民包括境外难民提供人道主义援助。伊朗问题上，积极参与六国与伊朗对话进程，对伊核问题达成第一阶段协议发挥独特的劝和促谈作用。南北苏丹问题上，分别接待南苏丹总统特使和苏丹外长访华，中国政府非洲事务特别代表五次访问苏丹和南苏丹；南苏丹内部冲突爆发后，积极劝和促谈，推动双方尽快停火止暴，并率先向南苏丹提供紧急人道主义援助。

### 3. 中国与撒哈拉以南非洲地区国家关系

2013年中非关系保持快速、健康发展势头，各领域合作成果丰硕。中非合作论坛第五届部长级会议后续行动落实工作稳步推进，取得阶段性成果。

中非高层交往频繁，政治互信不断深化。3月24～30日，国家主席习近平对坦桑尼亚、南非、刚果共和国进行国事访问。5月，国务院副总理汪洋访问津巴布韦。9月，全国人大常委会委员长张德江对乌干达、尼日利亚进行正式友好访问。11月，国务院副总理刘延东对埃塞俄比亚进行正式访问。12月，国家副主席李源潮作为习近平主席特别代表赴南非出席南非前总统纳尔逊·曼德拉葬礼。此外，中共中央书记处书记、中央纪委副书记赵洪祝，全国人大常委会副委员长万鄂湘、张宝文，全国政协副主席王正伟、马飚，以及外交部长杨洁篪等分别访问撒哈拉以南非洲地区国家。4月，赞比亚总统迈克尔·奇卢菲亚·萨塔来华进行国事访问并出席博鳌亚洲论坛2013年年会。5月，莫桑比克总统阿曼多·埃米利奥·格布扎来华出席太湖文化论坛第二届年会。6月，马拉维总统乔伊丝·班达来华出席首届中国—南亚博览会开幕式。埃塞俄比亚总理海尔马里亚姆·德萨莱尼来华进行正式访问。塞拉利昂总统欧内斯特·巴伊·科罗马来华出席第二届“世界和平论坛”。乌干达总理阿马马·姆巴巴齐访华。7月，尼日利亚总统古德勒克·乔纳森来华进行国事访问。8月，肯尼亚总统乌胡鲁·肯雅塔来华进行国事访问。10月，坦桑尼亚总理米曾戈·卡扬扎·彼得·平达来华出席第14届中国西部国际博览会。11月，几内亚比绍总理鲁伊·杜阿尔特·德·巴罗斯来华出席中国—葡语国家经贸合作论坛第四届部长级会议开幕式。此外，该地区还有多位副总统、议长访华或出席国际会议。

中国与非洲地区组织关系不断深化。2月14～17日，非盟委员会主席恩科萨扎纳·德拉米尼-祖马访华，习近平总书记会见。中国—非盟第五次战略对话成功举行。3月，习近平主席在南非出席金砖国家领导人第五次会晤期间与非盟轮值主席、埃塞俄比亚总理海尔马里亚姆举行双边会见，并在与非洲领导人的早餐会上会见非盟委员会主席祖马及有关非洲次区域组织轮值主席。5月，习近平主席向庆祝非统成立50周年非盟特别峰会致贺词，汪洋副总理作为习近平主席特别代表与会。张德江委员长出席非洲驻华使团在北京举办的庆祝非统成立50周年招待会，并会见非盟轮值主席特使、埃塞俄比亚副总理德梅克。9月，王毅外长出席第68届联大期间会见非盟委员会主席祖马。10月，非盟委员会副主席亚斯塔斯·姆温查来华进行工作访问。11月，刘延东副总理访问埃塞俄比亚期间会见非盟委员会主席祖马。

年内，中方同非盟成立非洲跨国跨区域基础设施建设合作联合工作组，并为非盟能力建设和维和行动提供支持。

中非务实合作不断加强。中非贸易继续保持快速增长势头，2013年中非贸易额为2102.4亿美元，同比增长5.9%；中国对非直接投资35亿美元，同比增长20.26%。落实中非合作论坛第五届部长会后续行动开局良好，投融资、援助、非洲一体化、中非民间交往和非洲和平安全五大重点领域合作成果丰硕。中非外长第三次联大政治磋商成功举行，王毅外长与40余位非洲国家外长及代表出席。首次中非部长级卫生合作发展会议在北京举行。“中非民间友好行动”、“中非新闻交流中心”等项目开始实施。中方加大建设性参与非洲和平与安全事务力度，积极参与非洲热点问题劝和促谈，向联合国在马里维和行动派遣维和安全部队，向利比里亚派遣维和警察防暴队，向津巴布韦、马达加斯加派出大选观察团。

中非在重大国际和地区问题上保持密切沟通和协调。非方重视中国在钓鱼岛、南海等涉中国核心重大利益问题上的立场。中国支持非洲自主解决本地区问题的努力，在安理会等场合为非洲仗义执言，推动非洲热点问题朝解决方向发展，在国际刑事法院审判肯尼亚领导人问题上坚定支持非方立场。在全球治理改革、减贫、气候变化、可持续发展等议题上，中国积极呼吁国际社会充分照顾非方利益和关切，在非洲国家引起强烈共鸣。

### 4. 中国与欧亚地区国家关系

2013年，中国与欧亚地区国家关系呈现出更加积极的发展势头。

中国与欧亚地区国家保持高层密切交往势头。3月22～24日，国家主席习近平首选俄罗斯进行国事访问，确定了今后一个时期中俄关系发展的方向和重点合作领域，推动中俄各领域合作取得丰硕成果，使中俄政治和战略互信水平得到进一步巩固和提升，中俄全面战略协作伙伴关系进入新的发展阶段。此外，两国元首还在俄罗斯圣彼得堡举行的二十国集团领导人第八次峰会等多边场合举行过四次会晤或见面。9月3～4日和6～12日，国家主席习近平先后对土库曼斯坦、哈萨克斯坦、乌兹别克斯坦和吉尔吉斯斯坦进行国事访问，中土、中吉分别签署《关于建立战略伙伴关系的联合宣言》，中哈签署《关于进一步深化全面战略伙伴关系的联合宣言》、中乌签署《关于进一步发展和深化战略伙伴关系的联合宣言》和《中乌友好合作条约》，加上中塔早前签署的《关于建立战略伙伴关系的联合宣言》，中国与中亚五国均已建立战略伙伴关系。习近平主席在访哈期间提出“丝绸之路经济带”构想，得到有关国家的积极响应。

9月12～13日，国家主席习近平出席在吉尔吉斯斯坦首都比什凯克举行的上海合作组织成员国元首理事会第13次会议并发表了《弘扬"上海精神"促进共同发展》的重要讲话，阐述了中方对发展上合组织的立场和主张。11月28～29日，国务院总理李克强出席在乌兹别克斯坦首都塔什干举行的上海合作组织成员国政府首脑（总理）理事会第12次会议。会议围绕世界和地区经济形势，以及发展上合组织框架内经贸和人文合作交换了意见，达成广泛共识。

2013年，多位地区国家元首或政府首脑来华访问。4月4～7日，哈萨克斯坦总统纳扎尔巴耶夫对华进行国事访问并出席博鳌亚洲论坛年会。5月19～20日，塔吉克斯坦总统拉赫蒙对华进行国事访问。7月15～17日，白俄罗斯总统卢卡申科对华进行国事访问。10月22～23日，俄罗斯政府总理德米特里·梅德韦杰夫正式访华，与国务院总理李克强举行中俄总理第18次定期会晤。12月3～6日，乌克兰总统亚努科维奇对华进行国事访问。中国与欧亚地区国家的立法机构间也保持密切交往，互动频繁。

中国与欧亚地区国家务实合作全面推进，合作领域日益扩大，合作模式更加丰富。2013年，中国与欧亚地区国家双边贸易额达到1543亿美元。中俄（罗斯）能源合作取得新突破，双方启动东、西两线和海上共增供3200万吨原油合作，商定东线管道天然气定价公式。中哈（萨克斯坦）原油管道稳定运营，中国—中亚天然气既有管道供气平稳，C线即将建成运营，D线管道铺设走向确定。中国成功进入俄亚马尔半岛上游气田和哈卡沙甘油田的上游开发。中国与欧亚地区国家双边合作机制不断完善，安全、经贸、金融、海关、人文等非资源领域的合作持续深入。

## 5. 中国与欧洲地区国家关系

2013年，中国与欧洲地区国家关系保持良好发展态势，经贸、教育、文化、科技等各领域务实合作不断深入。

高层交往频繁，政治互信加强。英国、法国、德国、意大利、爱尔兰、荷兰、比利时、芬兰、波兰、塞尔维亚等30多个欧洲国家及欧盟机构领导人向国家主席习近平、国务院总理李克强、全国人大常委会委员长张德江、全国政协主席俞正声等中国领导人发来就任贺信或贺电。

习近平主席出席二十国集团圣彼得堡峰会期间，会见德国总理安格拉·默克尔，并同欧洲理事会主席赫尔曼·范龙佩、欧盟委员会主席若泽·曼努埃尔·巴罗佐等欧方领导人及英国首相戴维·卡梅伦、意大利总理恩里科·莱塔寒暄。李克强总理、张德江委员长、俞正声政协主席、国务院副总理回良玉、副总理马凯等党和国家领导人先后访问德国、瑞士、罗马尼亚、斯洛伐克、芬兰、瑞典、丹麦、意大利、比利时、冰岛、爱尔兰等11个欧洲国家及欧盟总部。

习近平主席与法国总统通话，与德国总理互致信函，就双边关系交换意见。李克强总理向连任的德国总理、卢森堡新任首相、阿尔巴尼亚新任总理表示祝贺。德国、比利时、荷兰、瑞典、芬兰、罗马尼亚、希腊、意大利、西班牙、安道尔等国领导人就四川芦山"4·20"地震向习近平主席、李克强总理、张德江委员长致慰问电，塞浦路斯、西班牙等国领导人就甘肃"7·22"地震向习近平主席、李克强总理致慰问电。

中欧举行第16次中国欧盟领导人会晤，并共同发表《中欧合作2020战略规划》。11月，李克强总理赴罗马尼亚布加勒斯特出席中国—中东欧国家领导人会晤，并与中东欧国家领导人分别举行双边会见。

法国总统及总理、芬兰总统、塞尔维亚总统、卢森堡大公储、英国首相、荷兰首相、冰岛总理、希腊总理正式访华。比利时首相、马耳他总理、保加利亚总理来华出席第七届夏季达沃斯年会。罗马尼亚总理、马其顿总理来华出席中国—中东欧国家地方领导人会议。马其顿总统来华出席第14届中国西部国际博览会。瑞士联邦主席来华出席生态文明贵阳国际论坛。比利时王后来华出席香港设计营商周比利时主宾国活动及深圳—香港城市/建筑双城双年展。

各级政治对话与磋商成果丰硕。外交部长王毅多次与英国、法国、德国、瑞士、意大利、波兰等国外长举行会晤或通话。法国、荷兰、卢森堡、瑞士、西班牙、克罗地亚等国外长或外交大臣及欧盟外交与安全政策高级代表相继访华。中国外交部与法国、德国、意大利、瑞士、比利时、荷兰、罗马尼亚、拉脱维亚、立陶宛、塞尔维亚、斯洛文尼亚等国及欧盟举行各级别对口磋商，议题涵盖双边关系、人权、网络、环境、能源、军控等多个领域。中国—中东欧国家合作国家协调员会议在布加勒斯特举行。

议会、政党和智库交往频繁。全国人大常委会副委员长吉炳轩及全国政协副主席杜青林、万钢、林文漪、苏荣分别访问西班牙、保加利亚、罗马尼亚、比利时、马耳他、德国。保加利亚议长、芬兰议长、爱尔兰众议长和参议长、波兰众议长和参议长、西班牙众议长、比利时众议长、罗马尼亚参议院副议长、立陶宛副议长等访华。全国人大和法国参议院、法国国民议会、德国联邦议院、欧洲议会定期交流机制进展顺利。张德江委员长分别向马耳他议会、荷兰议会二院、捷克众议院、卢森堡议会、阿尔巴尼亚议会新任议长致贺电。

第四届中欧政党高层论坛在江苏苏州举办。中国—中东欧青年政治家论坛在北京举行。德国联盟党议会党团、法国人民运动联盟、塞浦路斯民主大会党、葡萄牙社民党、罗马尼亚民主自由党以及欧洲议会人民党党团、保守党党团、社会党联盟党团等欧洲政党或党团领导人率团访华。

中国经济社会理事会与欧盟经济社会委员会分别在布鲁塞尔和成都举行第12、13次圆桌会议。第三届布鲁塞尔“中欧论坛”成功举行，李克强总理致贺信。中西论坛第七次会议、中德对话论坛2013年会议相继举行。首届中国—中东欧国家高级别智库研讨会在北京举行。

经贸、投资、金融合作不断扩大。2013年，中国同欧盟国家双边贸易额5590.6亿美元、同比增长2.1%。欧盟是中国最大贸易伙伴、最大进口来源地、最大技术引进来源地、第三大出口市场。中国是欧盟第二大贸易伙伴、第一大进口来源地、第三大出口市场。第四轮中欧经贸高层对话、第八次中欧财金对话、第五次中英经济财金对话、首次中法高级别经济财金对话成功举行，中国分别与法国、奥地利、瑞士、波兰、芬兰、罗马尼亚、斯洛伐克、塞尔维亚、斯洛文尼亚等国及欧盟举行经贸联委会或混委会会议。中国与冰岛、瑞士分别正式签署自由贸易协定。中国和欧盟宣布启动投资协定谈判。中英签署加强双边投资合作谅解备忘录。中国与欧盟、英国、匈牙利、阿尔巴尼亚签署双边本币互换协议，与冰岛续签了有关双边本币交换协议展期三年的文件。第三届中国—中东欧国家经济贸易论坛在罗马尼亚举行，李克强总理出席论坛开幕式并致辞。

人文交流方兴未艾。英国、法国、比利时、荷兰、芬兰、丹麦、波兰、匈牙利、保加利亚等国成功举办“欢乐春节”活动。“法国汉语年”、德国“中国文化年”活动圆满落幕，“中德语言年”顺利启动。中国与英国、罗马尼亚签署文化交流合作计划，与比利时、丹麦、罗马尼亚、匈牙利就设立文化中心达成协议，中国—中东欧国家文化合作论坛顺利举行。中法正式启动庆祝两国建交50周年活动。“中国西藏文化周”、秦兵马俑展、中国当代艺术家画展等活动受到广泛欢迎。中国国际广播电台调频台在阿尔巴尼亚开播。

中国与瑞士就开展教育合作发表联合声明，与克罗地亚达成新的教育合作计划，与马耳他签署互认高等教育学位学历证书协议。瑞士、匈牙利、罗马尼亚、马其顿、阿尔巴尼亚新设孔子学院，法属波利尼西亚孔子学院正式开课。中国国际广播电台北欧芬兰节目制作室广播孔子课堂暨北欧首家广播孔子课堂在芬兰揭牌。中国与匈牙利就设立中东欧地区汉语教师培训中心签署协议，与西班牙首次执行了政府互换奖学金。中国—中东欧国家教育政策对话在重庆举行。“复旦—欧洲中国研究中心”在丹麦成立。截至2013年年底，塞尔维亚已有80多所中小学开设汉语课。

此外，中欧在科技、能源、农业、旅游、交通、军事、地方等领域务实合作不断深入发展。

科技创新。中国与比利时、西班牙、葡萄牙、斯洛伐克、塞尔维亚等国分别举行科技联委会会议，与欧盟举行高技术贸易工作组第二次会议。第四届中意创新论坛在北京举行。中英签署谅解备忘录，同意各出资1亿英镑建立联合科学创新基金。中芬国际合作创新平台暨芬华创新北京中心落户北京中关村软件园。第二次中欧创新合作对话在北京举行。

能源合作。中法举行纪念核能合作30周年高峰论坛，宣布建立更平等的民用核能合作伙伴关系。中国与英国签署加强民用核能领域合作谅解备忘录，与罗马尼亚签署核电、火电、风电等多项合作协议。中国国家能源局派团赴丹麦出席第三届“全球绿色增长论坛”。第16次中国欧盟领导人会晤期间，双方签署《中欧能源安全联合声明》。

农业合作。国务院副总理回良玉赴罗马出席国际农业发展基金第36届理事会，并出席中国与南欧六国农业合作圆桌会议。第八届中国—中东欧国家农业经贸合作论坛在安徽合肥举行。第16次中国欧盟领导人会晤期间，双方签署《中国农科院与欧委会关于粮食、农业和生物技术研究与创新合作意向书》。

旅游交通。中国与欧盟签署《关于可持续旅游领域合作的联合声明》。斯洛文尼亚、克罗地亚等国在华举办旅游推介活动。英国航空公司开通成都至伦敦的直航航班。芬兰航空公司开通赫尔辛基至西安的直航航线。中国与塞尔维亚、匈牙利共同宣布合作建设从布达佩斯至贝尔格莱德的铁路。

城镇化合作。第16次中国欧盟领导人会晤期间，国务院总理李克强与欧洲理事会主席范龙佩、欧盟委员会主席巴罗佐共同出席中欧城镇化伙伴关系论坛闭幕式并致辞。

军事交流。国务委员兼国防部长梁光烈上将、中国人民解放军总装备部部长张又侠上将、第二炮兵司令员魏凤和上将、副总参谋长孙建国海军上将、副总参谋长侯树森上将、总政治部副主任贾廷安上将先后访问马其顿、斯洛文尼亚、意大利、西班牙、瑞典、匈牙利、荷兰等国。法国、荷兰、瑞典、西班牙、希腊、保加利亚、波兰、波斯尼亚和黑塞哥维那等国军方领导人访华。

中法总参谋部第九次工作会议、中法两军第12次防务战略对话、中德两军第六轮防务战略磋商相继举行。英国海军导弹驱逐舰“勇敢”号、法国海军“葡月”号护卫舰访问上海。中国海军亚丁湾护航编队与意大利军舰实现登舰互访，第13批亚丁湾护航编队成功访问法国、马耳他、葡萄牙。

地方交流。中国—中东欧国家地方领导人会议在重庆市举行。广东省与意大利艾米利亚—罗马涅大区、上海市与匈牙利布达佩斯市、三亚市与克罗地亚杜布罗夫尼克市、兰州市与罗马尼亚阿尔巴尤利亚市、济南市市中区与罗马尼亚布加勒斯特第四区、贵州省关岭布依族苗族自治县与德国巴符州霍恩洛厄县、江苏省常州市武进区与德国北威州安斯贝尔格市、江苏省盐城市盐都区与德国萨克森州茨威考市缔结友好省市、区县关系。重庆市与斯洛文尼亚马里博尔市签署建立友好合作关系备忘录。重庆市梁平县与阿尔巴尼亚都拉斯市建立友好合作关系。第八届中法市长圆桌会议在扬州举行。首次中波地方合作论坛在波兰革但斯克举行。

## 6. 中国与北美大洋洲地区国家关系

2013年，中国与美国关系总体保持稳定发展势头。两国高层和各级别交往密切。

3月14日，国家主席习近平就任当天即应约同美国总统奥巴马通电话。6月7～8日，国家主席习近平同美国总统奥巴马在安纳伯格庄园举行了历史性、建设性、战略性的会晤。9月6日，国家主席习近平与美国总统奥巴马在二十国集团圣彼得堡峰会期间举行会晤。10月10日，国务院总理李克强在东亚领导人系列会议期间会见美国国务卿克里。12月4～5日，美国副总统拜登应国家副主席李源潮邀请访华。11月21日，第四轮中美人文交流高层磋商在华盛顿举行，国务院副总理刘延东与美国国务卿克里共同主持磋商。7月10～11日，国务院副总理汪洋、国务委员杨洁篪作为国家主席习近平特别代表在华盛顿与美国总统奥巴马特别代表国务卿克里和财政部长雅各布·卢共同主持第五轮中美战略与经济对话。双方在战略对话框架下举行了第三次中美战略安全对话。双方还建立了气候变化工作组和网络工作组，并举行首次会议。12月19～20日，第24届中美商贸联委会在北京举行。国务院副总理汪洋与美国商务部长普利兹克、贸易代表弗罗曼共同主持，美国农业部长维尔萨克出席。4月13日，国务委员杨洁篪在北京会见美国国务卿克里。7月12日，国务委员杨洁篪在华盛顿会见美国总统国家安全事务助理赖斯。7月2日，外交部长王毅在出席东亚系列外长会期间会见美国国务卿克里。9月19～27日，王毅外长访问美国并出席第68届联合国大会一般性辩论。此外，美国国务卿克里、财政部长雅各布·卢、总统国家安全事务助理多尼隆、参谋长联席会议主席邓普西、常务副国务卿伯恩斯、助理国务卿拉塞尔等分别访华。

中美两国经贸、人文、科技、能源、环境、执法、防扩散等领域交流合作继续推进，两军关系得到改善和发展。双方并就朝鲜核、伊朗核、叙利亚等地区热点问题以及气候变化、网络安全等全球性问题保持密切沟通和协调。

2013年，中国与加拿大战略伙伴关系继续保持良好发展势头。两国高层及各级别交往频繁。加拿大总督戴维·约翰斯顿首次对中国进行国事访问。国务委员兼国防部长常万全上将、国务院新闻办公室主任蔡名照等分别访加。加外交部长约翰·贝尔德等多位部长访华。两国在经贸投资、司法执法、科教人文等领域合作成果丰硕。双方签署《中华人民共和国国家发展和改革委员会与加拿大自然资源部关于矿产资源合作对话的谅解备忘录》、《中国国家能源局与加拿大阿尔伯塔省关于推动可持续能源发展合作的框架协议》，并就《返还被非法侵占财物与分享被没收资产协定》文本达成一致。中国以合作研究方式向加拿大提供的一对大熊猫落户多伦多。两国2013～2014年互办文化活动全面展开。地方交流更趋密切，加拿大安大略省省长道尔顿·麦坚迪、不列颠哥伦比亚省省长简蕙芝等分别访华。加拿大支持中国成为北极理事会正式观察员。双方在联合国改革、二十国集团、气候变化、伊朗核、叙利亚、朝核等重大国际地区问题上保持密切沟通。

2013年，中国与澳大利亚、新西兰关系总体保持稳定发展。中澳建立战略伙伴关系和总理年度定期会晤机制。9月澳大利亚联邦大选后，双方高层接触频繁。国家主席习近平在印度尼西亚巴厘岛出席亚太经合组织第21次领导人非正式会议期间、国务院总理李克强在文莱斯里巴加湾市出席东亚领导人系列会议期间均会见澳大利亚总理阿博特和新西兰总理约翰·基。澳大利亚总理吉拉德、新西兰总理约翰·基正式访华并出席博鳌亚洲论坛年会。澳大利亚总督布赖斯来华进行国事访问并出席第14届中国西部国际博览会。中澳、中新经贸投资合作取得积极进展。中国保持澳大利亚第一大贸易伙伴、出口市场和进口来源国地位，首次成为新西兰第一大贸易伙伴。人民币与澳元实现直接交易。《中国新西兰自由贸易协定》和《中国人民银行与新西兰储备银行双边本币互换协议》实施顺利。中澳、中新在防务、科教、人文等各领域合作成果丰硕。

2013年，中国与太平洋岛国关系保持稳定。双方高层交往密切。文化部长蔡武访问斐济、瓦努阿图。商务部副部长钟山访问巴布亚新几内亚、瓦努阿图。中共中央对外联络部副部长刘结一访问斐济、萨摩亚。全国人大环境与资源保护委员会副主任委员王鸿举访问萨摩亚。中国—太平洋岛国论坛对话会特使李强民先后访问密克罗尼西亚联邦、巴布亚新几内亚、萨摩亚，赴斐济出席南方国家高级别名人会议、太平洋岛国发展论坛会议。斐济总理乔萨亚·沃伦盖·姆拜尼马拉马、汤加副首相兼基础设施部长瓦伊普卢访华，汤加首相图伊瓦卡诺、瓦努阿图总理莫阿纳·卡凯塞斯来华出席国际会议。

11月，第二届中国—太平洋岛国经济发展合作论坛在广州举行。国务院副总理汪洋及密克罗尼西亚联邦总统伊曼纽尔·莫里，库克群岛总理亨利·普那，纽埃总理托克·塔拉吉，巴布亚新几内亚总理彼得·奥尼尔，萨摩亚总理图伊拉埃帕·萨伊莱莱·马利埃莱额奥伊，汤加首相图伊瓦卡诺，瓦努阿图总理莫阿纳·卡凯塞斯，斐济农业、渔业和林业部长伊尼亚·赛努伊拉图和太平洋岛国论坛秘书长图伊洛马·内罗尼·斯莱德出席开幕式并致辞。汪洋副总理宣布加强与岛国务实合作的七项举措，分别同各岛国领导人会见并见证双方合作文件的签署。此次论坛取得了积极成果，对深化中国与岛国经贸合作、促进双方关系全面发展具有重要意义。

双方贸易与投资不断扩大，人文领域交流进一步密切。中冶集团在巴布亚新几内亚的拉姆镍矿项目正式投产。中国援建斐济海岸防护工程、瓦努阿图南太大学埃马路斯分校扩建、萨摩亚国家医疗中心一期及向汤加提供一架新舟60飞机等项目顺利完成，斐济纳务瓦医院、索摩索摩小水电站、菌草示范中心、低造价住房、公路升级改造，巴布亚新几内亚戈洛卡大学宿舍、政府电子政务网、社区远程教育学院等项目顺利推进。

中国为岛国举办政府高级公务员培训班、高级政治家研修班、高级防务论坛、高级防务官员培训班及各类短期技术培训，并安排岛国学生来华留学。广东省友好代表团及医疗小组分别访问斐济、密克罗尼西亚联邦、瓦努阿图、萨摩亚、巴布亚新几内亚和帕劳。中斐签署文化合作谅解备忘录。重庆艺术团赴斐济、瓦努阿图演出。

双方在国际和地区事务中保持良好沟通与协调。6月，太平洋岛国论坛秘书长图伊洛马·内罗尼·斯莱德访华。9月上旬，中国—太平洋岛国论坛对话会特使李强民作为中国政府代表出席在马绍尔群岛举行的第25届太平洋岛国论坛会后对话会。

## 7. 中国与拉丁美洲和加勒比地区国家关系

2013年，中国与拉丁美洲和加勒比地区国家关系持续深入发展，各领域合作全面推进并取得重大新进展。

中国同拉美和加勒比国家政治互信不断深化，高层交往引领中拉关系新局面。国家主席习近平对特立尼达和多巴哥、哥斯达黎加、墨西哥进行国事访问并会见加勒比八个建交国领导人，在金砖国家、博鳌亚洲论坛、二十国集团、亚太经合组织等多边场合会晤巴西、墨西哥、秘鲁、阿根廷、智利总统。国家副主席李源潮访问阿根廷、委内瑞拉。墨西哥、秘鲁、委内瑞拉、乌拉圭、牙买加、安提瓜和巴布达、苏里南、多米尼克、玻利维亚等拉美和加勒比九国元首和政府首脑以及五国副元首、四国议长和11国外长访华。中国与巴西全面战略伙伴关系持续发展，与墨西哥、秘鲁建立全面战略伙伴关系。

中国同拉美和加勒比国家务实合作和机制建设收获新硕果。中拉领导人互访促成签署近百项合作协议。中国同委内瑞拉、巴西分别召开高级混合委员会和高层协调与合作委员会会议，同阿根廷、智利成立政府间常设委员会及经济合作与协调战略对话机制，同墨西哥设立政府间高级投资工作组和企业家高级别工作组。中拉在金融、能源、农业、基础设施、科技等领域形成一批新的重大合作项目。中国企业中标巴西盐下油区块和阿根廷大型水电站项目，同委内瑞拉签署新一笔联合融资基金和胡宁区块石油合作协议。中国同巴西签署1900亿元人民币/600亿雷亚尔的货币互换协议，中国工商银行阿根廷分行正式挂牌运营。采用中国标准的古巴哈瓦那数字电视示范区试运营，中国成功为玻利维亚发射通讯卫星。2013年，中国同拉美和加勒比国家贸易额累计2615.7亿美元，同比增长0.1%。

中国同拉美和加勒比国家人文交往进一步扩展。双方政党、立法机构和地方政府就治国理政和发展模式加强对话交流，拉美国家认为“中国梦”与联合自强的“拉美梦”相通相融。中国在墨西哥设立文化中心，同巴西互办“国家文化月”，在拉美和加勒比孔子学院和孔子学堂分别增至32个和10个。首届拉美和加勒比艺术季在中国举行。中国同巴哈马签署全面互免签证协定，中国同委内瑞拉签署互免持外交、公务、公务普通护照人员签证协定。中拉军事交流得到加强，中国海军170编队访问智利、巴西和阿根廷，与智利、巴西两国海军举行联合演练。

中国同拉美和加勒比国家整体合作取得积极进展。习近平主席等中国领导人就筹建中拉合作论坛与拉美和加勒比国家领导人深入交换意见。王毅外长出席联大期间同拉美和加勒比国家共同体（拉共体）“扩大的三驾马车”外长举行新一轮对话。拉美国家支持建立中拉合作论坛的态度更加明确。拉共体首届峰会专门要求各成员国就建立中拉合作论坛进行协商并提交2014年初古巴峰会讨论。首届中拉农业部长论坛、首届中拉青年政治家论坛、第二届中拉智库交流论坛分别在北京举行，为推进中拉整体合作积累了有利条件。

中国同拉美和加勒比国家国际事务协调合作取得新成效。中拉在涉及彼此核心利益和重大关切问题上继续相互理解和支持，并在联合国、二十国集团、亚太经合组织、金砖国家以及东亚—拉美合作论坛等多边机制框架下，就全球经济治理、亚太区域一体化、应对气候变化等重大议题以及伊朗核、叙利亚危机、网络安全等热点问题加强对话协调，有力维护发展中国家共同利益。

## （三）专题评述

### 1. 习近平主席对俄罗斯进行国事访问

根据中俄元首年度定期互访机制，应俄罗斯总统普京邀请，国家主席习近平于2013年3月22～24日对俄罗斯进行国事访问。俄罗斯是习近平主席进行国事访问的第一个国家，充分表明中国新一届中央领导集体高度重视发展中俄关系，体现了两国关系的高水平和特殊性。

访问期间，习近平主席与普京总统举行小、大范围会谈并共同出席俄罗斯“中国旅游年”开幕式，分别会见俄罗斯总理梅德韦杰夫、联邦委员会主席马特维延科、国家杜马主席纳雷什金等俄方领导人，广泛接触俄罗斯社会各界友好人士，在莫斯科国际关系学院发表演讲，参观俄罗斯国防部，出席中共六大纪念馆建馆启动仪式，与俄罗斯汉学家、学习汉语的学生及媒体代表座谈。

习近平主席与俄方领导人就加强中俄全方位合作深入交换意见，达成重要共识。

双边关系层面。习近平主席强调，中俄有着广泛共同利益，两国关系正处在历史最好时期；双方要加大相互政治支持，坚定支持对方维护国家主权、安全、发展利益的努力，坚定支持对方走符合本国国情的发展道路，坚定支持对方发展复兴；全面扩大务实合作，实现共同发展；密切在国际和地区事务中的协调配合，坚决维护共同战略安全和国际公平正义。普京总统积极评价两国各领域合作积极势头，表示俄中都致力于国家发展振兴，共同利益广泛，合作前景广阔；俄中全面战略协作伙伴关系符合两国人民利益，成为当今国际关系中的重要积极因素。双方同意，恪守《中俄睦邻友好合作条约》的原则和精神，不断把两国平等信任、相互支持、共同繁荣、世代友好的全面战略协作伙伴关系提升至新阶段。

务实合作方面。双方高度评价两国务实合作成果，强调双边贸易额2012年已达创纪录的882亿美元，为双方共同应对国际经济金融危机发挥了积极作用；认为中俄开展大规模经济合作的时机和条件已经成熟，对提前实现2015年双边贸易额达到1000亿美元的目标充满信心。双方同意，继续深化贸易、投资、工业、林业、高技术、航空航天、基础设施建设等领域合作；改善贸易结构，提高贸易质量，扩大贸易领域；统筹协调地方合作，加快推进跨境铁路、公路桥等通道建设，加强生态环境、跨境水资源保护等方面合作。

能源合作方面。双方一致认为，中俄能源合作是全面和全方位的，旨在实现互利共赢，加强中俄能源合作不仅有利于促进两国各自经济发展，也有利于共同维护两国、地区以及世界的能源安全。双方同意继续加强油气、核能、电力、煤炭等领域合作。

人文合作方面。双方积极评价2012年中国"俄罗斯旅游年"的成功举办，以及双方教育、文化、卫生、体育、旅游、档案等领域合作取得的进展；决定2014年和2015年互办中俄青年友好交流年；商定继续办好2013年俄罗斯"中国旅游年"，推动青年交流，鼓励两国高校密切交往，增加互派留学生名额，加强卫生医药领域合作。俄方表示将继续支持中方修复和保护中共六大会址，中方支持俄方申办2020年世博会。

议会合作方面。双方商定共同确保中俄议会合作委员会机制有效运转，进一步加强议会合作，深化治国理政经验交流，相互学习借鉴，为中俄关系发展提供可靠立法保障。

国际事务方面。双方赞同发挥联合国在国际事务中的中心作用，遵守联合国宪章宗旨、原则和国际关系基本准则，坚持二战成果不容篡改，共同维护战后国际秩序；积极评价叙利亚局势、伊朗核等热点问题政治解决出现的积极迹象，共同努力推动朝核问题回到9·19共同声明的正确轨道上来；同意进一步密切在联合国、上海合作组织、金砖国家等框架内的合作，就亚太事务、朝鲜半岛和西亚北非局势加强沟通协调，推动国际关系民主化，维护世界和平与发展。

上合组织方面。双方同意加大上海合作组织对恐怖主义、分裂主义、极端主义、毒品贩运、跨国有组织犯罪的打击力度；赋予上合组织地区反恐怖机构打击毒品贩运等新职能，并在此基础上成立上合组织应对安全威胁和挑战综合中心；加强交通、能源、通信、农业等经济合作，积极推动建立有效融资保障机制；支持上合组织扩大同其他国家和国际组织的对话与交流。

习近平主席在莫斯科国际关系学院发表题为《顺应时代前进潮流 促进世界和平发展》的演讲，深入阐述中国对当前世界形势的看法和对国际关系的立场主张，强调中国坚定不移走和平发展道路、坚定不移发展中俄全面战略协作伙伴关系，呼吁各国共同推动建立以合作共赢为核心的新型国际关系，让各国和各国人民共享尊严、共享发展成果、共享安全保障。

访问期间，两国元首签署并发表《中俄关于合作共赢、深化全面战略协作伙伴关系的联合声明》，批准《〈中俄睦邻友好合作条约〉实施纲要（2013～2016年）》，见证双方有关部门和企业签署30多个政府间、部门间、企业间合作文件，涉及经贸、能源、投资、地方、人文、环保等领域。

### 2. 习近平主席出席金砖国家领导人第五次会晤

2013年3月26～27日，国家主席习近平出席在南非德班举行的金砖国家领导人第五次会晤。会晤期间，习近平主席和各国领导人先后出席了同工商界早餐会、小范围会谈、大范围会谈、同非洲领导人对话会等活动，就世界经济形势、全球经济治理、金砖国家合作、加强金砖国家与非洲合作及共同关心的国际和地区问题深入交换了看法。会后发表了《德班宣言》和行动计划。

习近平主席在会上发表了《携手合作　共同发展》的重要讲话，指出金砖国家为了和平、发展、合作、共赢走到了一起，建设一个美好世界成为各方的共同诉求。为此，金砖国家应在三方面加强合作，发挥更大作用：一是坚定捍卫国际公平正义，维护世界和平稳定。二是大力推动建设全球发展伙伴关系，促进各国共同繁荣。三是深化互利合作，谋求互利共赢。习近平主席强调，尽管金砖国家是一个成立刚五年的新机制，但只要各国坚定对自身发展道路、发展前景和彼此合作的信心，就一定能够取得更大成功。各国要通过加强伙伴关系把金砖各国紧密联系起来，推进和深化在经贸、金融、基础设施、人员往来等领域的合作，推动贸易投资领域的一体化大市场、金融货币领域的多层次大流通、基础设施领域的陆海空大联通、人文领域的大交流。习近平主席阐述的重要主张，得到与会领导人的高度评价。

在同非洲领导人对话会上，习近平主席就金砖国家同非洲基础设施建设问题提出四点建议。一是共同推动非洲基础设施建设成为国际发展合作的优先领域，帮助非洲实现更快增长、创造更多就业。二是共同参与非洲跨国大项目建设，包括二十国集团和非盟及次区域组织提出的非洲项目，使之成为非洲深化经济一体化、改善民生的拉动力。三是共同促进对非洲金融合作，通过支持多边开发银行加大对非洲投入，金砖国家开发银行建立后要考虑对非业务，金砖国家金融论坛应该探讨对非合作，同非洲国家开展双边货币互换等合作，为非洲基础设施建设提供支持。四是本着可持续发展理念开展基础设施建设，使非洲既能实现经济快速发展，又能保护生态环境，做到既有金山银山又有绿水青山。

习近平主席提出，中国将在南南合作框架内，继续在对外援助、投融资合作等方面向非洲基础设施领域倾斜，支持非洲一体化建设。同非洲国家建立跨国跨区域基础设施建设合作伙伴关系，帮助非洲开展互联互通及资源普查的咨询、规划、可行性研究和方案设计等前期工作，每年为非洲培训培养300名基础设施领域的各类管理和技术人员。将在向非洲提供的200亿美元贷款额度中，优先安排用于实施基础设施项目。将通过投融资、援助、合作等多种方式，鼓励中国企业和金融机构参与非洲跨国跨区域基础设施建设和运营管理。习近平主席还郑重承诺，将在2015年把对最不发达国家97%税目的输华产品给予零关税待遇的承诺落实到位。

此次会晤再次表明，金砖国家合作符合和平、发展、合作的时代潮流，有利于世界经济更加平衡、国际关系更加合理、全球治理更加有效、世界和平更加持久。各成员国普遍对金砖国家发展和金砖国家合作充满信心。金砖国家合作将继续在带动全球经济增长、完善全球经济治理、加强多边主义和国际关系民主化方面发挥建设性作用。

会晤期间，习近平主席还分别会见了巴西总统罗塞芙和印度总理辛格。

### 3. 习近平主席出席博鳌亚洲论坛2013年年会

博鳌亚洲论坛2013年年会于4月6～8日举行，主题为“革新、责任、合作：亚洲寻求共同发展”。国家主席习近平出席年会并发表题为《共同创造亚洲和世界的美好未来》的主旨演讲。

习近平主席在主旨演讲中指出，亚洲是当今世界最具发展活力和潜力的地区之一，但亚洲要谋求更大发展、更好推动本地区和世界其他地区共同发展，需要乘势而上、转型升级；需要共同呵护、破解难题；需要百尺竿头、更进一步。世界各国都应牢固树立命运共同体意识，加强宏观经济政策协调，勇于变革创新，同心维护和平，着力推进合作，坚持开放包容，共同促进世界经济复苏和增长。中国将坚定不移走和平发展道路，大力促进亚洲和世界发展繁荣，坚定维护亚洲和世界和平稳定，积极推动亚洲和世界范围的地区合作。中国将继续妥善处理同有关国家的分歧和摩擦，在坚定捍卫国家主权、安全、领土完整的基础上，努力维护同周边国家关系和地区和平稳定大局。

习近平主席结合出席年会，为文莱苏丹哈桑纳尔、缅甸总统登盛、哈萨克斯坦总统纳扎尔巴耶夫、赞比亚总统萨塔、墨西哥总统培尼亚、秘鲁总统乌马拉、芬兰总统尼尼斯托等七位外国元首举行国事活动，会见柬埔寨首相洪森、澳大利亚总理吉拉德、新西兰总理约翰·基等三位政府首脑，阿尔及利亚议长本萨拉赫、蒙古国家大呼拉尔主席恩赫包勒德等两位议会领导人以及第67届联合国大会主席耶雷米奇和国际货币基金组织总裁拉加德等两位国际组织负责人。会谈会见增进了中国同有关国家及国际组织的相互了解与信任，促进了双方在政治、经济、人文等诸多领域的务实合作。

### 4. 中美元首安纳伯格庄园会晤

2013年6月7～8日，国家主席习近平与美国总统奥巴马在美国加利福尼亚州安纳伯格庄园举行会晤。两国元首会晤和交流时间超过八个小时，增进了相互了解和信任，达成了一系列重要共识，取得重要积极成果，为中美关系未来发展指明了方向，规划了蓝图，开启了中美“跨太平洋合作”的新篇章。

习近平主席向奥巴马总统介绍了中国政府的执政理念和内外政策，重申中国坚定不移走和平发展道路，坚定不移深化改革、扩大开放，努力实现中华民族伟大复兴的中国梦。中国梦要实现国家富强、民族振兴、人民幸福，是和平、发展、合作、共赢的梦，与包括美国梦在内的世界各国人民的美好梦想相通。中国梦的实现需要一个和平、稳定的国际和周边环境。中国将在实现自己梦想的过程中，为亚太地区和世界的和平、稳定与繁荣作出贡献。奥巴马总统也向习近平主席介绍了其执政理念、执政目标和优先议程。

两国元首均强调了中美关系的重要性，认为面对经济全球化迅速发展和各国同舟共济的客观需求，中美应该也可以走出一条不同于历史上大国冲突对抗的新路。双方同意，共同努力构建新型大国关系，相互尊重、合作共赢，造福两国人民和世界人民。国际社会也期待中美关系能够不断改善和发展。中美两国合作好了，就可以做世界稳定的“压舱石”、世界和平的“助推器”。双方同意加强各层次对话沟通，不断增进相互理解与信任。双方将继续通过互访、会晤、通话、通信等方式保持密切联系，将尽早实现互访，并适时在中国再次举行类似会晤。

两国元首积极评价中美战略与经济对话、人文交流高层磋商等重要对话机制在拓展合作、管控分歧方面发挥的重要作用，共同推动第五轮中美战略与经济对话、第四次中美人文交流高层磋商取得积极务实成果。

双方同意不断加强两国在经贸、投资、能源、环境、人文、地方等领域务实合作，深化全方位利益交融格局；同意就气候变化、网络安全问题加强对话与合作，充分发挥好有关工作组的作用。双方均强调了改善和发展两军关系的重要性，愿推进中美新型军事关系建设。

习近平主席重申了中方在台湾问题上的原则立场，强调台湾问题涉及13亿中国人民的民族感情，希望美方恪守中美三个联合公报，坚持一个中国政策，以实际行动支持两岸关系的和平发展，停止售台武器。

两国元首就亚太地区形势和中美在亚太的互动交换了意见。双方认为，亚太是中美利益交织最紧密、互动最频繁的地区，中美在亚太的共同利益远大于分歧，双方应加强沟通协调，减少摩擦，努力形成良性互动格局，给中美以及整个地区带来发展机遇。

两国元首同意继续深化中美在多边机构内的合作，在国际和地区热点问题上保持密切协调和配合，进一步加强在全球性问题上的合作，为促进世界的和平、稳定与繁荣发挥积极作用。

安纳伯格会晤是一次战略性、建设性、历史性的会晤，对中美关系的未来发展和亚太地区乃至世界的和平、稳定与繁荣都将产生重要的积极影响。

### 5. 习近平主席出席二十国集团领导人第八次峰会

2013年9月5～6日，国家主席习近平出席在俄罗斯圣彼得堡举行的二十国集团领导人第八次峰会。会议期间，习近平主席和各国领导人讨论了世界经济增长、国际金融稳定、发展、国际贸易、就业等议题。会后发表了《二十国集团领导人声明》及《二十国集团峰会五周年声明》。

习近平主席在峰会上发表了《共同维护和发展开放型世界经济》的重要讲话，指出二十国集团作为国际经济合作主要论坛，要拿出更果断的勇气、更坚定的行动，继续为世界经济增长谋动力。各成员要放眼长远，从全人类共同利益出发，努力塑造各国发展创新、增长联动、利益融合的世界经济，坚定维护和发展开放型世界经济。为此，二十国集团各成员需要建设更加紧密的经济伙伴关系，肩负起应有的责任：采取负责任的宏观经济政策；共同维护和发展开放型世界经济；完善全球经济治理，使之更加公平公正。

习近平主席介绍了中国经济形势和发展前景，指出中国经济基本面良好，将坚定推动结构改革，使经济运行更加平稳、增长质量更高、增长前景更可持续。中国将坚定不移扩大开放，坚持互利共赢的开放战略，更加充分地发挥市场在资源配置中的基础性作用，努力深化利率和汇率市场化改革。中国有条件有能力实现经济持续健康发展，为各国创造更广阔的市场和发展空间，为世界经济带来更多正面外溢效应。习近平主席还郑重承诺，将在2015年把对最不发达国家97%税目的输华产品给予零关税待遇的承诺落实到位。

峰会认为，作为国际经济合作主要论坛，二十国集团应该坚持自身定位，继续在推动世界经济复苏和增长方面发挥领导作用，继续完善全球经济治理，维护国际金融稳定。峰会重申反对贸易保护主义，决定将不采取新保护主义措施的承诺延长至2016年。各方均同意，将继续把发展作为二十国集团重点议题，致力于解决全球发展不平衡问题，并制定了《圣彼得堡发展展望》。

峰会期间，习近平主席还出席了金砖国家领导人非正式会晤，分别会见了俄罗斯总统普京、美国总统奥巴马、墨西哥总统培尼亚、阿根廷总统克里斯蒂娜、巴西总统罗塞芙、德国总理默克尔及世界贸易组织总干事阿泽维多。

### 6. 习近平主席出席上海合作组织元首理事会第13次会议

2013年9月12～13日，国家主席习近平出席在吉尔吉斯斯坦首都比什凯克举行的上海合作组织成员国元首理事会第13次会议。上海合作组织成员国、观察员国元首（印度为外长）以及联合国等有关国际和地区组织负责人出席。

会议围绕发展成员国长期睦邻友好合作关系、上海合作组织下阶段工作目标和任务以及重大国际和地区问题深入交换意见，达成广泛共识。成员国元首共同签署了《上海合作组织成员国元首比什凯克宣言》，发表了《上海合作组织成员国元首理事会会议新闻公报》，批准了《〈上海合作组织成员国长期睦邻友好合作条约〉实施纲要（2013～2017年）》，见证签署了《上海合作组织成员国政府间科技合作协定》。峰会决定由塔吉克斯坦接任上海合作组织主席国。

习近平主席在峰会上发表题为《弘扬“上海精神” 促进共同发展》的重要讲话，重点阐述了中方对发展上海合作组织的立场和主张，强调要继续高举“上海精神”旗帜，将上海合作组织打造成命运共同体和利益共同体。为进一步促进上海合作组织框架内的务实合作，习近平主席提议开辟交通和物流大通道，商谈贸易和投资便利化协定，加强金融领域合作，成立能源俱乐部，建立粮食安全合作机制。与会各方高度评价中方多年来为推动上海合作组织发展、促进成员国务实合作所作贡献，积极回应习近平主席提出的有关倡议。

峰会期间，习近平主席同塔吉克斯坦、蒙古、伊朗、阿富汗总统分别举行会谈或会见，促进了中国同本地区国家的双边关系与务实合作。

### 7. 习近平主席出席亚太经合组织第21次领导人非正式会议

2013年10月7～8日，国家主席习近平出席了在印度尼西亚巴厘岛举行的亚太经合组织（APEC）第21次领导人非正式会议。这是在世界经济复苏艰难曲折、多哈回合谈判举步维艰、亚太区域经济一体化积极推进、国际社会高度关注中国和亚太经济发展前景的背景下，中国在亚太地区展开的一次重大多边外交行动，受到国内外广泛关注。会议期间，习近平主席在APEC领导人非正式会议两阶段会议和工作午宴上发表题为《发挥亚太引领作用　维护和发展开放型世界经济》等重要讲话，在工商领导人峰会上发表题为《深化改革开放　共创美好亚太》的主旨演讲，并同APEC工商咨询理事会代表对话。

在讲话中，习近平主席阐述了中国对当前世界经济形势、亚太区域合作发展走向、中国经济发展前景和下步改革举措的看法，增进了国际社会对亚太和中国发展前景的信心，引导了亚太区域合作方向，推动了双边关系发展。主要成果包括：

提振各方对亚太经济和中国发展前景的信心。习近平主席全面介绍中国经济形势和发展前景，深刻阐述中国发展理念和改革开放举措，传递出信心、决心和共赢的清晰信号，获得各方广泛赞同。针对各方对中国经济增速放缓的关切，习近平主席表示对中国经济发展前景充满信心，信心来自于中国经济增速处在合理区间和预期目标内，来自于中国经济发展质量和效益稳步提升，来自于中国经济的强劲内生动力，来自于亚太发展的良好前景。习近平主席强调，中国经济增速有所趋缓是主动调控的结果。中国经济发展正在从过于依赖投资和出口拉动向更多依靠国内需求特别是消费需求拉动转变。新型城镇化、劳动者素质提高、创新驱动发展战略、内需和消费市场拓展以及以人为本的理念，都将转化为推动中国经济发展的强劲内在动力。中国完全有条件也有能力实现经济持续健康发展，并为亚太和世界经济提供更大发展机遇。

推动亚太继续在世界经济中发挥引擎作用。面对世界经济形势新变化对亚太金融市场、资金流动、汇率稳定带来的挑战和经济金融风险，中方主张亚太经合组织成员加强宏观经济政策协调，形成亚太地区政策协调、增长联动、利益融合的开放发展格局。习近平主席指出，虽然亚太新兴经济体面临的外部风险和压力增大，但亚太地区谋和平、求发展、促合作的共同愿望没有改变，在世界经济格局中的整体上升趋势没有改变，增长和发展的巨大空间及潜力也没有改变，对外释放出亚太发展前景光明的积极信号。习近平主席还提出亚太经济体应谋求共同发展，坚持开放发展，推动创新发展，倡导联动发展等政策主张。在习近平主席和有关各方共同推动下，会议发表的领导人宣言强调了对亚太经济发展前景的信心。

提升亚太经合组织（APEC）对区域经济一体化的引领作用。在世界贸易组织多哈回合谈判进展缓慢，贸易和投资保护主义有新的发展的背景下，中国在会议上积极推动APEC对多哈回合谈判发挥政治影响。习近平主席表示，区域贸易安排要形成合力，共同推动亚太经济一体化进程，通过相互借鉴、相互促进，形成彼此融合、互为补充的局面，建立并尽早启动自由贸易区信息交流机制，发挥APEC引领和协调作用。习近平主席呼吁各成员经济体致力于开放式发展，坚决反对贸易保护主义，在扩大市场开放上作好表率，力促各方坚定全面完成多哈回合的决心。中方在巴厘岛会议上充分体现了在促进合作、推动区域经济一体化方面负责任、建设性的态度，为领导人会议通过支持多边贸易体制和世界贸易组织第九届部长级会议的单独声明作出重要贡献。

推进亚太经合组织（APEC）务实合作进程。在东道主印尼主持下，APEC各领域合作特别是推进互联互通合作取得积极进展。为深入推进APEC相关合作，习近平主席提出一系列重要建议，指出APEC成员应着力构建覆盖东北亚、东南亚、大洋洲、北美、拉美地区的亚太联通网络，构建覆盖太平洋两岸的亚太互联互通格局。对于制约互联互通建设的投融资瓶颈，应努力探索和完善基础设施投融资机制，建立政府、私营部门、国际机构广泛参与的投融资伙伴关系，提出中国倡议建立亚洲基础设施投资银行的举措。此外，还要大力促进本地区人民在经贸、金融、教育、科学、文化等各领域交往，加深彼此了解和信任，用互联互通促进亚太地区人民建立更紧密联系。

为中国主办2014年亚太经合组织（APEC）会议打下坚实基础。中国主办2014年APEC会议受到各方高度关注。巴厘岛会议期间，习近平主席就2014年领导人会议同各方密切沟通，介绍中方主办会议有关考虑，指出中方将以办会为契机，推动亚太经济体以开放包容、互利共赢的思想，建立更紧密的伙伴关系，推动亚太经合组织发挥更大引领作用，勾画亚太长远发展愿景。中方将加强亚太成员宏观经济政策协调，为亚太发展注入更大活力和动力，构筑同区域一体化相适应的经济格局，为亚太交流、融合、繁荣作出新的贡献。各方普遍赞同中国对2014年APEC发展的建议和设想，表示愿同中方就2014年办会问题加强合作，期待中国担任APEC东道主取得成功。

与会期间，习近平主席还会见了俄罗斯总统普京、韩国总统朴槿惠、泰国总理英拉、澳大利亚总理阿博特、新西兰总理约翰·基、智利总统皮涅拉等领导人，就双边关系和区域发展等问题深入交换意见，同其他与会领导人广泛接触，推动各方在亚太经合组织框架下深化合作、谋求共赢。

### 8. 李克强总理出席东亚领导人系列会议

2013年11月9～10日，国务院总理李克强出席了在文莱斯里巴加湾举行的第16次中国—东盟（10+1）领导人会议、东盟与中日韩（10+3）领导人会议和第八届东亚峰会。

在中国—东盟领导人会议上，李克强总理全面回顾总结中国—东盟建立战略伙伴关系十年来取得的成就和经验，并就未来十年打造宽领域、深层次、高水平、全方位的中国—东盟关系提出“2+7合作框架”，倡议双方在坚持深化战略互信和聚焦经济发展两点共识基础上，重点推进政治、安全、经贸、金融、互联互通、海上、人文等七个领域合作，具体包括：探讨签署中国与东盟国家睦邻友好合作条约；启动中国—东盟自贸区升级版谈判，力争2020年双边贸易额突破一万亿美元，今后八年新增双向投资1500亿美元；加快互联互通基础设施建设，设立亚洲基础设施投资银行；加强地区金融合作和风险防范，打造亚洲货币稳定体系、亚洲信用体系和亚洲投融资合作体系；开展海上合作，共同建设21世纪“海上丝绸之路”；完善中国—东盟防长会议机制，加强防灾减灾等非传统安全领域合作；密切人文、科技、环保交流，将2014年确定为中国—东盟文化交流年等。

东盟国家领导人高度评价东盟—中国关系发展，赞赏中国支持东盟一体化建设，欢迎李克强总理所提倡议，表示东盟将从战略高度重视和发展对华关系，珍视与中国长期积累形成的合作成果，愿与中方本着相互信任和互利共赢的精神，规划好双方关系未来发展，深化各领域务实合作，为东盟—中国关系开创更加辉煌的未来创造有利条件。

会后，双方发表了《纪念中国—东盟建立战略伙伴关系十周年联合声明》。

在东盟与中日韩（10+3）领导人会议上，李克强总理表示，东盟国家与中日韩扎实推进各领域合作，巩固了东亚合作的良好势头，为推动东亚和世界经济增长作出了积极贡献。实践证明，10+3合作是成功的，已经成为东亚合作的主渠道、主阵地。各国应继续牢牢把握和平发展、互利合作的大方向，把发展经济、改善民生放在优先地位，使东亚合作始终走在健康发展轨道上。

李克强总理就进一步加强10+3合作提出四点看法：坚定维护地区和平

稳定；加快推进东亚经济一体化；加强地区金融安全网建设；深化各领域合作。李克强强调，和平发展是东亚之福，10+3是东亚和平发展之锚。东盟各国与中日韩要密切合作，携手并进，共同谱写东亚合作新篇章。

与会国家领导人积极评价10+3合作多年来取得的丰硕成果，一致认为继续巩固本地区和平友好合作的大局是各国发展的重要保障。面对严峻的外部经济环境，本地区国家要团结互助，充分发挥10+3作为东亚合作主渠道的作用，加强金融安全网络建设和基础设施互联互通，全面推进区域经济一体化，共同促进东亚的稳定与繁荣。

会议通过了《2013～2017年东盟与中日韩（10+3）合作工作计划》。

在第八届东亚峰会上，李克强总理表示，东亚峰会成立八年来，秉持东亚合作的开放包容精神，已成为连接东亚、亚太国家的重要桥梁。各国要秉承传统并发扬光大，保持稳定发展势头，妥善处理制约发展的问题，管控好分歧，营造有利于和平安全发展的环境。

李克强总理提出三点建议：加强战略合作，共同应对挑战；深化经济合作，促进地区融合；增进安全互信，维护地区和平稳定。李克强总理还就地区形势和南海问题阐述了中方立场，强调南海的航行是自由的，南海的航行安全是有保障的，有关争议应由直接当事方通过协商和谈判解决。

与会国家领导人表示，东亚合作取得的丰硕成果，需要各国共同维护。面对当前复杂严峻的国际政治经济形势，东亚合作应继续坚持东盟主导，充分发挥现有机制作用，加强沟通协调，增进战略互信，持续推进务实合作，不断丰富合作内涵。东盟国家领导人表示，愿与中方通过友好协商妥善处理南海问题，共同维护本地区的和平、稳定与繁荣。

会议通过了《东亚峰会粮食安全宣言》。

### 9. 李克强总理出席中国—中东欧国家领导人会晤

2013年11月26日，国务院总理李克强在罗马尼亚布加勒斯特出席中国—中东欧国家领导人会晤。罗马尼亚、阿尔巴尼亚、波斯尼亚和黑塞哥维那、保加利亚、克罗地亚、捷克、爱沙尼亚、匈牙利、拉脱维亚、立陶宛、马其顿、黑山、波兰、塞尔维亚、斯洛伐克、斯洛文尼亚等中东欧16国领导人与会。会晤后，中国与中东欧16国共同发表《中国—中东欧国家合作布加勒斯特纲要》，涉及政治、经贸、投资、金融、互联互通、科技创新、环保、能源、人文、地方合作等领域38项举措。

李克强总理在中国—中东欧国家领导人会晤上发表讲话。李克强总理指出，中国—中东欧国家合作要坚持三大原则：一是相互尊重、平等相待。

照顾彼此核心利益和重大关切，尊重彼此自主选择的发展道路。二是互利共赢、共同发展。将对方发展化为自身机遇，通过相互开放与合作增添发展助力。三是中欧共进，相向而行。促进平衡发展，培育更多合作增长点。

李克强总理提出今后一个时期深化中国—中东欧国家合作的六点建议：一是做大做实经贸合作，实现五年内贸易额再翻一番的目标；二是加快推进互联互通，促进各方物流畅通，拉动经济发展；三是大力加强绿色合作，中国政府愿支持本国企业积极参与中东欧国家核电、水电、风电、光电等新能源建设；四是积极拓展融资渠道，进一步加强金融合作，更好服务实体经济；五是深挖地方合作潜力，支持2014年举办第二届中国—中东欧国家地方领导人会议；六是丰富人文交流，定期举办中国—中东欧国家文化合作论坛、教育政策对话和青年政治家论坛。

会晤期间，李克强总理出席了第三届中国—中东欧国家经贸论坛开幕式并致辞，与中东欧国家领导人分别举行双边会见，并与匈牙利、塞尔维亚两国总理共同宣布合建匈塞铁路。李克强总理还陪同16国领导人参观了中国铁路等基础设施及装备制造展。

### 10. 李克强总理出席上海合作组织成员国政府首脑（总理）第12次会议

2013年11月28～29日，国务院总理李克强出席在乌兹别克斯坦首都塔什干举行的上海合作组织成员国政府首脑（总理）理事会第12次会议。上海合作组织成员国总理、观察员国代表以及联合国亚太经社理事会、独联体、东盟等国际和地区组织负责人出席会议。

会议围绕世界和地区经济形势以及发展上海合作组织框架内经贸和人文合作交换了意见，达成广泛共识。成员国总理签署或通过了《上海合作组织成员国政府首脑（总理）理事会会议联合公报》、《上海合作组织成员国政府首脑（总理）关于进一步开展交通领域合作的联合声明》、《关于成立上海合作组织开发银行和上海合作组织发展基金（专门账户）下一步工作的决议》等重要文件，见证签署了《上海合作组织成员国传染病疫情通报方案》。

李克强总理在讲话中提出未来几年上海合作组织深化务实合作优先方向六点倡议：一是深化安全合作，二是加快道路互联互通，三是促进贸易和投资便利化，四是加强金融合作，五是推进生态和能源合作，六是扩大人文交流。

与会期间，李克强总理还同乌兹别克斯坦总统卡里莫夫、总理米尔济约耶夫，俄罗斯总理梅德韦杰夫，哈萨克斯坦总理阿赫梅托夫，吉尔吉斯斯坦总理萨特巴尔季耶夫，塔吉克斯坦总理拉苏尔佐达分别举行了会谈或会见，就双边关系和共同关心的问题交换了看法，加强了中国同有关国家的双边关系。

### 11. 杨洁篪国务委员与印度国家安全顾问梅农共同主持中印边界问题特别代表第16次会晤

2013年7月28～29日，中国印度边界问题特别代表第16次会晤在北京举行。中方特别代表、国务委员杨洁篪和印方特别代表、国家安全顾问梅农就中印边界问题的解决、维护边境地区的和平与安宁以及共同关心的国际地区问题坦诚、深入交换意见。

双方回顾了中印边界问题特别代表会晤十年来工作情况和边界问题解决进展，一致表示将坚持通过和平谈判，寻求公平合理和双方都能接受的解决方案。在边界问题最终解决前，充分发挥涉边机制作用，共同维护边境地区的和平与安宁。

双方积极评价两国关系，认为中印关系全面、快速发展符合两国、本地区乃至世界的利益。双方要保持高层互访势头，增进政治互信，深化务实合作和人文交流，加强多边领域协调配合，推动中印关系取得新的更大发展。

### 12. 王毅外长出席东亚外长系列会议

2013年6月30～7月2日，外交部长王毅应邀出席在文莱斯里巴加湾举行的东亚外长系列会议，包括中国—东盟（10＋1）外长会、东盟与中日韩（10＋3）外长会、东亚峰会外长会和东盟地区论坛外长会。

在中国—东盟（10＋1）外长会上，王毅外长就深化中国—东盟关系同东盟方交换意见，并提出一系列建议，旨在共同推动亚洲特别是东亚区域合作健康发展。

双方一致认为，中国和东盟应继续致力于维护南海和平稳定，全面有效落实《南海各方行为宣言》，并在落实《宣言》过程中，保持沟通，积累共识，排除干扰，加强合作，在协商一致基础上循序渐进推进“南海行为准则”进程。各方同意9月在华举办第六次落实《宣言》高官会和第九次联合工作组会议。

在东盟与中日韩（10+3）外长会上，王毅外长表示，10+3作为东亚合作主渠道，为增进各国相互了解、深化合作、共同应对挑战发挥了重要作用。当前，东亚成为全球关注的焦点，10+3合作正面临难得的历史性机遇。东盟各国与中日韩要用好10+3合作，使其更好地服务东亚发展，维护地区和平与繁荣。王毅外长就10+3合作提出四点建议：要切实发挥10+3的主渠道作用，要加速推进东亚一体化，要加强中日韩合作与10+3合作的协调，要规划好10+3未来的发展。

各国外长积极评价10+3合作成果，认为10+3已成为东亚合作中机制化程度最高、最具活力的平台，对地区和平、稳定与繁荣发挥了重要作用。各方对一年来10+3在财金、粮食安全等领域合作进展表示满意。东盟各国强调应继续以10+3为主渠道推进东亚一体化，朝着建立东亚共同体的长期目标而努力。会议通过了"《2007～2017年10+3合作工作计划》中期评估报告"和韩国关于"落实《第二东亚展望小组报告》的概念文件"。

在东亚峰会外长会上，王毅外长指出，东亚峰会不仅是推动东亚合作的大平台，也是连接太平洋和印度洋区域合作的大桥梁，要利用好这个平台，服务地区发展，维护地区稳定。重点是处理好战略对话与务实合作，发展与安全两大议题，东盟与对话伙伴、东亚峰会同东盟与中日韩（10+3）、东盟地区论坛、东盟防长扩大会等区域机制之间的关系。王毅外长强调，中方作为东亚峰会成员，一直积极参与峰会合作。下一阶段，各方可着重在自贸区建设、互联互通、海上合作等领域推进合作。为推动发展合作，中方倡议制定"落实《金边发展宣言》行动计划"，与会国家对此反应积极。

在东盟地区论坛外长会上，王毅外长高度评价论坛成立20年来为增进亚太各国互信、合作作出的贡献，指出在论坛进入第三个十年之际，各方应积极倡导以"互信、互利、平等、协作"为核心的新安全观，坚持以建立信任措施为核心，推动非传统安全合作不断走实，在共识基础上稳步推动预防性外交进程。王毅外长分析了当前亚太安全形势，阐述了中方在朝核、南海等问题上的原则立场，介绍了中方在海上安全、网络安全、维和等领域提出的务实合作项目，宣布中方将与东盟国家共同举办2015年东盟地区论坛第四次大型救灾演习。会前，王毅外长与文莱外长穆罕默德亲王共同主持两国联合制作的《东盟地区论坛成立20年纪念册》发行仪式。

### 13. 王毅外长主持中国—东盟特别外长会

2013年8月29日，为庆祝中国—东盟建立战略伙伴关系十周年，中国—东盟特别外长会在北京举行。国务院总理李克强、国务委员杨洁篪分别集体会见了来华出席会议的东盟国家外长和东盟秘书长。外交部长王毅和泰国副总理兼外长素拉蓬共同主持会议。会议就深化中国—东盟战略伙伴关系全面、深入交换意见，达成重要共识。

王毅外长表示，中国新一届政府高度重视东盟，将坚定不移地把东盟作为周边外交的优先方向，坚定不移地深化同东盟的战略伙伴关系，坚定不移地与东盟携手，共同维护本地区包括南海地区的和平与稳定，通过友好协商妥善处理有关问题。同时，中国将继续支持东盟的发展壮大，支持东盟的共同体建设，支持东盟在东亚合作中的主导作用。希望中国和东盟以建立战略伙伴关系十周年为契机，总结经验，规划未来，坚持睦邻友好，聚焦发展合作，共同开创中国—东盟关系更加美好的明天。

双方就如何推进中国—东盟战略伙伴关系发展交换了意见，同意进一步加强协调配合，为即将举行的中国—东盟博览会以及第16次中国—东盟领导人会议做好准备，确保会议取得圆满成功；进一步加强政府、民间等各层次交流；继续推进区域经济一体化，打造中国—东盟自贸区升级版，共同推动“区域全面经济伙伴关系”谈判；做好地区互联互通的建设规划，尽早确定并实施重大合作项目，探讨建立亚洲互联互通投融资平台；用好中国—东盟海上合作基金，打造全方位、多层次的海上合作格局；进一步开展安全防务领域的交流与对话，推动建立以综合安全、共同安全、合作安全为核心的地区新安全观，加强防灾救灾、打击跨国犯罪等非传统安全领域的合作；加强协调，积极参与国际和地区事务，共同维护发展中国家的正当和合理权益。

### 14. 王毅外长出席第68届联合国大会一般性辩论

2013年9月，外交部长王毅出席第68届联合国大会一般性辩论。与会期间，王毅外长共开展44场外交活动，在联大一般性辩论中发言，出席安理会表决叙利亚化学武器问题决议公开会、金砖国家外长会晤等多边活动，并举行了一系列双边会见。

在联大一般性辩论发言中，王毅外长阐述了中国新一届政府的发展理念和对外政策。王毅外长表示，中国将坚定不移地走和平发展道路，也主张世界各国共同走和平发展道路，以和平方式解决各种国际和地区争端。同时，中国在任何时候都将坚定捍卫国家的主权和领土完整，坚定维护中国的正当与合法权益。中国将坚定不移地继续改革开放和可持续发展。中国政府采取了兼顾当前和长远的宏观经济政策，坚持稳中求进，通过一系列创新性政策措施，积极地稳增长、调结构、促改革，建设中国经济的“升级版”。中国将坚定不移地推进以联合国为核心的全球治理体系变革。《联合国宪章》的宗旨和原则是当代国际关系的基石，是世界和平安宁的保障。中国期待联合国在国际事务中发挥更大作用。中国将坚定不移地履行应尽的国际责任和义务。尽管中国还是发展中国家，但作为联合国安理会常任理事国，中国深知自己肩负的责任和国际社会的期待，将更加积极、全面地参与国际事务，发出中国声音，贡献中国智慧，提出中国方案，体现中国作用。中国将弘扬正确义利观，真诚向发展中国家提供力所能及的帮助；还将更主动和建设性地参与处理国际和地区热点问题，维护世界的和平、稳定与安宁。王毅外长还阐述了中方在叙利亚、伊朗核、朝鲜半岛、巴勒斯坦、国际发展合作、气候变化问题上的立场和主张。

在金砖国家外长会晤中，王毅外长强调金砖国家应进一步加强在叙利亚和巴以等重大国际和地区问题上的沟通与协调，共同维护《联合国宪章》宗旨和原则及国际关系基本准则，对推动中东问题的解决发挥独特建设性作用。

## 15. 周边外交工作座谈会召开

2013年10月24～25日，中国周边外交工作座谈会在北京召开。这是新形势下关于周边外交工作的一次重要会议，确定了今后五至十年周边外交工作的战略目标、基本方针和总体布局。

中共中央总书记、国家主席、中央军委主席习近平出席会议并发表重要讲话。国务院总理李克强主持会议，中共中央政治局常委张德江、俞正声、刘云山、王岐山、张高丽等党和国家领导人出席。中国驻有关国家使节，部分常驻国际和地区组织代表，各省、自治区、直辖市等有关部门负责人参加会议。

会议认为，周边对中国具有极为重要的战略意义。思考周边问题、开展周边外交要有立体、多元、跨越时空的视角。新的形势要求中国的周边外交战略和工作必须与时俱进、更加主动，要谋大势、讲战略、重运筹，把周边外交工作做得更好。

会议提出，中国周边外交的战略目标，就是服从和服务于实现“两个一百年”奋斗目标、实现中华民族伟大复兴，全面发展同周边国家的关系，巩固睦邻友好，深化互利合作，维护和用好中国发展的重要战略机遇期，维护国家主权、安全、发展利益，使周边同中国政治关系更加友好、经济纽带更加牢固、安全合作更加深化、人文联系更加紧密。

会议指出，中国周边外交的基本方针，就是坚持与邻为善、以邻为伴，坚持睦邻、安邻、富邻，突出体现亲、诚、惠、容的理念。发展同周边国家睦邻友好关系是中国周边外交的一贯方针。要坚持睦邻友好，守望相助，增强亲和力、感召力、影响力。要诚心诚意对待周边国家，争取更多朋友和伙伴。要本着互惠互利的原则同周边国家开展合作，把双方利益融合提升到更高水平。要倡导包容的思想，以更加开放的胸襟和更加积极的态度促进地区合作。

会议强调，做好新形势下周边外交工作，要着力维护周边和平稳定大局。走和平发展道路，是中国共产党根据时代发展潮流和中国根本利益作出的战略抉择，维护周边和平稳定是中国周边外交的重要目标。

要着力深化互利共赢格局。积极参与区域经济合作，加快基础设施互联互通，构建区域经济一体化新格局，不断深化区域金融合作，加快中国沿边地区开放，深化沿边省区同周边国家的互利合作。

要着力推进区域安全合作。坚持互信、互利、平等、协作的新安全观，倡导全面安全、共同安全、合作安全理念，推进同周边国家的安全合作，主动参与区域和次区域安全合作，深化有关合作机制，增进战略互信。

要着力加强对周边国家的宣传工作、公共外交、民间外交、人文交流，巩固和扩大中国同周边国家关系长远发展的社会和民意基础。

## 16. 中国与欧盟共同发表《中欧合作2020战略规划》

2013年11月21日，第16次中国欧盟领导人会晤在华举行，双方共同发表《中欧合作2020战略规划》(简称“《规划》”)。《规划》是本次会晤的核心成果文件，反映了双方领导人致力于深化和发展中欧全面战略伙伴关系的重要共识。

《规划》全文8000多字，包括前言、和平与安全、繁荣、可持续发展、人文交流五个部分，涵盖了中欧近百个合作领域。国务院总理李克强生动地用“上天下海入地”来形容其领域之广泛，内涵之丰富。欧盟领导人也表示，《规划》内容丰富，对深化双方在具有战略意义领域的合作至关重要。

前言部分回顾了中欧关系发展成就，阐述了发展中欧关系的基本原则，强调中欧作为多极世界的重要力量，都肩负着维护世界和平、促进共同繁荣与可持续发展的责任。双方将把握各自发展战略中存在的契合点和合作机遇，深化互利合作，进一步推动中欧全面战略伙伴关系向前发展。

在和平与安全领域，中欧致力于加强对话与协调，共同制订国际规则，引导和推动国际秩序和国际体系朝着公正合理的方向发展。双方将继续发挥高级别战略对话的作用，加强在战略、政治和安全问题上的协调。中欧决定逐步提升防务与安全合作水平，继续开展反海盗联合演练，并加强在亚太地区的合作，加强地区事务磋商和北极事务交流。欧盟期待中国主办随后的二十国集团峰会。

在繁荣部分，双方一致同意“塑造发展创新、增长联动、利益融合的世界经济”，“维护和发展开放型世界经济”。双方重申将中欧经贸高层对话作为规划和指引经贸关系发展、对重要的经贸问题进行战略决策的主要平台。双方将商谈并达成一份全面的投资协定，逐步提升投资自由化水平，为投资者及其投资提供有力保护。从长远看，双方具有在条件成熟时商签全面深入的自由贸易协定的更大雄心。中欧承诺充分利用现有双边机制加强沟通，优先采取对话和磋商，必要时通过谈判，处理重大双边贸易摩擦，以找到互利的解决办法。欧盟将推动中国和欧洲投资银行的互利务实合作，并注意到中方有意探讨与欧洲复兴开发银行加强合作，促进对欧投资。双方还决定在金融、海关、标准化、工业和信息化、农业、民航等领域加强合作，进一步打造智能、高端和互联互通的基础设施网络。中欧同意加强在全球经济治理问题上的协调，并努力推动多哈回合谈判。

中欧视可持续发展合作为未来重要的战略合作领域。双方致力于促进各自环境旗舰项目的合作，最大程度发挥中国生态文明建设和欧盟资源效能战略的对接效益。中欧将在优势互补、互利共赢的基础上开展科技创新合作，加强在空间与航天领域的项目与商业合作，不断深化中欧载人航天领域交流与合作。中欧将继续完善城镇化伙伴关系，进一步开展城市合作项目，提升双方城镇化合作的质量和水平。能源、气候变化与环境保护、海洋等也将是中欧未来可持续发展合作的重要领域。此外，为应对和解决社会挑战，保证社会可持续发展，中欧也将加强在社会、司法、行政、卫生、社保、减灾防灾、灾难应急、区域政策等领域的合作。中欧还承诺加强全球发展合作。

《规划》指出，中欧人口之和超过全世界人口的1/4，扩大双方人文交流对增进共同了解至关重要。双方决定充分发挥中欧高级别人文交流对话机制的统领作用，发挥人文交流作为中欧合作“第三支柱”的作用。中欧将继续实施有关合作项目，切实推动在文化、艺术和教育等领域的交流与合作。中欧将通过人员往来和移民领域对话继续探索便利中国和欧盟公民相互往来的方式，并采取措施积极促进中欧人员便利往来。双方还将通过开展共同项目促进中欧旅游交往。

双方一致认为，《规划》将有力促进中欧全面战略伙伴关系在未来数年的进一步发展。双方将以年度领导人会晤为战略引领，以高级别战略对话、经贸高层对话、高级别人文交流对话机制等为依托，通过定期会晤和各领域广泛对话，全面落实这一规划。双方还将做好年度评估，向领导人会晤汇报，并视情考虑进一步提出补充倡议。

## 17. 中国提出关于解决巴勒斯坦问题的四点主张

2013年，国际社会有关各方纷纷加大在巴勒斯坦问题上的劝和促谈力度。在此情况下，巴勒斯坦以色列双方复谈意愿有所上升，巴以和谈出现复苏迹象。

为凝聚国际社会促和共识，推动巴以和谈尽早重启，中国邀请巴勒斯坦国总统马哈茂德·阿巴斯和以色列国总理本雅明·内塔尼亚胡于2013年5月同期访华。

5月6日，国家主席习近平在同巴勒斯坦国总统马哈茂德·阿巴斯会谈时，提出关于解决巴勒斯坦问题的四点主张：

第一，应该坚持巴勒斯坦独立建国、巴以两国和平共处这一正确方向。建立以1967年边界为基础、以东耶路撒冷为首都、拥有完全主权的独立国家是巴勒斯坦人民不可剥夺的权利，也是解决巴勒斯坦问题的关键。同时，以色列的生存权和合理安全关切也应该得到充分尊重。

第二，应该将谈判作为实现巴以和平的唯一途径。巴以双方应该顺应时代潮流，坚持走和谈之路，互谅互让，相向而行。当务之急是在停建定居点、停止针对无辜平民的暴力活动、解除对加沙地带封锁、妥善解决在押巴勒斯坦人问题等方面采取切实措施，为重启和谈创建必要条件。巴勒斯坦内部实现全面和解有助于重启并推进巴以和谈。

第三，应该坚持“土地换和平”等原则不动摇。有关各方应该在“土地换和平”原则、联合国有关决议、“阿拉伯和平倡议”等既有成果基础上，全面推进中东和平进程向前发展。

第四，国际社会应该为推进和平进程提供重要保障。国际社会有关各方应该增强责任感和紧迫感，秉持客观公正立场，积极劝和促谈，并加大对巴勒斯坦人力资源培训、经济建设等方面的援助。

“四点主张”的提出，是中国方面为推动中东和平进程作出的积极努力，也是中国作为一个负责任的大国为维护和促进中东和平稳定作出的新贡献。“四点主张”受到巴以双方的欢迎，也得到阿拉伯国家和国际社会普遍好评。

## 18. 中国积极推动叙利亚问题的和平和政治解决

作为安理会常任理事国和负责任大国，中国一直高度关注叙利亚局势的发展，为妥善解决叙利亚问题发挥了积极和建设性作用。

针对美国、法国等指责叙利亚于2013年8月21日使用了化学武器，扬言绕开联合国安理会对叙利亚发动军事打击的问题，国家主席习近平在出席二十国集团峰会期间重申中国反对使用化学武器，呼吁各国领导人本着对人民、对历史、对国际社会负责的态度看待和处理叙利亚问题，维护国际关系基本准则，坚持政治解决叙利亚问题的正确方向。国务院总理李克强、国务委员杨洁篪在与有关国家领导人的会见中阐述了中方相关立场，外交部长王毅也就此同各方广泛接触。在中国、俄罗斯等国共同努力下，叙利亚问题从动武边缘被拉回对话谈判的轨道。

中国一直高举政治解决旗帜，积极劝和促谈，得到各方广泛赞同。中国方面推动安理会核准关于叙利亚问题的日内瓦会议公报，呼吁尽早举行叙利亚问题第二次日内瓦会议。中方还就及早举行第二次日内瓦会议同联合国、安理会其他常任理事国、地区国家等保持密切沟通和协调，积极做叙利亚双方工作。中方先后两次出席了由安理会五个常任理事国、叙利亚邻国等参加的第二次日内瓦会议筹备会。

中国方面积极参加联合国、禁止化学武器组织解决叙利亚化学武器问题的努力，为叙利亚化学武器销毁提供支持。中国欢迎叙利亚政府加入《禁止化学武器公约》，对联合国安理会第2118号决议和禁止化学武器组织执行理事会涉叙利亚化学武器销毁有关决定分别投了赞成票。中国向禁止化学武器组织选派多名专家参与叙利亚化学武器销毁核查工作，向禁止化学武器组织捐赠医疗和安保监控设备。中国还在联合国和禁止化学武器组织框架下与俄罗斯、丹麦、挪威等国一道为叙利亚化学武器海运提供联合护航。

中国关注叙利亚人道主义状况，呼吁国际社会加大对叙利亚人民的人道主义救援力度，同时主张人道主义问题不应被政治化，人道救援不应军事化。中国政府通过双边渠道和有关国际组织向叙利亚人民包括境外难民提供了紧急人道主义援助。

## 19. 中国妥善应对朝鲜半岛紧张局势

2013年，朝鲜半岛局势紧张加剧，局面更加复杂，从根本上解决朝鲜半岛问题的紧迫性和必要性上升。

作为朝鲜半岛近邻，中国致力于实现朝鲜半岛无核化、维护东北亚地区的和平和稳定，一贯主张通过对话协商解决矛盾，全面均衡解决各方关切。中国积极发挥负责任的大国作用，与有关各方保持密切沟通，努力做各方工作，敦促各方保持冷静克制，切实维护地区和平稳定大局。中国建设性地参与了安理会关于朝鲜发射卫星问题的第2087号决议和关于朝鲜核试验问题的第2094号决议的讨论过程，始终坚持客观、公正的原则，认为安理会既要作出必要适度反应，同时强调制裁不是目的，安理会的行动应有利于维护朝鲜半岛和东北亚地区的和平稳定大局，推动半岛核问题重回对话解决轨道。制裁不应影响朝鲜的民生和发展，要为局势转圜留有余地。

3月13～16日和4月21～26日，中国政府朝鲜半岛事务特别代表武大伟先后赴俄罗斯、美国磋商，分别同两国就朝核、朝鲜半岛和东北亚局势等问题交换了看法。

5月22～24日，朝鲜劳动党第一书记金正恩特使、朝鲜劳动党中央政治局常委崔龙海访华。崔龙海表示，朝鲜希望集中精力发展经济，改善民生，愿营造和平的外部环境。朝方高度赞赏中方为维护半岛和平稳定、推动半岛问题重回对话协商轨道所做的巨大努力，愿接受中方建议，同有关各方开展对话。

6月16日，朝鲜国防委员会发言人表示，半岛无核化是金日成主席和金正日总书记的遗训，是朝鲜党和国家及万千军民必须实现的政策性课题，强调无核化是整个朝鲜半岛的无核化，提议同美国举行政府间高级别会谈，就缓和军事紧张状态、停战机制转为和平机制以及美国所提“建立无核世界”等问题进行认真商讨。

同日，美国白宫国家安全委员会发言人发表声明称，美国一直致力于与朝鲜对话，事实上也开通了与朝鲜接触的渠道。美国愿与朝鲜举行“可信的”谈判，但朝鲜必须履行国际义务，包括遵守联合国安理会决议，最终实现无核化。同日，美国白宫办公厅主任公开表示，美国官方一直支持与朝鲜对话，这一立场十分清楚。有关对话必须是真实的，必须建立在朝鲜遵守有关承诺的基础之上。

7月25～28日，中共中央政治局委员、国家副主席李源潮访问朝鲜并出席朝鲜战争停战60周年纪念活动。在会见朝鲜国防委员会第一委员长金正恩时，双方就推动两国睦邻友好合作关系，促进地区和平、稳定和发展深入交换了意见。朝方表示，朝鲜致力于发展经济，改善民生，需要一个稳定的外部环境。朝方支持中方为重启六方会谈所作努力，愿与各方共同努力，维护朝鲜半岛和平稳定。

随着半岛局势出现相对缓和局面，中方与有关方面频繁互动，积极推动各方为复谈创造有利条件。

8月26～30日，武大伟特别代表赴朝鲜磋商，就半岛局势和重启六方会谈问题进行深入沟通。

9月18日，由中国国际问题研究所举办的“回顾与展望——六方会谈启动十周年国际研讨会”在北京举行。来自朝鲜、俄罗斯、美国、韩国、日本等国的专家学者和官员与会。外交部长王毅出席开幕式并致辞。朝鲜第一副外相金桂冠作为嘉宾在会上发言。会议围绕实现半岛无核化、维护半岛和平稳定、重启六方会谈等议题进行了研讨。

10月27～31日，武大伟特别代表赴美国磋商，双方讨论了推进半岛无核化和重启六方会谈问题。11月4～8日，武大伟特别代表再次赴朝鲜磋商。12月15～18日，武大伟特别代表赴俄罗斯磋商，双方就半岛局势、推进半岛无核化及重启六方会谈等问题交换意见。

坚持实现朝鲜半岛无核化，坚持维护朝鲜半岛的和平稳定，坚持以对话协商解决有关问题，是中国政府明确、一贯立场。2013年，中国为缓和半岛紧张局势、推动将朝核问题重新纳入对话进程积极努力，受到有关各方及国际社会的高度肯定。中国政府将继续同国际社会一道，为推进六方会谈进程，实现半岛无核化和本地区的长治久安作出不懈努力。

## 20. 创新思路，拓宽渠道，稳健推进公共外交布局

2013年，外交部加强战略前瞻和全局谋划，解放思想，开拓创新，稳健推进公共外交布局，不断探索公共外交工作的新思路、新举措、新渠道。密切关注国际涉华舆情动向，面向国际社会讲述中国故事，传播中国声音，引导世界形成客观、公正的“中国观”；加强与国内公众沟通交流，促进公众对中国国际地位、中国与世界关系的客观了解，认真倾听民意，汲取民智民慧，做好外交工作，争取更多理解与支持。

国际社会更加聚焦中国，对中国理解、认同、支持的声音继续增多，积极评价中国梦理念和中国全面深化改革政策举措，客观看待中国在发展过程中面临的内外挑战，看好中国经济社会发展和改革开放前景，肯定并期待中国在国际事务中发挥更多作用。国内民众对国际事务和外交工作的关注持续上升，民族自豪感和自信心不断增强。

2013年，外交部和驻外外交机构积极开展公共外交，介绍中国发展成就、道路理念、外交方针政策，阐释中国梦与世界梦相联相通、相互促进等重要意义。围绕国家领导人出访、外国政要来访以及博鳌亚洲论坛年会、夏季达沃斯论坛等重大外交活动，精心谋划、认真做好公共外交活动，宣示中国立场，发出中国声音，提升中国形象。

公共外交活动更“接地气”，影响持续扩大。各级外交官依托“外交·大家谈”网络访谈、“大使进校园”系列活动、外交部“公众开放日”以及由中国公共外交协会举办的“中国企业走出去”系列主题论坛和其他民间智库、机构举办的活动，深入基层、地方与国内民众进行交流，就中国梦、钓鱼岛、南海等议题介绍情况，解读政策，赢得支持与理解。加强

与国内媒体合作，“外交服务站”广播节目办得有声有色，与媒体合办的“走进外交部，走进中国外交——2013中国外交纵横谈”大型活动为公众提供了与资深外交官共议中国外交的平台。

不断拓宽网络公共外交平台。在国内部委中率先推出部网站移动客户端，首家实现部网站英文版内容与中文版同步、同量，首家开通官方微信，倾力打造部网站群、微博、微信、移动客户端四位一体、传统网络媒体与新媒体有机结合的权威外交新闻发布与服务平台。

加强公共外交领域国际交流合作。与韩国外交部合作举办首届中韩公共外交论坛，与印度、巴基斯坦等国外交部门进行新闻和公共外交磋商，深入了解各国公共外交先进经验和做法，加强交流互鉴。

中国驻外外交机构深入驻在国各界开展公共外交，通过举办形式多样、内容丰富的公共外交和人文交流活动，增进中国与世界的相互认知和友谊。

## 21. 打造好海外民生工程

2013年，中国站在全面深化改革的历史新起点上，“走出去”战略加快推进，走出国门的中国公民和企业数量快速增长，全年中国内地居民出境共9818.7万人次，同比增长18.04%。2万多家中资企业遍布世界近200个国家和地区，内地居民出境人次连续四年以年均1000万的数量增长。领事保护与服务的对象之众、难度之大、要求之高前所未有。

新一届中央领导集体高度重视领事保护和服务，党和国家领导人多次就涉及海外中国公民安全和权益的问题作出重要指示，国家主席习近平对在波士顿马拉松爆炸事件中遇难的中方人员家属和伤者表示慰问。2013年3月，外交部长王毅上任伊始即视察外交部领事保护中心并提出领事保护与服务是外交部遍及世界的民生工程。10月，王毅外长访问法国期间，先后视察中国签证申请服务中心和中国驻法国使馆领事部，再次强调外交工作要接地气、懂民情、惠民生，始终密切联系群众，不断提高服务水平，切实打造好海外民生工程。

一年来，外交部和驻外使领馆致力于打造好海外民生工程，为实现“两个一百年”的奋斗目标和中华民族伟大复兴的“中国梦”保驾护航。

一是应急处置和预防性宣介并举，切实维护中国公民和企业海外安全与合法权益。加强应急处置，全年处置约4万起领事保护案件，其中重大案件120余起。妥善处理了香港游客在埃及热气球坠毁事故中遇难、中国登山人员在巴基斯坦遇袭身亡、韩亚航空客机失事致中国乘客伤亡等重大事件。重点推进预防性领事保护工作，“海外有风险，做好预防可减少风险”的理念渐入人心。会同安徽、重庆等十余个省市和教育部留学服务中心等部门举办面向企业、高校和普通民众的领保宣介活动，引导海外中国公民树立安全防范意识和文明守法形象。领事保护安全提醒短信从70个字符扩展到140个字符，实用性、针对性大幅提升。

二是努力提高中国护照“含金量”，为中国公民出行提供更多便利。全年与28个国家（组织）举行领事磋商，就中国公民申办签证、权益保护等问题取得多项共识。在疏通因公出国签证渠道的同时，着力破解申办部分国家因私出国签证难问题，与塞舌尔、毛里求斯、巴哈马三国签署互免持普通护照人员签证协定，与泰国就商签互免持普通护照人员签证协定的文本达成原则一致。发布《申办因私出国签证手册》。将三资企业中方（大陆）人员申办亚太经合组织商务旅行卡规定的适用范围扩大至全国。

三是加强管理和信息化建设，提升便民、利民、惠民的服务品质。出台改进国外护照工作服务水平系列措施，调整护照等旅行证件收费标准、免除部分处境困难人员的办证费用、量化护照申办材料、严格规范旅行证适用范围、明确投诉索赔案件处理原则、规范护照制作和发放时间等。打造“电子领事”平台，加快推进在驻外使领馆部署电子护照工程，巴黎护照制证中心正式启用，中国领事服务网全新改版上线，加紧筹建“外交部全球领事保护与服务应急呼叫中心”。在继续利用中国领事服务网发布各类领事信息基础上，借用“外交小灵通”微博微信平台发布与民众关系密切的领事知识、办证信息和出行提醒，加强政务信息公开。

## 22. 坚持一个中国原则，促进两岸关系和平发展

2013年，两岸关系稳步推进、全面发展。中国政府了解台湾同胞对参与国际活动的需求和感受，重视解决与之相关的问题，主张两岸在涉外事务中避免不必要的内耗，在不造成“两个中国”、“一中一台”的前提下，继续通过务实协商处理台参与国际组织活动问题。据此原则，2013年，中国政府妥善处理了台湾方面列席国际民航组织第38届大会等问题。台湾方面连续第五次参加了世界卫生大会。事实证明，两岸协商处理台湾对外活动问题有利于两岸关系和平发展，有利于维护中华民族的整体利益。

同时，台湾方面仍继续单方面寻求扩大参与国际活动，包括推动他国支持其加入仅限主权国家参加的联合国专门机构和国际公约，继续寻求向美国等国购买武器，谋求与一些国家的民间关系官方化、经贸关系政治化，在国际上凸显“独立主权”地位。上述举动不利于两岸通过协商处理相关问题，也与两岸关系和平发展的气氛不协调。

中国政府在台湾问题上继续广泛并有针对性地做国际社会工作，争取

理解和支持。积极宣介对台大政方针，向国际社会表明中国政府致力于推动两岸关系和平发展以及和平统一的诚意及努力；强调中国政府坚持一个中国原则、反对“两个中国”和“一中一台”、反对“台独”的坚定立场，要求各国继续坚持一个中国原则，慎重处理涉台问题，以实际行动支持两岸关系和平发展，支持中国政府为和平统一所做的努力。中国政府对建交国与台开展民间经贸往来不持异议，但坚决反对建交国与台进行官方往来、签署官方协议，坚决反对任何国家对台出售武器或进行军事技术合作。

中国政府十分关心台湾同胞在海外的安全、经济、民生利益。各驻外使领馆加强同台湾同胞的联系，切实采取措施，努力做好涉台领事保护与服务工作，维护台胞在海外合法权益，诚心诚意帮助他们解决困难，得到台湾民众的赞誉。2013年5月9日，菲律宾军方射杀台湾渔民事件发生后，国务院台湾事务办公室和外交部发言人均第一时间发表声明，对此野蛮行径表示强烈谴责，要求菲方彻查事件，尽快作出说明；并对遇害的台湾同胞表示深切哀悼，对家属表示慰问。

中国共产党十八大报告指出，大陆和台湾虽然尚未统一，但两岸同属一个中国的事实从未改变，国家领土和主权从未分割、也不容分割。两岸双方应恪守反对“台独”、坚持“九二共识”的共同立场，增进维护一个中国框架的共同认知，在此基础上求同存异。中国共产党十八届三中全会作出了全面深化改革若干重大问题的决定，大陆全面深化改革不断推进，各项事业加快发展，必将对两岸关系产生重大和深远的积极影响，提供新的发展机遇。

## 23. 大力开展安全外交，维护国家主权和安全

2013年，中国政府大力开展安全外交工作，与国际敌对势力进行坚决斗争，反对一切形式的恐怖主义，有力维护了国家主权、安全和发展利益。

### （1）坚决挫败达赖集团“藏独”分裂图谋

达赖集团将2013年定为“国际声援西藏行动年”和“西藏独立年”，不断变换手法，实施反华分裂破坏活动。达赖年内窜访多个国家，极力推行涉藏问题国际化。境外“藏独”势力利用春节、中国两会、重要国际会议及涉藏敏感时间节点，纠集人员对中国驻外使领馆进行滋扰。西方反华势力继续为达赖集团提供支持，借涉藏问题干涉中国内政。

中国政府全面深入开展涉藏外交工作，向国际社会阐明在涉藏问题上原则立场，进一步巩固西藏是中国一部分的国际共识。揭批达赖和“西藏

流亡政府”的分裂主义政治本质，揭露达赖集团煽动策划自焚的违法犯罪事实及其暴力化倾向，挫败其企图以此搞乱西藏自治区和四川、云南、甘肃、青海四省藏区的图谋。推动有关国家、地区和国际组织谨慎处理涉藏问题，敦促有关国家切实加强对“藏独”分子的管控。同时，对个别国家政要会见达赖提出严正交涉，予以有力回击。

中国政府全方位宣传西藏自治区和四川、云南、甘肃、青海四省藏区经济社会发展现状和宗教文化保护成就，积极协助西藏和四省藏区加强对外交往，拓展对外友好交流与合作，服务西藏和四省藏区跨越式发展和长治久安。

### （2）大力开展涉疆外交

境外“东突”势力打着“民族”、“宗教”旗号，长期从事反华分裂活动，甚至勾结国际恐怖势力策划实施暴力恐怖活动，图谋破坏中国发展稳定，受到包括新疆各族群众在内的全体中国人民的反对和国际社会谴责。

中国政府大力开展涉疆外交工作，积极为新疆对外合作交流创造有利条件，全方位提升新疆发展和对外开放水平，在新疆成功举办第三届中国—亚欧博览会，国家副主席李源潮和吉尔吉斯斯坦、塔吉克斯坦、蒙古、尼泊尔及新西兰5个国家的领导人及前政要出席。50个国家、地区的企业和采购商参会，实现对外经贸成交总额为56亿美元。中国政府还通过各种渠道推动新疆同周边国家互联互通建设和人员往来便利化。在继续加强双边和地区安全合作的同时，中国政府广泛向国际社会介绍新疆经济社会发展和宗教文化情况，揭露“东突”势力反华分裂、宗教极端和暴力恐怖本质，强调涉疆问题涉及中国核心利益，敦促有关国家谨言慎行，采取切实措施，不允许“东突”势力利用其领土从事反华分裂活动，并确保中国在当地人员和机构安全。

目前，国际社会进一步增进了对中国民族、宗教政策的客观了解和理解，越来越多国家积极同新疆开展各领域交流与合作。

### （3）积极开展国际反恐合作

国际社会继续推进反恐斗争，积极开展反恐合作，并取得一定成果。但恐怖主义滋生的土壤并未根除，国际恐怖主义活动仍然活跃，国际反恐形势依然复杂严峻。“基地”组织核心领导层虽遭重创，但其在西亚北非的一些分支趁地区局势动荡不断壮大实力，跨境活动能力增强，频繁制造恐怖袭击事件，并引发“圣战”思潮泛滥。南亚地区仍是全球恐怖活动的“重灾区”。受美国和北约加快从阿富汗撤军进程等因素影响，阿富汗、巴基斯坦及中亚地区反恐形势的不确定性增加。美欧本土依然面临“独狼式”恐怖袭击威胁，其海外利益面临的恐怖威胁同步上升。全球范围内网络恐怖主义的危害性日益凸显。以“东伊运”为代表的“东突”恐怖势力趁地区乱局恢复实力，加强与国际恐怖势力勾连，同时通过网络大肆传播恐怖思想，传授暴恐技术，策划恐怖活动，成为引发中国境内暴恐活动的重要外部因素之一。

中国政府反对一切形式的恐怖主义，主张国际社会应遵守《联合国宪章》以及其他公认的国际法和国际关系准则，开展国际合作，共同打击恐怖主义。中国方面认为，在反恐问题上应加强不同文明间的对话，采取政治、经济、外交等手段综合治理，消除恐怖主义滋生的土壤，反对“双重标准”，反对将恐怖主义同特定的国家、民族或宗教相联系。

中国政府高度重视国际反恐合作，先后同法国、印度尼西亚、印度、巴基斯坦、土耳其、乌兹别克斯坦、俄罗斯、韩国、伊朗、阿富汗、英国等十余个国家举行双边反恐磋商，就国际和地区反恐形势、各自反恐举措及反恐合作等问题深入交换意见。积极参与联合国框架下的反恐工作，支持和全面参与联合国安理会“基地”组织和塔利班制裁委员会列、除名工作，深入参与联合国大会、安理会、联合国反恐中心等联合国框架内的反恐工作，推动联合国安理会一致通过的第2129号决议首次写入明确要求各国就打击恐怖组织利用互联网从事恐怖活动采取具体措施等内容。推动上海合作组织继续加强反恐合作机制和反恐法律基础建设。积极参与“全球反恐论坛”、金砖国家、亚太经合组织、东盟地区论坛等多边机制的反恐合作，加强国际反恐政策协调，宣传中国反恐政策和举措，借鉴各国反恐经验，不断提高自身反恐能力。

通过上述工作，中国政府扩大了同有关国家和国际组织在反恐问题上的利益汇合点，深化了同有关国家和国际组织的反恐务实合作。特别是在打击“东突”恐怖势力方面赢得国际社会更多支持与配合，有效挤压了“东突”恐怖势力的生存空间，有效维护了国家主权、安全和发展利益，同时也为促进国际反恐合作，维护地区和全球和平与稳定作出积极贡献。

# 第三章

# 中国与各建交国家的关系

## 阿富汗
(Afghanistan)

2013年，中华人民共和国与阿富汗伊斯兰共和国的战略合作伙伴关系进一步深化。两国战略互信不断加强，各领域合作持续推进。中方支持阿富汗和平重建进程，并继续提供力所能及的帮助。

两国保持高层交往势头。9月，阿富汗总统哈米德·卡尔扎伊对中国进行国事访问并出席第五届欧亚经济论坛开幕式。访问期间，国家主席习近平同卡尔扎伊总统举行会谈，国务院总理李克强、副总理汪洋分别会见卡尔扎伊总统。双方就双边关系和共同关心的国际和地区问题深入交换意见，达成广泛共识。双方发表《中华人民共和国与阿富汗伊斯兰共和国关于进一步深化战略合作伙伴关系的联合宣言》，并签署《中华人民共和国政府与阿富汗伊斯兰共和国政府引渡条约》。8月，阿富汗总统国家安全顾问兰金·达德法尔·斯潘塔访华，国务委员杨洁篪和外交部长王毅分别与其会见。9月，王毅外长在出席纽约联合国大会期间会见阿富汗外长扎尔迈·拉苏尔。

两国经贸合作续有加强，双边贸易保持增长势头。中方积极参与阿富汗经济重建。2013年，中国继续向阿富汗提供无偿援助，援建阿富汗项目稳步推进。

两国在国防、安全等领域合作良好。阿富汗奉行一个中国政策，在台湾、涉藏、涉疆等问题上一直予以中国坚定和宝贵支持。

中方通过多种方式为促进阿富汗问题解决作出建设性努力。4月，中国驻哈萨克斯坦大使周力出席阿富汗问题伊斯坦布尔进程阿拉木图外长会，中国宣布将在2014年承办伊斯坦布尔进程第四次外长会。中国、阿富汗、巴基斯坦三方对话继续推进，第三轮对话于12月在喀布尔举行。中国代表团还出席了中俄印安全事务高级代表阿富汗问题会晤和中俄巴三方对话等涉阿对话。12月，中美联合培训阿富汗外交官项目中方培训班在北京成功举行。

## 阿尔巴尼亚
## (Albania)

2013年，中华人民共和国与阿尔巴尼亚共和国友好合作关系保持稳定发展。

双边保持高层交往。11月，国务院总理李克强在罗马尼亚首都布加勒斯特会见共同出席中国—中东欧国家领导人会晤的阿尔巴尼亚总理埃迪·拉马。

两国党际、新闻、金融、体育、人文等领域合作逐步扩大。4月，阿尔巴尼亚社会党、民主党、争取一体化社会运动党派团参加在苏州举办的第四届中欧政党高层论坛。5月，中国国际广播电台调频台在阿尔巴尼亚开播。9月，中国人民银行与阿尔巴尼亚银行签署两国双边本币互换协议。10月，国家体育总局副局长冯建中访问阿尔巴尼亚。11月，阿尔巴尼亚首家孔子学院在地拉那大学揭牌成立。12月，中共中央对外联络部副部长周力访问阿尔巴尼亚。中国残疾人艺术团赴阿尔巴尼亚演出。

阿尔巴尼亚积极参与中国—中东欧国家合作。7月，中国—中东欧国家合作阿尔巴尼亚国家协调员、阿尔巴尼亚外交部副部长克雷什尼克·乔拉库和阿尔巴尼亚地方领导人代表团出席在重庆举办的中国—中东欧国家地方领导人会议。10月，新任中国—中东欧国家合作阿尔巴尼亚国家协调员、外交部副部长阿尔奇·普利出席在布加勒斯特举行的中国—中东欧国家合作国家协调员会议。阿尔巴尼亚社会党、民主党、争取一体化社会运动党派团来华参加中国—中东欧青年政治家论坛。12月，阿尔巴尼亚专家学者来华出席中国—中东欧国家高级别智库研讨会。

## 阿尔及利亚
## (Algeria)

2013年，中华人民共和国与阿尔及利亚民主人民共和国战略合作关系继续稳步向前发展，各领域务实合作不断取得新进展。

两国政治交往密切，在国际和地区事务中继续保持密切磋商与协调。4月，阿尔及利亚总统阿卜杜勒阿齐兹·布特弗利卡与国家主席习近平互致信函，就进一步加强双边关系达成共识。同月，布特弗利卡总统致电习近平主席，就四川芦山地震表示慰问。12月，布特弗利卡总统致电习近平主席，祝贺嫦娥三号月球探测器成功着陆月球。9月，外交部长王毅致电阿尔及利亚新任外交部长拉姆丹·拉马拉，祝贺其履新。12月，王毅外长和拉马拉外长互致贺电，共同庆祝中阿建交55周年。同月，王毅外长访问阿尔及利亚，会见了阿尔及利亚总统布特弗利卡、总理塞拉勒，与阿尔及利亚外长拉马拉会谈并共同出席了中阿建交55周年招待会。访问期间，王毅外长与阿方就双边关系及共同关心的国际和地区问题深入交换意见，并宣示了中国对阿拉伯国家的政策。11月，全国人民代表大会外事委员会副主任委员修福金访问阿尔及利亚。4月，阿尔及利亚民族院议长阿卜杜勒卡德尔·本萨拉赫来华出席博鳌亚洲论坛2013年年会，习近平主席同其会见。1月，中国政府特使、外交部副部长翟隽在非盟第20届首脑会议期间会见了阿尔及利亚外交部负责非洲和马格里布事务的部长级代表阿卜杜勒卡德尔·梅萨赫勒。

经贸合作取得新进展。双边贸易额持续增长，中国已成为阿尔及利亚第一大进口商品来源国。两国签署了《中华人民共和国与阿尔及利亚民主人民共和国经济技术合作协定》。8月，农业部副部长牛盾访问阿尔及利亚，双方就加强农业、渔业合作交换了意见。11月，两国签署了《中华人民共和国政府与阿尔及利亚民主人民共和国政府关于在空间科学、技术及应用领域的合作协定》，这是中国与阿拉伯国家签署的首个政府间航天合作协定。

两国军事、卫生、文化、教育、体育等领域的交流与合作进一步发展。4月，中国海军第13批护航编队首次访问阿尔及利亚。6月，国家卫生和计划生育委员会副主任马晓伟访问阿尔及利亚，就两国医疗卫生领域合作交换意见。双方共同举行了中国向阿尔及利亚暨非洲派遣援外医疗队50周年纪念活动。10月，国家新闻出版广电总局副局长童刚访问阿尔及利亚并举办中国电影周。11月，文化部副部长董伟访问阿尔及利亚，两国签署了《中华人民共和国文化部和阿尔及利亚民主人民共和国文化部关于成立中阿文化联合委员会的谅解备忘录》。黑龙江省京剧团、浙江省交响乐团、北京“雷动天下”现代舞团先后赴阿演出。10月，中国派出三名汉语教师赴阿尔及利亚教授汉语。8月，阿尔及利亚青年和体育部长穆罕默德·塔赫米来华出席第12届全运会开幕式并观摩部分比赛。

## 安道尔
## (Andorra)

2013年，中华人民共和国与安道尔公国关系保持平稳发展。

两国政治互信牢固，在国际和地区事务中保持良好配合与协调。安道尔在一系列国际组织竞选中给予中方候选人支持。四川芦山“4·20”地震及甘肃“7·22”地震发生后，安道尔政府在第一时间向中国政府和人民表示慰问。

两国政府一致同意以2014年中安建交20周年为契机，推动双边关系继续深入发展，进一步扩大双方经贸合作和人文交流。

## 安哥拉
## (Angola)

2013年是中华人民共和国与安哥拉共和国建交30周年，两国战略伙伴关系平稳向前发展，各领域交流合作顺利推进。

两国政治交往密切。1月12日，国家主席胡锦涛和外交部长杨洁篪分别与安哥拉总统若泽·爱德华多·多斯桑托斯和外交部长乔治斯·希科蒂互致贺电，共同庆祝两国建交30周年。1月11日，中国人民对外友好协会与安哥拉驻华使馆在北京共同举行庆祝中安建交30周年招待会，全国政协副主席阿不来提·阿不都热西提出席。3月14日，安哥拉总统多斯桑托斯分别致信祝贺习近平和李克强当选中华人民共和国主席和国务院总理。3月25日，安哥拉外交部长希科蒂致信祝贺王毅就任外交部长。9月15～18日，安哥拉外交部长希科蒂正式访华，国务院副总理汪洋、外交部长王毅分别会见、会谈。两国外长签署了互换《中华人民共和国和安哥拉共和国引渡条约》批准书的证书。10月21～28日，安哥拉武装部队总参谋长农达上将正式访华，国务委员兼国防部长常万全上将，中央军委委员、中国人民解放军总参谋长房峰辉上将分别与其会见、会谈。

2013年，中央政府驻澳门特别行政区联络办公室副主任高燕、中华全国青年联合会主席助理万学军等访问安哥拉。安哥拉能源和水利部长若昂·博尔热斯，建设部长费尔南多·丰塞卡，卫生部长若泽·范杜嫩，审计法院院长儒里昂·安东尼奥，安哥拉人民解放运动（简称“安人运”）中央政治局委员、罗安达省委第一书记兼省长本托，安人运青年团第一书记塞尔吉奥·若阿金等先后访华，司法和人权部长曼盖拉、外交部合作国务秘书布拉干萨联合率团出席在澳门举行的中国—葡语国家经贸合作论坛第四届部长级会议。

两国经贸合作持续深化。双边贸易额保持较高水平，中安互惠贷款合作推进顺利。安哥拉继续成为中国在非洲第二大贸易伙伴、重要承包工程市场和石油进口来源国。中非合作论坛、中国—葡语国家经贸合作论坛有关举措涉安项目进一步落实。中国石油化工集团公司（中国石化）收购美国马拉松石油公司持有的安哥拉31区块10%权益。首家中资制药厂在安开工建设。40多家中国企业集体参展第30届罗安达国际博览会，首次设立中国馆，并举办中国馆馆日活动。

两国其他领域交流与合作不断加强。7月，中安劳务工作组在北京举行了首次会议。10月17日，《中华人民共和国和安哥拉共和国引渡条约》正式生效。10月23日，双方签署了《关于中国派遣第三期医疗队赴安哥拉工作的议定书》，12月，第三期医疗队抵达安哥拉工作。10月，双方签署中国帮助安哥拉开展地质调查项目的合同。

## 安提瓜和巴布达
## (Antigua and Barbuda)

2013年，中华人民共和国与安提瓜和巴布达友好合作关系持续健康发展。

两国保持高层交往。6月，国家主席习近平访问特立尼达和多巴哥期间，同安提瓜和巴布达总理鲍德温·斯潘塞举行双边会晤。3月，安巴总理斯潘塞分别向习近平主席、国务院总理李克强致就任贺函。5月，安巴总督路易丝·莱克-塔克来华出席在杭州举行的太湖文化论坛第二届年会，全国政协主席俞正声会见。6月，安巴农业、土地、住房和环境部长希尔森·巴普蒂斯特来华出席首届中国—拉丁美洲和加勒比农业部长论坛。8月，安巴反对党工党领袖贾斯顿·布朗访华，全国政协副主席兼秘书长张庆黎会见。

4月，中国新任驻安提瓜和巴布达大使任共平向安巴总督莱克-塔克递交国书。

两国经贸合作不断加强，文化、军事等领域交流日益活跃。中国政府援建的安提瓜和巴布达机场航站楼项目进展顺利。8月，河南文化艺术团赴安巴访问演出，受到当地民众热烈欢迎。10月，安巴国防军总参谋长特雷弗·托马斯来华出席加勒比与南太平洋国家高级防务论坛。

## 阿根廷
## (Argentina)

2013年，中华人民共和国与阿根廷共和国战略伙伴关系全面快速发展。

两国高层交往密切。9月，国家主席习近平与阿根廷总统克里斯蒂娜·费尔南德斯·德基什内尔在二十国集团领导人圣彼得堡峰会期间举行会晤，就双边关系和共同关心的问题深入交换看法，并共同见证签署关于成立两国政府间常设委员会、经济合作与协调战略对话机制的谅解备忘录。5月，国家副主席李源潮对阿根廷进行正式访问，分别会见阿根廷总统克里斯蒂娜和众议长胡利安·多明格斯，同副总统兼参议长阿马多·布杜举行会谈。全国政协副主席马培华、王钦敏先后访阿。8月，阿根廷副总统兼参议长布杜访华，全国政协主席俞正声、国家副主席李源潮分别会见、会谈。4月，阿根廷众议长多明格斯访华，国务院总理李克强、全国人大常委会委员长张德江、全国政协主席俞正声分别会见。11月，阿根廷外交和宗教事务部长埃克托尔·蒂梅尔曼访华，国务委员杨洁篪、外交部长王毅分别会见、会谈。

两国各领域交流活跃。农业部副部长余欣荣、审计署副审计长董大胜、中国科学院院长白春礼、交通运输部副部长高宏峰、全国人大民族委员会副主任委员刘胜玉、国家卫生和计划生育委员会副主任孙志刚、新华社副社长周树春、公安部副部长李伟等先后访阿。阿根廷内政和交通部长佛罗伦西奥·兰达佐，经济和公共财政部长阿克塞尔·基希洛夫，联邦计划、公共投资和服务部长胡里奥·德维多，科技和生产创新部长利诺·巴拉尼奥，农牧渔业部长诺尔贝托·亚乌哈尔，副外长爱德华多·苏阿因等访华。中阿外交部间第12次政治磋商、经贸混委会第19次会议、科技混委会第七次会议成功举行。

两国经贸合作成果丰硕。双边贸易保持增长势头，中国继续保持阿根廷第二大贸易伙伴地位，阿根廷是中国在拉美第六大贸易伙伴。双方在金融、水电、基础设施等领域经济技术合作取得新进展。中国工商银行阿根廷分行正式成立。中国葛洲坝集团股份有限公司与阿根廷企业组成的联合体中标"内斯托尔·基什内尔总统"和"豪尔赫·塞佩尼克省长"两座大型水电站建设项目。

两国在联合国、二十国集团、世界贸易组织等国际组织和多边机制中保持良好协调配合。两国外交部举行第二轮海洋法和极地事务对话。

两国科技、人文领域交流合作丰富。4月，中国方面使用"长征二号丁"火箭为阿根廷等国发射小型卫星。11月上海国际艺术节期间成功举行"阿根廷文化周"。

两国军事交往加强。中国人民解放军总装备部政委王洪尧上将、总后勤部政委刘源上将等分别访阿。中国海军舰艇编队访阿。

两国地方往来频繁，广东省与阿根廷门多萨省正式结为友好省。

## 亚美尼亚
## (Armenia)

2013年，中华人民共和国与亚美尼亚共和国友好合作关系保持积极发展势头。

各层级交往频繁。4月8～11日，民政部副部长顾朝曦率政府代表团出席亚美尼亚总统谢尔日·萨尔基相连任就职仪式。7月4日，中共中央政治局委员、中央政法委书记孟建柱在俄罗斯符拉迪沃斯托克出席第四届安全事务高级代表国际会议期间会见亚安全会议秘书阿尔图尔·巴格达萨良。9月12～13日，全国政协副主席、中国人民银行行长周小川访亚并出席在亚举办的中亚、黑海及巴尔干地区中央银行行长会晤机制第30次会议。7月

14～21日，亚共和党副主席、教育科学部部长阿尔缅·阿绍江访华，中共中央政治局委员、中央组织部部长赵乐际，中共中央对外联络部副部长陈凤翔，教育部副部长郝平分别会见。7月24～27日，亚外交部长爱德华·纳尔班江访华，国务委员杨洁篪和外交部长王毅分别与其会见、会谈。9月9～12日，亚总理季格兰·萨尔基相来华出席夏季达沃斯论坛，国务院总理李克强与其会见。12月22～26日，亚国防部长谢兰·奥加尼扬访华，中共中央政治局委员、中央军委副主席许其亮空军上将，中央军委委员、国务委员兼国防部长常万全上将分别与其会见、会谈。两国在联合国等国际组织中保持沟通与协调。

经贸、人文合作持续发展。贸易不平衡问题有所缓解。6月，中亚政府间经贸合作委员会第七次例会在北京召开。7月，《亚美尼亚人看中国》文集首发式在亚举行。

## 澳大利亚
(Australia)

2013年，中华人民共和国与澳大利亚联邦关系总体保持稳定发展。两国建立战略伙伴关系和总理年度定期会晤机制，双边关系迈上新台阶。9月澳联邦大选后，中澳关系实现平稳过渡。

双方高层接触频繁。10月，国家主席习近平在印度尼西亚巴厘岛出席亚太经合组织第21次领导人非正式会议期间会见澳大利亚总理托尼·阿博特。7月，习近平主席应约同澳总理陆克文通电话。9月，习近平主席应约同澳总理阿博特通电话。10月，国务院总理李克强在文莱斯里巴加湾市出席东亚领导人系列会议期间会见澳总理阿博特。3月，李克强总理应约同澳总理朱莉娅·吉拉德通电话。4月，澳总理吉拉德正式访华并出席博鳌亚洲论坛2013年年会，习近平主席、李克强总理分别会见、会谈，国务院副总理汪洋与吉拉德共同会见第三届中澳首席执行官圆桌会与会代表。10月，澳大利亚联邦总督昆廷·布赖斯对中国进行国事访问并出席第14届中国西部国际博览会，习近平主席、李克强总理、国务院副总理刘延东分别会见，汪洋副总理在成都出席第14届中国西部国际博览会期间同布赖斯简短寒暄。4月，国务委员杨洁篪会见陪同澳总理吉拉德访华的澳外交部长鲍勃·卡尔。

3月，澳大利亚总理吉拉德分别致函祝贺习近平主席、李克强总理就任。5月，澳总理吉拉德就四川省芦山“4·20”强烈地震向李克强总理致慰问函。6月，李克强总理致电陆克文祝贺其再次就任澳总理。9月，李克强总理、国务院副总理张高丽分别致电澳总理阿博特、副总理沃伦·特拉斯祝贺其就任。10月，李克强总理就澳新南威尔士州部分地区发生严重山林火灾向澳总理阿博特致慰问电。11月，全国人大常委会委员长张德江致电澳联邦议会众议长布朗温·毕晓普祝贺其就任。

其他重要双边交往有：4月，农业部长韩长赋赴澳大利亚举行中澳农业联委会第11次会议。5月，澳艺术部长及可持续发展、环境、水务、人口和社区部长伯克访华。6月，全国人大外事委员会副主任委员修福金赴澳举行中澳议会定期交流机制第五次会议。7月，澳外长卡尔、贸易部长马尔斯分别访华。10月，中共青海省委书记骆惠宁访澳。10月、11月，澳贸易和投资部长罗布两次访华。11月，中国人民外交学会名誉会长李肇星赴澳主持中澳论坛第三次会议。12月，澳外长毕晓普正式访华。

中澳经贸投资合作取得新进展。2013年，双边贸易额1364亿美元，同比增长11.5%，中国保持澳大利亚第一大贸易伙伴、出口市场和进口来源地地位。4月，两国央行决定开展人民币与澳元直接交易。6月，中澳双边自由贸易协定第19轮谈判在北京举行。12月，澳政府取消兖州煤业澳洲项目股比限制，并有条件批准国家电网收购新加坡能源公司在澳资产项目。

两国其他各领域务实合作成果丰硕。4月，澳大利亚总理吉拉德访华期间，双方签署《中华人民共和国政府和澳大利亚政府关于易制毒化学品管制合作的谅解备忘录》、《中华人民共和国商务部与澳大利亚政府国际发展署发展合作伙伴关系谅解备忘录》等合作文件。10月，中国科学院和资源卫星应用中心等单位应澳方要求提供卫星数据资料，协助澳新南威尔士州山火救灾。截至2013年年底，中国在澳开设了13家孔子学院，两国已建立90对友好省州和城市关系。澳新南威尔士州、昆士兰州、西澳大利亚州等地方领导人先后访华。

两军交往势头良好。澳大利亚国防部秘书长、联合作战司令部司令、海军司令等军方高层先后访华。8月，中、澳、新、美在新西兰克赖斯特彻奇举行“凤凰精神—2013”四边人道主义救援减灾联合室内推演。9月，中澳军事文化友谊周在澳举行。10月，中国海军舰艇应邀赴澳参加“国际海上阅兵式”，并与澳海军共同参加海上安全联合演练。

在中国宣布划设东海防空识别区后，澳方以外长名义发表声明表示“关切”，对双边关系造成负面影响。中方就此提出严正交涉。

### 中澳建立战略伙伴关系和总理年度定期会晤等机制

4月，澳大利亚总理吉拉德访华期间，中澳宣布建立相互信任、互利共赢的战略伙伴关系，并建立两国总理年度定期会晤以及中澳外交与战略对话、战略经济对话机制，成为双边关系发展又一里程碑。4月9日，李克强总理与吉拉德总理举行首次两国总理年度定期会晤。12月6日，澳外长毕晓普访华期间，外交部长王毅同毕晓普举行首轮中澳外交与战略对话。

## 奥地利
## (Austria)

2013年，中华人民共和国与奥地利共和国关系总体实现平稳过渡。

两国政治关系企稳转好。8月29日，奥地利外交部表态称，奥政府高度重视发展对华友好合作关系，坚持一个中国政策，承认西藏是中国的一部分。奥不支持任何主张“西藏独立”、有损中国领土完整的分裂行为。9月5日，中国外交部积极评价奥方有关表态。中奥双方一致同意，在相互尊重、平等互利、尊重对方核心利益和重大关切的基础上进一步推进双边关系。因奥总理维尔纳·法伊曼和副总理兼外长米夏埃尔·施平德勒格2012年5月会见达赖而受到严重影响的中奥关系开始逐步恢复。

两国经贸合作继续深化，中国企业对奥地利“走出去”初见成效。11月13日，上奥地利州政府授予奥地利未来先进复合材料股份公司（中方控股91.25%）监事会主席、中国航空工业集团公司副总经理耿汝光政府金质勋章，表彰其为促进上奥地利州经济发展和中奥经贸合作所做突出贡献。这是该勋章设立30年来首次颁发给非奥籍人士。12月13日，中奥经贸联委会第24次会议在维也纳召开。

两国地方和民间友好交往富有成果。10月24～31日，奥布尔根兰州州长汉斯·尼塞尔率团访华。湖南省省长杜家毫会见了代表团一行，双方就在友好省州框架下进一步深化各领域互利合作达成共识。代表团还访问了北京和上海。

8月14日，维也纳美泉宫动物园的一对大熊猫产下一只幼仔。11月9日，《中国野生动物保护协会与奥地利美泉宫动物园关于开展大熊猫保护合作研究的延期协议》在成都签署。

截至2013年年底，两国已建立18对友好省州（市）关系。

# 阿塞拜疆
(Azerbaijan)

2013年，中华人民共和国与阿塞拜疆共和国友好合作关系稳步健康发展。

双方政治互信继续深化，各领域交往密切。3月，阿塞拜疆总统伊利哈姆·阿利耶夫致信祝贺习近平当选国家主席，阿总理阿尔图尔·拉西扎德致信祝贺李克强当选国务院总理，阿议长奥克泰·阿萨多夫分别致信祝贺张德江、俞正声当选全国人大常委会委员长、全国政协主席。10月，习近平主席致信祝贺阿利耶夫连任阿总统，李克强总理致信祝贺拉西扎德再次就任阿总理。4月12～14日，最高人民检察院检察长曹建明访阿。4月25～28日，司法部副部长张苏军访阿。1月18～23日，阿总统战略研究中心主任法尔哈德·马梅多夫访华。2月27日至3月4日，阿第一副议长济亚费特·阿斯克罗夫访华，全国政协主席贾庆林与其会见。6月24～30日，阿总统直属国家公务员委员会主席巴赫拉姆·哈利洛夫访华。12月7～13日，阿总统直属国家管理学院院长乌尔汉·阿列克佩罗夫访华。阿塞拜疆政府奉行一个中国政策，在涉及中方核心利益的重大问题上支持中方立场。两国在联合国等国际组织中保持良好沟通和协调。

中阿经贸合作发展顺利。两国在能源、电信、电力、化工、建材等领域合作取得积极进展。阿塞拜疆已成为中国在外高加索地区最大的贸易伙伴，中国是阿第五大商品进口国。8月，阿国家航空公司正式开通两国首都间直航。9月11～13日，阿工业和能源部部长纳季戈·阿利耶夫、通讯与信息部部长阿里·阿巴索夫来华出席大连夏季达沃斯论坛。

两国人文领域交流与合作成果丰硕。6月24～26日，中国国际问题研究基金会执行理事长刘古昌访阿并出席《阿塞拜疆人看中国》文集首发式。10月31日至11月1日，中国国际问题研究所派员参加在巴库举办的国际人道主义论坛。12月，阿前总统盖达尔·阿利耶夫传记中文版《盖达尔·阿利耶夫》一书在华出版发行。自2013年6月1日起，香港特别行政区给予阿持外交和公务护照人员免签待遇。

## 巴哈马
## (The Bahamas)

2013年，中华人民共和国与巴哈马国友好关系继续深入发展，各领域合作进展顺利。

两国保持高层交往，政治互信进一步加深。6月，国家主席习近平访问特立尼达和多巴哥期间，同巴哈马总理佩里·克里斯蒂举行双边会晤。1月，全国政协副主席李兆焯访巴。11月，巴副总督玛格丽特·平德林、外交部长弗雷德里克·米切尔非正式访华。12月，外交部副部长谢杭生与巴外长米切尔在巴签署《中华人民共和国和巴哈马国政府关于互免签证的协定》。

12月，中国新任驻巴哈马大使苑桂森向巴总督阿瑟·福克斯递交国书。

两国经贸合作项目进展顺利，文化、教育、军事等领域交往日益密切。中国政府援建的巴哈马机场高速路项目顺利竣工移交。中国建筑工程总公司部分带资承包的巴大型海岛度假村项目进展顺利。8月，河南文化艺术团赴巴访问演出，并参加巴独立40周年庆典活动。巴詹努克表演团两次来华访问演出。巴方多次派员来华参加各种培训和研讨班，中方奖学金及孔子学院项目进展顺利。10月，巴国防军司令罗德里克·鲍来华出席加勒比与南太平洋国家高级防务论坛。

## 巴　林
## (Bahrain)

2013年，中华人民共和国与巴林王国友好合作关系进一步加强。

两国保持高层交往，政治互信增强。4月，中国中东问题特使吴思科访问巴林，分别会见巴国王哈马德·本·伊萨·阿勒哈利法、首相哈利法·本·萨勒曼·阿勒哈利法和王储兼第一副首相萨勒曼·本·哈马德·阿勒哈利法。3月，巴国王哈马德、首相哈利法、王储兼第一副首相萨勒曼、协商议会主席阿里·本·萨利赫·阿勒萨利赫分别致函祝贺习近平当选国家主席。巴协商议会主席阿里致函祝贺李克强当选国务院总理。国民议会议长兼众议长哈利法·本·艾哈迈德·扎哈拉尼、协商议会主席阿里分别致函祝贺张德江当选全国人大委员会委员长。外交大臣哈立德·本·艾哈迈德·本·穆罕默德·阿勒哈利法、外交国务大臣加尼姆·本·法德勒·艾勒布埃宁分别致函祝贺王毅就任外交部长。9月，巴林国王哈马德访华并出席在宁夏银川举行的“2013中国—阿拉伯国家博览会”开幕式。国家主席习近平、国务院总理李克强和全国政协主席俞正声分别与哈马德国王会谈、会见。12月，巴林协商议会代表团访华。

两国在经贸、教育、文化等领域合作持续发展。中国企业在巴林承建的工程项目进展顺利。中国现代青年乐团赴巴林参加“麦纳麦阿拉伯旅游之都”系列演出。

## 孟加拉国
(Bangladesh)

2013年，中华人民共和国与孟加拉人民共和国更加紧密的全面合作伙伴关系继续深入发展，各领域交流与合作进一步深化。

两国各层次交往密切，政治互信水平提高。7月，外交部长王毅在文莱出席东亚系列外长会期间，会见孟加拉国外交部长迪布·莫尼。9月，王毅外长在出席纽约联合国大会期间，会见孟加拉国总理谢赫·哈西娜。同月，国家副主席李源潮在昆明出席“2013年国际和平日纪念活动暨中国—南亚和平发展论坛”期间，会见孟加拉国国民议会议长希琳·乔杜里。6月，孟加拉国外交秘书穆罕默德·沙希杜尔·哈克访华。同月，孟加拉国工业部长迪利普·巴鲁阿和总理国际事务顾问郭维尔·利兹维作为主宾国代表出席首届中国—南亚博览会。10月，孟加拉国外交部长迪布·莫尼访华，国家副主席李源潮会见，王毅外长同莫尼外长会谈。12月，哈克外交秘书赴昆明出席孟中印缅经济走廊四方联合工作组首次会议。

两国政党、军队交流活跃。8月，孟加拉国陆军参谋长伊克巴尔·卡利姆·布延上将访华。中国海军“和平方舟”医院船访问吉大港。9月，孟加拉国空军参谋长穆罕默德·埃纳穆尔·巴里访华。孟加拉国人民联盟和民族主义党青年干部考察团、左翼政党领导人先后访华。

两国经贸合作成果丰硕。双边贸易额增长迅速。中方为孟加拉国援建的帕德马水处理厂、沙迦拉化肥厂等项目进展顺利，3G网络项目正式投入商业运营。

两国领事关系进一步发展，文化交流不断深入。10月，孟加拉国驻昆明总领事馆开馆，为两国人员往来和友好交流提供更多便利。“欢乐春节”系列活动、“汉语桥”大学生中文比赛等品牌文化活动继续进行。

## 巴巴多斯
## (Barbados)

2013年，中华人民共和国与巴巴多斯友好关系保持良好发展势头。

两国高层往来不断。6月，国家主席习近平访问特立尼达和多巴哥期间，同巴巴多斯总理弗罗因德尔·斯图亚特举行双边会晤。2月，国务院总理温家宝致电祝贺斯图亚特连任总理。4月，斯图亚特总理致函祝贺李克强就任国务院总理。6月，巴农业、食品、渔业和水资源管理部长大卫·埃斯特威克来华出席首届中国—拉丁美洲和加勒比农业部长论坛。

两国经贸、人文交流合作续有进展。3月，商务部国际贸易谈判代表兼副部长钟山访巴。8月，河南文化艺术团赴巴巴多斯演出，受到当地民众热烈欢迎。9月，中央电视台访巴并拍摄反映当地人文社会的纪录片《魅力巴巴多斯》。10月，巴海岸警卫队司令阿奎纳斯·约瑟夫·克拉克来华出席加勒比与南太平洋国家高级防务论坛。

## 白俄罗斯
## (Belarus)

2013年，中华人民共和国与白俄罗斯共和国关系健康稳定发展，各领域务实合作成果丰硕。7月，两国建立全面战略伙伴关系。

双方高层交往频繁，政治互信增强。7月15～17日，白俄罗斯总统亚历山大·卢卡申科对中国进行国事访问，国家主席习近平、国务院总理李克强、全国政协主席俞正声分别与卢卡申科总统举行会谈、会见。双方就两国关系及重大国际和地区问题深入交换意见，达成广泛共识。两国元首宣布建立中白全面战略伙伴关系。3月，白总统卢卡申科致信祝贺习近平当选国家主席，白总理米哈伊尔·米亚斯尼科维奇致信祝贺李克强当选国务院总理，白国民会议共和国院主席阿纳托利·鲁比诺夫和国民会议代表院主席弗拉基米尔·安德烈琴科联名致信祝贺张德江当选全国人大常委会委员长，白国民会议代表院主席安德烈琴科、外交部长弗拉基米尔·马克伊分别致信祝贺俞正声当选全国政协主席。6月，白总统卢卡申科就“神舟十号”成功发射向习近平主席致贺信。6月3～7日，白总统办公厅主任安德烈·科比亚科夫访华，中共中央政治局常委、中央纪委书记王岐山，中共中央对外联络部副部长艾平分别与科会见。10月20～27日，白副总理阿纳托利·托济克来华出席中白政府间经贸合作委员会第14次会议，并赴成都参加第14届中国西部国际博览会，国务院副总理汪洋、四川省省长魏宏、商务部国际贸易谈判代表兼副部长钟山分别与托举行会见。12月，白总统卢卡申科就“嫦娥三号”成功登月向习近平主席致贺信。5月16～19日，中共中央政治局委员、中央军委副主席许其亮空军上将访白，分别与白总统卢卡申科、总理米亚斯尼科维奇、国防部长尤里·扎多宾会见、会谈。9月4～5日，中共中央政治局常委、中央书记处书记刘云山访白，分别与白总统卢卡申科、国民会议共和国院主席鲁比诺夫、总统办公厅主任科比亚科夫会见、会谈。中白在涉及对方核心利益的问题上相互支持，在国际组织中保持密切协作。

两国务实合作深入推进。10月21日，中白政府间经贸合作委员会第14次会议在北京举行。中国企业在白俄罗斯承建的三条水泥生产线项目和铁路电气化改造一期工程顺利竣工。中白工业园、“北京饭店”等项目稳步推进。广东省、黑龙江省、哈尔滨市等省市加强与白俄罗斯交往，推动双方地方务实合作取得丰硕成果。

## 比利时
## (Belgium)

2013年，中华人民共和国与比利时王国关系发展势头良好，各领域交流与合作进一步深化。

双方高层互访频繁，政治互信增强。9月24～27日，全国人大常委会副委员长吉炳轩率团访问比利时，分别会见比联邦众议长安德烈·弗拉奥、副首相兼经济大臣拉诺特、农业大臣拉吕埃莱等政要，就双边关系、立法机构交流、经贸、农业合作、中欧关系等问题进行交流。10月25日，国务院副总理马凯访问比利时，会见比利时联邦政府首相埃利奥·迪吕波，与副首相兼养老金大臣德克罗、财政大臣金斯举行会谈。5月31日，国家体育总局局长刘鹏访问比利时，比利时奥委会主席、国际奥委会委员贝克尔斯会见。9月10～13日，比利时联邦首相迪吕波赴大连出席第七届夏季达沃斯年会，国务院总理李克强会见。5月18～22日，比利时联邦众议长、法语社会党前副主席安德烈·弗拉奥访华，全国人大常委会委员长张德江，全国政协副主席、中共中央对外联络部部长王家瑞，外交部副部长程国平分别会见。4月21～23日，比利时法语革新运动党主席夏尔·米歇尔出席第四届中欧政党高层论坛，全国政协副主席、中联部部长王家瑞在苏州会见。

两国经贸务实合作不断发展。比利时是中国在欧盟第六大贸易伙伴，中国是比在欧盟外第二大贸易伙伴。双边贸易摆脱经济危机不利影响，呈现回升势头。双方企业扩大合作愿望强烈，双向投资发展迅猛。6月23日，中国企业家俱乐部访问比利时，迪吕波首相会见代表团。12月4～6日，比利时王后玛蒂尔德赴香港、深圳出席香港设计营商周比利时主宾国活动及深圳—香港城市/建筑双城双年展，比联邦副首相兼外交、外贸和欧洲事务大臣迪迪埃·雷德尔斯、弗拉芒大区首席大臣皮特斯等多位比政要随行。

人文、科技、农业领域交流合作深入推进。9月，中国野生动物协会与比利时天堂公园在大连签署了《关于开展大熊猫保护研究合作的协议》。10月10日，中比双方在比利时签署《关于在比利时设立中国文化中心的谅解备忘录》。10月1日，“道行天下，和谐共生——中国道教文化系列活动”在布鲁塞尔举行。3月13日，中比（联邦）第18届科技合作联委会、中比（瓦隆—布鲁塞尔）第三届科技合作联委会分别在布鲁塞尔召开。6月27日，2013年中国国际高新技术成果交易会比利时分会在布鲁塞尔举行。4月16日，中比签署活马输华检疫条件议定书。

此外，中国和比利时地方交往不断扩大。2013年，河南、安徽、天津、扬州等省市地方代表团分别访问比利时。9月9～12日，比利时弗拉芒大区首席大臣皮特斯访华。

截至2013年年底，两国已建立26对友好省市关系。

## 贝宁
## (Benin)

2013年，中华人民共和国与贝宁共和国友好合作关系继续深入发展，各领域交流合作成果显著。

两国各层次交往密切，政治互信加深。3月，贝宁总统托马·博尼·亚伊和国民议会议长马蒂兰·纳戈分别致函祝贺习近平当选国家主席，亚伊总统和贝宁总理伊雷内·帕斯卡尔·库帕基分别致函祝贺李克强就任国务院总理，贝宁经济和社会理事会主席尼古拉·阿达贝致函祝贺俞正声当选全国政协主席。同月，在南非德班召开的金砖国家领导人第五次会晤期间，亚伊总统出席中非领导人早餐会。8月，贝宁卫生部长阿科科·金德·加扎尔来华出席中非部长级卫生合作发展会议，并赴宁夏出席中国向贝宁派遣医疗队35周年庆祝活动。9月，贝宁外交、非洲一体化、法语国家和侨民事务部长纳西鲁·阿里法里·巴科出席在纽约举行的中非外长第三次联大政治磋商。10月，贝宁劳动与公职、行政和制度改革、社会对话部长马夏尔·松通访华。

两国务实合作取得新进展。1月，中国援助贝宁的阿卡萨托—博希孔公路项目开工。同月，中非合作论坛第四届部长级会议援非新八项举措框架下的中等技术学校和打井项目举行开工仪式。7月，中国援建的贝宁政府办公楼顺利完工交付贝方。

两国人文交流丰富多彩。1～2月，以“贝宁人过春节”为主题的“欢乐春节·美丽中国”系列文化活动顺利举行，包括美食之夜、综艺演出、中国电影周、舞龙舞狮和武术表演在内的各种活动受到贝宁各界欢迎。11月，吉林省艺术团赴贝宁访问演出。

## 玻利维亚
## (Bolivia)

2013年，中华人民共和国与多民族玻利维亚国友好合作关系继续平稳发展。

两国高层保持交往。12月，玻利维亚总统莫拉莱斯对中国进行国事访问并赴西昌观摩玻通信卫星发射，玻外交部长乔克万卡、发展规划部长卡罗、国防部长萨阿韦德拉等随行。国家主席习近平与莫拉莱斯总统举行会谈，国务院总理李克强和全国人大常委会委员长张德江分别会见，双方签署《中玻政府经济技术合作协定》、《中国政府向玻利维亚政府提供工程机械的换文》、《玻利维亚公共安全预防技术国家计划的谅解备忘录》。6月，玻农业部长阿查科略率团来华出席中拉农业部长论坛，农业部长韩长赋与阿举行会谈。9月，阿查科略部长再次访华，韩长赋部长会见，双方签署《中玻农业合作框架协议》。玻执政党“争取社会主义运动”全国领导委员会成员、国际关系书记苏里塔率干部考察团访华。

两国在经贸、能矿、基础设施建设、农业、高科技和人文等各领域交流与合作日益增多。中国是玻利维亚第四大贸易伙伴、第三大进口来源国和第七大出口目的地国。2013年，双边贸易额8.09亿美元，同比增长20%。双方加快推进科伊巴萨盐湖开发、阿尔托市沥青拌合站、圣布埃纳文图拉糖厂建设等合作项目，积极推动玻对华出口藜麦、大豆、葡萄酒等农产品。中方为玻研制的“图帕克·卡塔里”通信卫星于北京时间12月21日凌晨发射升空。

两国就联合国事务、气候变化等重大国际问题保持密切沟通与配合。

## 波斯尼亚和黑塞哥维那
## (Bosnia and Herzegovina)

2013年，中华人民共和国与波斯尼亚和黑塞哥维那友好合作关系稳步发展。

两国保持各级别政治交往。11月，国务院总理李克强在罗马尼亚首都布加勒斯特会见共同出席中国—中东欧国家领导人会晤的波黑部长会议主席弗耶科斯拉夫·贝万达。2月，波黑外交部主管领事和条法的部长助理佐兰·佩尔科维奇来华举行中国波黑第二轮双边条约清理和领事磋商。

经贸合作取得新成果。5月，中国企业承建的波黑斯坦纳里电站项目正式动工。这是两国第一个大项目合作，也是中国—中东欧国家合作“100亿美元专项贷款”项下首个项目。2月，波黑中央银行行长凯马尔·科扎里奇访华。

党际、军事、人文等领域合作逐步扩大。4月，波黑克族民共体派团参加在苏州举办的第四届中欧政党高层论坛。9月，中国人民解放军副总参谋长王冠中中将率中国军事代表团访波黑。10月，波黑国防部长泽凯利亚赫·奥斯米奇访华。11月，中国当代艺术家画展在波黑首都萨拉热窝举行。

波黑积极参与中国—中东欧国家合作。5月，波黑民政部长斯雷多耶·诺维奇率团来华参加中国—中东欧国家文化合作论坛。7月，中国—中东欧国家合作波黑国家协调员、部长会议主席顾问萨沙·马里奇和波黑地方领导人代表团出席在重庆举办的中国—中东欧国家地方领导人会议。10月，波黑派代表出席在布加勒斯特举行的中国—中东欧国家合作国家协调员会议。波黑克族民共体、独立社民人士联盟、社会民主党派团来华出席中国与中东欧青年政治家论坛。12月，波黑前主席团轮值主席哈里斯·西拉伊季奇等来华出席中国—中东欧国家高级别智库研讨会。

## 博茨瓦纳
(Botswana)

2013年，中华人民共和国与博茨瓦纳共和国友好合作关系继续平稳发展。

两国保持各层级交往，友好关系进一步加深。4月，博茨瓦纳总统伊恩·卡马致函祝贺习近平当选国家主席。年内，卡马总统还就四川芦山地震、吉林庆兴煤矿事故、吉林德惠特大火灾事故等向习近平主席致慰问函、电。3月，国家卫生和计划生育委员会副主任马晓伟访博并出席了在博举行的第四届中非卫生发展圆桌会议。7月，中国国际广播电台台长王庚年访博。12月，国家林业局副局长印红率团出席博政府和世界自然保护同盟联合举办的“保护非洲象峰会”，宣传中国在野生动物保护方面的努力和成就。年内，博卫生部长约翰·西科辛来华出席中非卫生部长论坛，酋长院主席普索·哈博罗内作为非洲传统领导人代表团成员来华考察，预防腐败和经济犯罪调查局局长罗斯·塞雷茨访华。

两国经贸合作稳步发展。中方援建哈博罗内多功能青年活动中心二期项目正式启动，农村小学、太阳能移动设备等项目正在商谈落实中。博茨瓦纳标准局承认中国商检集团商检证明，促进双边贸易便利化。

两国人文、军事等领域交流合作顺利进行。国务院侨务办公室厨艺团访博，举办“中华美食之夜”，展示中国饮食文化，在当地引起强烈反响。中国国际广播电台与博茨瓦纳杜马广播电台成立联合工作室，加深两国媒体合作。中国人民解放军仪仗队教官组应邀培训博国防军仪仗队，受到博方好评。

## 巴　西
(Brazil)

2013年，中华人民共和国与巴西联邦共和国全面战略伙伴关系持续深入发展。

两国高层及各领域交往密切。3月和9月，国家主席习近平与巴西总统迪尔玛·罗塞芙在金砖国家领导人第五次会晤和二十国集团领导人圣彼得堡峰会期间举行双边会晤。6月，两国元首通电话，就双边关系和共同关心的问题深入交换意见，达成重要共识。11月，巴西副总统米歇尔·特梅尔对中国进行正式访问，国家主席习近平和国家副主席李源潮分别会见、会谈，国务院副总理汪洋与特梅尔副总统在广州共同主持召开中国—巴西高层协调与合作委员会第三次会议，特梅尔副总统应邀出席在澳门举行的中国—葡语国家经贸合作论坛成立十周年暨第四届部长级会议开幕式。

中共中央政治局委员、北京市委书记郭金龙，全国政协副主席王钦敏先后访巴。国务委员杨洁篪同巴西总统府战略事务部代部长马塞洛·内里、外交部长王毅同巴西外交部长路易斯·菲格雷多·马沙多分别在多边场合举行会晤。巴西联邦政府首席内阁成员、总统府民事办公室主任格莱西·霍夫曼，发展工业外贸部长费尔南多·皮门特尔、科技创新部长马尔科·劳普，文化部长玛尔塔·苏普里西，通讯部长保罗·贝尔纳多·达席尔瓦以及众议院巴中议员友好小组主席奥斯马尔·茹尼奥尔等分别访华。中国—巴西高层协调与合作委员会政治分委会、科技和创新分委会、财金分委会、能矿分委会、质检分委会、经贸分委会分别举行会议。

两国在联合国、世界贸易组织、二十国集团、金砖国家、“基础四国”等国际组织和多边机制中保持良好沟通与协调。

中巴务实合作进一步深化。双边贸易保持增长势头，中国继续保持巴西第一大贸易伙伴、第一大出口对象国和进口来源国地位。双方金融、能源等领域合作取得积极进展。两国财政部签署关于宏观经济、财政和金融政策双边合作的谅解备忘录，两国央行签署1900亿元人民币/600亿雷亚尔双边本币互换协议。中国国家开发银行在巴西里约热内卢设立代表处。中巴等能源企业组成的联合体成功中标巴西里贝拉盐下石油区块开采项目。

双方人文交流丰富。9月和10月，巴西和中国先后在对方国家举办“文化月”活动。通过巴西“科学无国界—中国子项目”，中方接收272名巴西留学生。中国在巴西新设两所孔子学院和一所孔子学堂。《中国日报》拉美版在巴西创刊出版。

两军交流合作密切。中国人民解放军副总参谋长王冠中中将访问巴西，巴西武装力量联合参谋部战略事务部部长卡洛斯·奥古斯托·德索萨海军上将访华。中国海军舰艇编队访问巴西，与巴西海军举行联合演习。

# 文　莱
## (Brunei Darussalam)

2013年，中华人民共和国与文莱达鲁萨兰国各领域友好交流与合作进一步加强，双边关系提升到新的高度。

高层交往频繁。10月，国务院总理李克强对文莱进行正式访问，同文莱苏丹哈桑纳尔·博尔基亚举行会谈。访问期间，双方共同发表《中华人民共和国和文莱达鲁萨兰国联合声明》，一致同意进一步加强政治、经贸、能源、基础设施、农渔业、防务、教育和人文等领域的合作。5月，外交部长王毅对文莱进行正式访问。4月，文莱苏丹哈桑纳尔对中国进行国事访问，国家主席习近平同其会谈，李克强总理、全国人大常委会委员长张德江分别会见。访问期间，两国发表《中华人民共和国和文莱达鲁萨兰国联合声明》，将中国文莱关系提升为战略合作关系。2月，文莱外交与贸易部长穆罕默德·博尔基亚亲王访华。5月，文莱外交与贸易部无任所大使玛斯娜公主访华。1月，文莱外交与贸易部第二部长佩欣·达图·林玉成和文莱首相署能源部长达图·斯里·穆罕默德·亚斯敏访华。

能源合作继续深化。双方签署《中国海洋石油总公司与文莱国家石油公司关于建立钻井平台合营公司、在大摩拉岛建设海洋后勤基地的联合可行性研究、人员培训及发展的合作协议》和《中国海洋石油总公司与文莱国家石油公司关于成立油田服务领域合资公司协议》。中国浙江恒逸集团有限公司在文莱投资的石化项目获两国政府批准，进入设计阶段。两国相关企业还将积极探讨共同勘探和开采海上油气资源。

各领域交流与合作进一步加强。中方积极支持文莱举行人道主义救援、减灾和军事医学联合演习、第二届东盟防长扩大会议和文莱国际防务展。中国援文青年志愿者项目进展顺利。“文化中国·四海同春”艺术团赴文莱演出。

积极推动区域合作。中国积极支持文莱担任东盟轮值主席国，同包括文莱在内的本地区国家一道，大力拓展经贸、投资、互联互通、海上、人文等领域务实合作，推动中国—东盟关系和东亚合作取得新的重要进展。

# 保加利亚
(Bulgaria)

2013年，中华人民共和国与保加利亚共和国的友好合作关系顺利发展，各领域交往增多。

两国保持各级别往来。11月，国务院总理李克强在罗马尼亚布加勒斯特出席中国—中东欧国家领导人会晤期间会见保加利亚总理奥雷沙尔斯基。10月，全国政协副主席杜青林访问保加利亚，会见保加利亚议长米科夫。9月，保加利亚总理奥雷沙尔斯基来华出席大连夏季达沃斯论坛，李克强总理会见。12月，保加利亚议长米科夫访华，全国人大常委会委员长张德江、全国政协主席俞正声分别会谈、会见。

经贸领域合作成果显著。5月，保加利亚—中国旅游和投资论坛在保加利亚普罗夫迪夫市举办，保加利亚总统普列夫内利埃夫出席，150余家中国企业参会。6月，中国—保加利亚企业家贸易对接会在保首都索非亚举行，两国100余家企业出席。11月，中保贸易投资论坛推介会在索非亚举办，商务部派出的中国贸易投资促进团参会。中国企业在保加利亚投资合作稳步开展。保加利亚利泰克斯公司与长城汽车生产厂正式投产，天津农垦集团在保加利亚投资项目稳步推进，中建材公司承建德弗尼亚水泥厂项目进展顺利。

保加利亚在中国—中东欧国家合作框架内积极开展对华合作。5月，保加利亚文化部代表团参加首届"中国—中东欧国家文化合作论坛"。7月，保加利亚中国—中东欧国家合作国家协调员佩伊奇诺夫来华出席在重庆举办的中国—中东欧国家地方领导人会议。11月，保加利亚中国—中东欧国家合作国家协调员佩伊奇诺夫赴罗马尼亚出席中国—中东欧国家合作国家协调员会议。

两国文化、教育等领域合作不断加深。"欢乐春节"品牌首度走进保加利亚，四川甘孜歌舞团赴保访问演出。保加利亚国家电台儿童合唱团、斯利文市民族歌舞团来华演出。"美丽中国"图片展、中国电影周、漆艺展等吸引众多当地观众。两国互派留学生、孔子学院、保汉语和中国文化教育联盟等汉语教学顺利开展。9月，中国作协代表团访问保加利亚。

两国军事交往密切。4月，保加利亚国防参谋长西美昂·西美昂诺夫访华，国务委员兼国防部长常万全上将，中央军委委员、中国人民解放军总参谋长房峰辉上将分别会见、会谈。7月，保加利亚空军司令波波夫访华，国务委员兼国防部长常万全上将会见。11月，中国人民解放军副总参谋长王冠中中将访问保加利亚。

地方及其他领域合作进一步扩大。6月，国务院发展研究中心代表团访问保加利亚。10月，国家体育总局局长、中国奥委会主席刘鹏访问保加利亚。12月，监察部副部长于春生访问保加利亚。广东、浙江省丽水市等地方代表团访问保加利亚。截至2013年年底，两国共结有十对友好城市。

## 布隆迪
## (Burundi)

2013年，中华人民共和国与布隆迪共和国的友好合作关系发展良好。

双方保持政治交往。3月，布隆迪总统皮埃尔·恩库伦齐扎、国民议会议长皮耶·恩塔维奥哈纽马、参议长加布里埃尔·恩蒂塞泽拉纳分别致函祝贺习近平当选国家主席、张德江当选全国人大常委会委员长、俞正声当选全国政协主席。4月和8月，布隆迪总统恩库伦齐扎分别就四川省芦山"4·20"地震、四川省洪涝灾害致函习近平主席表示慰问。2月，中国政府非洲事务特别代表钟建华大使访问布隆迪，会见布隆迪总统恩库伦齐扎。5月，中非友协会长阿不来提·阿不都热西提访问布隆迪。7月，布隆迪农业与牧业部长奥黛特·卡伊泰斯访华。9月，商务部国际贸易谈判代表兼副部长钟山访问布隆迪。同月，布隆迪第一副参议长佩尔西耶·姆韦多戈率领布议员团赴华培训。11月，布隆迪争取民族进步统一党主席夏尔·恩蒂提耶访华。

两国经贸、文教等合作进展顺利。中国援建的布琼布拉职业技术学校、农业示范中心项目进展顺利。5月，中国国际广播电台布琼布拉调频台正式开播。

## 柬埔寨
## (Cambodia)

2013年，中华人民共和国与柬埔寨王国全面战略合作伙伴关系发展顺利，各领域务实合作取得积极进展。

两国高层交往频繁。2月，全国政协主席贾庆林赴柬埔寨出席西哈努克太皇葬礼，分别会见柬埔寨国王西哈莫尼、太后莫尼列和首相洪森。9月，国务院总理李克强在广西南宁出席第十届中国—东盟博览会期间会见柬埔寨首相洪森。9月，中共中央政治局常委、中央书记处书记刘云山访柬，分别会见柬埔寨国王西哈莫尼、国会主席韩桑林、首相洪森、参议院第一副主席赛冲和奉辛比克党主席阿伦公主。8月，外交部长王毅访柬，分别会见首相洪森和奉辛比克党主席阿伦公主，同副首相兼外交国际合作部大臣贺南洪会谈。

2月，柬埔寨国王西哈莫尼和太后莫尼列来华休养。8月，柬埔寨国王西哈莫尼和太后莫尼列来华休养。西哈莫尼国王应邀赴南京出席第二届亚洲青年运动会开幕式，国务院副总理刘延东会见。4月，洪森首相访华并出席博鳌亚洲论坛2013年年会。国家主席习近平、全国人大常委会委员长张德江分别会见，李克强总理与其会谈。12月，柬埔寨参议院第二副主席迪翁访华。12月，柬埔寨人民党中央常委、政府副首相索安率人民党代表团访华。

经贸合作进展顺利，双边贸易额大幅增长。2013年，双边贸易额37.7亿美元，同比增长29%，其中中国出口34.1亿美元，增长26%，进口3.6亿美元，增长68%。2013年，中国企业在柬新签订承包工程合同额11.1亿美元，下降62%，完成营业额14.3亿美元，增长22%。2013年，中国企业在柬非金融类直接投资4.9亿美元。

两国各领域合作不断深化。两党交往保持良好态势。两军交往密切。1月，中国人民解放军副总参谋长戚建国中将率团赴柬。4月和11月，柬埔寨副首相兼国防大臣迪班来华考察。两国执法部门合作密切，在打击电信诈骗、跨国犯罪等方面保持密切配合。

2013年是中柬建交55周年和“中柬友好年”，双方共同举办了一系列庆祝活动，扩大了两国民间友好交流，增进了两国人民相互了解和友好感情。两国民间交往活跃。中柬友协会长顾秀莲率全国友协代表团访柬，举办“光明行”活动，免费为柬埔寨民众治疗白内障。

## 喀麦隆
(Cameroon)

2013年，中华人民共和国与喀麦隆共和国的友好合作关系继续发展。

3月，喀麦隆总统保罗·比亚致电祝贺习近平当选国家主席。4月，比亚总统就四川芦山地震向习近平主席致慰问函。同月，喀总理菲勒蒙·扬致函祝贺李克强当选国务院总理。5月，喀国民议会议长卡瓦耶·耶吉·贾布里勒致函祝贺张德江当选全国人大常委会委员长。6月，张德江委员长致电喀参议院议长马塞尔·尼亚特·恩吉芬吉，祝贺其当选。11月，张德江委员长致电卡瓦耶议长，祝贺其在立法选举中再次当选。

双边经贸合作成效显著。中国在喀援建的杜阿拉妇儿医院、农业技术示范中心和打井等项目顺利竣工；会议大厦大修、太阳能路灯等项目相继启动；克里比深水港、雅温得—杜阿拉高速公路、林贝体育场、默坎水电站、1500套社会住房等项目稳步推进。

两国在卫生、文教、军事等领域交往密切。1月，卫生部长陈竺对喀麦隆进行工作访问。4月，浙江师范大学非洲巡演艺术团在雅温得会议大厦举办“中国梦·非洲情”文艺演出。5月，第12届“汉语桥”中文比赛喀麦隆赛区决赛在雅温得第二大学举行。2013年，中国驻喀麦隆大使馆增设武官处，进一步推动中喀军事合作深入发展。

## 加拿大
## (Canada)

2013年，中华人民共和国与加拿大战略伙伴关系继续保持良好发展势头。

两国高层交往密切。10月18～24日，加拿大总督戴维·约翰斯顿首次对中国进行国事访问，国家主席习近平、国务院总理李克强分别会见，两国领导人就中加关系等深入交换意见，重申将进一步深化广泛领域的友好合作，推动中加战略伙伴关系迈上新台阶。访问期间，双方有关部门和企业签署了能源、矿产、飞机采购等多项合作协议。除北京外，约翰斯顿还访问了上海、南京、成都、广州并在成都出席第14届中国西部国际博览会开幕式。中国新一届政府就职后，加拿大总理斯蒂芬·哈珀分别向习近平主席和李克强总理致函表示祝贺。4月2日，李克强总理应约与哈珀总理通电话，就双边关系和共同关心的国际地区问题交换意见。

两国各级别交往频繁。8月20～23日，国务委员兼国防部长常万全上将对加拿大进行正式访问，与加国防部长罗伯特·尼克尔森、外交部长约翰·贝尔德分别会谈、会见，双方签署两军合作计划倡议。6月3日，加拿大国防部长彼得·麦凯访华，国家副主席李源潮、国务委员兼国防部长常万全上将分别会见、会谈。7月3～4日，加拿大外交部长贝尔德对中国进行正式访问，国务委员杨洁篪、外交部长王毅分别会见、会谈。10月9～19日，贝尔德外长再次访华，先后访问成都、重庆、上海、北京，外交部副部长张业遂会见。3月19日，杨洁篪国务委员、王毅外长分别应约同贝尔德外长通电话，就中加关系等交换意见。中共中央宣传部副部长、中共中央对外宣传办公室主任、国务院新闻办公室主任蔡名照，外交学会副会长卢树民，质量监督检验检疫总局副局长蒲长城，中国文学艺术界联合会常务副主席赵实，中共中央对外联络部副部长于洪君，中国知识产权局局长田力普，中国地震局局长陈建民等分别访加。加拿大国际贸易部长爱德·法斯特、农业部长格里·里茨、自然资源部长乔·奥利弗等内阁部长分别访华。

双方各领域务实合作取得新进展。中加双边贸易持续增长，2013年双边贸易额544.4亿美元，达历史新高。中国继续保持加拿大第二大贸易伙伴地位。中国海洋石油总公司收购尼克森能源公司并完成交割。双方签署《中华人民共和国国家发展和改革委员会与加拿大自然资源部关于矿产资源合作对话的谅解备忘录》、《中国国家能源局与加拿大阿尔伯塔省关于推动可持续能源发展合作的框架协议》，就返还被非法侵占财物与分享被没收资产协定文本达成一致。双方举行中加议会交流机制第17次会议、中加国防部第一次工作会晤、中加金融政策第六次对话、中加科技合作联委会第五次会议、中加执法合作工作组第十次会晤等。3月，中国以合作研究方式向加拿大提供的一对大熊猫“二顺”和“大毛”落户多伦多，哈珀总理偕夫人出席欢迎仪式。两国2013～2014年互办文化活动全面展开。加拿大支持中国成为北极理事会正式观察员。双方在联合国改革、二十国集团、气候变化、伊朗核、叙利亚、朝核等重大国际地区问题上保持密切沟通。

两国地方交流活跃。中共山西省委书记、省人大常委会主任袁纯清，天津市市长黄兴国，中共西藏自治区党委副书记、自治区人大常委会主任白玛赤林，西藏自治区人大常委会副主任武金辉等分别访加。加拿大安大略省省长道尔顿·麦坚迪、纽芬兰和拉布拉多省省长凯西·邓德代尔、阿尔伯塔省省长艾莉森·雷福德、不列颠哥伦比亚省省长简蕙芝等分别访华。

# 佛得角
# (Cape Verde)

2013年，中华人民共和国与佛得角共和国双边关系继续平稳顺利发展，各领域交往与合作进一步加强。

两国高层往来密切。3月，佛得角总统若热·丰塞卡致函祝贺习近平当选国家主席。4月，丰塞卡总统就四川芦山地震向习近平主席致慰问信。3月，佛得角总理若泽·内韦斯、国民议会议长巴西利奥·拉莫斯和外交部长若热·博尔热斯分别向国务院总理李克强、全国人大常委会委员长张德江、外交部长王毅致就任贺信。4月，内韦斯总理、拉莫斯议长、博尔热斯外长分别就四川芦山地震向李克强总理、张德江委员长和王毅外长致慰问信。8月，佛得角总理助理兼卫生部长玛丽亚·利马来华出席中非部长级卫生发展研讨会。6月，佛得角文化部长马里奥·索萨来华出席首届中非文化产业圆桌会议，双方签署了《中华人民共和国政府和佛得角共和国政府文化合作协议2013～2016年执行计划》。11月，佛得角旅游、工业和能源部长温贝托·布里托率团出席中国—葡语国家经贸合作论坛第四届部长级会议，其间签署了《中华人民共和国政府和佛得角共和国政府经济技术合作协定》。

两国经贸合作取得积极进展。中方援建的佛得角国家体育场主体工程、普拉亚中心医院技术合作二期工程顺利完成，萨尔岛综合技术学校开工。中方提供优惠贷款实施的电子政务网项目一期竣工。两国企业积极互动，共同探讨多领域合作可能性。

双边人文、地方等领域交流活跃。2月，佛得角民间组织佛得角与中国友好协会在佛举办首届“中国文化周”活动。4月，佛得角首都普拉亚市市长若泽·席尔瓦来华出席在山东济南举行的第二届中非省市长对话会。5月，为落实“中非文化合作伙伴计划”，上海市文化代表团访问佛得角。6月，成都民族歌舞剧院艺术团赴佛得角访问演出。

## 中 非
## (Central African Republic)

2013年，中非共和国发生非宪政政权更迭，局势持续动荡。在国际社会推动下，中非通过过渡宪法，成立过渡委员会和联合政府，进入政治过渡期。

受当地安全形势恶化影响，中国与中非双边往来及有关合作项目暂时中止。

## 乍 得
## (Chad)

2013年，中华人民共和国与乍得共和国友好合作关系进一步发展。

双方保持友好交往。3月，乍得总统伊德里斯·代比·伊特诺、总理吉姆兰加尔·达德纳吉·约瑟夫、外交和非洲一体化部长穆萨·法基·穆罕默德分别向国家主席习近平、国务院总理李克强和外交部长王毅致就任贺函。5月，代比总统就四川芦山“4·20”地震向习近平主席致慰问函。8月，达德纳吉总理就甘肃“7·22”地震向李克强总理致慰问函。8月，法基外长对中国进行工作访问，王毅外长与其举行会谈。

两国经贸领域合作进展顺利。中乍石油上下游一体化项目稳步推进。6月，中国援乍中乍友谊医院维修和新建医疗队宿舍项目完成。11月，中国援建的新议会大厦落成移交。

两国文化、教育领域合作不断取得新成果。2月，两国签署《中乍文化协定》。11月，恩贾梅纳大学创建汉语系并开设汉语课程。

# 智　利
## (Chile)

2013年，中华人民共和国与智利共和国战略伙伴关系深入发展。

两国高层及各层级交往密切。10月，国家主席习近平和智利总统塞瓦斯蒂安·皮涅拉·埃切尼克在印度尼西亚巴厘岛出席亚太经合组织第21次领导人非正式会议期间举行双边会见，就深化两国各领域交流合作深入交换意见，达成重要共识。两国元首共同见证签署关于成立两国政府间常设委员会、经济合作与协调战略对话机制的谅解备忘录。12月，习近平主席致电祝贺米歇尔·巴切莱特·赫里亚当选智利总统。全国政协副主席李兆焯等访智。中智议会政治对话委员会第七次会议在北京举行。

两国经贸合作继续深化。中国保持智利第一大贸易伙伴、第一大出口目的地国地位，智利是中国在拉美第三大贸易伙伴、进口铜的最大供应国。智利交通与通信部长佩德罗·巴勃罗·埃拉苏里斯·多明格斯、农业部长路易斯·马约尔·布雄等分别访华。两国在农业、新能源、基础设施建设等领域合作取得积极进展。

两国在联合国、亚太经合组织等国际组织和多边机制中保持密切协作。

两国科技、人文领域合作成果丰硕。国家航天局同智利农业部签署关于开展对地观测合作的谅解备忘录。中国科学院同智利国家科学技术研究委员会签署天文合作谅解备忘录。中科院南美天文研究中心暨中智天文联合研究中心在智利成立，这是中国首个海外天文研究机构。“中国文化周”在智多个地方顺利开展。

两国军事交往进一步加强。中国人民解放军总装备部政委王洪尧上将、空军政委田修思上将等先后访智。智利陆军司令胡安·米格尔·富恩特·阿尔瓦·波夫莱特上将访华。中国海军舰艇编队访智，与智利海军举行联合演习。

## 哥伦比亚
(Colombia)

2013年，中华人民共和国与哥伦比亚共和国友好合作关系稳步发展。

双方保持各层级交往。8月，国家主席习近平向哥伦比亚总统胡安·曼努埃尔·桑托斯致生日贺函。1月，外交部部长助理张昆生访哥并与哥代理外交部长莫妮卡·兰塞塔·穆迪斯共同主持两国外交部间第七次政治磋商。6月，张昆生部长助理在出席东亚—拉美论坛外长会期间会见哥外交部副部长兰塞塔。4月，哥伦比亚外交部发表公告，就四川芦山地震造成上百人遇难向中国政府表示哀悼，并对遇难者家属和灾民表示慰问与支持。

两国经贸合作继续深化。中国是哥伦比亚第二大贸易伙伴和第二大进口来源国。6月，国家质检总局副局长孙大伟访哥，分别与哥农业和农村发展部长弗朗西斯科·埃斯图皮尼安、农牧署署长特雷西塔·贝尔特兰·奥斯皮纳和食品药品监督署署长布兰卡·埃尔维拉·卡希加斯·德阿科斯塔举行会见、会谈。中哥签署《中华人民共和国国家质量监督检验检疫总局与哥伦比亚共和国农业和农村发展部、农牧署、食品药品监管署关于哥伦比亚口蹄疫解禁的谅解备忘录》和《中华人民共和国国家质量监督检验检疫总局与哥伦比亚共和国农业和农村发展部、农牧署、食品药品监管署关于哥伦比亚对中国出口冷冻牛肉的检疫和兽医卫生条件议定书》。

两国军事、党际、人文领域交流日趋活跃。中国人民解放军总参谋部军训部政委贺江波少将、中央党校常务副校长李景田、国家汉办主任许琳等相继访哥。

## 科摩罗
(Comoros)

2013年，中华人民共和国与科摩罗联盟友好合作关系继续稳步发展。

两国保持政治交往势头。3月，科摩罗总统伊基利卢·杜瓦尼纳致函祝贺习近平当选国家主席和中央军委主席。4月，伊基利卢总统就四川芦山地震向习近平主席致慰问函。8月，科摩罗副总统兼卫生、团结、社会凝聚力和性别平等部长福阿德·穆哈吉来华出席中非部长级卫生合作发展会议，习近平主席会见。科摩罗内政、新闻、权力下放兼协调国际机构关系部长侯赛因·哈桑·易卜拉欣来华参加人口与发展部级研修班。

中科经贸合作进展顺利。中国政府援建的昂儒昂岛和莫埃利岛总统办公室项目竣工，三所小学校和移动太阳能电源交付科方。两国签署光伏发电站项目立项换文。双方广电、国际机场技术合作项目有序开展。

双方文教、卫生等领域合作发展势头良好。中央电视台和中国国际广播电台在科落地。科摩罗大学与国家汉办就在科设立孔子课堂签署协议。大科摩罗岛快速灭疟疾项目正式启动。国家卫生和计划生育委员会和中医药管理局代表团访科。

## 刚果共和国
## (Congo)

2013年，中华人民共和国与刚果共和国［简称“刚果（布）”］关系进一步密切。

两国政治交往频繁，互信不断增强。3月，国家主席习近平对刚果（布）进行国事访问。3月，刚果（布）总统德尼·萨苏–恩格索致函祝贺习近平当选国家主席。4月和7月，刚果（布）总统萨苏分别就四川省芦山“4·20”地震、甘肃“7·22”地震致函习近平主席表示慰问。6月，刚果（布）经济社会理事会主席让·马力·塔苏阿访华。10月，刚果（布）总统府负责国防事务部长夏尔·里夏尔·蒙乔访华。11月，刚果（布）执政党刚果劳动党总书记皮埃尔·恩戈洛访华。

两国经贸合作进展顺利。中国援建的中刚友好医院竣工并移交刚方，恩古瓦比大学图书馆顺利启用，中国援建的中学、打井、太阳能等项目有序实施。中国企业投资建设的蒙哥钾肥项目进展顺利。

两国文教领域合作不断加强。3月，“感知中国”系列文化活动在刚果（布）首都布拉柴维尔举行，习近平主席在访刚期间出席了系列活动之一的恩古瓦比大学图书馆“中国馆”开馆仪式。

### 国家主席习近平对刚果（布）进行国事访问

3月29～30日，应刚果（布）总统萨苏邀请，习近平主席对刚果（布）进行国事访问。其间，习近平主席同萨苏总统举行会谈，并在刚果（布）

议会发表题为《共同谱写中非人民友谊新篇章》的重要演讲。

会谈时，习近平表示，中国和刚果（布）始终真诚相待、友好合作，在涉及对方核心利益的重大问题上坚定地相互支持。2014年是中刚建交50周年，希望双方共同努力，深化友好互信，使两国团结互助的全面合作伙伴关系迈上新台阶、实现新跨越。中方高度重视刚方有关合作要求，愿继续为刚果（布）提供力所能及的帮助，争取早日上马大型合作项目。中方鼓励有实力的中国企业参与刚果（布）经济特区建设。

萨苏表示，刚果（布）同中国建交近50年来，两国关系取得长足进展，各领域合作成果丰硕，刚方感谢中方为刚果（布）经济社会发展提供的宝贵帮助，希望继续同中方加强在公路、铁路基础设施建设等领域合作。中国尊重非洲，帮助非洲，不干涉非洲国家内政。有人说中国在非洲搞新殖民主义，这是别有用心。非洲人民经历过殖民主义，知道什么是殖民主义，绝不会被这种论调误导。非洲人民支持非中合作，希望中方在促进非洲和平、稳定和发展方面发挥更大作用。

习近平指出，团结合作是非洲复兴的重要基础，“散”必然导致乱，“乱”必然陷入落后的泥潭。非洲要联合自强。发展同非洲国家的友好合作一直是中国对外政策的重要基石，也是中方长期坚定的战略选择。新时期，中国加强对非团结合作的政策不会变，促进非洲和平与发展的决心不会变，支持非洲联合自强的立场不会变。中国愿永远做非洲国家的可靠朋友和真诚伙伴，愿在中非合作论坛框架内不断加强和深化中非新型战略伙伴关系。

会谈后，两国元首共同见证了双方一系列合作文件的签署。

## 库克群岛
## (Cook Islands)

2013年，中华人民共和国与库克群岛友好合作关系继续稳定向前发展。

两国保持政治交往势头。8月，国家主席习近平致电库克群岛新任女王代表汤姆·马斯特斯，就马斯特斯就任和库克群岛宪法日表示祝贺。11月，国务院副总理汪洋在广州会见出席第二届中国—太平洋岛国经济发展合作论坛的库克群岛总理亨利·普那。9月，中国—太平洋岛国论坛对话会特使李强民在马绍尔群岛首都马朱罗出席第25届太平洋岛国论坛会后对话会期间会见库克群岛总理普那。10月，库克群岛基础设施与规划部长蒂阿里基·希瑟访华。

11月，中国新任驻库克群岛大使王鲁彤向库克群岛女王代表马斯特斯递交国书。

两国经济技术合作稳步推进。4月，中国大洋矿产资源研究开发协会代表团访问库克群岛。中国、库克群岛和新西兰联合开展的库克群岛供水合作项目进展顺利。

## 哥斯达黎加
## (Costa Rica)

2013年，中华人民共和国与哥斯达黎加共和国各领域务实合作继续全面深入发展。

两国高层互访频繁。6月2～4日，国家主席习近平对哥斯达黎加进行国事访问。其间，习近平主席同哥斯达黎加总统劳拉·钦奇利亚·米兰达举行会谈，会见哥斯达黎加立法大会主席路易斯·费尔南多·门多萨·希门内斯，会见圣何塞市市长乔尼·阿拉亚·蒙赫并接受圣何塞“城市钥匙”。双方有关部门签署经贸、质检等领域八项合作文件。11月，全国政协副主席、中华全国工商业联合会主席王钦敏访哥，并出席第七届中国—拉美企业家高峰会开幕式。2月，中共青海省委书记、青海省人大常委会主任强卫访哥。4月，哥斯达黎加第一副总统阿尔菲奥·皮瓦·梅森过境北京，国家副主席李源潮会见。5月，哥斯达黎加民族解放党主席贝尔纳尔·希门内斯·蒙赫访华，中共中央政治局常委、国务院副总理张高丽会见。7月，哥斯达黎加立法大会主席门多萨对中国进行正式友好访问，全国人大常委会委员长张德江和副委员长陈昌智分别会谈、会见。

两国经贸合作续有发展，合作领域拓宽。质检领域合作取得突破，哥斯达黎加对华出口产品种类不断丰富，开始向中国出口乳制品。双方银行就加强金融业务合作达成一致。

两国农业、教育等领域合作顺利。双方确定在哥斯达黎加建立高产杂交水稻示范基地。汉语教师技术合作继续开展。

# 科特迪瓦
(Côte d'Ivoire)

2013年是中华人民共和国与科特迪瓦共和国建交30周年，两国友好合作关系继续稳定向前发展。

双方隆重庆祝建交30周年。3月，国家主席胡锦涛与科特迪瓦总统阿拉萨内·瓦塔拉、外交部长杨洁篪与科外交国务部长夏尔·科菲·迪比分别互致贺电。双方共同发行了纪念邮封，在北京和阿比让分别举办了庆祝招待会等活动，中国南京艺术团赴科举行了专场庆祝演出。

两国保持高层交往的良好势头。1月，胡锦涛主席就科阿比让市发生严重踩踏事件向瓦塔拉总统致电慰问。3月，国家主席习近平在出席南非德班金砖国家领导人第五次会晤期间举行同非洲国家领导人早餐会，瓦塔拉总统出席。中国政府非洲事务特别代表钟建华大使访科，会见了科总理达尼埃尔·卡布兰·敦坎及非洲一体化和海外侨民部长阿利·库利巴利。3月，瓦塔拉总统致电祝贺习近平当选国家主席，科总理兼经济、财政与预算部长敦坎向李克强总理致就职贺函。4月和8月，瓦塔拉总统分别就四川芦山地震、甘肃地震向习近平主席致电慰问。11月17～23日，科国民议会议长基格巴福里·纪尧姆·索罗访华，全国人大常委会委员长张德江与其会谈，国家副主席李源潮会见。会谈会见中，双方就深入发展中科关系和加强两国立法机关的友好交往达成重要共识。

两国经贸合作成果丰硕。2月和3月，瓦塔拉总统分别出席中方援建的苏布雷水电站奠基和加尼瓦医院启用仪式。5月，商务部副部长李金早率中国政府经贸代表团访科，会见了科特迪瓦总理敦坎，与科外交国务部长迪比共同主持召开两国经贸联委会第二次会议，并签署了经济技术合作协定等合作文件。

两国地方交流活跃。6月，科特迪瓦阿比让大区区长伯格雷·罗伯特·芒贝来华参加第二届中非省市长对话。8月，中国人民对外友好协会副会长冯佐库访问科阿比让大区。

# 克罗地亚
(Croatia)

2013年，中华人民共和国与克罗地亚共和国全面合作伙伴关系稳步发展。

双方高层保持交往。11月，国务院总理李克强在罗马尼亚首都布加勒斯特会见共同出席中国—中东欧国家领导人会晤的克罗地亚总理佐兰·米拉诺维奇。克罗地亚第一副总理兼外交和欧洲事务部部长韦斯娜·普西奇访华。在北京期间，国务院副总理张高丽、外交部长王毅、全国人大外事委员会主任傅莹、外交部副部长宋涛分别与其会见、会谈。在沪期间，上海市市长杨雄会见。

两国教育、党际、司法、农业、智库、新闻、旅游等领域合作稳步推进，地方交往活跃。教育部副部长刘利民访问克罗地亚，与克罗地亚科学、教育和体育部长热利科·约万诺维奇签署《中华人民共和国教育部与克罗地亚共和国科学、教育和体育部2013～2016年教育合作计划》。上海市市长杨雄、中共中央对外联络部副部长兼当代世界研究中心主任于洪君、农业部副部长张桃林、国务院发展研究中心主任李伟等先后访问克罗地亚。克罗地亚前总统斯捷潘·梅西奇来华参加当代世界研究中心举办的“2013年当代世界多边对话会”。克罗地亚民主共同体派团参加在苏州举办的第四届中欧政党高层论坛。民共体议员团副主席戈尔丹·扬德罗科维奇率干部考察团访华。中央电视台与克罗地亚国家广播电视台签署合作协议。克罗地亚与斯洛文尼亚联合在华举办“尽情领略克罗地亚，用心感受斯洛文尼亚”旅游推介会。中国三亚市与克罗地亚杜布罗夫尼克市正式结为友好城市。截至2013年年底，中克共结有七对友好省市。

克罗地亚积极参与中国—中东欧国家合作。7月，克罗地亚地方领导人代表团出席在重庆举办的中国—中东欧国家地方领导人会议。10月，中国—中东欧国家合作克罗地亚国家协调员，海洋、交通和基础设施部部长西尼沙·哈伊达什·东契奇出席在布加勒斯特举行的中国—中东欧国家合作国家协调员会议。12月，克罗地亚前总统梅西奇等来华出席中国—中东欧国家高级别智库研讨会。

# 古 巴
(Cuba)

2013年，中华人民共和国与古巴共和国互利友好合作关系持续快速发展，各领域交流与合作不断扩大。

两国政治互信不断加深。2月，古巴选举产生新一届全国人民政权代表大会，国家主席胡锦涛和国务院总理温家宝联名致电祝贺古巴国务委员会主席兼部长会议主席劳尔·卡斯特罗·鲁斯连任，全国人大常委会委员长吴邦国致电祝贺埃斯特万·拉索·埃尔南德斯当选古巴全国人民政权代表大会主席。3月，劳尔主席分别致电祝贺习近平当选国家主席、李克强当选国务院总理。拉索主席分别致电祝贺张德江当选全国人大常委会委员长、俞正声当选全国政协主席。2013年，劳尔主席还多次就中国部分地区遭受自然灾害等向习近平主席和李克强总理致慰问电。6月，古巴国务委员会第一副主席兼部长会议第一副主席米格尔·迪亚斯–卡内尔·贝穆德斯对中国进行正式访问，习近平主席、李克强总理、国家副主席李源潮分别会见、会谈。

双方各层级交往频繁。中方访古的主要有：中共中央政治局委员、北京市委书记郭金龙，全国政协副主席李兆焯，司法部副部长郝赤勇，中国人民银行副行长易纲，国务院侨务办公室副主任马儒沛，中国文学艺术界联合会副主席赵实，中国人权研究会会长罗豪才等。外交部长王毅在出席第68届联大期间会见古巴外交部长布鲁诺·罗德里格斯·帕里利亚。古方访华的还有：国务委员会副主席兼总审计长格拉迪斯·贝赫拉诺、国务委员会秘书奥梅罗·阿科斯塔、罗德里格斯外长、古共中央国际关系部部长何塞·拉蒙·巴拉格尔、古共中央意识形态部部长罗兰多·阿尔韦托·阿方索、科技环境部长埃尔瓦·罗莎·佩雷斯、食品工业部长玛丽亚·德尔卡门·康塞普西翁·冈萨雷斯、农业部长古斯塔沃·罗德里格斯、外贸外资部长罗德里戈·马尔米耶卡、全国水利资源委员会主席伊内斯·玛丽亚·查普曼等。

中古在国际事务中相互支持。中国在第68届联大连续第22次投票支持古巴提出的《必须终止美利坚合众国对古巴的经济、商业和金融封锁》的议案。双方在多边组织竞选中，在人权、气候变化等问题上相互配合，密切协作。

两国经贸合作进展顺利。目前，中国是古巴第二大贸易伙伴，古巴是中国在加勒比地区第一大贸易伙伴。双方在数字电视、农业、生物科技、基础设施等领域合作稳步推进。两国投资贸易促进机构通过中国国际投资贸易洽谈会、进出口商品交易会、哈瓦那国际博览会、双边企业家理事会等重要平台不断促进双方企业的相互了解。古巴在华采购散货船、港口吊机等项目执行完毕。9月，中古经贸混委会第26次会议在北京召开，双方签署中古政府间《2013～2017年中期双边经济合作规划》等合作文件。

两国文教、卫生、科技等领域交流合作蓬勃开展。浙江省婺剧团赴古巴参加“欢乐春节”演出。“北京之夜”大型杂技表演和“魅力北京”图片展在哈瓦那举行。福建人艺赴古巴演出话剧《雷雨》。国家文物局、国家体育总局和国家图书馆加强与古巴对口单位的交流与合作。中古生物技术合作联合工作组第七次会议在北京举行。8月，两国合作共建的“中古分子免疫学中心”在北京揭牌。

## 塞浦路斯
## (Cyprus)

2013年，中华人民共和国与塞浦路斯共和国双边关系平稳发展，政治互信不断增强，各领域交流与合作取得积极进展。

两国高层接触和各级别人员往来密切。9月，国家主席习近平向塞浦路斯总统尼科斯·阿纳斯塔西亚迪斯致生日贺函。9月，外交部长王毅在第68届联合国大会期间会见阿纳斯塔西亚迪斯总统。中共中央宣传部副部长雒树刚，农业部副部长牛盾，文化部副部长、国家文物局局长励小捷，中共中央对外联络部部长助理贺钧分别访塞。塞浦路斯能源、商工和旅游部长乔治·拉科特里皮斯，教育与文化部长基里亚科斯·科内维泽斯分别访华。塞农业部常务秘书艾格丽·潘德拉基斯赴罗马出席中国与南欧六国农业合作圆桌会议。

两国政党交流进一步加强。塞浦路斯民主大会党主席阿维诺夫·尼奥菲都和劳动人民进步党经济书记维尼泽洛斯·扎奈托斯分别访华。

两国经贸往来稳中有升。中国已成为塞浦路斯第八大出口目的地和第九大进口来源地。

两国文化、教育等领域合作深入开展。双方签署《关于防止盗窃、盗掘和非法进出境文化财产的协定》。双方就在塞浦路斯设立孔子学院达成共识。

## 捷 克
## (Czech)

2013年，中华人民共和国与捷克共和国关系保持发展。

两国保持各级别往来。11月，国务院总理李克强在罗马尼亚布加勒斯特出席中国—中东欧国家领导人会晤期间同捷克总理伊日·鲁斯诺克举行双边会见；外交部副部长、中国—中东欧国家合作秘书处秘书长宋涛赴捷克出席“中国投资论坛”，并分别同捷总统米洛什·泽曼、总理伊日·鲁斯诺克、外交部长扬·科胡特、社民党主席博胡斯拉夫·索博特卡会见。

经贸领域合作日益扩大。5月，国务院国有资产监督管理委员会副主任黄丹华访问捷克；全国人民代表大会法律工作委员会副主任委员王胜明率中国国际贸易促进委员会仲裁与调解立法代表团访问捷克；6月，国家税务总局副局长谢学智、中国农业银行行长蒋超良分别访问捷克；7月，海关总署副署长孙毅彪访问捷克；9月，中国银行业监督管理委员会副主席王兆星、全国工商联副主席谢经荣、中国农业发展银行行长郑晖分别访问捷克。10月，捷工贸部副部长米兰·霍沃尔卡率团赴成都出席中国西部国际博览会。

科技、卫生、文化等领域交往进一步深化。5月，国家卫生和计划生育委员会和捷克卫生部签署“2013～2016年度合作执行计划”。6月，国务院发展研究中心主任李伟访问捷克；国家卫生和计划生育委员会副主任陈啸宏访问捷克并出席首届“中捷卫生论坛”；7月，国家安全生产监督管理总局副局长孙华山访问捷克；8月，中国科学院院长白春礼访问捷克；9月，中国文学艺术界联合会副主席李屹、新华社副社长周锡生分别访问捷克。

地方交往不断加强。6月，江苏省副省长史和平访问捷克；7月，福建省副省长倪岳峰访问捷克；9月，辽宁省副省长薛恒访问捷克；10月，中共安徽省委常委、纪委书记王宾宜访问捷克。7月，以捷克摩拉维亚和西里西亚州州长米罗斯拉夫·诺瓦克为团长的捷地方代表团赴重庆出席中国—中东欧国家地方领导人会议。截至2013年年底，两国共结有一对友好省州。

# 丹　麦
# (Denmark)

2013年，中华人民共和国与丹麦王国全面战略合作伙伴关系继续深入发展。

各层级人员交往密切。3月，丹麦女王玛格丽特二世致口信祝贺习近平当选国家主席，外交大臣维利·瑟芬达尔致信分别祝贺杨洁篪就任国务委员、王毅就任外交部长。6月，全国政协主席俞正声对丹麦进行正式友好访问，与丹麦议长莫恩斯·吕克托夫特举行会谈，并分别会见丹麦首相赫勒·托宁–施密特、王储腓特烈、外交大臣瑟芬达尔。访问对中丹关系发展发挥了引领作用，全面推动了两国各领域务实合作发展。1月，丹麦女王丈夫亨里克亲王、王储腓特烈相继非正式访华。2013年，中方十位省部级官员访丹，丹麦及丹属自治领格陵兰十位内阁大臣及多位副部级官员访华。

11月，中国新任驻丹麦大使刘碧伟向丹麦女王玛格丽特二世递交国书。

经贸关系持续深化。中国是丹麦在亚洲第一大贸易伙伴，丹麦积极拓展对华贸易规模。2013年，两国在农业、环保、科教、医疗等领域合作取得新成果，签署了《中华人民共和国政府和丹麦王国政府社会保障协定》、《中华人民共和国农业部与丹麦王国食品、农业和渔业部关于深化农业合作的谅解备忘录》后续行动的协议、《中华人民共和国民政部和丹麦王国社会事务、儿童和融合部在老年人照料、长期护理和康复领域的合作与知识交流谅解备忘录》、《中华人民共和国国家卫生和计划生育委员会与丹麦王国食品、农业与渔业部关于食品安全合作的谅解备忘录》等协议。国家能源局派团赴丹麦出席第三届“全球绿色增长论坛”。

人文交流取得新进展。2月，“欢乐春节——文化中国·四海同春”2013年新春文艺晚会在丹麦举办，旅丹华侨华人大型春节庙会活动首次成功走进哥本哈根市政厅，广受当地民众欢迎。4月，“复旦—欧洲中国研究中心”在丹麦揭幕，为促进中丹、中欧学术交流增添新的平台。12月，两国签署《中华人民共和国政府和丹麦王国政府关于互设文化中心的协定》。

截至2013年年底，两国已缔结十对友好省市。

## 吉布提
(Djibouti)

2013年，中华人民共和国与吉布提共和国友好合作关系继续稳步发展。

两国政治交往密切。3月，吉布提总统伊斯梅尔·奥马尔·盖莱致函祝贺习近平当选国家主席。4月，盖莱总统就四川芦山地震向习近平主席致函表示慰问。4月，中共中央对外联络部副部长艾平访问吉布提。5月，吉布提外交和国际合作部部长马哈茂德·阿里·优素福和经济、财政与工业部部长伊利亚斯·穆萨·达瓦莱访华。8月，吉布提卫生部长卡西姆·伊萨卡·奥斯曼来华参加中非部长级卫生合作发展会议。12月，吉布提国防部长哈桑·达拉尔·胡法奈访华，中央军委副主席范长龙上将、国务委员兼国防部长常万全上将分别与其会见、会谈。

5月，中国新任驻吉布提大使符华强向盖莱总统递交国书。

两国经贸合作取得新进展。5月，中国—吉布提经贸联委会首次会议在北京举行。中国政府援建的阿尔塔医院、人民宫修缮、太阳能项目完工。中国企业参与的亚的斯亚贝巴—吉布提铁路吉布提段、多哈雷多功能新港、吉布提自埃塞俄比亚引水工程顺利推进。

两国其他领域交流与合作持续开展。中国海军第13、14、15批护航编队先后停靠吉布提港补给休整。中国向吉布提派遣的第17批医疗队抵吉工作。

## 多米尼克
(Dominica)

2013年，中华人民共和国与多米尼克国友好关系持续稳定发展。

两国保持高层交往势头。6月，国家主席习近平访问特立尼达和多巴哥期间，同多米尼克总理罗斯福·斯凯里特举行双边会晤。7月，国务院总理李克强、副总理张高丽分别在北京和贵阳会见来华出席生态文明贵阳国际论坛2013年年会的斯凯里特总理。10月，习近平主席致电祝贺查尔斯·萨瓦林当选总统。3月，多领导人分别致函祝贺习近平当选国家主席、李克强当选国务院总理、张德江当选全国人大常委会委员长。6月，多农业和林业部长马修·沃尔特来华出席首届中国—拉丁美洲和加勒比农业部长论坛。11月，斯凯里特总理非正式访问广州、上海。

两国务实合作有序推进。多方利用中方优惠贷款建设的多米尼克国立大学和国宾馆改扩建项目如期竣工。中多农业、医疗和体育场技术合作项目稳步开展。1月，全国人大常委会向多议会捐赠办公用品正式移交。7月，国家发展和改革委员会同多公共工程、能源和港口部签署《关于应对气候变化物资赠送的谅解备忘录》，向多捐赠2500套太阳能LED路灯。11月，中方援多方警用物资正式移交。

两国文教、卫生、军事等领域合作更加紧密。中方继续向多方提供赴华留学政府奖学金及人力资源培训名额。10月，两国签署《互免持外交、公务（官员）护照人员签证的协定》。12月，国家卫生和计划生育委员会同多卫生部就中方派遣眼科专家医疗组赴多开展“光明行”白内障义诊手术签署谅解备忘录。10月，多高级警官来华出席加勒比与南太平洋国家高级防务论坛。

## 朝鲜民主主义人民共和国
## (DPRK)

2013年，中华人民共和国与朝鲜民主主义人民共和国的传统友好合作关系继续发展。

两国政治关系稳步发展。3月14日，朝鲜劳动党第一书记、国防委员会第一委员长金正恩致电祝贺习近平当选中华人民共和国主席、中央军事委员会主席。3月14日，朝鲜最高人民会议常任委员会委员长金永南致电祝贺习近平当选中华人民共和国主席，祝贺张德江当选全国人大常委会委员长。3月15日，朝鲜内阁总理崔永林致电祝贺李克强就任中华人民共和国国务院总理。

7月，国家副主席李源潮率中国代表团访朝，并出席朝方举行的朝鲜战争停战60周年纪念活动，国防委员会第一委员长金正恩，朝鲜最高人民会议常任委员会委员长金永南分别会见，朝鲜最高人民会议常任委员会副委员长杨亨燮与李源潮会谈。

5月，朝鲜劳动党第一书记金正恩特使、朝鲜劳动党中央政治局常委崔龙海访华，中共中央总书记、国家主席习近平，中共中央政治局常委、中央书记处书记刘云山，中共中央政治局委员、中央军委副主席范长龙分别会见。

7月，外交部长王毅在文莱斯里巴加湾出席东盟地区论坛系列外长会期间会见朝鲜外务相朴义春。6月，中朝外交部门战略对话在北京举行。

两国各领域交流与合作不断发展。中国保持朝鲜最大贸易伙伴地位，“罗先经贸区和黄金坪经济区”等双边互利合作项目稳步推进。中国人民志愿军老战士代表团和解放军文艺代表团赴朝参加朝鲜战争停战60周年有关纪念活动。两国经济、人文等各领域交流合作发展良好。

## 刚果民主共和国
## (D.R.Congo)

2013年，中华人民共和国与刚果民主共和国［简称“刚果（金）”］的友好合作关系继续平稳发展。

两国政治交往频繁。3月，刚果（金）总统约瑟夫·卡比拉·卡邦格、国民议会议长奥宾·米纳库分别致函祝贺习近平当选国家主席、张德江当选全国人大常委会委员长。4月，刚果（金）争取重建与民主人民党总书记埃瓦里斯特·博夏卜就四川芦山“4·20”地震致函习近平总书记表示慰问。2月，中国政府非洲问题特别代表钟建华大使访问刚果（金），会见了副总理兼预算部长达尼埃尔·穆科科·桑巴和外交、国际合作与法语国家组织部长雷蒙·奇班达·恩通加穆朗戈。6月，刚果（金）执政党争取重建与民主人民党考察团访华。

两国经贸合作进展良好。农业示范中心、光缆骨干网二期工程、宗果水电站二期工程等项目顺利推进。3月，刚果（金）国家投资局局长马提亚斯·布瓦布·瓦卡言贝访华。8月，刚果（金）首都金沙萨市政府代表团参加第21届广州博览会。

其他领域交流与合作频繁。3月，刚果（金）金沙萨市市长安德烈·金布达·阳戈率团访问江西省。刚果（金）国家电视台来华拍摄纪录片《我访问了中国》，刚果（金）国家舞剧院舞蹈团参加成都非物质文化遗产节。

## 厄瓜多尔
## (Ecuador)

2013年，中华人民共和国与厄瓜多尔共和国友好合作关系发展顺利。

双方保持高层交往。3月，全国人大常委会副委员长陈昌智率团出席在厄瓜多尔首都基多举行的各国议会联盟第128届大会，并会见厄国民代表大会主席费尔南多·科尔德罗。4月，厄瓜多尔国民代表大会主席科尔德罗访华并与全国人大常委会委员长张德江举行会谈。5月，中国政府特使、水利部长陈雷出席厄总统拉斐尔·科雷亚就职仪式。11月，厄瓜多尔外交部长里卡多·帕蒂尼奥·阿罗加正式访华并同外交部长王毅共同主持两国外交部第七次政治磋商。

其他重要互访有：国务院扶贫办公室主任范小建、中共中央编译局局长贾高建、中国科学院院长白春礼访厄。厄瓜多尔不可再生资源部长威尔逊·帕斯特，农业、畜牧业、水产养殖和渔业部长哈维尔·庞塞·塞瓦略斯，水资源国务秘书瓦尔特·索利斯访华。

4月17日，中国新任驻厄大使王士雄向厄副总统莱宁·莫雷诺递交国书。

两国经贸合作日益加强。中铁建铜冠投资公司与厄方签署米拉多铜矿项目投资协议。中国进出口银行与厄方签署米纳斯·圣弗朗西斯科水电站融资协议。中国酒泉卫星发射中心成功搭载发射厄瓜多尔研制的小卫星。两国签署《中华人民共和国政府和厄瓜多尔共和国政府航空运输协定》和《中华人民共和国政府和厄瓜多尔共和国政府关于避免所得双重征税和打击偷漏税的协定》。

## 埃　及
## (Egypt)

阿拉伯埃及共和国是第一个同中华人民共和国建交的阿拉伯、非洲国家。2013年，两国各领域交流合作进一步发展。

两国政治交往不断。3月，国家主席习近平在南非德班出席金砖国家领导人第五次会晤期间同埃及总统穆罕默德·穆尔西举行会晤。7月，习近平主席、国务院总理李克强和外交部长王毅分别向埃及临时总统阿德利·曼苏尔、临时政府总理哈兹姆·贝卜拉维和外交部长纳比勒·法赫米致国庆贺电。7月和8月，王毅外长与法赫米外长两次通电话。9月，两国外长在出席第68届联合国大会一般性辩论期间会晤。12月，中国中东问题特使吴思科访问埃及。9月，埃及外交部部长助理希沙姆·巴德尔访华。12月，法赫米外长访华，国家副主席李源潮会见，王毅外长与其会谈。其间埃方介绍了埃及局势，表示发展埃中关系是埃方的战略选择。中方强调尊重埃及人民自主选择政治制度和发展道路的权利，重视发展同埃及的战略合作关系。

两国经贸合作发展良好。2013年双边贸易额实现较快增长。在能源合作领域，中国石油化工集团公司全资子公司国际石油勘探开发有限公司收购美国阿帕奇石油公司埃及资产部分权益。两国在苏伊士经贸合作区等项目上的合作取得进展。

两国在卫生、文教和新闻等领域交流与合作持续发展。埃及卫生部、高教部、文物部相继派员来华出席“中国—非洲部长级卫生合作发展会议”、“第二届中国—阿拉伯大学校长论坛”、“中国—阿拉伯国家博物馆馆长论坛”等活动。两国就农业信息化网络建设、优质杂交水稻、血吸虫病防治等签署多项合作协议。中国道教乐团受邀赴埃及参加“第六届埃及国际心灵音乐与歌唱艺术节”。埃及新闻媒体代表团和民间外交代表团分别访华，进一步加强两国媒体合作及民间交往。

## 赤道几内亚
## (Equatorial Guinea)

2013年，中华人民共和国与赤道几内亚共和国友好合作关系持续健康发展。

两国政治交往密切，互信不断增强。9月，中共中央书记处书记、中央纪律检查委员会副书记赵洪祝率中共代表团访问赤道几内亚，同赤几总统、执政党民主党主席特奥多罗·奥比昂·恩奎马·姆巴索戈和总理比森特·埃阿特·托米及民主党总书记、政府第二副总理兼教育与科技部长卢卡斯·恩奎马·埃索诺·姆邦分别举行会见、会谈。11月，赤几第二副总统特奥多罗·恩圭玛·奥比昂·曼格非正式访华，国家副主席李源潮会见，双方就双边关系、务实合作等问题深入交换意见。6月，赤几民主党总书记恩奎马访华。9月，赤几外交和合作部长阿加皮托·姆巴·莫库伊出席中非外长第三次联大政治磋商。

4月19日，中国新任驻赤道几内亚大使赵宏声向奥比昂总统递交国书。

两国各领域合作进展顺利。中方援建赤道几内亚外交部马拉博办公楼等项目进展顺利。中非合作论坛框架下援建的职业技术学校、示范农场及赠送太阳能电源等项目顺利推进。中方向赤几援助一批抗疟药品，并完成抗疟技术培训工作。首届“中国电影周”在赤几国立文化中心成功举办。

## 厄立特里亚
## (Eritrea)

2013年，中华人民共和国与厄立特里亚国的友好合作关系继续稳定发展。

2013年是中国与厄立特里亚建交20周年。5月，国家主席习近平和厄立特里亚总统伊萨亚斯·阿费沃基互致贺电。伊萨亚斯总统率多名党政高官出席中国驻厄立特里亚大使馆与厄立特里亚外交部共同举办的庆祝两国建交20周年招待会。

两国各领域交流与合作保持良好势头。1月，厄立特里亚执政党人民民主和正义阵线（简称“人阵党”）政治部长耶迈尼·格布里亚布率人阵党干部考察团访华，中共中央政治局委员、中央书记处书记、中央宣传部部长刘奇葆会见代表团一行。9月，人阵党派代表参加了中共中央对外联络部举办的非洲国家执政党青年领导人研修班。6月，厄立特里亚孔子学院举行揭牌仪式。12月，厄立特里亚教育部长塞梅雷·鲁索姆来华出席在北京举行的孔子学院大会。

## 爱沙尼亚
## (Estonia)

2013年，中华人民共和国与爱沙尼亚共和国关系续有发展。

两国高层保持接触。11月，国务院总理李克强在罗马尼亚布加勒斯特会见出席中国—中东欧国家领导人会晤的爱沙尼亚总理安德鲁斯·安西普。爱沙尼亚外交部长乌尔马斯·佩特年内先后分别就四川芦山地震、吉林德惠火灾事故、甘肃定西地震向外交部长王毅致函慰问。

经贸合作继续推进。7月，吉林省经贸代表团访问爱沙尼亚，并正式在塔林设立吉林商务代表处及商品营销中心。

人文交流与地方合作不断密切。5月，爱沙尼亚文化部长瑞恩·朗格来华参加中国—中东欧国家文化合作论坛。北京市、河南省、天津市等地方省市代表团相继访问爱沙尼亚。

## 埃塞俄比亚
## (Ethiopia)

2013年是中华人民共和国与埃塞俄比亚联邦民主共和国建立全面合作伙伴关系十周年。双边关系持续深入发展，各领域合作不断加强。

两国高层交往频繁，政治互信不断加深。3月28日，国家主席习近平在南非德班出席金砖国家领导人第五次会晤期间会见埃塞俄比亚总理海尔马里亚姆·德萨莱尼。11月24～26日，国务院副总理刘延东对埃塞俄比亚进行正式访问，分别会见埃塞俄比亚总统穆拉图·特肖梅、总理海尔马里亚姆，并与副总理德梅克·梅孔嫩举行会谈。9月25～28日，全国政协副主席齐续春访问埃塞俄比亚。6月12～16日，埃塞俄比亚总理海尔马里亚姆对中国进行正式访问，习近平主席、国务院总理李克强、全国人大常委会委员长张德江分别与其会见和会谈，双方就双边关系发展达成重要共识。

两国政党交往密切。9月13～17日，中央书记处书记、中央纪律检查委员会副书记赵洪祝访问埃塞俄比亚，分别会见埃塞俄比亚人民革命民主阵线（简称“埃革阵”）主席、总理海尔马里亚姆和埃革阵执委、外交部长特沃德罗斯·阿达诺姆，与埃革阵副主席、中央书记处负责人、副总理德梅克举行会谈。3月22～25日，中共中央对外联络部副部长陈凤翔作为中国共产党代表出席埃革阵第九次全国代表大会。中联部交流小组赴埃塞俄比亚交流讲学。埃革阵高级代表团和干部研修班先后访华。

两国经贸合作稳步推进。双边贸易额持续增长。中国公司积极参与埃塞俄比亚“经济增长与转型计划”，互利合作取得新的进展。中非合作论坛框架内涉及埃塞俄比亚项目正在逐步落实。

两国人文领域交流与合作取得新成果。刘延东副总理访问埃塞俄比亚期间，双方就中方增加奖学金名额、派遣科技特派员、在埃塞俄比亚设立中国文化中心、共建皮革联合实验室、设立亚的斯亚贝巴大学孔子学院等签署多项合作文件。

## 斐　济
## (Fiji)

2013年，中华人民共和国与斐济共和国友好合作关系继续发展。

双方高层交往密切。5月，斐总理乔萨亚·沃伦盖·姆拜尼马拉马来华出席第二届中国（北京）国际服务贸易交易会并进行工作访问。文化部长蔡武、中国人民解放军副总参谋长王冠中中将、国防部外事办公室主任钱利华少将、中共中央对外联络部副部长刘结一访斐。中国—太平洋岛国论坛对话会特使李强民赴斐济出席南方国家高级别名人会议、太平洋岛国发展论坛会议。11月，斐济农业、渔业和林业部长伊尼亚·赛努伊拉图来华出席第二届中国—太平洋岛国经济发展合作论坛，国务院副总理汪洋会见。同月，斐济国防部长约凯塔尼·索卡纳辛加访华。

双方在经贸、执法、人文等各领域合作取得积极进展。中国援建的斐济海岸防护工程等项目顺利完工，纳务瓦医院、索摩索摩小水电站、菌草示范中心、低造价住房、公路升级改造等项目顺利推进。斐警方协助缉拿多名中国逃犯。广东省友好代表团及医疗小组访问斐济。中斐签署文化合作谅解备忘录，重庆艺术团赴斐济演出。

## 芬　兰
## (Finland)

2013年，中华人民共和国与芬兰共和国关系迈入新的发展阶段。

两国高层密切交往。5月30日至6月1日，全国政协主席俞正声对芬兰进行正式友好访问，与芬兰总统绍利·尼尼斯托、议长埃罗·海内卢奥马、总理于尔基·卡泰宁分别会见、会谈。全国人大内务司法委员会主任委员马馼、全国人大外事委员会副主任委员赵少华、全国政协教科文卫体委员会副主任程津培、中国气象局局长郑国光、中国社保基金会副理事长孙小系、中国社会科学院副院长李捷、中央人民广播电台台长王求、国家新闻出版广电总局副局长阎晓宏、中国工程院副院长樊代明等分别访芬。

3月，芬兰总统尼尼斯托致信祝贺习近平当选国家主席，总理卡泰宁致信祝贺李克强当选国务院总理，外交部长艾尔基·图奥米奥亚致信祝贺王毅就任外交部长。4月6～10日，芬兰总统尼尼斯托对中国进行国事访问并出席博鳌亚洲论坛2013年年会，国家主席习近平与其会谈，就共同构建和推进中芬面向未来的新型合作伙伴关系达成重要共识，中芬关系进入新的发展时期。国务院总理李克强、全国政协主席俞正声和国家副主席李源潮分别会见尼尼斯托总统。6月，芬兰议长海内卢奥马应邀访华，全国人大常委会委员长张德江和全国政协主席俞正声分别会见。9月，芬兰总理卡泰宁来华出席大连夏季达沃斯论坛，李克强总理和汪洋副总理分别会见。12月，芬兰议会未来委员会主席帕维伊·利波宁访华，全国政协主席俞正声会见。年内，芬兰财政部长尤塔·乌尔皮莱宁、欧洲事务与外贸部长亚历山大·斯图布、经济部长扬·瓦帕沃里、环境部长维勒·尼尼斯托、司法部长安娜–玛雅·亨里克松、住房通讯部长皮亚·维塔宁、教育科学部长克里斯塔·库瑞、社会事务和卫生部长宝拉·瑞斯科分别访华。

10月，芬兰新任驻华大使古泽森向习近平主席递交国书。

各领域务实合作取得积极进展。4月，中芬国际合作创新平台暨芬华创新北京中心落户北京中关村软件园。5月，两国司法部签署《中华人民共和国司法部与芬兰共和国司法部合作与交流谅解备忘录2013～2016年执行计划》。6月，中芬“美丽北京”合作项目在赫尔辛基启动，芬兰航空公司开通赫尔辛基至西安的直航航线。11月，两国签署了《中华人民共和国工业和信息化部与芬兰共和国政府交通和通信部关于信息通信技术合作的谅解备忘录》。12月，中芬经贸联委会第20次会议、全国政协人口资源环境委员会与芬兰议会未来委员会清洁技术联合座谈会在北京举行。

人文交流活跃。2月，春节品牌活动第七届“欢乐春节—赫尔辛基中国春节庙会”在芬兰多个城市举行，数万人参加。6月，西安秦兵马俑展在芬坦佩雷市举行。5月，中国国际广播电台北欧芬兰节目制作室广播孔子课堂暨北欧首家广播孔子课堂在芬兰揭牌，第四届中芬高等教育论坛在芬举行。10月，驻芬兰使馆与芬议会芬中友好小组在芬议会联合举办“中国日”活动。

军事和地方交往深入开展。中国人民解放军副总参谋长戚建国中将、海军政委刘晓江上将、武警副政委崔景龙中将、上海市市长杨雄、山西省副省长张复明、广西壮族自治区副主席黄日波分别率团访芬。赫尔辛基市市长佩卡·绍利、图尔库市市长阿莱克西·朗戴尔访华。

截至2013年年底，两国已缔结友好省市20对。

## 法　国
## (France)

2013年，中华人民共和国与法兰西共和国双边关系取得新发展。两国高层交往频繁，经贸合作续有进展，人文交流不断扩大，就重大国际地区问题开展密切沟通协调。

两国高层保持密切交往。法国总统、总理首次实现在同一年内访华，两国领导人还通过热线电话、互致函电等方式，就双边关系、国际和地区热点问题保持密切沟通。

3月15日，国家主席习近平与法国总统奥朗德通电话，奥朗德总统祝贺习近平主席就职，双方就中法、中欧关系广泛交换意见。

4月25～26日，法国总统奥朗德对中国进行国事访问。习近平主席与其会谈，国务院总理李克强、全国人大常委会委员长张德江分别会见。两国元首就双边关系未来发展方向达成重要共识，决定相互尊重，互利合作，推动中法全面战略伙伴关系继续向前发展。双方共同发表《中法联合新闻公报——共建和平、民主、繁荣、进步的世界》，并签署了涉核能、航空、城镇化、农业食品、节能环保、城市可持续发展、卫生、数字化等18项双边合作协议。两国元首还共同出席中法商务论坛闭幕式并致辞。

12月5～9日，法国总理埃罗对中国进行正式访问。李克强总理与其会谈，两国总理就双边关系、务实合作、中欧关系以及国际和地区局势深入交换意见，达成广泛共识。习近平主席、张德江委员长、国务院副总理马凯分别会见。

1月7～8日，法国经济和财政部长莫斯科维奇访华，李克强总理会见。9月6日，国务委员杨洁篪在陪同习近平主席在俄罗斯出席二十国集团圣彼得堡峰会期间会见法国总统外事顾问燕保罗，双方重点就叙利亚局势等国际和地区热点问题进行磋商。

两国外交部交往密切，两国外长年内六次会面，三次通话，就双边关系和国际地区热点问题深入沟通协调。1月25日，外交部长杨洁篪与法国外交部长法比尤斯通电话，就双边关系和马里问题交换看法。3月18日，外交部长王毅与法比尤斯外长通电话，就双边关系广泛交换意见。4月12～13日，法国外长法比尤斯对中国进行正式访问，习近平主席、杨洁篪国务委员分别会见，王毅外长与其举行会谈。4月26日，王毅外长会见陪同法国总统奥朗德访华的法国外长法比尤斯。8月30日，王毅外长与法国外长法比尤斯通电话，就叙利亚局势沟通协调。9月15日，法国外长法比尤斯访华，王毅外长与其举行会谈。9月24日，王毅外长在美国纽约出席第68届联合国大会期间会见法国外长法比尤斯。10月30日至11月1日，王毅外长正式访问法国，法国总统奥朗德、前总统希拉克分别会见，法国外长法比尤斯与其会谈。11月23日，王毅外长在日内瓦出席伊朗核问题六国与伊朗对话会期间会见法国外长法比尤斯。

此外，1月16日，外交部副部长翟隽和法国总统外事顾问燕保罗通电话，就马里局势交换意见。1月24日，外交部副部长宋涛会见来访的法国外长中国事务特别代表奥布里。两国外交部年内举行了西亚北非事务、军控与防扩散事务、发展问题、领事事务磋商。

中法经贸合作水平续有提升。受欧债问题影响，2013年中法双边贸易略有下降，但总体规模未受影响，贸易结构更趋平衡。1月，中法经贸混委会第21次会议在北京召开。双方相互投资稳中有升，法国对华投资大幅增加。11月25～26日，马凯副总理与法国经济与财政部长莫斯科维奇在北京共同主持首次中法高级别经济财金对话，双方发表《首次中法高级别经济财金对话联合声明》，国务院副总理张高丽会见莫斯科维奇。两国核电、航空等传统大项目合作进展顺利，金融、工业、农业等领域合作不断推进。12月6日，马凯副总理与来华访问的法国总理埃罗共同出席中法核能合作30周年纪念活动，面向第三方市场的民用核能合作取得新成果。12月2～6日，法国参议院副议长、前总理让-皮埃尔·拉法兰率团来华出席第19届中法经济研讨会，马凯副总理会见。

两国人文交流不断扩大，中法建交50周年庆祝活动顺利启动。12月6日，李克强总理和法国总理埃罗共同为中法建交50周年徽标揭幕。中法建交50周年网站正式开通。1月，法国汉语年在巴黎闭幕。6月，法国将两尊圆明园青铜兽首归还中国。9月，中国在法属波利尼西亚开设的孔子学院正式开课。两国卫生、科技交流不断取得新进展。5月22～23日，国家卫生和计划生育委员会主任李斌访法，与法方签署《在卫生领域的合作谅解备忘录》。7月3～4日，中国工程院院长周济访法，与法国医学科学院签署合作协议。

两国政党、议会、军队和地方交流活跃。1月23日，中共中央对外联络部部长王家瑞会见访华的法国外长中国事务特别代表、社会党前第一书记奥布里。7月，法国人民运动联盟副主席马里亚尼访华。

9月，法国国民议会外委会主席吉古率议员代表团访华。6月和11月，中法议会（参议院）定期交流机制第三次会议与中法议会（国民议会）定期交流机制第四次会议分别在法国和中国举行。10月，法国参议院副议长、前总理拉法兰率法国青年议员代表团访华，杨洁篪国务委员会见。

1月，中法总参谋部第九次工作会议在北京举行。9月22～24日，中国人民解放军副总参谋长王冠中中将访问法国，与法国三军副参谋长梅尔空军中将共同主持中法第12次防务战略对话。4月，中国海军第13批护航编队访问法国土伦，法国海军“葡月”号护卫舰访问上海。

5月31日，第八届中法市长圆桌会议在扬州举行。12月24～30日，法属波利尼西亚自治政府主席弗罗斯访华，国家副主席李源潮会见。

截至2013年年底，中法两国共结有友好城市和省区86对。

## 加　蓬
## (Gabon)

2013年，中华人民共和国与加蓬共和国的友好合作关系稳步发展。

两国保持政治交往势头。3月，加蓬总统阿里·邦戈·翁丁巴、国民议会议长居伊·恩祖巴·恩达马分别致函祝贺习近平当选国家主席、张德江当选全国人大常委会委员长。同月，中共中央委员会致电祝贺加蓬民主党成立45周年。4月，中共中央委员会致电祝贺加蓬民主党召开第十次全国代表大会。同月，邦戈总统及加外交、国际合作、法语国家事务、非洲发展新伙伴计划和地区一体化部长埃马纽埃尔·伊索泽·恩贡戴就四川芦山“4·20”地震分别向习近平主席、外交部长王毅致函慰问。

两国经贸交流与合作不断推进。5月，加蓬数字经济、通讯与邮政部长布莱兹·卢恩贝来华出席第二届中国（北京）国际服务贸易交易会暨全球服务论坛·北京峰会。年内，让蒂尔港—翁布韦段沿海路和奥果韦河博韦桥梁建设项目启动，利伯维尔电网安全升级改造一期工程竣工，布巴拉水电站进入收尾阶段，中国援加两所小学建设工程进展顺利。

双方民间和人文交流保持良好势头。3月，中国人民对外友好协会副会长冯佐库率团访问加蓬。3月，加国民议会妇女联盟代表团应中华全国妇女联合会邀请访华。4月，加总统府秘书长洛尔·奥莉加·贡珠女士应全国友协邀请访华。6月，中非民间商会代表团赴加出席第二届“纽约论坛·非洲”会议。8月，中加双方签署关于加国家电视台播放法文版中国电视剧的合作协议。

## 格鲁吉亚
(Georgia)

2013年，中华人民共和国与格鲁吉亚关系稳步发展，各领域合作交流保持良好势头。

格鲁吉亚坚持一个中国政策，在涉及中国方面核心利益的重大问题上继续支持中方立场。两国在联合国等国际组织中保持沟通与协作。格方在国际民航组织、联合国经社理事会、禁止酷刑委员会、教科文组织等国际组织竞选中支持中国。

10月7日，中国新任驻格鲁吉亚大使岳斌向格总统米哈伊尔·萨卡什维利递交国书。

经贸与地方合作续有进展。中国企业在格鲁吉亚实施的基础设施建设项目顺利推进。中国新疆维吾尔自治区、广东省等与格方开展经贸、旅游等领域合作。

人文交流较为活跃。格鲁吉亚第比利斯自由大学孔子学院运营良好。5月，第12届"汉语桥"世界大学生中文比赛格鲁吉亚赛区决赛顺利举行。6月，《格鲁吉亚人眼中的中国》文集首发式在格举行。8月，格鲁吉亚文化日活动在华成功举行。此外，中国还在格举办了杂技演出、"中国—格鲁吉亚武术交流会"等活动。

## 德　国
(Germany)

2013年，中华人民共和国与德意志联邦共和国关系继续稳步发展，两国领导人交往密切，经贸、人文、科教、军事等各领域务实合作成果丰硕。

两国领导人交往密切。9月6日，国家主席习近平在出席二十国集团圣彼得堡峰会期间与德国总理安格拉·默克尔举行双边会见，就中德关系、双方关心的国际和地区热点问题交换意见。3月15日与18日，国务院总理李克强两次应约与默克尔总理通电话，默克尔总理祝贺李克强总理就职。5月25～27日，李克强总理正式访问德国。访问期间，会见约阿希姆·高克总统，并与默克尔总理举行小、大范围会谈，重点就两国政治、经济关系、欧元区形势、气候变化以及伊朗核、叙利亚等国际热点问题交换看法，就深化中德战略伙伴关系达成重要共识。两国总理还共同出席中德语言年启动仪式，会见中外记者并见证双方节能环保、投资、农业、教育等领域共五项政府间协议和总额521亿元人民币的12项商业合同签署。26日，两国发表《中德关于李克强总理访问德国的联合新闻公报》。27日，李克强总理出席中德工商界午宴并发表《创造中德合作新辉煌》重要演讲，介绍中国经济形势和中国新一届政府经济政策，提出深化中德、中欧合作新主张。9月23日，李克强总理与默克尔总理通电话，祝贺其领导的联盟党在德国大选中获胜。

3月15日，德国总统高克、总理默克尔分别致电祝贺习近平当选国家主席。习近平主席于16日、22日分别向高克总统、默克尔总理复函感谢。10月22日，默克尔总理致函习近平主席，希望德中双方共同努力，在法兰克福设立人民币离岸交易中心。11月15日，习近平主席复函默克尔总理，表示中方高度重视中德金融领域合作，欢迎法兰克福成为欧洲人民币离岸市场之一。4月20日，高克总统、默克尔总理分别致电习近平主席、李克强总理，对四川省芦山强烈地震灾害表示慰问。同日，德国外交部长古多·韦斯特维勒在德外交部网站发表声明，对芦山强烈地震造成的损失表示痛心。习近平主席、李克强总理分别复电高克总统、默克尔总理表示感谢。8月27日，高克总统致电习近平主席，就中国南方和东北地区自然灾害表示深切慰问。

两国外交部门合作与沟通顺畅。3月16日，韦斯特维勒外长分别致函祝贺杨洁篪就任国务委员、王毅就任外交部长。3月18日、20日，杨洁篪国务委员、王毅外长先后应约与韦斯特维勒外长通电话，就双边关系等交换看法。5月26日，王毅外长在柏林与韦斯特维勒外长举行非正式会谈，双方就中德关系、两国外交部合作及国际热点问题深入交换意见。8月29日，王毅外长同韦斯特维勒外长通电话，就叙利亚问题交换意见。9月26日，王毅外长在纽约出席第68届联大会议期间会见韦斯特维勒外长，就中德关系、叙利亚和伊朗核等问题深入交换意见。2月1～3日，外交部副部长宋涛赴德国出席第49届慕尼黑安全会议。5月6日，宋涛副外长赴德举行副外长级政治磋商，分别与德外交部国务秘书艾米莉·哈珀尔、总理外事顾问克里斯托夫·霍伊斯根举行会谈。6月10日，双方就中欧光伏贸易纠纷、八国集团峰会等共同关心的问题交换意见。

两国立法机构和政党交往继续深化。3月26日，中共中央政治局常委王岐山会见德国联盟党议会党团主席福尔克·考德尔。25日，中共中央对外联络部部长王家瑞、外交部副部长宋涛分别会见了考德尔。5月23～24日，中国共产党代表、全国政协副主席苏荣赴德出席德国社民党成立150周年庆典。5月27～30日，全国政协副主席、台盟中央主席林文漪访问德国。31日，全国政协副主席刘晓峰会见来访的德国图林根州州长克里斯蒂娜·里贝克雷西特。7月2日和3日，全国人大常委会副委员长张平、全国政协副主席万钢分别会见来华出席中德议会定期交流机制第二次会议的德国联邦议院德中议员小组主席约翰内斯·普弗鲁克一行。7月8～10日，中共中央政治局委员、广东省委书记胡春华率中共代表团访问德国。

中德经贸、人文等领域合作续有成果。1月14日，德国"中国文化年"活动在柏林落幕。5月26日，中德语言年启动，李克强总理和默克尔总理出席启动仪式。10月23～29日，国务院新闻办公室、西藏自治区人民政府、驻德国使馆联合在德举办"2013德国·中国西藏文化周"。中共中央政治局常委、全国政协主席俞正声向文化周发去贺信。

两国军事、安全、法律、青年、媒体、地方等各领域合作扎实推进。1月25日，环境保护部和德国联邦环境、自然保护和核反应堆安全部在德国柏林共同举办第四届中德环境论坛，环保部副部长周建出席论坛开幕式并致辞。3月25日，国务委员兼公安部长郭声琨会见德国巴伐利亚州内政部长约阿希姆·赫尔曼。同日，公安部副部长孟宏伟与赫尔曼举行会谈。4月7日，外交部部长助理马朝旭会见德新社副总编兼外事主编米夏埃尔·路德维希。4月8～9日，中德法治国家对话第13届法律研讨会在杭州举行，国务院法制办公室主任宋大涵、德国联邦司法部长扎比内·洛伊特豪泽尔–施纳伦贝格等出席。5月9日，公安部副部长孟宏伟在北京会见来访的德国联邦情报局局长格哈德·辛德勒，就加强两部门间合作、反恐情报交流和热点地区形势等交换意见。5月14～15日，第11届中德人权对话在宁夏举行，双方就人权领域新进展、少数人及种族歧视、欧债危机对人权的影响等问题交换看法。7月3～4日，中德对话论坛2013年会议在德国斯图加特举行。10月28日，李克强总理在北京会见德国巴符州德中友协主席莱纳·多尔德等德国友人。11月7日，中国人民解放军副总参谋长王冠中中将与德国联邦国防军副总监察长彼得·舍尔齐奇中将在北京共同主持中德两军第六轮防务战略磋商。

截至2013年年底，中德两国已建立72对友好省州（市）关系，较2012年新增3对。

10月11日，德国新任驻华大使柯慕贤向习近平主席递交国书。

## 加　纳
## (Ghana)

2013年，中华人民共和国与加纳共和国友好合作关系继续顺利发展，各领域交流与合作进一步深化。

两国保持高层交往的良好势头。1月，胡锦涛主席特使、水利部长陈雷出席加纳总统约翰·德拉马尼·马哈马就职仪式，并会见马哈马总统。5月，全国政协副主席马飚访问加纳，分别会见加副总统奎西·贝科·阿米萨–阿瑟和议长爱德华·多伊·阿伽霍，双方就进一步发展双边关系，加强全国政协与加纳议会交流合作达成广泛共识。11月，中共广东省委常委、省纪委书记黄先耀率中共友好代表团访问加纳，会见加纳执政党全国民主大会党主席夸比纳·阿杰伊。

3月，马哈马总统致电祝贺习近平当选国家主席。9月，加纳外交与地区一体化部长汉娜·特塔赫出席中非外长第三次联大政治磋商。年内加方访华的主要有加纳道路部长阿明·阿米杜·苏莱马尼，水资源、工程和住房部长科林斯·道达以及能源和石油部长伊曼纽尔·阿尔马·科菲·布阿。

两国经贸合作成果丰硕。中国援建的加纳外交部办公大楼和两所农村小学先后移交加方，海岸角体育场、沃尔特医科大学、职业技术学校等援助项目动工。12月，由中国公司承建的加纳第二大水电站——布维水电站竣工，马哈马总统出席竣工仪式。

两国人文交流合作蓬勃开展。加纳大学孔子学院正式挂牌成立。在文化部“对非文化工作部省合作计划”框架下，南京市与加纳开展一系列文化合作。南京文化艺术团赴加纳演出，在加纳首次举办“欢乐春节·中国之夜”活动；南京金陵图书馆与加纳图书管理委员会签署长期合作备忘录，并向加方捐赠图书，在加纳国家图书馆开设“中国图书之窗”阅览专区。

## 希　腊
## (Greece)

2013年，中华人民共和国与希腊共和国双边关系保持良好发展势头，全面战略伙伴关系继续深化，各领域友好合作不断扩大。

双方保持高层交往势头，政治互信进一步增强。5月15～19日，希腊总理安东尼斯·萨马拉斯正式访华并出席太湖文化论坛第二届年会。访问期间，国家主席习近平、国务院总理李克强、全国人大常委会委员长张德江、全国政协主席俞正声分别会见、会谈。两国总理共同见证签署11项双边合作协议和商业合同，并一致同意成立两国间联系机制，统筹协调双边各领域务实合作。两国政府发表题为《深化务实合作　促进共同发展》的联合声明。

两国各级别人员交往日益频繁。4月，国家广电总局副局长田进率中国广播电视代表团访问希腊。10月，文化部副部长、国家文物局局长励小捷访希。10月，中华全国归国华侨联合会副主席乔卫访希。2月，希腊农业部长阿萨纳西奥斯·查弗塔里斯赴罗马出席中国与南欧六国农业合作圆桌会议。

两国党际交往活跃。6月，中共中央宣传部常务副部长雒树刚率中共友好代表团访希，出席希腊新民主党第九次代表大会。9月，新疆维吾尔自治区党委副书记韩勇率中共友好代表团访希。4月，希腊新民主党书记马诺里斯·凯法洛雅尼斯来华出席第四届中欧政党高层论坛。7月，泛希腊社会主义运动书记尼科斯·安德鲁拉基斯率欧洲部分国家中左翼政党青年政治家考察团访华。

两国海运合作势头强劲。中国远洋运输总公司比雷埃夫斯港集装箱码头公司与美国惠普公司、希腊铁路运输公司物流分拨中心项目启动，三号码头一期工程投产，总吞吐量再创新高。医药、新能源等领域合作取得新进展。上海复星医药股份有限公司与希腊塞拉斯公司签署价值4亿欧元的合作协议。江苏苏美达集团与雅典市签署总额近15亿欧元的合作备忘录。

两国人文交流与合作进一步深化。11月，“我的梦”中国残疾人艺术团在雅典音乐厅举办演出，获得热烈反响。12月，国务院侨务办公室海外慰问艺术团在雅典举行专场演出。

两国军事交流密切。9月，中国海军政委刘晓江海军上将访希。10月，希腊国防参谋部战略计划与政策部部长阿萨纳西奥斯·马克瑞斯海军少将访华。11月，希腊海军参谋长埃万盖洛斯·阿普斯托拉基斯中将访华。

地方友好交往续有发展。截至2013年年底，共结有14对友好省际、城际关系。

## 格林纳达
## (Grenada)

2013年，中华人民共和国与格林纳达友好关系稳步发展。

两国保持高层交往，政治互信不断加深。5月，国家主席习近平致电祝贺格林纳达总督塞西尔·拉格雷纳德就任。6月，习近平主席访问特立尼达和多巴哥期间，同格林纳达总理基思·米切尔举行双边会晤。9月，国务院扶贫办公室主任范小建访格。10月，格执政党新民族党代表团访华。

经贸、文化等领域交往保持良好势头。12月，中国政府援建的格林纳达田径场恢复重建项目开工建设。11月，天津市国际贸易促进委员会、国际商会代表团访格。8月，广东省佛山市舞狮团赴格参加“中国文化之夜”及巡演活动。格方积极派员来华参加各种培训和研讨班。中方援格汉语教学项目进展顺利。10月，格高级警官来华出席加勒比与南太平洋国家高级防务论坛。

## 几内亚
## (Guinea)

2013年，中华人民共和国与几内亚共和国友好关系继续健康稳定发展。

两国保持各层次交往。9月，习近平主席致电几内亚总统阿尔法·孔戴，祝贺几内亚独立55周年。3月，孔戴总统致电祝贺习近平当选国家主席。同月，孔戴总统应邀赴南非出席习近平主席与非洲国家领导人早餐会，在致辞中高度评价中非、中几关系。4月和7月，孔戴总统分别就四川芦山、甘肃地震致电习近平主席，表示慰问。3月，几内亚总理穆罕默德·赛义德·福法纳致电祝贺李克强就任国务院总理。

12月，中国新任驻几内亚大使卞建强向孔戴总统递交国书。

两国经贸、卫生等各领域合作稳步推进。中几两国政府签署了经济技术合作协定等文件。中国援几内亚抗疟药品、办公用品等物资均顺利交付，援几人工井及农村小学项目已全部完工。中国电力投资集团公司与几方签订博法铝矿项目开发特许经营权协议。中国德瑞集团在几投资建设的“钻石广场—科纳克里国际生活社区”项目顺利开工，孔戴总统、福法纳总理等几方高层出席奠基仪式。

## 几内亚比绍
## (Guinea-Bissau)

2013年，中华人民共和国与几内亚比绍共和国关系保持平稳发展。

两国继续保持友好往来势头。3月，几内亚比绍过渡总统曼努埃尔·尼亚马若致函祝贺习近平当选国家主席，过渡政府总理鲁伊·德巴罗斯和全国人民议会议长伊布拉伊马·贾洛分别向国务院总理李克强、全国人大常委会委员长张德江致就任贺信。4月23日，过渡政府总理德巴罗斯就四川芦山地震向李克强总理致慰问信。11月，过渡政府总理德巴罗斯率团出席中国—葡语国家经贸合作论坛（澳门）第四届部长级会议。8月，几比过渡政府公共卫生部长阿戈什蒂纽·卡来华出席中非部长级卫生发展研讨会。9月，几比过渡政府外交、国际合作和侨务部长费尔南多·达席尔瓦在纽约出席中非外长第三次联大正式磋商。10月，几比过渡政府渔业和渔业资源部长马里奥·达罗萨来华出席双边渔业混委会会议。12月，几比过渡政府农业部长尼古劳·桑托斯应邀访华。

7月，中国新任驻几内亚比绍大使王华向几比过渡总统尼亚马若递交了国书。

两国经贸合作取得积极成果。中国援助几内亚比绍“9·24”国家体育场维修项目、总统府维修扩建项目、国立卫生学校项目等先后顺利竣工并交接。

## 圭亚那
## (Guyana)

2013年，中华人民共和国与圭亚那共和国友好关系稳步发展，经贸、人文等领域合作取得积极进展。

两国政治交往不断。6月，国家主席习近平访问特立尼达和多巴哥期间，同圭亚那总统唐纳德·拉莫塔举行双边会晤。3月，圭总统拉莫塔、总理塞缪尔·海因兹分别向习近平主席、国务院总理李克强致就任贺电。4月，圭亚那外长卡罗琳·罗德里格斯–伯基特向外交部长王毅致就任贺电。6月，圭亚那农业部长莱斯利·拉姆萨米来华出席首届中国—拉丁美洲和加勒比农业部长论坛。10月，圭亚那执政党人民进步党派代表参加加勒比执政党干部考察团访华。

两国经贸、文化、教育、军事等领域交流与合作取得新进展。1月，国务院侨务办公室“文化中国·四海同春”艺术小组赴圭亚那访问演出，庆祝华人抵圭160周年。2月，中央电视台第9频道在圭落地。3月，中圭签署在圭亚那大学设立孔子学院的协议。10月，圭亚那国防军副参谋长布鲁斯特·洛弗尔来华出席首届加勒比和南太平洋国家高级防务论坛。

## 匈牙利
## (Hungary)

2013年，中华人民共和国与匈牙利友好合作伙伴关系继续保持良好发展势头，各领域务实合作不断取得新进展。

高层交往密切，政治互信加强。11月，国务院总理李克强出席中国—中东欧国家领导人会晤期间，会见匈牙利总理欧尔班·维克多，中、匈、塞（尔维亚）三国总理共同宣布合作建设匈塞铁路。

在中国—中东欧国家合作框架下，中匈双边合作不断加强。7月，匈牙利外交部副国务秘书、中国—中东欧国家合作匈方国家协调员温特曼戴尔·彼得出席于重庆召开的中国—中东欧国家地方领导人会议，外交部副部长、中国—中东欧国家合作秘书处秘书长宋涛会见。匈牙利人力资源部长鲍洛格·佐尔丹来华出席中国—中东欧国家文化合作论坛。

双方经贸、金融、人文、党际、军事、地方等领域交流与合作蓬勃开展。匈牙利经济发展部长沃尔高·米哈伊应邀出席第15届中国国际高新技术成果交易会。双方签署规模为100亿元人民币/3750亿福林的双边本币互换协议。中国中学生代表团、四川芦山地震灾区学生团赴匈牙利学习交流。匈牙利第三所孔子学院在米什科尔茨大学正式建立，双方就罗兰大学孔子学院设立中东欧地区汉语教师培训中心签署协议。“欢乐春节”活动在匈牙利成功举办。双方签署互设文化中心协定，匈牙利文化中心在北京正式挂牌运营。前总理麦杰希·彼得、匈牙利行政司法部国务秘书雷巴希·罗伯特分别访华。匈牙利国会副主席乌伊海伊·伊什特万来华出席第四届中欧政党高层论坛。解放军副总参谋长侯树森上将、总政治部副部长贾廷安上将率团访匈牙利。匈牙利国防部长汉戴·乔鲍访华。第二届中匈友好城市大会在布达佩斯成功举办。2013年，上海市与匈牙利布达佩斯市建立友好城市关系。截至2013年年底，两国共缔结24对友好城市。

## 冰 岛
## (Iceland)

2013年，中华人民共和国与冰岛共和国友好合作关系全面发展。

高层交往密切。3月，冰岛总统奥拉维尔·格里姆松致信祝贺习近平当选国家主席，总理约翰娜·西于尔扎多蒂致信祝贺李克强当选国务院总理，外长奥叙尔·斯卡费丁松致信祝贺王毅就任外交部长。4月13～18日，冰岛总理西于尔扎多蒂来华进行正式访问，国家主席习近平、国务院总理李克强分别与其会见、会谈。双方发表了《中华人民共和国政府和冰岛政府关于全面深化双边合作的联合声明》。两国正式签署《中华人民共和国政府与冰岛政府自由贸易协定》。这是中国与欧洲国家间签署的第一个双边自贸协定。在冰岛对外贸易总体下滑的情况下，中冰贸易逆势而进，两国经贸关系迈上新台阶。10月，中共中央政治局委员、国务院副总理马凯对冰岛进行正式访问，分别与冰总统格里姆松、总理西格蒙杜尔·贡劳格松会见、会谈。

10月，冰岛新任驻华大使司迪方向习近平主席递交国书。

各领域务实合作进一步扩大。7月，两国签署了《中华人民共和国科学技术部与冰岛共和国教育、科学、与文化部科学与技术合作协议》。9月，两国央行续签了有关双边本币交换协议展期三年的文件。双方在地热领域合作进一步深化，12月，中国陕西省咸阳市政府、中国石化集团新星石油有限公司和冰岛奥卡能源有限公司签署了地热资源开发协议。

人文交流更趋活跃。2月，冰岛—中国文化协会成立60周年纪念音乐会在雷克雅未克举行。同月，中冰首届国际象棋友谊赛在冰岛举行，冰总统格里姆松在官邸为中国代表团举办招待会。5月，中国高等教育代表团访问冰岛。7月，中国外文出版发行事业局在冰岛举办“中国文化·北欧之旅”、“中国日”以及捐赠孔子像等活动，并安排了“孔子故乡”和“魅力苏州”图片展。

截至2013年年底，两国已缔结友好城市3对。

# 印　度
(India)

2013年，中华人民共和国与印度共和国面向和平与繁荣的战略合作伙伴关系持续深入发展，各领域交流与合作不断扩大，双方在国际和地区事务中继续保持密切协调与配合。

两国高层保持密切交往和接触。3月，国家主席习近平在南非德班出席金砖国家领导人第五次会晤期间，会见印度总理曼莫汉·辛格。国务院总理李克强同辛格总理通电话。5月，李克强总理首访首站到访印度。1月，国务委员戴秉国赴印度出席金砖国家安全事务高级代表第三次会议期间，同印总理辛格举行双边会见，转交了中共中央总书记习近平致辛格总理的信函，并同印国家安全顾问梅农举行会谈。6月，国务委员杨洁篪与印度国家安全顾问梅农在北京举行中印边界问题特别代表第16次会晤。10月，印度总理辛格对中国进行正式访问。5月，印度外交部长萨尔曼·库尔希德访华。7月，印度国防部长安东尼访华。此外，全国政协副主席王正伟、副总参谋长戚建国中将等访印。印度国防秘书夏尔马、印度共产党（马克思主义）总书记卡拉特等访华。杨洁篪国务委员在南非开普敦出席金砖国家安全事务高级代表第四次会议期间，同印度国家安全顾问梅农举行双边会见。外交部长王毅在出席东亚系列外长会、联大会议和中俄印外长会晤期间分别会见印度外长库尔希德。外交部副部长宋涛出席慕尼黑安全政策会议、副部长程国平赴莫斯科出席中俄印安全事务高级代表阿富汗问题会晤期间，分别会见印度国家安全顾问梅农，就双边关系等交换意见。

4月，印度总理辛格就四川芦山地震向李克强总理致慰问信。6月中旬，印度北部地区发生严重洪灾。李克强总理、王毅外长分别向印度总理辛格、外长库尔希德致慰问电。中国政府和中国红十字会分别向印度政府和印度红十字会提供20万美元和5万美元救灾援助。

两国务实合作不断拓展。中国为印度第二大贸易伙伴，印度是中国第12大贸易伙伴。印度是中国重要的海外工程承包市场。截至2013年年底，中国在印累计签订承包工程合同额623.99亿美元，完成营业额388亿美元。李克强总理访印期间，双方共同倡议建设孟中印缅经济走廊，得到孟加拉国和缅甸积极响应。9月，第六次中印财金对话在北京举行。12月，经济走廊四国联合工作组首次会议在云南昆明举行，四方签署了会议纪要及联合研究计划。中印还同意开展产业园区和铁路等领域合作，并研究区域贸易安排的潜力。

两国防务交流不断深化。1月，中国人民解放军副总参谋长戚建国中将同印度国防秘书夏尔马在北京共同主持中印第五届防务与安全磋商。中央军委副主席许其亮空军上将会见了夏一行。3月，戚建国副总参谋长对印度进行正式访问，与印方就两军关系等交换意见。7月，国务委员兼国防部长常万全上将与来访的印度国防部长安东尼举行会谈。双方就地区安全形势、两国两军关系等问题交换意见。8月，中国海军“和平方舟”医院船访问印度港口城市孟买。10月，“携手—2013”中印陆军反恐联合训练在成都举行。

两国外交部保持密切交流与合作。两国外交部签署了《中华人民共和国外交部和印度共和国外交部关于双边关系合作的议定书》。举行了第五次副外长级战略对话、第六次反恐磋商、首次中亚事务磋商和年度外交官员磋商，启动两国外交部发言人互访机制。印度高级外交官代表团和青年外交官代表团成功访华。

两国边界谈判稳步推进。双方在北京举行了边界问题特别代表第16次会晤，就落实两国领导人共识，促进中印边界问题解决和双边关系发展，以及共同关心的国际和地区问题交换意见。两国边境事务磋商和协调工作机制举行第三次和第四次会议。双方还及时妥善处理了中印边防部队在天南河谷地区近距离对峙事件。

两国人文交流取得积极成果。国务院新闻办公室和印度外交部在新德里共同举办首届中印媒体高峰论坛，国务院新闻办公室主任蔡名照和印度外长库尔希德出席开幕式。两国百人青年团连续第七年实现互访，李克强总理和印度总理辛格分别会见两国代表团成员。北京和德里、昆明和加尔各答、成都和班加罗尔签署建立友好城市关系的协议，实现了中印友城零的突破。

两国在国际事务中保持密切协调与配合。双方在联合国、二十国集团、金砖国家、基础四国、中印俄等国际和地区组织内保持密切沟通，共同推动世界贸易组织多哈回合谈判，积极应对气候变化、国际反恐、粮食和能源安全等问题，维护两国和广大发展中国家的共同利益。

### 李克强总理对印度进行正式访问和印度总理曼莫汉·辛格正式访华

5月19～22日，国务院总理李克强对印度进行正式访问，访问了新德里、孟买。访问期间，李克强总理与辛格总理举行会谈，会见总统普拉纳布·慕克吉、副总统哈米德·安萨里、国大党主席索尼娅·甘地、人民院反对党领袖苏诗玛·斯瓦拉吉等领导人，双方发表《中华人民共和国和印度共和国联合声明》。李克强总理在印度世界事务委员会发表题为《把握中印战略合作》的演讲，出席中印商务合作峰会晚餐会并致辞。双方签署了政治、经贸、人文等领域共十项合作文件。

10月22～24日，印度总理辛格对中国进行正式访问。国家主席习近平、国务院总理李克强、全国人大常委会委员长张德江分别同辛格会见、会谈，双方发表《中印战略合作伙伴关系未来发展愿景的联合声明》。辛格总理在中央党校发表演讲。双方有关部门签署了交通运输、电力、边防合作、人文等领域共九项合作文件。

李克强总理访印和辛格总理访华，实现了中印自1954年以来两国总理首次年内互访，对两国关系发展具有历史性意义。

## 印度尼西亚
(Indonesia)

2013年，中华人民共和国与印度尼西亚共和国双边关系继续保持良好发展势头，各领域务实合作取得积极成果。

双方高层交往频繁。10月，国家主席习近平对印度尼西亚进行国事访问。两国发表《中印尼全面战略伙伴关系未来规划》，习近平主席同印尼总统苏希洛·班邦·尤多约诺共同宣布将两国关系定位提升为全面战略伙伴关系，并见证签署了经贸、金融、渔业、航天、旅游等领域合作文件。此访为中国印尼关系未来发展指明了方向，在两国关系发展史上具有里程碑意义。同月，国务院总理李克强赴文莱出席东亚领导人系列会议期间同苏希洛总统举行双边会见。11月，中共中央政治局委员、天津市委书记孙春兰访问印尼。12月，国务委员兼国防部长常万全上将对印尼进行正式友好访问。9月，国务委员杨洁篪访问印尼，同印尼政治法律安全统筹部长佐科·苏延多共同主持中国印尼副总理级对话机制第四次会议。8月，全国政协副主席、科技部长万钢访问印尼。5月，外交部长王毅访问印尼。10月，印尼人民协商会议主席希达多·达努苏布罗多访华。

两国经贸合作成果丰硕。双边贸易额实现较快增长，中国对印尼直接投资增长迅速。双方签署《中华人民共和国政府和印度尼西亚共和国政府经贸合作五年发展规划》、《中华人民共和国政府和印度尼西亚共和国政府关于印度尼西亚—中国综合产业园区的协定》等重要合作文件。两国央行续签总额为1000亿元人民币的双边本币互换协议。两国在基础设施建设、能源、资源、制造业、农业等领域合作取得积极进展。中方向印尼提供的优惠出口买方信贷稳步落实。

双方在防务、海上、航天等领域合作加快拓展。两国国防部举行第五届防务与安全磋商，建立海军对话机制并举行首次会议。中国印尼海上合作技术委员会第八次会议召开，相关合作项目进展顺利。双方签署《中华人民共和国农业部与印度尼西亚共和国海洋渔业部渔业合作谅解备忘录》，同意进一步深化渔业领域务实合作。两国签署《中华人民共和国政府和印度尼西亚共和国政府关于探索与和平利用外层空间的合作协议》，同意成立航天合作联委会，推进航天领域合作。

两国领事关系进一步发展，人文交流日益扩大。双方就中方在登巴萨设立总领事馆达成一致。双方签署《中华人民共和国国家旅游局和印度尼西亚共和国旅游与创意经济部旅游合作谅解备忘录》。印尼青年百人团再次应邀访华。两国赴对方国家留学生人数继续上升，中国向印尼派遣汉语教师志愿者，印尼六所孔子学院运作良好。

两国共同致力于维护广大发展中国家利益，在东亚合作、二十国集团、亚太经合组织、世界贸易组织、联合国等多边平台和机构保持密切沟通与合作。

## 伊　朗
(Iran)

2013年，中华人民共和国与伊朗伊斯兰共和国各领域友好合作关系稳步发展。

两国政治交往密切。6月，国家主席习近平致电祝贺哈桑·鲁哈尼当选伊总统。8月，习近平主席特使、文化部长蔡武赴伊出席鲁哈尼的就职仪式。9月，习近平主席在出席上海合作组织比什凯克峰会期间会见鲁哈尼。10月，伊议长阿里·拉里贾尼访华，习近平主席、全国人大常委会委员长张德江、国务委员杨洁篪分别会见、会谈。11月，习近平主席同鲁哈尼通电话，就伊核问题、双边关系交换意见。12月，杨洁篪国务委员访伊，分别会见伊总统鲁哈尼、议长拉里贾尼、最高国家安全委员会秘书阿里·沙姆哈尼及外长穆罕默德·贾瓦德·扎里夫。

两国经贸合作顺利开展。伊朗是中国在西亚北非地区重要贸易伙伴，也是中国重要的原油供应国及主要海外工程承包市场。9月，贸易促进会会长万季飞率团访伊。

两国文化领域交流日益密切。1月，中国驻伊朗使馆举办“欢乐春节走进伊朗”活动。同月，广电总局副局长张丕民访伊并出席中国电影周开幕式。6月，文化部与伊文化和伊斯兰联络组织在北京联合举办“伊朗文化周”。8月，文化部长蔡武访伊，会见伊文化和伊斯兰联络组织主席穆罕默德·巴盖尔·霍拉姆沙德。同月，德黑兰大学孔子学院复建工作启动。9月，中宣部副部长吴恒权访伊。11月，文化部副部长董伟访伊，与伊方签署《中伊关于互设文化中心谅解备忘录》。

两国各部门和地方交往稳步开展。伊朗内政部长穆斯塔法·穆罕默德·纳贾尔、科技部长卡姆兰·达内什居、常务副外长莫尔塔扎·萨尔马迪、副外长阿米尔·阿卜杜拉希扬、伊中友好协会会长艾哈德·默罕默迪及确定国家利益委员会代表团访华。中国外交部、中共中央对外联络部、中央纪委监察部、国家新闻出版广电总局、中国科学院、审计署等各部门派团访伊或出席国际会议。新疆、宁夏、广东等省和自治区党政领导访伊并开展省际友好交流。

## 伊拉克
## (Iraq)

2013年，中华人民共和国与伊拉克共和国友好合作关系继续保持良好发展势头。

两国政治互信牢固。伊拉克总统办公室、总理努里·卡米勒·马利基、国民议会议长乌萨玛·阿卜杜勒阿齐兹·努贾伊菲分别致函祝贺习近平当选国家主席，伊拉克议长努贾伊菲分别致函祝贺李克强当选国务院总理、张德江当选全国人大常委会委员长。8月，伊拉克伊斯兰达瓦党政治局对外关系负责人、议员瓦立德·阿卜杜勒卡法尔·谢希布率干部考察团访华。

两国经贸、能源领域合作稳步推进。双边贸易额增长迅速，中国企业在伊拉克投资以及承建能源、工程等项目进展顺利。两国文化、教育、体育等领域合作持续发展。

## 爱尔兰
## (Ireland)

2013年，中华人民共和国与爱尔兰政治互信加深，互利合作扩大，人文交流密切，互惠战略伙伴关系内涵不断丰富。

两国高层交往频繁。3月，爱尔兰总统迈克尔·希金斯、总理恩达·肯尼、众议长肖恩·巴雷特分别向国家主席习近平、国务院总理李克强、全国人大常委会委员长张德江和全国政协主席俞正声致就职贺信。10月，国务院副总理马凯访问爱尔兰，会见恩达·肯尼总理，并与副总理兼外交贸易部长埃蒙·吉尔摩举行会谈。5月，爱尔兰众议长肖恩·巴雷特和参议长帕迪·伯克联袂访华。7月，爱尔兰副总理兼外交贸易部长埃蒙·吉尔摩访华。

经贸合作水平不断提升，领域日益拓宽。7月，爱尔兰就业、企业和创新部长理查德·布鲁顿访华。中爱在投资、种畜、奶制品等各领域实现广泛合作。

各领域交流密切。5月，国家卫生和计划生育委员会主任李斌和全国政协外事委员会主任潘云鹤分别访问爱尔兰。6月，农业部副部长张桃林访问爱尔兰。9月，国家互联网信息办公室主任鲁炜访问爱尔兰。爱尔兰教育与技能部长鲁埃里·奎因、公共支出和改革部长布伦丹·豪林分别访华。中爱友好城市交往密切，另有多对省市正在探讨结为友好城市事宜。

## 以色列
## (Israel)

2013年，中华人民共和国与以色列国友好合作关系保持良好发展势头，双边各领域交流与合作顺利开展。

两国政治交往频繁。5月，以色列总理本雅明·内塔尼亚胡访华，国家主席习近平、国务院总理李克强会见、会谈。6月，全国政协副主席韩启德访以，与以色列议会议长埃德尔斯坦举行会谈。10月，中共中央政治局委员、中央书记处书记、中宣部部长刘奇葆访以，以色列总统西蒙·佩雷斯等会见。12月，外交部长王毅访以，以色列总统佩雷斯、总理内塔尼亚胡、外长阿维格多·利伯曼等会见、会谈。商务部、水利部、国家新闻出版广电总局、民用航空局、国家粮食局、国务院法制办公室、国家汉语国际推广领导小组办公室、中华全国妇女联合会、中华全国归国华侨联合会等多个团组访以。7月，以色列经济部长纳夫塔利·本内特访华。8月，以色列国家经济委员会主任尤金·坎德尔访华。

两国在经贸、科技、投资等领域的交流与合作稳步推进。本内特经济部长访华期间，与中国商务部启动两国自由贸易区联合可行性研究。10月，双方在北京举行第一次会议。8月，中国民用航空局与以色列民航局签署《关于扩大双边航权安排的谅解备忘录》。此外，首个中国商城在以色列建成，上海复星医药（集团）有限公司出资2.4亿美元控股收购以色列阿尔玛激光医疗美容器械公司，是中国企业对以色列单笔投资最大并购。

两国文化、教育交往广泛开展。“欢乐春节”和“中国冰雪节”等活动在以色列成功举行，北京现代舞团和成都民族歌舞团在特拉维夫、海法等四大城市连续演出九场，观众超过5000人。华裔艺术家遥远的世界和平女神雕塑落户海法市，受到当地民众喜爱。国家汉办与希伯来大学签署建立孔子学院协议。

## 意大利
## (Italy)

2013年，中华人民共和国与意大利共和国全面战略伙伴关系继续深入发展，各领域交流合作不断扩大。

两国政治接触和人员交往频繁。9月，国家主席习近平赴俄罗斯出席二十国集团圣彼得堡峰会期间，同意大利总理恩里科·莱塔简短寒暄。1月，中共中央政治局委员李源潮会见来访的欧盟委员会前主席、意大利前总理罗马诺·普罗迪。2月，国务院副总理回良玉赴罗马出席国际农业发展基金第36届理事会，并出席中国与南欧六国农业合作圆桌会议。会议通过了《中国与南欧六国关于加强农业合作的共同声明》。7月，中共中央政治局委员、广东省委书记胡春华访问意大利。

两国外交部保持密切交往与磋商。10月，外交部长王毅访问意大利，会见莱塔总理，与意大利外交部长埃马·博尼诺会谈并共同出席中意政府委员会第五次联席会议开幕式，签署《中意政府委员会第五次联席会议共同文件》。1月和7月，意大利外交部副部长马尔塔·达苏两度访华。10月，意大利外交部秘书长米凯莱·瓦伦西塞访华。

两国经贸合作发展良好，相互投资和企业合作进一步加强。3月，中国石油天然气集团公司收购意大利埃尼集团东非公司28.57%股权。

两国科技创新领域合作日益活跃。7月，中意纺织研发中心在意大利托斯卡纳大区成立。11月，第四届中意创新论坛在北京成功举办。

两国文化交流精彩纷呈。4月，《佛罗伦萨与文艺复兴：名家名作展》在中国国家博物馆闭幕。6月，《早期中国——中华文明系列展I》在罗马威尼斯宫开幕。中国文化机构及艺术家约300人参加第55届威尼斯双年展。

两国军事关系稳步发展。7月，中共中央军事委员会委员、总装备部部长张又侠上将访意，会见意大利国防部长马里奥·毛罗。5月，中国海军第14批护航编队在亚丁湾东部海域与意大利舰船实现登舰互访。

两国地方交往活跃。截至2013年年底，已正式缔结60对友好省市和地区关系。

## 牙买加
## (Jamaica)

2013年，中华人民共和国与牙买加共同发展的友好伙伴关系全面深入发展。

两国高层交往密切，政治互信不断深化。6月，国家主席习近平访问特立尼达和多巴哥期间，同牙买加总理波西娅·辛普森–米勒举行双边会晤。3月，辛普森–米勒总理分别致电、致函，祝贺习近平当选国家主席、李克强当选国务院总理。8月，辛普森–米勒总理访华，习近平主席、李克强总理和张德江委员长分别会见、会谈。5月，牙外交和外贸部长阿诺德·尼科尔森来华出席全球服务贸易论坛北京峰会，外交部长王毅会见。5月，牙农业和渔业部长罗杰·克拉克来华出席首届中国—拉丁美洲和加勒比农业部长论坛。12月，牙财政、计划和公共服务部长彼得·菲利普斯访华。

10月，中国新任驻牙买加大使董晓军向牙买加总督帕特里克·艾伦递交国书。

两国经贸合作取得积极进展。中国政府援建的斯拉格威尔社区供水项目竣工。中资企业承建的全国路网项目顺利完工，南北高速公路项目于年初破土动工。

人文、军事等领域交流活跃。8月，河南文化艺术团赴牙买加演出，受到当地民众热烈欢迎。10月，牙国防军副参谋长洛基·里卡多·梅亚德来华出席加勒比与南太平洋国家高级防务论坛。

# 日　本
(Japan)

2013年，由于日方在钓鱼岛、历史等问题上频繁采取挑衅行动，中日关系持续面临严重困难局面，两国各领域交流合作受到严重冲击。中国政府重视中日关系，一贯主张在中日四个政治文件的基础上，本着以史为鉴、面向未来的精神发展中日关系。中国政府敦促日方端正态度，纠正错误，妥善处理有关敏感问题，为改善中日关系作出切实努力。

双方政治交往受到严重影响。

1月16日，全国政协主席贾庆林会见日本前首相鸠山由纪夫。

1月25日，中共中央总书记、国家副主席习近平会见公明党党首山口那津男。

1月29日，中共中央政治局委员李源潮会见率团来访的日本前首相村山富市和日中友好协会会长加藤紘一。

3月22日，国家副主席李源潮会见以日中经济协会会长张富士夫为团长、日本经济团体联合会会长米仓弘昌为最高顾问的日中经济协会代表团。

4月16日，国务院副总理汪洋会见率团来访的日本国际贸易促进协会会长河野洋平。

6月3日，中共中央政治局常委刘云山会见以日本自民党前干事长野中广务为团长的日本超党派资深政治家代表团。

7月2日，全国政协主席俞正声会见日本亚洲交流协会代表团。

8月3日，国家副主席李源潮会见日本前首相鸠山由纪夫。

8月30日，全国政协主席俞正声会见率团来访的日本前众议长横路孝弘。

9月5日，国家主席习近平在出席二十国集团圣彼得堡峰会期间与日本首相安倍晋三简短交谈，敦促日方正确处理钓鱼岛、历史等敏感问题。

11月19日，汪洋副总理会见以日中经济协会会长张富士夫为团长、日本经济团体联合会会长米仓弘昌为最高顾问的日中经济协会代表团。

12月24日，全国政协主席俞正声会见日本前首相鸠山由纪夫。

双边经贸合作下滑。

2013年双边贸易额为3126亿美元，同比下降5.1%。其中，中方出口额为1503亿美元，同比下降0.9%；进口额为1623亿美元，同比下降8.7%。2013年日本对华投资总额为70.64亿美元，同比下降4.3%。

双边人员往来规模缩小。

2013年中日双边人员往来为471万人次，较2012年下降14.5%。截至2013年底，两国共缔结友好城市252对。

12月26日，日本首相安倍晋三悍然参拜供奉有二战甲级战犯的靖国神社。安倍此举是对曾经遭受日本军国主义侵略和殖民统治的各国人民感情的肆意伤害，是对全世界爱好和平人民的公然挑衅，是对历史正义和人类良知的粗暴践踏，是对世界反法西斯战争胜利成果和以联合国宪章为基础的战后国际秩序的公然挑战。安倍的所作所为遭到中国政府和人民以及国际社会的强烈反对和严厉谴责。

中国政府迅速采取坚决有力措施应对安倍严重错误行径。国务委员杨洁篪、全国人大及全国政协外事委员会负责人和外交部发言人分别发表谈话予以严厉谴责，外交部长王毅紧急召见日本驻华大使木寺昌人、中国驻日本大使程永华约见日本常务副外长斋木昭隆，向日方提出严正交涉和强烈抗议。

## 约　旦
## (Jordan)

2013年，中华人民共和国与约旦哈希姆王国友好合作关系加速发展，各领域交流与合作不断取得新进展。

两国高层领导人交往密切。3月，约旦国王阿卜杜拉二世·本·侯赛因、参议长塔希尔·米斯里、众议长萨阿德·苏鲁尔、外交与侨务大臣纳赛尔·朱达分别向国家主席习近平、全国人大常委会委员长张德江、全国政协主席俞正声、国务委员杨洁篪、外交部长王毅发来履新贺电。4月，阿卜杜拉二世国王致电习近平主席，就四川芦山地震表示慰问。10月，俞正声政协主席向约旦新任参议长阿卜杜勒·拉乌夫·拉瓦比德致电祝贺。11月，张德江委员长向约旦新任众议长阿提夫·塔拉瓦纳致电祝贺。5月，中国中东问题特使吴思科访问约旦。

9月15～18日，阿卜杜拉二世国王来华进行国事访问并出席在宁夏举行的首届中国—阿拉伯国家博览会。习近平主席、李克强总理、杨洁篪国务委员分别同阿卜杜拉二世国王会谈、会见，全国政协主席俞正声在中阿博览会开幕式期间会见阿卜杜拉二世国王。访问期间双方签署了《中华人民共和国政府与约旦哈希姆王国政府经济技术合作协定》、《中华人民共和国国家国防科技工业局和约旦哈希姆王国武装部队关于国防科技工业合作的协议》、《中华人民共和国国家新闻出版广电总局与约旦广播电视总局谅解备忘录》、《中化集团与约旦安曼阿拉伯钾肥有限公司关于独家代理销售钾肥产品的协议》等四项合作协议。9月上旬，约旦宫廷政治事务办公室主任达巴斯和经济与社会事务办公室主任艾斯福尔访华，为阿卜杜拉二世国王访华做准备。为落实两国领导人就发展双边关系达成的共识，11月，商务部副部长李金早率中国政府经贸代表团访问约旦；12月，约旦外交与侨务大臣朱达一行访华。

贸易等领域务实合作保持良好发展势头。中国是约旦第三大贸易伙伴。9月，第十届中国（约旦）商品展在约旦成功举行。

两国文化、新闻、学术等领域交流合作十分活跃。5月，新华社社长李从军访问约旦。6月，原外交学会副会长、前驻约旦大使陈永龙出席在约旦举行的第五届西亚北非论坛。“中国文化周”、首届“中国电影周”、吉林艺术团慰问约旦各界友好人士和华侨华人专场演出等文化活动在约旦首都安曼成功举行。约旦旅游大臣易卜拉欣·赛义夫、记协主席塔里克·穆罕默德等来华参会或访问。

两国在地区和国际事务中保持沟通协调。12月，中国支持约旦竞选2014 / 2015年度联合国安理会非常任理事国。

2013年，中国向约旦提供了人道主义援助，用于救助在约旦的叙利亚难民。

## 哈萨克斯坦
(Kazakhstan)

2013年，中华人民共和国和哈萨克斯坦共和国全面战略伙伴关系继续深入发展。

两国高层交往频繁。9月6～8日，国家主席习近平对哈萨克斯坦进行首次国事访问，同哈总统努尔苏丹·纳扎尔巴耶夫举行会谈，同哈总理谢里克·阿赫梅托夫、议会下院议长努尔兰·尼格马图林分别会见。两国元首共同出席了中哈企业家委员会成立大会，签署了《中华人民共和国和哈萨克斯坦共和国关于进一步深化全面战略伙伴关系的联合宣言》。访问期间，双方有关部门和企业签署了关于两国能源、经贸、金融、海关、外层空间等领域合作的16份文件。11月29日，国务院总理李克强在塔什干出席上海合作组织成员国总理会议期间，与哈萨克斯坦总理阿赫梅托夫举行双边会见。7月3日，中共中央政治局委员、中央书记处书记、组织部长赵乐际访问哈萨克斯坦，同“祖国之光”人民民主党第一副主席包厄尔然·拜别克会谈，同总统办公厅主任卡里姆·马西莫夫会见。7月18日，中共中央政治局委员、中央军委副主席范长龙上将访问哈萨克斯坦，同哈国防部长阿季利别克·贾克瑟别科夫会谈，并会见哈总理阿赫梅托夫。8月17～20日，外交部长王毅访问哈萨克斯坦，同哈外长叶尔兰·伊德里索夫会谈，并会见哈总理阿赫梅托夫、总统办公厅主任马西莫夫。

4月4～7日，哈总统纳扎尔巴耶夫对华进行国事访问并出席博鳌亚洲论坛2013年年会，国家主席习近平同纳举行会谈，双方就进一步深化中哈全面战略伙伴关系及共同关心的国际和地区热点问题交换了意见。两国元首共同出席《中哈企业家委员会成立协议》、《中哈原油管道扩建原则协议》、《中国中信集团有限公司与哈萨克斯坦萨姆鲁克－卡森纳国家主权基金战略合作协议》等文件的签字仪式。10月14～17日，哈萨克斯坦议会下院议长尼格马图林访华，国家主席习近平会见，全国人大常委会委员长张德江会谈。

两国经贸合作成果显著，能源、非资源等领域合作持续发展。哈萨克斯坦成为中国在独联体国家中仅次于俄罗斯的第二大贸易伙伴，中国成为哈萨克斯坦第一大贸易伙伴。

两国人文合作成果丰硕。中方在哈多次举办各类展览、“我与中国的故事”征文比赛、“汉语桥”中文比赛等活动。哈在中国举办了“哈萨克斯坦文化日”、“哈萨克斯坦电影节”等活动。

两国国际协作密切。哈萨克斯坦在台湾、涉藏、打击“东突”等问题上一贯支持中国立场，在联合国、上海合作组织、亚洲相互协作与信任措施会议等框架内同中国合作良好。哈方支持中国2014年接任亚洲相互协作与信任措施会议主席国。

# 肯尼亚
(Kenya)

2013年是中华人民共和国与肯尼亚共和国建交50周年，两国友好合作关系继续深入发展。

两国高层交往密切。8月，肯尼亚总统乌胡鲁·肯雅塔对中国进行国事访问，国家主席习近平、国务院总理李克强和全国政协主席俞正声分别会谈、会见，双方宣布建立平等互信、互利共赢的全面合作伙伴关系。6月，肯尼亚前副总统史蒂芬·穆西约卡来华出席在北京举行的第八届华商资本论坛。4月，国家主席习近平的特使、全国人大常委会副委员长张宝文赴肯尼亚出席总统肯雅塔就职典礼，分别会见肯雅塔总统和贾斯廷·穆图里众议长。12月，习近平主席和肯雅塔总统就中肯建交50周年互致贺电，两国外长也互致贺电。同月，习近平主席特使、全国人大常委会副委员长万鄂湘赴肯尼亚出席肯尼亚独立50周年庆典，分别会见肯雅塔总统和威廉·卢托副总统。

两国各部门和地方政府间交往频繁。全国人大常委会外事委员会副主任委员修福金、中华全国总工会副主席张鸣起、中国科学院副院长张亚平、新华社副社长路建平、中国奥委会副主席肖天、山西省副省长王一新、贵州省副省长蒙启良、上海市人大常委会副主任洪浩、广州市委书记万庆良等访肯。肯尼亚矿业部长纳吉布·巴拉拉，东非事务、商业与旅游部长菲利丝·坎迪，卡卡梅加郡郡长韦克利弗·奥帕兰亚等访华。

10月，肯尼亚新任驻华大使迈克尔·穆基里·金扬久伊向习近平主席递交国书。

两国在经贸、教育、文化、新闻等领域的交流与合作进一步深化。双方在铁路、环保、新能源等领域的互利合作取得新进展。中国在肯尼亚设立全球首家农业孔子学院。“感知中国”、“亲情中华”等文化活动先后在肯尼亚举行。《中国日报》非洲版在肯尼亚正式发行。双方签署了互免持外交和公务护照人员签证协定。

两国就国际和地区事务保持磋商与协调。中国支持肯尼亚寻求妥善解决国际刑事法院审判肯尼亚领导人问题的努力，在联合国安理会、国际刑事法院第12届缔约国大会等场合呼吁各方积极回应肯尼亚及非盟和非洲国家有关诉求，并在联合国安理会11月表决推迟国际刑事法院审判肯领导人决议草案中投了赞成票。

## 科威特
## (Kuwait)

2013年，中华人民共和国与科威特国各领域友好合作关系继续稳步发展。

两国各层次交往密切。3月，科威特埃米尔萨巴赫·艾哈迈德·贾比尔·萨巴赫、王储纳瓦夫·艾哈迈德·贾比尔·萨巴赫、首相贾比尔·穆巴拉克·哈马德·萨巴赫致电祝贺习近平当选国家主席，副首相兼外交大臣萨巴赫·哈立德·哈马德·萨巴赫致电祝贺王毅就任外交部长。4月，埃米尔萨巴赫、王储纳瓦夫、首相贾比尔、副首相兼外交大臣萨巴赫分别致函国家主席习近平、国务院总理李克强和外交部长王毅，对中国四川芦山发生地震灾害表示慰问。

11月，民政部长李立国作为习近平主席特使出席在科威特举行的第三届阿拉伯和非洲国家峰会。5月，宁夏回族自治区副主席袁家军访问科威特。2月，科威特埃米尔特使尤素福·易卜拉欣，首相特使、计划和发展事务国务大臣兼议会事务国务大臣罗拉·达什提分别访华。9月，科威特贸易和工业大臣安纳斯·哈立德·萨利赫作为主宾国代表出席在宁夏银川举行的“2013中国—阿拉伯国家博览会”。

两国经贸、能源、金融等领域合作进展顺利。中科广东炼化一体化项目稳步推进。中国证监会将科威特主权财富基金投资中国证券市场的资金额提高至10亿美元。

两国在文化、教育领域交流不断丰富。科威特海湾科技大学与中山大学合作在科开设首个汉语培训班。

## 吉尔吉斯斯坦
## (Kyrgyzstan)

2013年，中华人民共和国与吉尔吉斯共和国建立战略伙伴关系，两国关系发展迈上新台阶。

两国高层交往频繁，政治互信进一步巩固。9月10～13日，国家主席习近平对吉尔吉斯斯坦进行首次国事访问并出席上海合作组织比什凯克峰会，同吉尔吉斯斯坦总统阿尔马兹别克·阿塔姆巴耶夫、总理让托罗·萨特巴尔季耶夫、议长阿西尔别克·热恩别科夫分别举行会谈、会见。两国元首共同签署并发表《中华人民共和国和吉尔吉斯共和国关于建立战略伙伴关系的联合宣言》，中吉关系实现战略升级。两国元首还见证双方有关部门和企业签署了七份重要合作文件，涉及能源、交通、金融等合作。11月29日，国务院总理李克强出席上海合作组织成员国政府首脑（总理）理事会第12次会议期间会见吉总理萨特巴尔季耶夫。9月2日，国家副主席李源潮在第三届中国—亚欧博览会期间会见吉总理萨特巴尔季耶夫。4月28日至5月1日，国务委员兼公安部长郭声琨访吉并出席上海合作组织第八次安全会议秘书会议。6月24～27日，国务委员兼国防部长常万全上将访吉并出席上海合作组织国防部长会议。

两国经贸合作进展顺利。双边贸易额稳步增长，能源合作成果显著，双方签署《中华人民共和国政府与吉尔吉斯共和国政府关于天然气管道建设运营的合作协议》，商定了两国建交以来规模最大的战略性合作项目——中国—中亚天然气管道D线吉境内段项目。互联互通合作有新进展，吉南部电网改造项目，达特卡—克明输变电线项目、奥什—巴特肯—伊斯法纳公路二期、伊塞克湖环湖公路连接线路段等道路修复项目正式启动。

两国人文交流不断扩大。6月，中国在吉尔吉斯斯坦第三所孔子学院落户奥什大学，吉青年学习汉语热情日趋高涨。9月，甘肃“丝路花语”歌舞剧团在上海合作组织峰会前夕专门赴吉演出，“和平之旅”组委会在上合组织峰会期间举办大型国际美术作品展，中国传统文化的魅力在吉产生轰动效应。

## 老挝
## (Laos)

2013年，中华人民共和国与老挝人民民主共和国的全面战略合作伙伴关系发展顺利。

两国高层互访频繁。9月，老挝人民革命党中央总书记、国家主席朱马里·赛雅颂对中国进行正式友好访问。访问期间，中共中央总书记、国家主席习近平，国务院总理李克强和全国政协主席俞正声等党和国家领导人分别同其举行会谈会见。双方就发展新时期以互信互助互惠为特征的中老全面战略合作伙伴关系达成重要共识。9月，老挝政府总理通邢·塔马冯来华出席第十届中国—东盟博览会。老挝国会主席巴妮·雅陶都、国家副主席本扬·沃拉吉、副总理兼国防部长隆再·披吉等领导人年内分别访华。11月，全国政协副主席刘晓峰访问老挝。

中老经贸合作发展顺利。双边贸易额保持较快增长。中国在对老挝投资的国家和地区中稳居前列。双方在基础设施互联互通、农业、水电、旅游等领域务实合作进一步拓展。中方继续在力所能及的范围内为老挝经济社会发展提供支持和帮助。

中老其他领域友好合作取得新进展。中国共产党和老挝人民革命党在干部培训和理论交流等领域合作日益密切。11月，双方召开以"新形势下中国和老挝加强党风廉政建设的经验"为主题的第二次中老两党理论研讨会。两国文化、教育、卫生、交通等部门团组互访频繁，务实合作日趋深入。两国地方省区友好交流和务实合作更加密切。中国在老挝琅勃拉邦新设总领馆。

## 拉脱维亚
(Latvia)

2013年，中华人民共和国与拉脱维亚共和国友好合作关系进一步发展。

高层及各级别保持往来。11月，国务院总理李克强在罗马尼亚布加勒斯特会见出席中国—中东欧国家领导人会晤的拉脱维亚总理代表、外交部长埃德加斯·林克维奇斯。4月，拉脱维亚"和谐中心"代表谢尔盖·波塔普金斯来华出席第四届中欧政党高层论坛，外交部副部长宋涛在北京会见。同月，外交部长王毅就里加超市垮塌事故向拉脱维亚外长林克维奇斯致慰问电，外交部副部长谢杭生赴拉脱维亚驻华使馆吊唁。

两国外交部加强交往。7月，外交部副部长宋涛赴拉脱维亚同拉外交部国务秘书安德烈斯·贝德高维奇斯举行两国外交部磋商，并会见拉外交部长林克维奇斯。9月，拉脱维亚外交部国务秘书、中国—中东欧国家合作国家协调员贝德高维奇斯来华出席第三届中国—亚欧博览会，外交部副部长宋涛在北京会见。

经贸、地方、文化等领域合作续有发展。5月，中国残疾人艺术团在里加举行演出，拉脱维亚文化部长扎内特·瑶恩泽美–格蕾恩德来华出席中国—中东欧国家文化合作论坛。中国国际贸易促进委员会副会长张伟、沈阳市人大常委会主任赵长义、国家民族事务委员会副主任丹珠昂奔、北京市人大常委会主任杜德印先后访拉。截至2013年年底，两国共缔结友好省市两对。

## 黎巴嫩
## (Lebanon)

2013年，中华人民共和国与黎巴嫩共和国关系平稳发展，各领域务实合作不断推进。

11月，全国政协副主席罗富和出席黎巴嫩国庆70周年招待会。中共中央对外联络部工作组、国家新闻出版广电总局等团组先后访问黎巴嫩。黎巴嫩主要政党分别组团访华，一些党派骨干应邀来华参加培训和研修班。

4月，国家主席习近平接受黎巴嫩新任驻华大使法里德·阿布德递交国书。

经贸、文教、新闻等领域合作扎实推进。2013年中黎双边贸易额较2012年稳步增长，中国跃居成为黎巴嫩第一大贸易伙伴。中黎在文教、新闻、艺术、军事等领域的合作取得新的进展，丰富了中黎友好交流内容。孔子学院在黎巴嫩运转良好，成为黎巴嫩汉语教学和传播中国文化的重要平台。“欢乐春节”主题文化活动在黎巴嫩成功举办。

两国在共同关心的国际和地区问题上保持着良好的沟通与合作，在联合国等多边机构竞选中协调配合。

## 莱索托
## (Lesotho)

2013年，中华人民共和国与莱索托王国友好合作关系继续保持稳定发展。

两国政治互信不断增强，在国际事务中保持密切协调与配合。3月，莱索托国王莱齐耶三世和首相莫措阿哈·托马斯·塔巴内分别向新当选的国家主席习近平和国务院总理李克强致函祝贺。4月，塔巴内首相就四川省芦山地震向李克强总理致慰问函。7月，莱索托副首相兼地方政府及酋长事务大臣莫泰乔阿·梅青访华。10月，莱索托旅游、环境及文化大臣玛玛海莱·拉德贝访华。8月，莱卫生大臣平基耶·马纳莫莱拉来华出席中国—非洲部长级卫生合作发展会议。两国在联合国等国际组织中继续相互给予支持与配合。

两国经贸合作稳步推进，双边合作项目进展顺利。中国顺利完成土地利用和城镇规划技术合作项目一期、广播电视网扩建和太阳能街灯示范等经济援助合作项目。

两国其他领域交流与合作不断深化。7月，上海大学生艺术团赴莱索托访问演出。10月，双方签署了《中华人民共和国政府和莱索托王国政府文化合作协定2014～2017年执行计划》。11月，国家新闻出版广电总局代表团访莱并与莱国家广播电视局签署《中华人民共和国国家新闻出版广电总局授权莱索托国家广播电视局播放中国影视节目的合作协议》。12月，湖北省副省长梁惠玲访莱。

## 利比里亚
## (Liberia)

2013年，中华人民共和国与利比里亚共和国友好合作关系全面健康发展。

两国政治交往频繁。3月，利比里亚总统埃伦·约翰逊·瑟利夫致函祝贺习近平当选国家主席。4月和7月，瑟利夫总统就四川芦山地震、甘肃地震、四川洪水分别致电或致函国家主席习近平表示慰问。5月，广东省委常委、省纪委书记黄先耀率中国共产党友好代表团访利。10月，中国政府非洲事务特别代表钟建华大使访利。8月，利财政部长阿马拉·科内率团访华。

两国经贸、人文、军事等领域交流与合作取得显著成果。6月，利比里亚文化部长助理路易斯·麦克米莉安来华出席首届中非文化产业圆桌会议。7月，武汉钢铁集团主导的利邦州铁矿项目投产。8月，利卫生与社会福利部长沃尔特·格韦尼盖尔率团来华参加中非部长级卫生合作发展会议。9月，中国首次向利派遣140人的成建制维和警察防暴队，执行联合国在利维和任务。

## 利比亚
## (Libya)

2013年，中华人民共和国与利比亚国关系平稳发展，各领域交流与合作逐步恢复。

政治交往不断增多。3月，利比亚国民大会议长穆罕默德·尤素福·马格里夫向国家主席习近平致就职贺信。利比亚总理阿里·扎伊丹向国务院总理李克强致就职贺信。利比亚外交与国际合作部长穆罕默德·阿卜杜勒阿齐兹向外交部长王毅致就职贺信。6月，全国人大常委会委员长张德江向利比亚新任国民大会议长努里·阿布萨赫明致就职贺电。8月，利比亚卫生部长努尔丁·达格曼来华出席中非部长级卫生发展论坛。9月，利比亚外交与国际合作部长阿卜杜勒阿齐兹出席中非外长第三次联合国大会政治磋商。

经贸合作取得积极进展。中国对利比亚出口有所增加。中国成为利比亚重要的贸易伙伴和主要商品进口国之一。5月，中利双方就中国企业返回利比亚、恢复因战争停工的项目建设一事签署了谅解备忘录。9月，两国签署了《中华人民共和国政府和利比亚国政府经济技术合作协定》。

文化、教育等领域合作逐步恢复。两国文化部继续就签署新的文化合作协定进行协商。中国继续为利比亚提供一定数量的奖学金名额。

## 列支敦士登
## (Liechtenstein)

2013年，中华人民共和国与列支敦士登公国关系发展良好。

3月，列支敦士登摄政王储阿洛伊斯·菲利普·玛丽亚致函祝贺习近平当选国家主席。国务院总理李克强致函祝贺阿德里安·哈斯勒接任首相，全国人大常委会委员长张德江致函祝贺阿尔贝特·弗里克当选列议会议长。11月，国家主席习近平就列支敦士登王室珍藏展在国家博物馆开幕致贺信，国务院副总理刘延东会见来华出席展览开幕式的列王储阿洛伊斯，就双边关系等交换意见。文化部长蔡武、外交部副部长宋涛分别会见列王储阿洛伊斯和列政府委员兼外交、教育和文化部长奥蕾利亚·弗里克一行。

# 立陶宛
(Lithuania)

2013年，中华人民共和国与立陶宛共和国各领域合作日益深化，但双边关系受到消极因素干扰。

两国政治领域交往不断。11月，国务院总理李克强在罗马尼亚布加勒斯特会见出席中国—中东欧国家领导人会晤的立陶宛总理阿尔吉尔达斯·布特克维丘斯。7月，外交部副部长宋涛赴立陶宛与立外交部副部长罗兰达斯·格里斯丘纳斯举行两国外交部政治磋商，并会见立陶宛外交部长利纳斯·安塔纳斯·林克维丘斯。4月，立陶宛经济部长比鲁婕·维赛婕来华出席第四届中欧政党高层论坛。5月，立陶宛外交部副部长格里斯丘纳斯访华，外交部副部长宋涛、商务部国际贸易谈判代表兼副部长钟山会见。

立法机构间保持交往。10月，立陶宛副议长阿尔吉尔达斯·希萨斯率议会立中友好小组代表团访华，全国人大常委会副委员长严隽琪会见，全国人大外事委员会主任委员傅莹与其举行会谈。

经贸、文化等领域合作进一步加强。5月，立陶宛文化部部长萨鲁纳斯·比鲁蒂斯来华出席中国—中东欧国家文化合作论坛。7月，国家发展和改革委员会副主任解振华赴立陶宛出席欧盟环境部长非正式会议。9月，立陶宛能源部长雅罗斯拉夫·涅韦罗维奇来华出席大连夏季达沃斯论坛年会。截至2013年年底，两国已缔结友好省市三对。

9月11日，立陶宛总统达利娅·格里包斯凯特不顾中方反对，执意以所谓“私人身份”会见达赖，给两国关系带来负面影响。中方对此提出严正交涉。

# 卢森堡
(Luxembourg)

2013年，中华人民共和国与卢森堡大公国友好合作关系顺利发展。

双方高层领导人保持经常性接触。3月，卢森堡大公亨利致电祝贺习近平当选国家主席；卢森堡国民议会议长罗兰·莫萨致电祝贺张德江当选全国人大常委会委员长。7月，卢森堡副首相兼外交大臣让·阿瑟伯恩来华，外交部长王毅与其举行会谈。12月，卢森堡大公储纪尧姆和副首相埃蒂安·施耐德率经贸代表团访华，商务部长高虎城、中国人民银行行长周小川和证监会主席肖钢与其会见。

经贸合作富有成效，相互投资步伐加快。卢森堡保持中国在欧盟第一大投资目的地国。3月，中国航天科工集团成功收购卢森堡IEE公司。10月，中国建设银行在卢森堡开设分行。12月，河南民航发展投资有限公司顺利收购卢森堡航空货运公司部分股份。

文化、教育等领域交流不断深化。2月，卢森堡中国语言文化中心正式成立，“文化中国·四海同春”艺术团赴卢森堡访问演出。4月，卢森堡电影代表团参加第三届北京国际电影节，电影节承办方组织了“卢森堡电影日”。

## 马其顿
## (Macedonia)

2013年，中华人民共和国与马其顿共和国共同庆祝建交20周年，两国友好合作关系深入发展。

两国高层交往密切。11月，国务院总理李克强在罗马尼亚首都布加勒斯特会见共同出席中国—中东欧国家领导人会晤的马其顿总理尼古拉·格鲁埃夫斯基。1月，国务委员兼国防部长梁光烈上将访问马其顿。7月，马其顿总理格鲁埃夫斯基来华出席在重庆举办的中国—中东欧国家地方领导人会议，国家主席习近平、国务院总理李克强分别会见。10月，马其顿总统格奥尔盖·伊万诺夫来华出席在成都举办的第14届中国西部国际博览会。在北京期间，习近平主席与其会见，全国政协副主席苏荣与其共同出席庆祝中国与马其顿建交20周年招待会。

两国经贸合作发展顺利。5月，马其顿副总理弗拉迪米尔·佩舍夫斯基、交通和通讯部长米莱·亚纳基埃斯基来华进行商务活动。中国企业与马其顿国家道路公司就承建马其顿米拉蒂诺维奇—史地普高速公路和基塞沃—奥赫里德高速公路项目签署商业合同。

双方党际、科技、人文、安全等领域交流与合作不断扩大。4月，马其顿内部革命组织派团参加在苏州举办的第四届中欧政党高层论坛。5月，中马科技混委会第三次例会在马其顿举行。7月，首届中国文化节在马其顿举行。9月，马其顿首家孔子学院在圣基里尔—麦托迪大学正式揭牌成立。10月，马其顿内务部长戈尔达娜·扬库洛斯卡访华。12月，中国残疾人艺术团赴马其顿演出。截至2013年年底，中马共结有两对友好城市。

马其顿积极参与中国—中东欧国家合作。5月，马其顿文化部副部长德拉甘·奈戴利科维奇来华参加中国—中东欧国家文化合作论坛。7月，中国—中东欧国家合作马其顿国家协调员、外交部国务秘书弗拉多·米萨伊洛夫斯基和马其顿地方领导人代表团随马其顿总理格鲁埃夫斯基出席在重庆举办的中国—中东欧国家地方领导人会议。9月，马其顿农林水资源部经济国务顾问佩里察·伊万诺斯基来华出席中国与中东欧国家农业科技交流会和第八届中国与中东欧国家农业经贸合作论坛。10月，中国—中东欧国家合作马其顿国家协调员米萨伊洛夫斯基出席在布加勒斯特举行的中国—中东欧国家合作国家协调员会议。马其顿内部革命组织派团来华出席中国与中东欧青年政治家论坛。12月，马其顿专家学者来华出席中国—中东欧国家高级别智库研讨会。

## 马达加斯加
## (Madagascar)

2013年，中华人民共和国与马达加斯加共和国关系平稳发展。

两国保持友好往来。10月和12月，中国人民外交学会前副会长、前驻摩洛哥大使程涛和前驻毛里求斯大使高玉琛先后率团赴马观察两轮总统选举和议会选举，分别会见马外交部长雅克·于尔里克·安德里安蒂亚纳。中国驻马达加斯加大使馆向马大选提供电脑等物资援助。

8月14日，中国新任驻马达加斯加大使杨民向马过渡期总统安德里·尼里纳·拉乔利纳递交国书。

两国在中非合作论坛框架下的合作稳步推进。中国援助的饮用水打井项目竣工并移交马方，综合医院、小学校、太阳能等项目进展顺利。

两国人文领域交流保持良好势头。中方向马方提供31个奖学金名额，孔子学院在马达加斯加教学点增加至30个，马学习汉语人数突破6700人。

## 马拉维
## (Malawi)

2013年，中华人民共和国与马拉维共和国关系继续顺利发展，各领域交流合作不断扩大。

双方高层保持交往，政治互信增强。3月，马拉维总统乔伊丝·班达致函祝贺习近平当选国家主席。6月，班达总统来华出席首届中国—南亚博览会开幕式。国家副主席李源潮在北京会见、国务院副总理马凯在云南昆明会见班达总统。

中国在马拉维援建项目进展顺利，双边务实合作稳步推进。卡隆加—奇提帕公路项目、马科技大学项目顺利移交，国家体育场项目进展顺利，中非合作论坛框架下中方援助的小学、打井、太阳能和移动电池等项目已基本完成。中国企业扩大对马棉业、酒店、住房等领域投资。

中马党际、卫生、文化、教育等领域交流合作取得积极进展。4月，马拉维人民党总书记齐布瓦纳率团访华。10月，中共中央对外联络部副部长艾平率团回访马拉维。10月，马拉维卫生部长凯瑟琳·戈塔尼·哈拉访华。2月，河南省艺术团及马当地文艺团体参加中国驻马拉维大使馆举办的“欢乐春节”活动。8月，对外经济贸易大学代表团访马，与马拉维大学签署共建孔子学院协议。

## 马来西亚
## (Malaysia)

2013年，中华人民共和国与马来西亚关系全面、稳定发展，各领域交流与合作提高到新的水平。

高层往来密切。10月，国家主席习近平对马来西亚进行国事访问。双方一致同意将中马战略性合作关系提升为全面战略伙伴关系，中马关系步入全面、成熟发展轨道。同月，国务院总理李克强在文莱出席东亚领导人系列会议期间会见马来西亚总理达图·斯里·穆罕默德·纳吉布。2月，全国政协主席贾庆林对马来西亚进行正式友好访问。11月，中共中央政治局委员、天津市委书记孙春兰访问马来西亚。8月，外交部长王毅对马来西亚进行正式访问。6月，马来西亚前总理敦·马哈蒂尔·宾·穆罕默德来华出席首届中国—南亚博览会，国务院副总理马凯会见。

经贸合作成果丰硕。中国连续四年成为马来西亚最大贸易伙伴，马来西亚连续五年成为中国在东盟国家中最大贸易伙伴。2月，马中关丹产业园区正式启动。10月，两国签署《中华人民共和国政府与马来西亚政府经贸合作五年规划》、《中华人民共和国政府与马来西亚政府关于中马钦州产业园区的协定》和《中华人民共和国商务部与马来西亚贸工部关于成立中马钦州产业园区和马中关丹产业园区联合合作理事会的纪要》。由中国公司承建的马来西亚槟城二桥主桥顺利合龙。

人文交流与合作不断深化。2月，厦门大学与马来西亚新阳光集团签署协议，将在马来西亚建立厦门大学分校。同月，中国企业同马来西亚企业签署协议，决定合作创作《印象·马六甲》大型实景舞台剧，并将在马长期驻演。10月，两国签署《中华人民共和国政府与马来西亚政府科学技术和创新合作协定》。

## 马尔代夫
## (Maldives)

2013年，中华人民共和国与马尔代夫共和国睦邻友好合作关系健康稳定发展，各领域务实合作不断推进。

两国保持高层接触势头。3月，马尔代夫总统穆罕默德·瓦希德分别向国家主席习近平、国务院总理李克强致就任贺电。11月，国家主席习近平、国家副主席李源潮、外交部长王毅分别向马新任总统阿卜杜拉·亚明·阿卜杜尔·加尧姆、副总统穆罕默德·贾米尔·艾哈迈德、外交部长杜妮亚·穆蒙致就任贺电。6月，马经济发展部长艾哈迈德·穆罕默德率团参加首届中国—南亚博览会。9月，马政府代表团来华参加国际和平日纪念活动暨中国—南亚和平发展论坛。

经贸合作进展顺利。双边贸易额8968万美元，同比增长27.9%。中方继续在力所能及的范围内向马尔代夫经济社会发展提供援助。中方提供优惠贷款并承建的呼鲁马累岛1000套住房项目顺利竣工并交付马方。马在昆明设立贸易与旅游推广办公室。

旅游、人文、防务等领域合作不断深入。2013年，中国赴马尔代夫游客30.2万人次，同比增长45.1%。中国连续第四年成为马最大游客来源国。目前北京、上海、广州、昆明、成都、重庆、香港分别同马累开通了直航或包机往来。中国海军“和平方舟”医院船成功访马，为马民众提供医疗服务。

两国在国际和地区事务中保持良好沟通与配合，在人权和气候变化等领域开展密切合作。

## 马　里
## (Mali)

2013年，中华人民共和国与马里共和国传统友好合作关系保持良好的发展势头。

两国政治交往密切。8月，国家主席习近平致电祝贺易卜拉欣·布巴卡尔·凯塔当选马里新总统。9月，习近平主席特使、全国政协副主席、国家民族事务委员会主任王正伟出席凯塔总统就职典礼，并会见了凯塔总统。9月，马新政府组成后，国务院总理李克强、外交部长王毅分别向马新任总理奥马尔·塔特姆·利和外交和国际合作部长扎哈比·乌尔德·西迪·穆罕默德致就任贺电。12月，穆罕默德外长向王毅外长致新年贺信。11月，马里前过渡期总统迪翁昆达·特拉奥雷来华出席中非合作圆桌会议第四次会议，全国政协副主席王正伟会见。3月，特拉奥雷总统致函祝贺习近平当选国家主席。4月，特拉奥雷总统就四川芦山地震向习近平主席致电慰问。马过渡政府总理迪昂戈·西索科、国民议会代议长尤努西·杜尔、外交和国际合作部长蒂耶芒·于贝尔·库利巴利分别向李克强总理、全国人大常委会委员长张德江、王毅外长致就任贺函。

中马经贸合作取得积极进展。马里局势逐步恢复稳定后，中方迅速恢复了道路等经贸合作项目实施。9月，中马两国政府签署了《中华人民共和国政府和马里共和国政府经济技术合作协定》。

其他领域合作续有发展。7月，中方向马里派出第23批援马医疗队。应联合国请求，中国积极参与联合国在马里的维和行动，决定向“联合国驻马里综合稳定特派团”派遣工兵、医疗、警卫分队及参谋军官。

## 马耳他
## (Malta)

2013年，中华人民共和国与马耳他共和国各自新一届政府成立后，双边关系平稳过渡，各领域交流与合作不断深化。

高层交往持续。3月，马耳他总统乔治·阿贝拉、总理约瑟夫·穆斯卡特、外交部长乔治·维拉分别向国家主席习近平、国务院总理李克强、外交部长王毅致就任贺信。李克强总理、全国人大常委会委员长张德江、王毅外长分别向马总理穆斯卡特、议长安格鲁·法鲁贾、外长维拉发就任贺电。10月，全国政协副主席杜青林访问马耳他，分别与马总统阿贝拉、议长法鲁贾会见、会谈。9月，马耳他总理穆斯卡特来华参加2013年夏季达沃斯论坛年会并与国务院总理李克强会见。

经贸合作呈现新亮点。9月，中国电力投资集团与马耳他能源和节水部就收购马耳他国有能源公司股份等合作事宜签署谅解备忘录。

人文、军事、教育、农业等各领域交流取得丰硕成果。马耳他中国文化中心举办艺术团巡演和图片展等活动庆祝成立十周年。3月，中国海军第13批亚丁湾护航编队结束护航任务后访问马耳他。5月，马耳他教育和就业部长伊伐瑞斯特·巴托罗率团访华，双方签署两国教育部互认高等教育学位学历证书协议。12月，马耳他农业、渔业和动物权益国务秘书罗德里克·高蒂斯访华，与中方就促进两国农业合作进行交流，并出席在武汉举办的中国国际农产品交易会。

## 毛里塔尼亚
## (Mauritania)

2013年，中华人民共和国与毛里塔尼亚伊斯兰共和国友好关系继续稳步向前发展，各领域交流合作富有成果。

两国各层次友好交往不断。3月，毛里塔尼亚总统穆罕默德·乌尔德·阿卜杜勒·阿齐兹向国家主席习近平致就任贺信；毛里塔尼亚外交与合作部长哈马迪·乌尔德·哈马迪向外交部长王毅致就任贺信。4月，毛里塔尼亚总统穆罕默德·乌尔德·阿卜杜勒·阿齐兹致信习近平主席，就四川芦山地震表示慰问。毛里塔尼亚经济社会理事会主席穆罕默德·乌尔德·海默尔访华，全国政协主席俞正声、中国经济社会理事会主席王刚分别会见。9月，王毅外长向毛里塔尼亚新任外交与合作部长艾哈迈德·乌尔德·提克迪致就职贺电。

两国经贸合作稳步推进。双边贸易额不断扩大，中国继续保持毛里塔尼亚第一大贸易伙伴国地位。两国在基础设施建设、矿业、渔业等领域的互利合作保持良好势头。中国政府援建的努瓦克肖特大学医学院大楼竣工，农业、畜牧业两个技术示范中心均已开工。

双方在文化、军事等领域的交流与合作进展顺利。7月，两国文化部官员就《中华人民共和国政府和毛里塔尼亚伊斯兰共和国政府文化协定2013～2017年执行计划》文本达成一致。11月，毛里塔尼亚国民军总参谋长穆罕默德·加祖阿尼少将访华，国务委员兼国防部长常万全上将会见，中国人民解放军总参谋长房峰辉上将与穆举行会谈。

## 毛里求斯
## (Mauritius)

2013年，中华人民共和国与毛里求斯共和国友好互利合作关系进一步深入发展。

两国高层交往保持良好势头，政治互信不断加深。4月，国务院总理李克强就毛里求斯洪涝灾害致电毛总理纳文钱德拉·拉姆古兰表示慰问，拉姆古兰总理致函国家主席习近平对四川地震表示慰问。8月，外交部部长助理张明访毛，出席了中方承建的拉姆古兰国际机场新航站楼竣工交付仪式，与毛外交部长阿尔文·布莱尔举行了中毛外交部间首次政治磋商并共同签署了《中华人民共和国政府和毛里求斯共和国政府关于互免签证的协定》。毛副总统莫妮克·贝勒波于7月来华出席毛里求斯航空公司至北京直航首航仪式，11月来华出席厦门海洋周活动，并赴广东参观访问。全国政协常务委员兼经社理事会副主席张左己、中国贸易促进会会长万季飞、海关总署副署长孙毅彪、国家质检总局副局长杨刚等访毛；毛副总理兼财长沙·杜瓦尔、旅游部长杨尊绍、渔业部长路易斯·约瑟夫·冯马利、卫生部长罗姆斯·班多、高等教育部长拉杰什瓦尔·吉塔、环境和可持续发展部长德瓦南德·维拉索米、文化部长穆赫斯瓦尔·丘尼等访华，双方就进一步开展各领域合作进行了广泛交流。

两国经贸务实合作有序开展。中方对毛里求斯投资1.9亿美元。毛方对华投资8.7亿美元，同比增长27%。维多利亚医院配建病房和手术楼、广电大楼维保、农业技术合作等中方援毛项目进展顺利。

文化、教育、旅游等领域的交流与合作全面开展。中方向毛里求斯派出的第四批11名汉语教学青年志愿者获毛方高度评价；2013年，毛方共有185人赴华培训；中国美术家协会、作家协会、国画院负责人代表团相继访毛，向毛民众推介中国文化；随着毛里求斯至北京直航的开通和10月中毛互免签证协定的生效，赴毛中国游客数量进一步上升。

## 墨西哥
## (Mexico)

2013年，中华人民共和国与墨西哥合众国关系提升为全面战略伙伴关系，实现历史性跨越，进入全面快速发展新阶段。

两国政治互信日益深化。6月4～6日，国家主席习近平对墨西哥进行国事访问。其间，习近平主席同墨西哥总统恩里克·培尼亚·涅托举行会谈，会见墨西哥国会常设委员会副主席里卡多·安纳亚·科尔多斯和众议长弗朗西斯科·阿古斯丁·阿罗约，在参议院发表题为《促进共同发展，共创美好未来》的演讲，会见墨西哥城市长米盖尔·安赫尔·曼塞拉·埃斯皮诺萨并接受墨西哥城“城市钥匙”，和培尼亚总统共同出席中墨企业家午餐会并致辞。习近平主席同培尼亚总统共同宣布将中墨战略伙伴关系提升为全面战略伙伴关系，并签署《中墨联合声明》。中方宣布在2013年年内向墨方提供100名学生来华夏令营名额，并在未来三年向墨方提供300个政府奖学金名额，中国文化中心在墨西哥城正式成立。在两国元首见证下，双方签署了成立两国企业家高级别工作组、能源、矿业、基础设施建设、新兴产业等领域共计12个合作文件。9月，习近平主席和培尼亚总统在二十国集团领导人第八次峰会期间举行双边会见。

4月，培尼亚总统访华并出席博鳌亚洲论坛2013年年会。3月，培尼亚总统分别向国家主席习近平、国务院总理李克强致就任贺函。7月，培尼亚总统就甘肃省岷县、漳县地震向习近平主席致慰问函。9月，习近平主席、外交部长王毅就墨西哥遭受飓风和热带风暴灾害分别向培尼亚总统、外交部长何塞·梅亚德·库里布雷尼亚致慰问电。

双方重要团组互访频繁。全国人大常委会副委员长张平访墨并出席第四届二十国集团议长大会。外交部部长助理张昆生赴墨西哥与墨外交部副部长卡洛斯·阿尔贝托·德伊卡萨共同主持中墨第三次战略对话和外交部间第13次政治磋商。墨西哥外交部长梅亚德、执政党革命制度党主席塞萨尔·卡马乔·基罗斯、奇瓦瓦州州长塞萨尔·奥拉西奥·杜阿尔特等分别访华。墨西哥农业、畜牧业、农村发展、渔业和食品部长恩里克·马丁内斯-马丁内斯访华并出席首届中拉农业部长论坛。梅亚德外长、通信交通部长赫拉尔多·鲁伊斯·埃斯帕萨和旅游部长克劳迪娅·鲁伊斯·马谢乌联合访华。

两国在多边领域继续保持协调与合作。双方就气候变化、安理会改革等重大全球性问题保持密切沟通。

经贸合作持续发展。墨西哥猪肉、各类龙舌兰酒实现输华。双方先后成立中墨政府间高级投资工作组和中墨企业家高级别工作组。

人文、科技、军事及地方交流活跃。墨西哥中国文化中心正式成立并开展系列文化活动。双方互派留学生项目进展顺利，中方增加向墨西哥提供政府奖学金名额。中国人民解放军仪仗方队应邀赴墨西哥参加墨独立203周年庆典阅兵式。

## 密克罗尼西亚联邦
(Micronesia, F. S.)

2013年，中华人民共和国与密克罗尼西亚联邦关系保持良好发展势头。

两国高层交往密切，政治互信进一步深化。中国新一届政府就任后，国家主席习近平与密克罗尼西亚联邦总统伊曼纽尔·莫里互致信函，莫里总统并向国务院总理李克强致贺信。9月，中国—太平洋岛国论坛对话会特使李强民在马绍尔群岛出席第25届太平洋岛国论坛会后对话会期间会见莫里总统。11月，莫里总统赴广州出席第二届中国—太平洋岛国经济发展合作论坛。其间，国务院副总理汪洋会见。

双边经济技术合作稳步推进，两国在海洋科考、医疗卫生、人文等领域交流合作取得积极进展。中方援助密克罗尼西亚联邦科斯雷州大桥完成详勘设计，双方签署第九期示范农场项目换文。9月，“向阳红09”号科考船搭载“蛟龙”号载人潜水器再次停靠波纳佩港补给。同月，广东省友好医疗代表团访密，为当地患者实施手术和治疗共计100余例，深受当地好评。

# 摩尔多瓦
(Moldova)

2013年，中华人民共和国与摩尔多瓦共和国关系继续健康稳定发展。

两国政治互信继续深化，各领域交往密切。3月，摩尔多瓦总统尼古拉·蒂莫夫蒂致信祝贺习近平当选国家主席，摩总理弗拉迪米尔·菲拉特致信祝贺李克强当选国务院总理，摩议长马里安·卢普分别致信祝贺张德江、俞正声当选全国人大常委会委员长、全国政协主席。6月，摩总统蒂莫夫蒂就“神舟十号”载人飞行圆满成功向习近平主席致贺信。同月，李克强总理致信祝贺尤里·良格就任摩总理，全国人大常委会委员长张德江致信祝贺伊戈尔·科尔曼就任摩议长。8月11～17日，摩副议长安德里安·坎杜率民主党代表团访华。中摩在涉及彼此核心利益的问题上相互支持，在联合国等多边场合保持沟通与协调。摩在多个国际组织竞选中支持中国候选人。

中摩务实合作扩大。双边在基础设施建设、电信、葡萄酒贸易等领域合作积极开展，多次就加强经贸、农业合作深入探讨和交流。7月27～30日，农业部副部长牛盾访摩。11月14～15日，商务部副部长姜增伟访摩并召开中摩政府间经贸合作委员会第六次会议。9月5～10日，摩农业部第一副部长维奥列尔·古楚访华。9月11～13日，摩农业部副部长伊翁·苏拉来华出席中国—中东欧国家农业经贸合作论坛。

两国人文交往密切。7月，摩尔多瓦记者团访华。10月，中摩举行第二轮领事磋商，双方就进一步促进公民往来和合作达成共识。11月，“美丽中国”图片展在摩举办。自2013年6月1日起，香港特别行政区给予摩持外交和公务护照人员免签待遇。

# 摩纳哥
(Monaco)

2013年，中华人民共和国与摩纳哥公国关系继续平稳发展。

9月27日，中国驻法国使馆在摩纳哥举办中华人民共和国成立64周年国庆招待会，摩纳哥内政大臣马斯隆及多名政要出席。

两国务实合作保持积极向上势头。中国成为仅次于法国、意大利和德国的摩纳哥第四大进口国。两国在人文领域交流合作持续发展。10月，摩纳哥蒙特卡洛芭蕾舞团在国家大剧院上演大型舞剧《罗密欧与朱丽叶》和《天鹅湖》，是国家大剧院2013年度国际舞蹈节的开篇之作。

双方在国际事务中继续保持良好合作，摩方支持中方竞选联合国禁止酷刑委员会委员。

## 蒙　古
## (Mongolia)

2013年，中华人民共和国与蒙古国战略伙伴关系发展顺利，两国各领域务实合作不断取得新进展。

两国政治互信不断增强，高层往来频繁。9月，国家主席习近平在吉尔吉斯斯坦出席上海合作组织成员国元首理事会会议期间会见蒙古总统查黑亚·额勒贝格道尔吉。1月，全国人大常委会委员长吴邦国访问蒙古，同蒙古国家大呼拉尔主席赞达呼·恩赫包勒德举行会谈，分别会见蒙古总统额勒贝格道尔吉、总理诺罗布·阿勒坦呼雅格。5月，国务委员杨洁篪访问蒙古，与蒙古总统额勒贝格道尔吉、总理阿勒坦呼雅格、副总理敦德布·特尔比希达格瓦、外长鲁布桑旺丹·包勒德分别举行会见、会谈。7月，习近平主席特使、全国人大常委会副委员长向巴平措赴蒙出席蒙古总统额勒贝格道尔吉就职仪式。10月，蒙古总理阿勒坦呼雅格访华，国务院总理李克强同其举行会谈，习近平主席、全国人大常委会委员长张德江分别会见。其间，双方签署了《中蒙战略伙伴关系中长期发展纲要》等一系列合作文件。4月，蒙古国家大呼拉尔主席恩赫包勒德来华出席博鳌亚洲论坛2013年年会，习近平主席、张德江委员长分别会见。9月，蒙古国家大呼拉尔副主席拉德那松贝尔勒·贡其格道尔吉来华出席第三届中国—亚欧博览会，国家副主席李源潮会见。9月，蒙古国家大呼拉尔副主席米耶贡布·恩赫包勒德来华出席第九届中国东北亚博览会，全国政协副主席、中共中央对外联络部部长王家瑞会见。两国在国际和地区事务中也保持着密切沟通与配合。

中蒙经贸合作进展顺利。1989年两国成立政府间经贸科技合作委员会，迄今已召开13次会议。2009年中蒙成立矿能合作委员会，2013年1月举行矿能合作委员会第三次会议。中国连续多年保持蒙古第一大贸易伙伴国和投资来源国地位。

两国人文等领域交流与合作发展势头良好。中国在蒙建有孔子学院和中国文化中心。9月，文化部长蔡武率中国政府文化代表团访问蒙古。其间，双方签署了《中华人民共和国文化部和蒙古国文化体育旅游部于2014年互办“文化周”备忘录》。9月，中国吉林“文化周”成功在蒙古举办。2013年两国人员往来130多万人次，其中蒙古公民来华超过100万人次。

## 黑　山
## (Montenegro)

2013年，中华人民共和国与黑山友好合作关系发展顺利。

两国保持高层交往。11月，国务院总理李克强在罗马尼亚首都布加勒斯特会见共同出席中国—中东欧国家领导人会晤的黑山总理米洛·久卡诺维奇。

经贸、政党、人文合作发展势头良好。黑山在华采购的第二批远洋货轮建设工作进展顺利。中国企业同黑方积极探讨高速公路、电站等基础设施大项目合作。黑山社会民主党派团参加在苏州举行的第四届中欧政党高层论坛。中国残疾人艺术团赴黑山演出。

中国—中东欧国家合作不断丰富中黑关系内容。5月，黑山文化部长布拉尼斯拉夫·米丘诺维奇来华参加中国—中东欧国家文化合作论坛。7月，中国—中东欧国家合作黑山国家协调员、副总理顾问戈兰·约韦蒂奇和黑山地方领导人代表团出席在重庆举办的中国—中东欧国家地方领导人会议。9月，黑山农业和农村发展部部长佩塔尔·伊万诺维奇来华出席第八届中国与中东欧农业经贸论坛。10月，中国—中东欧国家合作黑山国家协调员约韦蒂奇出席在布加勒斯特举行的中国—中东欧国家合作国家协调员会议。黑山社会主义者民主党、社会民主党派代表来华出席中国与中东欧青年政治家论坛。12月，黑山专家学者来华出席中国—中东欧国家高级别智库研讨会。

## 摩洛哥
## (Morocco)

2013年，中华人民共和国与摩洛哥王国友好合作关系进一步深入发展。

两国政治交往密切。5月，民政部副部长姜力访问摩洛哥。9月，广东省副省长邓海光、外交部外交政策咨询委员会委员吉佩定访摩，中国人民对外友好协会会长李小林、广州市市长陈建华赴摩拉巴特出席世界城市和地方政府联合组织第四届换届大会。12月，外交部长王毅访摩，会见摩国王穆罕默德六世、政府首脑阿卜杜勒伊拉·班基兰，同外交与合作大臣萨拉赫丁·梅祖阿尔举行会谈，双方签署了《中华人民共和国政府与摩洛哥王国政府经济技术合作协定》和《中华人民共和国政府和摩洛哥王国政府关于互免持外交、公务护照人员签证的协定》。4月，摩洛哥国王特使、国王顾问塔伊卜·法西·费赫里、外交与合作大臣萨杜丁·欧斯曼尼、研究与文献总局局长穆罕默德·亚辛·曼苏里访华。

两国经贸关系稳步发展。双边贸易额持续增长，在渔业、通信、工程承包等领域的互利合作不断深化，在金融、新能源等领域的合作逐步展开。8月，农业部副部长牛盾访摩。

两国在文化、体育、教育、军事等领域的交流与合作不断扩大。3月，国际奥委会副主席于再清、国家新闻出版广电总局副局长田进访摩。6月，国家体育总局副局长肖天率中国武术代表团访摩。10月，国家新闻出版广电总局副局长童刚率团访摩，并在摩举办中国电影展。1月，中国在摩洛哥卡萨布兰卡哈桑二世大学孔子学院正式揭牌。4月，北京大学非洲研究中心与摩穆罕默德五世大学非洲研究所入选“中非智库10+10合作伙伴计划”。4月，中国海军第13批护航编队访摩。

## 莫桑比克
## (Mozambique)

2013年，中华人民共和国与莫桑比克共和国传统友好进一步加强，各领域合作不断扩大。

两国高层领导人保持经常性接触。3月，国家主席习近平出席南非德班第五次金砖国家领导人会晤期间，与莫桑比克总统阿曼多·埃米利奥·格布扎举行双边会晤，就加强两国关系深入交换意见。11月，习近平主席就莫桑比克航空公司一架航班失事坠毁向格布扎总统致电表示慰问。3月，莫桑比克总统阿曼多·埃米利奥·格布扎致函祝贺习近平当选国家主席。4月，格布扎总统致函习近平主席，就四川芦山地震表示慰问。5月，格布扎总统来华出席太湖文化论坛第二届（杭州）年会并赴湖北、上海、浙江三省市访问，其间习近平主席、全国政协主席俞正声分别在北京、杭州与其会见。7月，格布扎总统两次致函习近平主席，分别就中国多地发生暴雨洪灾及甘肃地震表示慰问。

双方各部门、各层级交往密切。年内，全国政协副主席齐续春、中国人民银行行长周小川、安徽省副省长谢广祥、澳门特别行政区政府经济财政司司长谭伯源等访莫。莫桑比克国防军总参谋长保利诺·马卡林戈上将访华，莫外交与合作部长奥尔德米罗·巴洛伊、卫生部长亚历山大·曼格莱、农业部长若泽·帕谢科、财政部长曼努埃尔·郑、工业和贸易部长阿曼多·伊隆加等来华出席国际会议或参加研修班。

两国经贸合作深入发展。年初，莫桑比克中南部地区发生特大洪灾，中国政府向莫政府提供50万美元紧急现汇援助。双方合作建设的莫马普托环城路、马普托—卡腾贝跨海大桥等一批重大基础设施项目获得进展。北京城建集团有限责任公司承建的大型冷库及农产品加工中心项目在莫绍奎市举行开工仪式。中国石油天然气集团公司出资42.1亿美元收购意大利埃尼集团埃尼东非公司28.57%的股权，获得鲁伍马盆地莫桑比克4号天然气区块20%的权益。

两国其他领域交流合作不断扩大。2月，双方签署了中国向莫桑比克援助医疗设备的协议。莫蒙德拉内大学孔子学院通过“一院多点”方式扩大中文班范围。中国国产电视剧《媳妇的美好时代》在莫国家电视台播出。

2月14日，中国新任驻莫桑比克大使李春华向格布扎总统递交国书。

## 缅　甸

## (Myanmar)

2013年，中华人民共和国与缅甸联邦共和国坚持在相互尊重、平等互利基础上发展全面战略合作伙伴关系，政治、经贸、人文、军事等各领域交流合作日益深化。

两国高层交往密切。4月，缅甸总统登盛来华出席博鳌亚洲论坛2013年年会并访华，国家主席习近平会见，两国元首一致同意将不断巩固和加强双边关系，共同推动中缅全面战略合作伙伴关系持续健康稳定发展。9月，登盛总统来华出席在广西南宁举办的第十届中国—东盟博览会，国务院总理李克强会见。6月，国务委员杨洁篪访缅，会见缅总统登盛，与副总统年吞举行会谈。11月，国务院副总理刘延东赴缅出席第27届东南亚运动会开幕式，会见缅总统登盛和副总统赛茂康，与副总统年吞举行会谈，双方就发展双边关系、加强两国在文化、教育、卫生、体育等人文领域交流达成广泛共识。

经贸领域互利合作不断深化，双边贸易额保持平稳较快增长。中国继续居于各国对缅甸投资前列。两国继续推进能源、基础设施、民生等各领域合作，中缅油气管道等重大合作项目取得新进展，天然气管线顺利竣工通气。双方继续在大湄公河次区域、孟中印缅经济走廊等框架下推进互利合作。

人文交流合作不断拓展。中方积极支持缅甸举办第27届东南亚运动会。中国“光明行”医疗队、“和平方舟”医院船分别在缅开展大型义诊，造福当地患者。中缅首度联合译制的中国电视剧《金太郎的幸福生活》缅语版在缅热播。两国民间友好组织加强交流，缅新闻媒体多次组团访华，两国民间交往更趋密切，增进了双方相互了解和友谊。

两军关系稳步发展。1月，中国人民解放军副总参谋长戚建国中将率团赴缅，与缅甸国防军副总司令兼陆军司令梭温举行了首次战略安全磋商，两国军事、安全合作迈上新台阶。7月，中央军委副主席范长龙上将访缅。10月，缅甸国防军总司令敏昂莱访华。

根据缅方愿望，中方积极支持和协助缅政府同缅北少数民族武装组织开展和谈，为缅北和谈进程发挥建设性作用，共同维护中缅边境地区的安宁稳定。

## 纳米比亚
(Namibia)

2013年，中华人民共和国与纳米比亚共和国友好合作关系继续保持良好发展势头，各领域交流与合作取得新成果。

两国政治交往频繁，友好与互信不断加深。2月，商务部长陈德铭访问纳米比亚。3月，中国国际贸易促进委员会会长万季飞访纳。3月，纳总统希菲凯普涅·波汉巴、开国总统萨姆·努乔马分别致函祝贺习近平当选国家主席。5月，全国政协副主席马飚访纳。纳米比亚开国总统萨姆·努乔马、副总理马尔科·豪西库、全国委员会副主席玛格丽特·蒙萨、纳米比亚西南非洲人民组织（简称“人组党”）总书记姆奔巴等访华或来华出席国际会议。

两国经贸合作取得积极进展。2013年，两国政府签署两个《中华人民共和国政府和纳米比亚共和国政府经济技术合作协定》。中国广东核电集团联合中非发展基金有限公司组成的中方联合体投资的纳湖山（原称罗辛南）铀矿项目正式开工建设。中国援纳优惠贷款项目北方公路升级改造工程DR3608，MR67路段举行开工仪式。

两国文教、新闻、航天等领域交流迈出新步伐，人民之间的了解与友谊与日俱增。天津艺术团赴纳米比亚举行“欢乐春节”综艺晚会。中国侨联“亲情中华”艺术团赴纳慰问演出。纳国家艺术团来华演出。中国地质大学和纳米比亚大学合办的孔子学院在纳首都温德和克举行揭牌仪式。新华社与纳米比亚通讯社签署“新闻合作协议”，新华社新闻在纳落地。中国驻纳航天测控站圆满完成“神舟十号”载人飞行等测控任务。

7月，中国政府向纳米比亚政府提供20万美元紧急现汇援助，帮助纳抵抗旱灾。

10月11日，纳米比亚新任驻华大使林戈·阿贝德向习近平主席递交国书。

## 尼泊尔
(Nepal)

2013年，中华人民共和国与尼泊尔联邦民主共和国关系继续健康、稳定向前发展，各领域友好交流与合作不断深化。

两国高层交往密切。6月，尼泊尔副总统贾阿来华出席首届中国—南亚博览会开幕式，国务委员杨洁篪访问尼泊尔。10月，全国人大常委会副委员长、中国人民争取和平与裁军协会副会长严隽琪访问尼泊尔。

两国政府、政党和军队交流紧密。4月，联合尼泊尔共产党（毛主义）主席普拉昌达访华，国家主席习近平、国家副主席李源潮会见。7月，尼军参谋长拉纳上将访华，尼首个外交部官员团访华。8月，尼外交秘书阿琼·塔帕访华并举行第十轮中尼外交磋商。10月，尼国防秘书潘迪率尼军中高级官员见学团访华。12月，中共中央对外联络部副部长艾平访尼。

两国经贸合作持续发展。中尼双边贸易额大幅增长。中国继续向尼泊尔经济社会发展提供力所能及的帮助，加德满都环路改造项目顺利启动。

两国人文交流活跃。5月底，中国50名青年组成的代表团访尼。9月，国务院新闻办公室主任蔡名照访尼，推动两国媒体合作。12月，第六届“中国节”暨首届“加德满都论坛”在尼顺利举行，文化部副部长丁伟率团出席。2013年，双方人员往来为16.8万人次，同比增长13.24%。

11月19日，尼泊尔举行第二届制宪会议选举。中方向尼提供了选举物资援助。

尼泊尔在台湾、涉藏等问题上继续给予中国坚定支持，承诺不允许任何势力利用尼领土从事反华活动。两国在国际和地区事务中保持密切沟通与配合。

## 荷兰
## (Netherlands)

2013年，中华人民共和国与荷兰王国双边关系发展顺利，政治、经贸、人文、军事等各领域合作成果丰硕。

高层交往密切，政治互信加深。3月，荷兰女王贝娅特丽克丝、首相马克·吕特分别致电祝贺习近平当选国家主席。5月，习近平主席电贺荷兰国王威廉-亚历山大继承王位。吕特首相、外交大臣弗朗斯·蒂莫曼斯还就四川芦山“4·20”地震分别致电国务院总理李克强、外交部长王毅表示慰问。11月15～16日，吕特首相首次正式访华，李克强总理与其会谈，习近平主席、全国人大常委会委员长张德江分别会见。双方主要就中荷关系、中欧关系及其他共同关心的国际及地区热点问题深入交换意见。此外，外交大臣蒂莫曼斯，对外贸易和发展合作大臣莉利安·普劳曼，公共卫生、福利和体育大臣爱蒂斯·英博格·席布斯等多名政府要员以及荷兰议会二院外事委员会、自由党等重要代表团相继访华并取得积极成果，密集程度前所未有。

经贸往来保持良好发展势头，贸易投资稳步增长。据中方统计，2013年两国贸易额达701.5亿美元，同比增长3.8%，荷兰对华投资项目102个，实际投入12.7亿美元。中国对荷兰投资快速增长成为中荷经贸合作新亮点。自2010年以来，中国对荷兰投资项目数量一直居荷兰外资来源国第二位，仅次于美国，企业和项目数累计约380个。两国经贸、金融、环保、能源等领域合作方式不断拓展。11月，中石油和荷兰壳牌集团页岩油联合研发中心挂牌成立，开启中荷页岩油技术联合研发的序幕。

人文交流频繁，双边关系民意基础增强。中荷决定分别在威廉斯塔德和重庆设立总领事馆。中国“欢乐春节”、花车巡游、复制兵马俑展、京剧节、明代文物展、“中国日”等一批精品文化活动在荷兰掀起中国热。荷兰鹿特丹爱乐乐团、阿姆斯特丹皇家音乐厅管弦乐团先后访华演出，阿姆斯特丹作为主宾城市参加北京设计周，荷兰艺术家弗洛伦泰因·霍夫曼的作品“大黄鸭”在香港和内地巡展，吸引大批观众。中国公民赴荷旅游已达每年20万人次，在亚洲国家中居首位。从阿姆斯特丹史基浦机场飞往中国的定期航线达7条，居欧洲机场首位。

军事交流取得新进展。中国人民解放军副总参谋长侯树森上将、武警部队司令员王建平上将先后访荷。荷兰皇家宪兵队司令汉斯·莱廷斯中将4月访华，实现了荷兰宪兵与中国武警部队的首次正式交流，开辟了两军合作新领域。11月，荷兰国防军司令汤姆·米登多普上将访华。

截至2013年年底，中国同荷兰共缔结友好省市26对。

## 新西兰
## (New Zealand)

2013年，中华人民共和国与新西兰在高水平的政治互信和互利双赢的经贸合作“双轮驱动”下，互利共赢的全面合作关系保持良好发展势头。

两国高层交往频繁。10月，国家主席习近平在印度尼西亚巴厘岛出席亚太经合组织第21次领导人非正式会议期间，以及国务院总理李克强在文莱斯里巴加湾市出席东亚领导人系列会议期间，分别会见新西兰总理约翰·基。4月，约翰·基总理对中国进行正式访问并出席博鳌亚洲论坛2013年年会，习近平主席、李克强总理分别会见、会谈，国务院副总理刘延东、汪洋分别同约翰·基共同出席有关活动。3月，新总督杰里·迈特帕里、约翰·基总理、议长戴维·卡特分别向习近平主席、李克强总理、全国人大常委会委员长张德江致就职贺信。

其他重要双边交往有：4月，农业部长韩长赋、安徽省委书记张宝顺访新。6月，新西兰初级产业部长内森·盖伊访华。7月，国务院台湾事务办公室主任张志军访新，新移民部长迈克尔·伍德豪斯访华。8月，文化部长蔡武访新，新外交部长默里·麦卡利访华。10月，青海省委书记骆惠宁访新，新司法部长朱迪丝·柯林斯访华。11月，新经济发展部长史蒂文·乔伊斯访华。12月，新广播部长克雷格·福斯访华。

经贸关系日益紧密。中国—新西兰自由贸易协定和《中国人民银行与新西兰储备银行双边本币互换协议》实施顺利，2013年，中国首次成为新西兰第一大贸易伙伴。新西兰政府批准中国林业集团公司收购林场项目的申请。伊利集团、雅士利集团成功在新投资。

教育、旅游、科技、文化等人文领域的交流与合作不断扩大。新西兰是中国公民出国留学主要目的国之一。2013年，中国在新西兰各类留学人员约5.15万人，是新最大的留学生来源国。中国是新西兰第二大海外游客来源地。2013年，中国公民首站赴新旅游17万人次，新西兰公民来华旅游12.9万人次。4月，双方签署《中华人民共和国科技部和新西兰商业、创新与就业部关于中新科学家交流计划的协议》。2月，中国文艺团组参加新西兰惠灵顿市、奥克兰市春节演出。4月，新西兰皇家芭蕾舞团访华。

两军交往密切。8月，中国、新西兰、澳大利亚、美国在新西兰克赖斯特彻奇联合举行“凤凰精神—2013”人道主义救援减灾室内推演。中国人民解放军副总参谋长王冠中中将与新国防军副司令蒂莫西·基廷少将、国防部副秘书长比德·科里在惠灵顿共同举行中新两军第六次战略对话。10月，中央军委委员、总后勤部部长赵克石上将访新。11月，新国防部长乔纳森·科尔曼访华。

## 尼日尔
## (Niger)

2013年，中华人民共和国与尼日尔共和国友好合作关系稳步发展。

两国政治关系发展顺利，各层次交往密切。12月，中国共产党中央委员会致电尼日尔执政党争取民主和社会主义党，祝贺该党第六届全国代表大会召开。3月，尼日尔总统穆罕默杜·伊素福致函祝贺习近平当选国家主席，总理布里吉·拉菲尼致函祝贺李克强就任国务院总理，国民议会议长哈马·阿马杜致函祝贺张德江当选全国人大常委会委员长，国务部长兼外交、合作、非洲一体化和侨民国务部长穆罕默德·巴祖姆致函祝贺王毅就任外交部长。同月，尼日尔执政党争取民主和社会主义党代表团访华。9月，巴祖姆外长出席中非外长第三次联大政治磋商。同月，尼日尔国务部长兼计划、国土整治和社区发展部长阿马杜·布巴卡尔·西塞访华，尼日尔十余位部级官员来华参加中国经济发展经验研讨班。

双边经贸合作不断深化。3月，中国援建的尼日尔津德尔市政供水二期项目开工建设。10月，中国在非洲援建规模最大的医院——尼亚美综合医院项目举行开工仪式。11月，阿加德姆石油上下游一体化项目获得二期项目开发许可。

其他领域合作稳步推进。9月，中国红十字总会向尼日尔应对洪灾提供紧急现汇援助。同月，中国国家新闻出版广电总局工作组访问尼日尔，与尼日尔国家电视台和尼日尔24小时电视台签署合作协议。

## 尼日利亚
## (Nigeria)

2013年，中华人民共和国与尼日利亚联邦共和国战略伙伴关系持续深入发展，各领域务实合作成效显著。

两国高层交往密切。9月17～19日，全国人大常委会委员长张德江对尼日利亚进行正式友好访问，同尼日利亚总统古德勒克·乔纳森、尼日利亚执政党人民民主党全国主席巴曼加·图库、尼日利亚国民议会参议长戴维·马克及众议长阿米努·坦布瓦尔分别举行了会见、会谈。年内，文化部副部长丁伟、农业部副部长陈晓华、国务院新闻办公室副主任李伍锋、中国政府非洲事务特别代表钟建华大使等分别访问尼日利亚。

7月9～12日，尼日利亚总统乔纳森对中国进行国事访问。国家主席习近平与其会谈，国务院总理李克强、全国人大常委会委员长张德江分别会见。双方就加强中尼友好、深化务实合作深入交换意见并达成广泛共识，签署《中华人民共和国政府和尼日利亚联邦共和国政府关于互免持外交、公务护照人员签证的协定》、《中华人民共和国政府和尼日利亚联邦共和国政府经济技术合作协定》等五个文件。11月，尼日利亚人民民主党全国主席图库率团访华。年内，尼日利亚前总统奥卢塞贡·奥巴桑乔来华出席2013年“理解与合作”对话活动，前副总统阿提库·阿布巴卡尔来华出席第17届中国国际投资贸易洽谈会，文化和旅游部长埃德姆·杜克、联邦首都区部长巴拉·穆罕默德、卡诺州州长穆罕默德·科万克瓦所等访华或来华出席国际会议。

两国经贸等领域务实合作成果丰富。年内，中尼签署尼日利亚政府信息通讯骨干网、机场航站楼扩建和宗古鲁水电站等项目的融资合作协议。1月，中国援建的综合医院交付使用。

两国文化合作亮点纷呈。9月，设在尼日利亚首都阿布贾的中国文化中心举行揭牌仪式，并陆续举办“感知中国”、“美丽中国”图片展等文化活动。10月，设在北京的尼日利亚文化中心在南京举办第二届尼日利亚文化周活动。此外，南京市工艺品代表团参展在尼日利亚举行的第六届非洲工艺品博览会，吉林省艺术团参加尼日利亚2013年“阿布贾嘉年华”活动。

## 纽　埃
## (Niue)

2013年是中华人民共和国与纽埃建交六周年，两国友好合作关系继续稳步发展。

10月，国务院总理李克强致电纽埃总理托克·塔拉吉，祝贺纽埃宪法日。11月，国务院副总理汪洋在广州会见出席第二届中国—太平洋岛国经济发展合作论坛的纽埃总理塔拉吉。9月，中国—太平洋岛国论坛对话会特使李强民在马绍尔群岛首都马朱罗出席第25届太平洋岛国论坛会后对话会期间会见纽埃总理塔拉吉。

12月，中国新任驻纽埃大使王鲁彤向纽埃总理塔拉吉递交国书。

## 挪　威
## (Norway)

2013年，中挪之间无高级别官方交往，各领域合作进一步减少。

## 阿　曼
## (Oman)

2013年，中华人民共和国与阿曼苏丹国友好合作关系发展顺利。

两国保持各层次交往。3月，阿曼苏丹卡布斯·本·赛义德致电祝贺习近平当选国家主席；外交事务主管大臣尤素福·本·阿拉维·本·阿卜杜拉分别致电祝贺杨洁篪就任国务委员、王毅就任外交部长。4月，阿曼苏丹卡布斯就四川芦山地震向国家主席习近平致电慰问。

1月，外交部副部长翟隽访问阿曼，同阿曼外交部秘书长巴德尔·本·哈马德举行两国外交部第七轮战略磋商。1月，阿曼海军司令阿卜杜拉·本·哈米斯·拉伊希少将访华。6月，阿曼外交官代表团访华。

中阿经贸、能源合作稳步推进。中国是阿曼最大的原油买主，阿曼是中国第三大石油进口国。

两国在文化、教育、民间领域合作取得新进展。重庆艺术团赴阿曼演出，山东非物质文化遗产展在阿举办；宁夏医科大学代表团、中国现代国际关系研究院代表团、中国人民对外友好协会代表团访阿，与阿方进行友好交流。

中国海军护航编队继续在阿曼萨拉拉港实施综合补给和人员休整。

## 巴基斯坦
## (Pakistan)

2013年，中华人民共和国与巴基斯坦伊斯兰共和国战略合作伙伴关系得到进一步发展，各领域交流合作全面深化。

中巴两国高层交往频繁，政治互信加深。两国总理在短时间内实现互访。5月，国务院总理李克强访问巴基斯坦，同总统阿西夫·阿里·扎尔达里和看守政府总理哈扎尔·汗·霍索会谈，会见候任总理米安·穆罕默德·纳瓦兹·谢里夫。双方发表《中华人民共和国和巴基斯坦伊斯兰共和国关于深化全面战略合作的联合声明》。7月，巴基斯坦总理谢里夫访华，国家主席习近平会见，李克强总理同谢里夫举行会谈，全国人大常委会委员长张德江会见。双方发表《关于新时期深化中巴战略合作伙伴关系的共同展望》。同月，外交部长王毅在文莱出席东盟地区论坛系列会议期间会见巴基斯坦总理国家安全和外事顾问阿齐兹。9月，王毅外长在出席纽约联合国大会期间会见巴基斯坦总理谢里夫。11月，王毅外长在出席新德里亚欧外长会期间会见巴基斯坦总理国家安全和外事顾问阿齐兹。

两国务实合作取得重大突破，在能源、金融、基础设施等重点领域合作得到深化。李克强总理访巴期间，中巴签署《两国政府关于开展中巴经济走廊远景规划合作的谅解备忘录》。7月，巴总理谢里夫访华期间，中巴签署《中华人民共和国国家发展和改革委员会和巴基斯坦伊斯兰共和国计划和发展部关于开展中巴经济走廊远景规划和行动计划合作的备忘录》。中巴经济走廊主要包括交通、能源、园区等三大领域合作，为今后五至十年中巴战略合作伙伴关系发展搭建了新平台。8月，国家发展改革委副主任张晓强率团同巴方在伊斯兰堡召开中巴经济走廊远景规划联合合作委员会首次会议，标志着中巴经济走廊进入稳步落实、扎实推进的新阶段。

两国议会、人文、地方交流活跃。全国人大常委会副委员长沈跃跃、全国政协副主席王正伟访巴，阿（富汗）巴联合议员团、旁遮普省首席部长夏巴兹·谢里夫访华。

两军交流发展顺利。8月，巴基斯坦参谋长联席会议主席哈立德·沙米姆·韦恩访华，国务院副总理张高丽会见，中国人民解放军总参谋长房峰辉上将同韦恩共同主持第十届中巴防务安全磋商。11月，巴基斯坦陆军参谋长阿什法克·佩尔韦兹·基亚尼访华，中央军委副主席范长龙上将、国务委员兼公安部长郭声琨分别会见。

两国在国际和地区事务中的合作进一步加强。巴基斯坦在台湾、涉藏等问题上一贯支持中方立场。中巴两国在涉阿富汗问题上保持良好合作，第二轮中国、俄罗斯、巴基斯坦阿富汗问题三方对话于11月在伊斯兰堡举行，第三轮中国、阿富汗、巴基斯坦三方对话于12月在喀布尔举行。

## 巴勒斯坦
(Palestine)

中华人民共和国是最早支持巴勒斯坦解放组织和承认巴勒斯坦国的国家之一。2013年，中巴传统友谊和务实合作得到进一步深化。

中巴政治交往更加密切，中国在支持巴勒斯坦人民恢复民族合法权利的正义事业和推动实现巴以和平方面采取更多举措。5月，巴勒斯坦国总统马哈茂德·阿巴斯对中国进行国事访问，国家主席习近平、国务院总理李克强等中国领导人同阿巴斯会谈、会见。习近平主席在会谈中提出中方关于解决巴勒斯坦问题的四点主张。6月，联合国支持巴以和平国际会议在北京举行，巴勒斯坦人民党总书记巴萨姆·萨利希出席。11月，习近平主席专门向联合国“声援巴勒斯坦人民国际日”纪念大会致贺电。12月，外交部长王毅访问巴勒斯坦，会见总统阿巴斯，同巴勒斯坦外交部长利雅得·马立基会谈，根据习近平主席提出的关于解决巴勒斯坦问题的四点主张，就巴以和谈进一步做工作。

中国继续向巴勒斯坦提供力所能及的帮助，并向巴勒斯坦提供紧急人道主义现汇援助，用于救助受到叙利亚危机影响的巴勒斯坦难民。

中巴双方进一步加强在文化、教育等领域的合作。中巴两国政府签署《中华人民共和国政府和巴勒斯坦国政府文化、教育合作协定2013年至2016年执行计划》。

## 巴布亚新几内亚
## (Papua New Guinea)

2013年，中华人民共和国与巴布亚新几内亚独立国关系总体保持稳定发展。

两国高层交往密切。10月，巴布亚新几内亚议长西奥多·佐伦诺克访华。11月，巴新总理彼得·奥尼尔来华出席第二届中国—太平洋岛国经济发展合作论坛，国务院副总理汪洋会见。1月，商务部副部长钟山访问巴新。7月，外交部长王毅在文莱出席东亚系列外长会期间会见巴新外长帕托。8月，中国—太平洋岛国论坛对话会特使李强民对巴新进行工作访问。1月，巴新国防部长费边·波克访华。

两国在经贸、能源资源、卫生等领域合作取得新进展。利用中国优惠贷款建设的电子政务网和戈罗卡大学学生宿舍扩建项目进展顺利。中国冶金科工集团与巴新方合作开发的拉姆镍钴矿项目正式运营。中国援巴布亚新几内亚第六批医疗队积极开展工作，广东省医疗团访问巴新并进行义诊，受到巴新民众欢迎。

## 秘　鲁
## (Peru)

2013年，中华人民共和国与秘鲁共和国关系提升为全面战略伙伴关系，各领域务实合作富有成效。

双方高层交往密切，政治互信增强。4月5～9日，秘鲁总统奥扬塔·乌马拉对中国进行国事访问并出席博鳌亚洲论坛2013年年会。其间，国家主席习近平与乌马拉总统举行会谈，国务院总理李克强、全国政协主席俞正声、国家副主席李源潮分别会见。两国元首共同宣布将中秘关系提升为全面战略伙伴关系。双方签署《中华人民共和国政府和秘鲁共和国政府经济技术合作协定》、《中华人民共和国政府和秘鲁共和国政府文化交流协定之2013～2018年度执行计划》、《中华人民共和国农业部和秘鲁共和国农业部关于农业科技研发领域合作的谅解备忘录》、《中华人民共和国教育部与秘鲁共和国教育部关于教育领域合作的谅解备忘录》等11个合作文件。2月，秘鲁外交部长拉斐尔·龙卡利奥洛访华，全国政协副主席阿不来提·阿不都热西提、外交部长杨洁篪分别举行会见和会谈。5月，秘鲁国会第二副主席胡安·卡洛斯·埃古伦访华。

双边贸易稳步增长，务实合作不断深化。目前，中国是秘鲁第二大贸易伙伴和重要投资来源国。中铝秘鲁特罗莫克铜矿项目顺利投产，中石油成功并购巴西石油在秘项目。6月，秘农业部长米尔顿·冯·埃塞来华出席首届中拉农业部长论坛。12月，商务部国际贸易谈判代表兼副部长钟山出席在秘举行的联合国工发组织第15次会议。

两国在文教、军事、司法等领域的交流与合作不断发展。“文化中国·四海同春”艺术团在秘鲁成功演出，孔子学院办学顺利。9月，秘鲁宪法法院大法官费尔南多·卡列·阿延来华参加第六届北京人权论坛。

## 菲律宾
## (Philippines)

2013年，中华人民共和国与菲律宾共和国关系受南海问题影响遭遇困难。两国互利合作及人文交流也不同程度受到影响。中方从维护中菲关系长远发展大局出发，力避南海争议进一步升温，稳步推进各领域交流合作，为推动双边关系健康发展作出巨大努力。

2013年年初，菲律宾单方面将南海争议提交国际仲裁，中国方面对此拒绝接受，并向菲方提出严正交涉，敦促菲方纠正错误做法，回到谈判解决争议的正确轨道上来。

在妥善应对南海问题的同时，中方推动举行两国外交、领事、防务磋商、开展中菲友好交流年活动，保持双方沟通势头，缓和双边关系气氛。8月，外交部长王毅会见来华出席中国—东盟建立战略伙伴关系十周年特别外长会的菲外交部长德尔罗萨里奥。6月，外交部副部长刘振民同菲外交部副部长加西亚在北京共同主持中菲第19次外交磋商。两国外交部举行第五次领事磋商。4月，中国人民解放军副总参谋长戚建国中将和菲国防部副部长埃斯库埃塔在北京举行第四次防务与安全磋商。中国宋庆龄基金会代表团，全国人大常委会前副委员长王汉斌、彭珮云夫妇，中国工程院院士袁隆平，中国国际贸易促进委员会代表团先后访菲，姚明率上海大鲨鱼篮球队访菲举行友谊赛。

11月，菲律宾遭受超强台风“海燕”灾害，国家主席习近平和王毅外长分别向菲总统阿基诺和外长德尔罗萨里奥致慰问电。中国政府向菲灾区提供价值1000万元人民币的紧急救灾物资和10万美元紧急现汇援助。中国红十字会向菲灾区提供价值540万元人民币的救灾物资、一批活动板房和10万美元现汇人道主义赈灾援助。中国宋庆龄基金会向菲灾区提供500套活动板房。中国政府应急医疗队、红会国际救援队及“和平方舟”医院船赶赴菲重灾区开展医疗救助，共救治约8000名伤病员。10月，王毅外长就菲中部强烈地震灾害向菲外长德尔罗萨里奥致慰问电。4月，菲总统阿基诺就四川芦山地震灾害向习近平主席致慰问信。7月，菲外长德尔罗萨里奥就甘肃地震向王毅外长致慰问信。8月，菲总统阿基诺和外长德尔罗萨里奥分别就中国东北和南部地区遭受洪灾向习近平主席和王毅外长致慰问信。

## 波　兰
## (Poland)

2013年，中华人民共和国与波兰共和国战略伙伴关系进一步发展，各领域合作富有成果。

两国领导人保持密切交往。11月，国务院总理李克强在罗马尼亚布加勒斯特会见出席中国—中东欧国家领导人会晤的波兰总理唐纳德·图斯克，就促进中波战略伙伴关系特别是务实合作深入交换意见。6月3～9日，波兰众议长埃娃·科帕奇访华，全国人大常委会委员长张德江，国家副主席李源潮，全国政协副主席、中共中央对外联络部部长王家瑞分别会谈、会见。12月16～21日，波兰参议长波格丹·博鲁塞维奇访华，全国人大常委会委员长张德江、全国政协主席俞正声分别会见。此外，中共中央政治局委员、中央军委副主席许其亮空军上将过境波兰并会见波兰国防部长托马什·谢莫尼亚克。

两国外交部保持良好合作。9月，外交部长王毅在出席第68届联合国大会期间会见波兰外交部长拉多斯瓦夫·西科尔斯基。同月，两国外交部举行司局级政治磋商。

政府部门和政党间交流与合作不断加强。国家发展和改革委员会副主任解振华、农业部副部长张桃林、国家税务总局副局长宋兰、国家安全生产监督管理总局副局长孙华山、国家质量监督检验检疫总局副局长魏传忠、新闻出版广电总局副局长阎晓宏、国家互联网信息办公室副主任李伍峰等先后访问波兰。波兰国防部长谢莫尼亚克、行政和数字化部长米哈尔·博尼、总统府国务秘书奥尔基尔德·杰孔斯基、经济部副国务秘书伊罗娜·安托妮什–克里克、地区发展部副国务秘书马尔钦·库比亚克、农业和乡村发展部副国务秘书塔德乌什·纳尔维克、科学与高等教育部副国务秘书达莉亚·里宾斯卡–纳温池、前总理瓦尔德马尔·帕夫拉克、前参议长龙津·帕斯图夏克、人民党最高执行委员会书记达柳什·克里姆查克、民主左翼联盟总书记克里斯托弗·加夫科夫斯基等相继访华或来华出席会议。

双边经贸合作快速发展，波兰保持中国在中东欧地区最大贸易伙伴地位。11月，商务部国际贸易谈判代表兼副部长钟山赴华沙出席中波经济联委会第16次会议。双边贸易额再创新高。湖北襄阳汽车轴承公司以2亿元人民币收购波兰克拉希尼克滚动轴承股份公司89.15%股权。福建培新国际集团成为首家在波兰上市的中国公司。

人文交流和地方交往日益活跃。第二届“波兰文化节”在北京成功举办。首次中波地方合作论坛在波兰革但斯克举行。两国地方省市互访不断。截至2013年年底，两国缔结友好省市22对。

# 葡萄牙
## (Portugal)

2013年，中华人民共和国与葡萄牙共和国全面战略伙伴关系继续深入发展，各领域务实合作不断深化。

双方各级别人员往来频繁。2月，葡萄牙农业与海洋部长阿松桑·克里斯塔斯出席中国与南欧六国农业合作圆桌会议。3月，葡萄牙教育与科学部长努诺·克拉托访华，全国政协副主席、科技部长万钢会见。11月，葡萄牙副总理保罗·波尔塔斯赴澳门出席中国—葡语国家经贸合作论坛第四届部长级会议，国务院副总理汪洋会见，双方就两国关系和各领域务实合作达成重要共识。

两国党际关系取得新突破。葡萄牙社民党总书记若泽·罗萨、人民党全国代表大会主席兼国际书记路易斯·凯罗、社会党主席玛丽亚·德贝伦和共产党总书记热罗尼姆·德索萨等主要政党领导人来华访问或考察。中共福建省委常委、教工委书记陈桦作为中共代表出席葡萄牙共产党《前进报》节。

两国相互投资更趋活跃。国家电网技术研发中心、中国银行里斯本分行相继在葡萄牙建立，复星国际收购葡萄牙储蓄总行80%的保险业务资产。北控水务集团收购法国威立雅公司旗下葡萄牙水务公司100%股权，武汉重冶在葡建立模具厂，浙江华东钢业投资建立彩钢加工基地。

中葡科技合作、文化交流和公共外交工作取得新进展。两国召开第七次科技联委会会议，成立新材料联合创新中心。两国企业联合研制类风湿性关节炎药物项目进展顺利。双方文化交流执行计划顺利实施，中国新闻出版总署、中央电视台等文化领域代表团访葡，分别就图书翻译和电视节目交流等与葡方主管部门会谈并达成共识。“欢乐春节”系列活动、“第八届国际汉学论坛”、“中国日”等活动在葡成功举办。成都歌舞团、南京京剧团赴葡演出，葡萄牙古本江基金会交响乐团来华巡演。5月，中国公共外交协会会长李肇星访葡，并作为主讲嘉宾出席国际政治研讨会。

两军继续保持交往。4月，南海舰队副参谋长李晓岩少将率中国海军第13批护航编队访葡。其间，会见葡萄牙海军参谋长若泽·萨尔达尼亚·洛佩斯等。

两国地方交往续有发展。截至2013年年底，共结有五对友好城市。

## 卡塔尔
## (Qatar)

2013 年，中华人民共和国与卡塔尔国各领域友好合作关系继续稳步发展。

两国保持各层次交往。3月，卡塔尔埃米尔哈马德·本·哈利法·阿勒萨尼、王储塔米姆·本·哈马德·阿勒萨尼、首相兼外交大臣哈马德·本·贾西姆·本·贾布尔·阿勒萨尼分别致电祝贺习近平当选国家主席，首相兼外交大臣哈马德致电祝贺李克强当选国务院总理。4月，卡塔尔埃米尔哈马德、王储塔米姆、首相兼外交大臣哈马德分别致电习近平主席，首相兼外交大臣哈马德致电李克强总理，对四川省芦山发生强烈地震表示慰问。6月，习近平主席向卡塔尔新任埃米尔塔米姆、李克强总理向卡塔尔新任首相兼内政大臣阿卜杜拉·本·纳赛尔·本·哈利法·阿勒萨尼致贺电。11月，文化部副部长董伟访卡。3月，中国中东问题特使吴思科访卡。5月，卡塔尔文化、艺术及遗产大臣哈马德·本·阿卜杜勒阿齐兹·库瓦里来华出席第二届中国（北京）国际服务贸易交易会相关活动。

两国经贸、能源、民航等领域务实合作取得新进展。双边贸易额再创新高。卡塔尔是中国主要液化天然气供应国之一。3月，中国民航局与卡塔尔民航局签署谅解备忘录，卡塔尔航空公司开通多哈至成都直飞航线，卡航往返中卡两国的航班提升至每周41班。

两国人文领域交流不断扩大。中卡专家学者、智库间保持交流，“欢乐春节”中国歌舞表演等活动在卡塔尔成功举行。

## 大韩民国
## (ROK)

2013年，中华人民共和国与大韩民国的战略合作伙伴关系进一步发展，各领域交流合作持续深化。

两国高层交往频繁，各级别沟通顺畅。6月27～30日，韩国总统朴槿惠对中国进行国事访问，国家主席习近平、国务院总理李克强、全国人大常委会委员长张德江分别与其会谈、会见。习近平主席表示，中方高度重视中韩关系，将中韩关系放在中国对外关系的重要位置，中方愿同韩方一道，规划好两国关系长远发展，全面推进各领域互利合作。朴槿惠总统表示，当前两国关系正处于继往开来的重要时期，韩方愿同中方加强战略合作伙伴关系，分享梦想，共同发展，携手促进东北亚地区和平与繁荣。双方发表《中韩面向未来联合声明》和《充实中韩战略合作伙伴关系行动计划》，共同签署涉及经贸、金融、科技、节能、海洋科学等领域的八个成果文件。1月，韩国候任总统朴槿惠特使金武星访华。4月，韩国外交部长官尹炳世访华。12月，韩国国会议长姜昌熙访华，习近平主席、张德江委员长分别与其会见、会谈。

9月，习近平主席出席二十国集团领导人峰会期间，会见朴槿惠总统。10月，习近平主席出席亚太经合组织第21次领导人非正式会议期间，同朴槿惠总统举行双边会晤。10月，李克强总理出席东亚领导人系列会议期间，同朴槿惠总统举行双边会晤。2月，中共中央政治局委员、国务委员刘延东作为国家主席胡锦涛和中共中央总书记习近平的特别代表赴韩国出席韩国新任总统朴槿惠就职仪式。11月，国务委员杨洁篪访韩。1月，中国政府特使、外交部副部长张志军访韩。6月，第六次中韩外交部门高级别战略对话在北京举行。12月，中韩外交安全对话在北京举行。

经贸合作水平续有提升。中国继续保持韩国最大贸易伙伴、最大出口市场和最大进口来源国地位，韩国是中国第三大贸易伙伴国。中国是韩国最大海外投资对象国，韩国是中国第三大外商直接投资来源地。中韩自贸协定已完成第一阶段谈判。

人文交流日益活跃。11月，中韩人文交流共同委员会第一次会议在韩国首尔举行。12月，首届中韩国家政策研究机构联合战略对话在韩国首尔举行。两国主要城市之间有47条定期客运航线，每周830多个航班。中国是韩国最大海外旅行目的地国。韩国在中国留学生达6.2万名，中国在韩国留学生达6.5万名，均居对方国家外国留学生人数之首。中国在韩国已开设19所孔子学院（其中18所已正式启动运行）和4所孔子课堂。韩国参加汉语水平考试的考生占全球应试人数的一半以上，中国参加韩语资格考试的考生人数在外国人中名列第一。

两国地方交往深入开展。截至2013年年底，两国已缔结友好城市153对。

中韩在国际和地区事务中的合作继续加强。两国就朝鲜半岛局势、安理会改革、东亚区域合作、二十国集团、气候变化等事务保持沟通与协调。

# 罗马尼亚
(Romania)

2013年，中华人民共和国与罗马尼亚全面友好合作伙伴关系继续深入发展，各领域务实合作不断取得新进展。

两国高层接触频繁，交往密切。11月，国务院总理李克强对罗马尼亚进行正式访问并出席在布加勒斯特举行的中国—中东欧国家领导人会晤。访问期间，李克强总理分别与罗马尼亚总理维克多·蓬塔、特拉扬·伯塞斯库总统、议会参议院议长克林·安东内斯库、议会众议院议长瓦列留·兹格内亚会谈、会见，并在议会发表题为《让中罗友好合作继续扬帆远航》的演讲。两国政府共同发表《在新形势下深化双边合作的联合声明》。双方签署13份合同文件和商务合同或意向书，涉及经贸、投资、质检、能源、农业等领域。3月，罗马尼亚总统伯塞斯库、总理蓬塔、议会参议院议长安东内斯库、众议院议长兹格内亚分别向国家主席习近平、国务院总理李克强、全国人大常委会委员长张德江、全国政协主席俞正声致就任贺信。4月，兹格内亚众议长就四川芦山地震向张德江委员长致慰问信。6月底至7月初，蓬塔总理来华出席在重庆举行的中国—中东欧国家地方领导人会议。在北京期间，习近平主席、李克强总理分别会见。

两国外交部保持良好沟通与合作。3月，罗马尼亚外交部长蒂图斯·科尔勒采恩向外交部长王毅致就任贺信。4月和7月，科尔勒采恩外长分别就四川芦山地震、甘肃定西地震向王毅外长致慰问信。10月，外交部副部长宋涛赴罗马尼亚举行两国副外长级政治磋商，并主持召开中国—中东欧国家合作国家协调员会议，分别与蓬塔总理，科尔勒采恩外长及国家重点基础设施项目和外国投资特派部长、中国—中东欧国家合作罗方国家协调员达恩·绍瓦举行会见、会谈。

两国立法机构和党际交往日益扩大。4月，罗马尼亚社民党副总书记、众议员安德烈·多里内亚斯基出席在苏州举行的中欧政党高层论坛。6月，罗马尼亚民主自由党主席瓦西里·布拉加访华。9月，全国人大常委会副委员长吉炳轩访问罗马尼亚。10月，罗马尼亚议会参议院副议长克里斯蒂安·杜米特雷斯库来华出席首届中国与中东欧青年政治家论坛。

两国经贸合作取得积极进展，在中国—中东欧国家合作框架内的合作进一步加强。5月，罗马尼亚能源特派部长康斯坦丁·尼策访华，并出席第九届中国核能国际大会。7月，罗马尼亚国家协调员、国家重点基础设施项目和外国投资特派部长绍瓦来华出席在重庆举行的中国—中东欧国家地方领导人会议，并与国家开发银行副行长李吉平签署《中罗规划合作框架协议》。9月，绍瓦特派部长来华出席在北京举行的两国政府间经济联委会第23次例会。同月，中罗交通网络建设专家咨询委员会第一次工作会议在华召开。

两国在文教、军事、司法、地方等领域交流与合作蓬勃开展。4～8月，中方在罗马尼亚举办“华夏瑰宝展”，这是中罗建交以来中国在罗马尼亚举办的规模最大、持续时间最长、展品价值最高的一次大型展览。5月，罗马尼亚文化部国务秘书伊里娜·马林来华出席首届中国—中东欧国家文化合作论坛；罗马尼亚国家广播交响乐团献艺“上海之春”国际音乐节。6月，“当代中国艺术新景象展”在罗马尼亚举办。7月，来自罗马尼亚首都布加勒斯特市、阿尔杰什县、登博维察县等十个地方县市领导来华出席在重庆举办的中国—中东欧国家地方领导人会议，并与中方参会城市签署合作协议。11月，罗马尼亚第四家孔子学院在布加勒斯特成立；双方签署《中罗互设文化中心协定》和《2013～2016年文化合作计划》。

国家质量监督检验检疫总局副局长魏传忠访问罗马尼亚，并签署《中罗动物检验检疫和食品安全合作备忘录》；两国政府还签署《中华人民共和国国家质量监督检验检疫总局与罗马尼亚国家兽医卫生和食品安全署关于中国从罗输入种牛的检疫和卫生要求议定书》、《中华人民共和国国家质量监督检验检疫总局与罗马尼亚国家兽医卫生和食品安全署关于中国从罗输入冷冻猪肉的检疫和卫生条件议定书》；外交部率团出席在罗马尼亚举办的首届欧洲公共外交论坛；监察部副部长于春生访问罗马尼亚；全国人大外事委员会副主任委员、全国人大—欧洲议会关系小组组长王晓初率团赴欧洲议会参加中欧议会定期交流机制第36次会议并访问罗马尼亚。

罗马尼亚国家廉政署署长霍里亚·杰奥尔杰斯库、宪兵部队总监米尔恰·奥拉鲁、宪法法院院长奥古斯丁·泽格雷安等分别访华。

截至2013年年底，两国共结有27对友好城市。

## 俄罗斯
## (Russia)

2013年，中华人民共和国与俄罗斯联邦全面战略协作伙伴关系在新的历史起点上持续向前发展。两国政治互信进一步加强，各领域交流与合作取得重要成果，战略协作更加密切。

两国高层和各级别交往密切。2013年，两国元首5次会晤或见面，3次通电话，16次互致函电，共同推动中俄全面战略协作伙伴关系进入新阶段。3月22～24日，国家主席习近平对俄罗斯进行国事访问。9月5日，习近平主席在俄罗斯圣彼得堡出席二十国集团领导人第八次峰会期间与俄罗斯总统弗拉基米尔·普京举行双边会晤，就中俄关系发展和各领域合作深入交换意见。10月7日，习近平主席在印度尼西亚巴厘岛出席亚太经合组织第21次领导人非正式会议期间与普京总统举行双边会晤，就中俄关系发展和各领域合作深入交换意见。

两国总理2次会晤，3次通电话，9次互致函电，促进中俄关系和各领域合作深入发展。10月22～23日，俄罗斯政府总理德米特里·梅德韦杰夫正式访华，与国务院总理李克强举行中俄总理第18次定期会晤，习近平主席和全国人大常委会委员长张德江分别会见梅德韦杰夫。两国总理签署并发表《中俄总理第18次定期会晤联合公报》。11月29日，李克强总理在乌兹别克斯坦塔什干出席上海合作组织成员国政府首脑第12次会议期间，与梅德韦杰夫总理举行双边会见。

两国立法机构交流频繁。1月28日，全国人大常委会委员长吴邦国赴俄罗斯符拉迪沃斯托克市出席亚太议会论坛第21届年会期间，与俄联邦委员会主席瓦莲京娜·马特维延科举行双边会见。9月22～25日，全国人大常委会委员长张德江访问俄罗斯，与俄罗斯联邦委员会主席马特维延科举行会谈，共同出席中国全国人大与俄罗斯联邦委员会合作委员会第七次会议，会见俄总统普京和国家杜马主席谢尔盖·纳雷什金，访问伊尔库茨克州并会见州长谢尔盖·叶罗先科。5月26～28日，俄罗斯国家杜马主席纳雷什金访华，与张德江委员长举行会谈，并共同出席中国全国人大与俄国家杜马合作委员会第六次会议。习近平主席会见纳雷什金。

两国各领域机制性交往顺利开展。8月14～16日，国务委员杨洁篪访问俄罗斯并与俄联邦安全会议秘书尼古拉·帕特鲁舍夫共同举行中俄第九轮战略安全磋商，会见普京总统和外交部长谢尔盖·拉夫罗夫。10月29～31日，中央军委副主席许其亮空军上将访问俄罗斯，与俄国防部长谢尔盖·绍伊古共同举行中俄军技合作混合委员会第18次会议。11月20～23日，国务院副总理汪洋赴俄罗斯出席中国旅游年闭幕式，会见俄副总理奥尔加·戈洛杰茨。1月8～9日，俄罗斯联邦安全会议秘书帕特鲁舍夫来华与国务委员戴秉国在北京举行中俄第八轮战略安全磋商，中共中央总书记习近平和国务委员孟建柱会见。2月25日，俄罗斯副总理阿尔卡季·德沃尔科维奇来华与国务院副总理王岐山在北京举行中俄能源合作委员会主席会晤。8月19～21日，俄罗斯副总理德米特里·罗戈津来华与汪洋副总理在哈尔滨举行中俄总理定期会晤委员会双方主席会晤。9月24日，俄罗斯副总理戈洛杰茨来华与国务院副总理刘延东在桂林举行中俄人文合作委员会第14次会议。10月15日，俄罗斯副总理德沃尔科维奇来华与国务院副总理张高丽在北京举行中俄能源合作委员会第十次会议。10月18日，俄罗斯副总理罗戈津来华与汪洋副总理在西安举行中俄总理定期会晤委员会第17次会议。

两国其他高级别接触频繁。4月24～28日，国务委员郭声琨访问俄罗斯，与俄联邦安全会议秘书帕特鲁舍夫举行会谈，会见俄联邦总检察长尤里·柴卡、内务部长弗拉基米尔·科洛科利采夫、安全总局局长亚历山大·博尔特尼科夫和联邦调查委员会主席亚历山大·巴斯特雷金。6月19～22日，张高丽副总理赴俄罗斯出席第17届圣彼得堡国际经济论坛并致辞，会见普京总统、伊戈尔·舒瓦洛夫第一副总理和德沃尔科维奇副总理。7月2～4日，中共中央政治局委员、中央政法委书记孟建柱赴俄罗斯符拉迪沃斯托克市出席第四届安全事务高级代表国际会议，就网络和信息安全问题作主旨发言，并会见俄联邦安全会议秘书帕特鲁舍夫。4月14～15日，俄罗斯第一副总理舒瓦洛夫访华，李克强总理、张高丽副总理分别与舒瓦洛夫举行会见、会谈。9月10～11日，俄罗斯副总理德沃尔科维奇来华出席在大连举行的世界经济论坛2013年新领军者年会，李克强总理会见德沃尔科维奇。

两国外交部长保持密切接触。2月20～22日，外交部长杨洁篪访问俄罗斯，会见普京总统和外交部长拉夫罗夫。外交部长王毅同拉夫罗夫外长多次在国际场合会晤，相互通话和互致函电，就重大国际和地区问题交换意见，协调立场。

在涉及国家主权、安全和领土完整等核心利益问题上的相互支持更加牢固。中方支持俄方打击恐怖主义，维护国家主权和安全。俄方支持中方在涉及台湾、西藏、新疆等问题上的原则立场。

务实合作成果丰硕。双方积极扩大和深化经贸合作，投资合作步伐加快，中俄投资基金运作顺利。能源合作全面推进，油气领域上下游一体化合作取得重要进展，双方商定俄通过石油管道和海上运输逐步扩大对华增供原油，煤炭、电力、新能源合作不断扩大。核能合作取得积极成果，田湾核电站二期3、4号机组顺利开工。联合研制远程宽体客机项目前期论证工作顺利推进，双方积极商谈联合研制重型直升机项目。科技合作进一步扩大，双方扎实推进落实中国科技部火炬中心、中关村科技园区与俄斯科尔科沃基金会签署的合作协议，在科技园区、孵化器、技术转移和创新融资等领域开展交流合作。地方合作向全方位格局发展，双方正式建立并启动首个非毗邻地区合作机制——长江中上游地区与伏尔加河沿岸联邦区合作机制。跨境基础设施建设稳步推进，同江铁路桥项目建设有望尽快动工。在两国总理密切协调和指挥下，双方共同抗击黑龙江流域特大洪灾，最大限度地减少了灾区损失。边境地区环保合作成果突出。

人文交流蓬勃发展。俄罗斯“中国旅游年”框架内400多项活动顺利举行。3月，习近平主席和普京总统出席中国旅游年开幕式并致辞。5月，中国“俄罗斯电影节”成功举行，刘延东副总理和俄国家杜马主席纳雷什金出席开幕式并致辞。同月，100名中国大学生赴莫斯科大学研修。8月，300名四川芦山地震灾区儿童赴俄罗斯疗养，戈洛杰茨副总理亲自接见灾区儿童。9月，俄罗斯“中国电影节”成功举行，汪洋副总理和戈洛杰茨副总理出席开幕式并致辞。11月，中国旅游年闭幕式成功举行，标志着中俄互办旅游年活动圆满落幕。双方积极落实人文合作行动计划。中共六大纪念馆建馆筹备工作取得重要进展。两国元首商定2014～2015年举办中俄青年友好交流年，双方组委会已组建完成，正在积极筹备有关活动。

在国际事务中保持密切战略协作。中俄两国在联合国、二十国集团、金砖国家、上海合作组织等共同参与的多边机制框架内进行有效协调，在重大国际和地区问题上开展密切沟通与合作，维护朝鲜半岛和东北亚地区和平稳定，推动叙利亚、伊朗核问题政治解决进程。两国二战史观相同，共同维护世界反法西斯战争胜利成果和战后秩序。两国还就总体国际形势、反恐、国际信息安全、北极事务等重大问题保持密切磋商，维护了两国共同利益，维护了《联合国宪章》宗旨、原则和公认的国际法准则，维护了地区及世界和平稳定。

## 卢旺达
## (Rwanda)

2013年，中华人民共和国与卢旺达共和国的友好合作关系健康稳定发展。

两国政治交往保持良好势头。2月，中国政府非洲事务特别代表钟建华大使访问卢旺达。3月，卢旺达外交合作部长路易斯·穆希基瓦博在南非德班参加中非领导人早餐会。同月，卢旺达政府致函中国政府，祝贺习近平当选国家主席。4月，卢旺达政府就四川芦山“4·20”地震致函中国政府表示慰问。

9月，中国新任驻卢旺达大使沈永祥向卢旺达总统保罗·卡加梅递交国书。

经贸合作稳步推进。5月，中国商务部副部长李金早访问卢旺达，会见总理皮埃尔·达米安，与卢旺达基础设施部长西拉斯·卢瓦卡班巴共同主持第七届中卢经贸混委会，并签署《中华人民共和国政府和卢旺达共和国政府经济技术合作协定》。6月，卢旺达派团参加第二届中国（北京）国际服务贸易交易会。11月，浙江省商务考察团访问卢旺达，会见总统卡加梅。

文教、地方等领域交流活跃。文化部“欢乐春节”艺术团赴卢访问演出。国家新闻出版广电总局代表团、南京市人民对外友好协会代表团先后访问卢旺达。卢旺达青年与信息通信科技部长让·菲尔贝·恩森吉马纳来华出席中国国际信息通信展览会。

## 萨摩亚
## (Samoa)

2013年，中华人民共和国与萨摩亚独立国关系继续保持良好发展势头。

两国各层级交往密切。3月，中共中央对外联络部副部长刘结一访问萨摩亚。4月和8月，中国—太平洋岛国论坛对话会特使李强民对萨进行工作访问。6月，中国国际贸易促进委员会副会长张伟访萨。9月，全国人大环境与资源保护委员会副主任委员王鸿举访萨。同月，李强民特使率中国政府代表团出席在马绍尔群岛举行的第25届太平洋岛国论坛会后对话会期间会见萨总理图伊拉埃帕·萨伊莱莱·马利埃莱额奥伊。4月，萨财政部长利厄加访华。同月，萨副议长率团来华参加太平洋岛国政治家联合考察团。6月，萨自然资源与环境部长图马利伊访华。11月，萨总理图伊拉埃帕来华出席第二届中国—太平洋岛国经济发展合作论坛，国务院副总理汪洋会见。

两国各领域交流与合作稳步发展。利用中国优惠贷款建设的萨摩亚国家医疗中心一期项目顺利竣工并交付萨方使用，国家医疗中心二期项目和国家宽带通信网项目顺利开工。中方援萨四所小学校项目中两所交付萨方，农业、医疗和游泳馆等技术合作项目顺利实施。中方向萨提供2000台节能空调，协助萨节能减排。广东省医疗团访萨并进行义诊，受到萨民众欢迎。中方积极支持萨承办联合国第三届小岛屿发展中国家国际会议，率先向联合国有关办会基金捐资50万美元。

## 圣马力诺
## (San Marino)

2013年，中华人民共和国与圣马力诺共和国双边关系取得显著发展。

两国秉承相互尊重、平等互利的原则，积极拓展双边关系，树立大小国家和谐相处、相互支持的典范。2013年，《中华人民共和国政府和圣马力诺共和国政府关于税收情报交换的协定》正式生效，有力推动了两国在税务领域的合作。两国在国际组织中保持密切沟通与协调，圣马力诺在一系列国际组织竞选中支持中方候选人。

9月26～28日，中国人民对外友好协会会长李小林访问圣马力诺，会见圣马力诺执政官安东内拉·穆拉罗尼和丹尼斯·阿米奇，同圣马力诺中国友好协会主席詹弗朗哥·泰伦齐共同出席圣中友协成立25周年庆祝活动。

10月27～28日，外交部长王毅访问圣马力诺，会见圣马力诺执政官詹卡洛·卡比乔内和安娜·玛丽亚·穆乔里，并与外长帕斯夸莱·瓦伦蒂尼举行会谈。

## 沙特阿拉伯
## (Saudi Arabia)

2013年，中华人民共和国与沙特阿拉伯王国战略性友好关系继续保持良好发展势头，双边各领域合作稳步推进。

两国高层保持经常性联系。3月，沙特国王兼首相阿卜杜拉·本·阿卜杜勒阿齐兹·阿勒沙特，王储兼副首相、国防大臣萨勒曼·本·阿卜杜勒阿齐兹·阿勒沙特分别致电祝贺习近平当选国家主席。12月，外交部长王毅访问沙特，分别会见沙特王储兼副首相、国防大臣萨勒曼，国家安全委员会副秘书长利哈卜·马斯欧德和海湾合作委员会秘书长阿卜杜拉提夫·扎耶尼，同外交大臣沙特·费萨尔·本·阿卜杜勒阿齐兹·阿勒沙特亲王举行会谈。11月，国家发展和改革委员会副主任、国家能源局局长吴新雄访问沙特，会见沙特石油与矿产资源大臣阿里·本·易卜拉欣·纳伊米。3月，中国中东问题特使吴思科访问沙特，分别会见沙特王储兼副首相、国防大臣萨勒曼，外交副大臣阿卜杜勒阿齐兹·本·阿卜杜拉·本·阿卜杜勒阿齐兹·阿勒沙特亲王。5月，沙特外交大臣费萨尔访华，习近平主席、国务委员杨洁篪分别会见，王毅外长与其会谈。

两国经贸、能源合作发展良好，双边贸易额持续增长。沙特阿拉伯继续是中国全球第一大原油供应国和在西亚非洲地区第一大贸易伙伴，中国则跃居沙特第一大贸易伙伴。

两国军事合作稳步推进。4月，沙特国防副大臣哈立德·本·苏尔坦·本·阿卜杜勒阿齐兹·阿勒沙特亲王访华，习近平主席、国务委员兼国防部长常万全上将分别会见。中国海军护航编队多次在吉达港停靠补给。

两国人文交流活跃。4月，文化部长蔡武率团访沙出席"杰纳第利亚民族遗产文化节"暨中国主宾国相关活动，会见沙特国务大臣、国民卫队司令兼"杰纳第利亚民族遗产文化节"组委会主席米特阿卜·本·阿卜杜拉·本·阿卜杜勒阿齐兹·阿勒沙特亲王、文化与新闻大臣阿卜杜勒阿齐兹·本·穆西丁·胡嘉、海湾合作委员会秘书长扎耶尼。5月，中国外交学院副院长朱立群率团访沙并出席第一届中沙关系研讨会。8月，沙特高等教育大臣哈立德·本·穆罕默德·安卡里来华出席第20届北京国际图书展暨沙特主宾国相关活动。

两国地方合作进展顺利。4月，重庆市市长黄奇帆访沙。5月，新疆维吾尔自治区阿克苏地委副书记、行署专员麦尔丹·木盖提率中共青年政治家代表团访沙。

2013年，中国有组织赴沙特朝觐穆斯林人数11863人。

## 塞内加尔
(Senegal)

2013年，中华人民共和国与塞内加尔共和国友好关系平稳发展，各领域合作取得新的进展。

两国各层次交往密切。3月，国家主席习近平出席在南非德班举行的金砖国家领导人同非洲国家领导人对话会，其间与塞内加尔总统马基·萨勒简短交谈。9月，国务院总理李克强向塞新任总理阿米娜塔·杜尔致就任贺电。同月，外交部长王毅在出席第68届联合国大会期间会见塞外交和海外侨民部长曼克尔·恩迪亚耶，双方就双边关系以及安理会改革、中非合作等交换意见。3月，塞内加尔总统萨勒致电祝贺习近平当选国家主席。5～11月，萨勒总统分别就四川芦山地震、吉林火灾、甘肃地震、“10·28”暴力恐怖袭击事件等致电习近平主席表示慰问。5月，塞争取共和联盟领导委员会委员、总统府国务部长姆巴耶·恩迪亚耶率该党代表团访华，中共中央政治局常委、中央书记处书记刘云山会见，全国政协副主席、中共中央对外联络部部长王家瑞与代表团举行会谈。9月，塞执政联盟三党干部考察团访华。

7月，塞内加尔新任驻华大使阿卜杜拉耶·法勒向习近平主席递交国书。

两国经贸合作稳步推进。2013年，两国共签订四个经济技术合作协定。中国政府顺利移交二期、三期体育场维修项目，塞内加尔总统、总理分别出席落成典礼。四期体育场维修和黑人文明博物馆项目进展顺利。达喀尔环城输变电项目和达喀尔配电网改扩建工程正在加紧施工，捷斯至图巴高速公路项目已签署商业合同。双方签订95%塞输华产品零关税换文。

卫生、文化等领域交流顺利开展。8月，塞内加尔卫生部长埃娃·玛丽·科勒·塞克来华出席中非部长级卫生发展研讨会。9月，中方派出第15批援塞医疗队。2013年，两国文化团组互访达20余次。

## 塞尔维亚
## (Serbia)

2013年，中华人民共和国与塞尔维亚共和国战略伙伴关系全面深入发展，各领域合作日益扩大。

各级别政治交往密切。8月25～29日，塞尔维亚总统托米斯拉夫·尼科利奇对中国进行国事访问。其间，国家主席习近平、国务院总理李克强、全国人大常委会委员长张德江分别会谈、会见。两国元首共同签署《中华人民共和国和塞尔维亚共和国关于深化战略伙伴关系的联合声明》，并见证签署双边经济、农业、通讯等领域合作文件。11月，李克强总理在罗马尼亚首都布加勒斯特会见共同出席中国—中东欧国家领导人会晤的塞尔维亚总理伊维察·达契奇。4月，第67届联合国大会主席、塞尔维亚前外交部长武克·耶雷米奇来华出席博鳌亚洲论坛2013年年会，习近平主席会见。塞尔维亚外交部国务秘书韦拉·马夫里奇来华举行两国外交部磋商。

务实合作不断取得新成果。11月，李克强总理、塞尔维亚总理达契奇、匈牙利总理欧尔班·维克多共同宣布合作建设从匈牙利首都布达佩斯至塞尔维亚首都贝尔格莱德的铁路。继贝尔格莱德跨多瑙河大桥项目、科斯托拉茨电站一期工程之后，中国企业承建欧洲E763号高速公路塞尔维亚境内工程。7月，中国—塞尔维亚政府间经济贸易合作委员会第十次例会在贝尔格莱德举行。

人文领域交流合作更加活跃，地方交往日益密切。两国签署《中华人民共和国文化部和塞尔维亚共和国文化信息部2013～2016年文化合作计划》。北京当代芭蕾舞团、上海木偶剧团赴塞尔维亚访问演出，塞尔维亚维瓦沃克斯合唱团来华演出。广东省人大常委会主任黄龙云、山东省副省长张超超访问塞尔维亚。塞尔维亚伏伊伏丁那自治省代表团访问广东。截至2013年年底，中塞共结有五对友好省市。

政党、科技、农业、地质等领域合作持续扩大。4月，塞尔维亚前进党、塞尔维亚社会党派团参加在苏州举办的第四届中欧政党高层论坛。6月，中国—塞尔维亚科技合作委员会第二届例会在北京举行。8月，两国签署《中华人民共和国农业部和塞尔维亚共和国农林水利部关于建立农业科技合作促进网的备忘录》。11月，塞尔维亚自然资源、矿产资源和国土规划部部长米兰·巴切维奇来华出席“2013中国国际矿业大会”。其间，国土资源部长姜大明会见，双方签署《中华人民共和国国土资源部与塞尔维亚共和国自然资源、矿产资源和国土规划部在地质勘察和矿业领域的合作谅解备忘录》。

塞尔维亚积极参与中国—中东欧国家合作。5月，塞尔维亚文化和信息部部长布拉蒂斯拉夫·佩特科维奇来华参加中国—中东欧国家文化合作论坛。7月，塞尔维亚地方领导人代表团出席在重庆举办的中国—中东欧国家地方领导人会议。10月，中国—中东欧国家合作塞尔维亚国家协调员、交通部长阿莱克桑达尔·安蒂奇出席在布加勒斯特举行的中国—中东欧国家合作国家协调员会议。塞尔维亚前进党、民主党派代表来华参加中国与中东欧青年政治家论坛。12月，第67届联合国大会主席、塞尔维亚前外交部长武克·耶雷米奇等来华出席中国—中东欧国家高级别智库研讨会。

## 塞舌尔
## (Seychelles)

2013年，中华人民共和国与塞舌尔共和国友好合作关系保持良好的发展势头。

两国高层政治往来频繁。4月、7月，塞舌尔总统詹姆斯·阿里克斯·米歇尔就四川发生地震和东北洪水灾害分别致电国家主席习近平表示慰问。5月，外交部副部长谢杭生访问塞舌尔，分别会见塞总统米歇尔、副总统丹尼·富尔和外交部长让-保罗·亚当，并与亚当外长共同签署《中华人民共和国政府和塞舌尔共和国政府关于互免签证的协定》。7月，塞舌尔外长亚当访华，外交部长王毅与亚当举行会谈并共同签署《中华人民共和国外交部和塞舌尔共和国外交部关于建立政治磋商机制的协议》。8月，塞国民议会副议长兼国际事务委员会主席安德雷·普尔访华。

双边经贸合作成果显著。中方援建的塞舌尔司法大楼及援助扩建的安塞·罗亚莱区医院顺利竣工并移交塞方。中方向塞捐赠的五辆救护车抵塞并投入使用。中方为塞援建的排水渠、公共汽车站和人行便道等小微社区项目在当地民众中反响良好。2月，中国红十字会向塞捐助两万美元用于水灾救灾工作。

军事合作进一步加强。6月，中国海军护航编队靠泊塞舌尔维多利亚港休整补给并正式访塞，举行了甲板招待会和公众开放日活动。应塞方邀请，编队徒步方队参加了塞国庆阅兵式。

两国其他领域合作顺利推进。上海市与维多利亚市签署了友好城市协议。内蒙古自治区与塞舌尔文化部签署加强图书馆、舞蹈和合唱合作交流备忘录。上海旅游高等专科学校与塞旅游学院签署教师培训、学生交流合作备忘录。3月，塞舌尔开通至香港的直航。

## 塞拉利昂
## (Sierra Leone)

2013年，中华人民共和国与塞拉利昂共和国友好合作关系持续深入发展。

两国政治交往密切，互信不断加深。3月，塞拉利昂总统欧内斯特·巴伊·科罗马致函祝贺习近平当选国家主席。4月，科罗马总统就四川芦山地震致函国家主席习近平表示慰问。6月，科罗马总统来华出席第二届世界和平论坛，习近平主席和国家副主席李源潮分别会见。习近平主席表示，中塞建交以来，始终坚持真诚友好、团结互助。中方愿同塞方加强各领域务实合作，不断创造出更多利益契合点和合作增长点，实现两国共同发展。

科罗马总统积极评价双边关系，表示塞方将进一步改善投资环境，与中方扩大合作，做共同繁荣的伙伴。8月，塞拉利昂全国人民大会党总书记奥斯曼·福戴·杨森内率该党代表团访华。11月，塞外交与国际合作部长萨穆拉·卡马拉访华。2月，国家主席胡锦涛特使、住房和城乡建设部部长姜伟新赴塞参加科罗马总统就职典礼。10月，中国政府非洲事务特别代表钟建华大使访塞。11月，中华全国妇女联合会副主席喻红秋率中国共产党代表团访塞。

7月，塞拉利昂新任驻华大使维克托·博卡里·福向习近平主席递交国书。

两国在经贸、卫生等领域交流与合作取得丰硕成果。6月，海南橡胶集团与塞拉利昂政府签订橡胶和水稻种植加工项目合资协议。8月，塞卫生部长米娅塔·卡尔博来华出席中非部长级卫生合作发展会议。

## 新加坡
## (Singapore)

2013年，中华人民共和国与新加坡共和国关系保持良好发展势头，各领域友好交流不断扩大，互利合作进一步深化拓展，取得丰硕成果。

双方高层交往频繁。10月，国务院副总理张高丽访新并与新加坡副总理兼国家安全统筹部长及内政部长张志贤共同主持第十次中新双边合作联委会等双边合作机制会议。11月，中共中央政治局委员、天津市委书记孙春兰访新。同月，中共中央政治局委员、中央书记处书记、中央组织部部长赵乐际赴新出席第四届“中新领导力论坛”。5月，外交部长王毅访新。8月，新加坡总理李显龙正式访华。4月、9月，新荣誉国务资政吴作栋分别来华出席博鳌亚洲论坛2013年年会和天津生态城五周年庆祝活动。9月，新副总理兼国家安全统筹部长及内政部长张志贤来华出席第十届中国—东盟博览会。

两国经贸投资合作成果丰硕。双边贸易额持续增长，中国是新加坡第三大贸易伙伴，新为中国在东盟国家中第三大贸易伙伴。双向投资大幅增加，新为中国第三大外资来源地和第七大对外投资目的地。苏州工业园区和天津生态城等两国重点合作项目稳步推进。10月，双方签署关于成立服务贸易合作促进工作组及推动中新企业联合“走出去”等多项经贸投资合作协议。

中新金融合作取得积极进展。2月，中国人民银行授权中国工商银行新加坡分行担任新加坡人民币业务清算行。3月，两国续签中新双边本币互换协议，互换规模扩大至3000亿元人民币/600亿新加坡元，居中国与东盟国家双边本币互换规模之首。4月，中国工商银行新加坡分行在新人民币清算业务正式启动。新已成为仅次于香港的第二大境外人民币业务开展地区。5月，新加坡金管局北京代表处正式揭牌。10月，中国人民银行确定新加坡市场人民币合格境外机构投资者投资额度为500亿元人民币。

两国在社会管理、科技、粮食安全、检验检疫、防务等领域合作全面推进。1月，苏州工业园区正式挂牌成为首家“中新社会管理合作试点单位”。10月，双方签署涉及科技创新、粮食安全、检验检疫、共建智慧城市等多项合作文件。3月，新加坡海军“坚韧”号坦克登陆舰首次访华。6月，中国人民解放军副总参谋长戚建国中将赴新出席第12届香格里拉对话会。7月，新加坡海军总长黄志平访华。

## 斯洛伐克
## (Slovakia)

2013年，中华人民共和国与斯洛伐克共和国友好合作关系发展顺利，双方各级别交往密切，友谊不断深化。

两国高层交往频繁。2月，国务院副总理回良玉访问斯洛伐克。9月，全国人大常委会委员长张德江对斯洛伐克进行正式友好访问，分别同斯洛伐克总统伊万·加什帕罗维奇、总理罗贝尔特·菲佐及议长帕沃尔·帕什卡会谈、会见。11月，国务院总理李克强在罗马尼亚布加勒斯特出席中国—中东欧国家领导人会晤期间同斯洛伐克总理菲佐举行双边会见。7月，斯洛伐克第一副总理卢博米尔·瓦日尼访华。

两国各领域保持交往，务实合作成果丰富。截至2013年年底，斯洛伐克是中东欧国家中对华出口和顺差最多的国家。9月，斯洛伐克外交部国务秘书佩特尔·布里安率团来华出席两国政府间经济合作联合委员会第十次例会。人力资源和社会保障部副部长何宪、农业部副部长牛盾、武警高级代表团和湖北省等多个省市代表团先后访问斯洛伐克。斯洛伐克最高法院组织中国法官赴斯洛伐克培训。“中欧艺术对话”国画展览、中国青年民族乐团演出等在斯洛伐克举办。两国还成功举办中国和斯洛伐克科技合作委员会第六次例会。截至2013年年底，双方共结有友好省（州）市三对。

斯洛伐克在中国—中东欧国家合作框架内开展对华合作，积极派遣地方和中央政府高官来华出席中国—中东欧国家地方领导人会议、经贸论坛、文化论坛、高级别教育对话等重要活动。

## 斯洛文尼亚
(Slovenia)

2013年，中华人民共和国与斯洛文尼亚共和国友好合作关系稳步发展。

两国保持各级别政治交往。11月，国务院总理李克强在罗马尼亚首都布加勒斯特会见共同出席中国—中东欧国家领导人会晤的斯洛文尼亚总理阿伦卡·布拉图舍克。1月，国务委员兼国防部长梁光烈上将访问斯洛文尼亚。10月，斯洛文尼亚外交部国务秘书伊格尔·森查尔来华举行两国外交部磋商。

双边务实合作取得新成果。中国企业并购斯洛文尼亚TAM-Dura Bus客车公司。这是中方企业在斯洛文尼亚投资的首家生产型企业。中国企业与斯洛文尼亚ARCTUR公司成立合作公司，计划建立超级计算机中心。7月，中国和斯洛文尼亚政府间经贸合作联委会第十次例会在卢布尔雅那举行。

旅游、司法、军事、地方等领域合作顺利。4月，斯洛文尼亚旅游局在北京举办“感受斯洛文尼亚”旅游推介活动。司法部副部长张苏军访问斯洛文尼亚。10月，第四次中斯国防部工作对话在华举行。截至2013年年底，中斯共结有三对友好城市。

斯洛文尼亚积极参与中国—中东欧国家合作。7月，中国—中东欧国家合作斯洛文尼亚国家协调员、外交部经济外交总司总司长斯坦尼斯拉夫·拉什昌和斯洛文尼亚地方领导人代表团来华出席中国—中东欧国家地方领导人会议。10月，中国—中东欧国家合作斯洛文尼亚国家协调员拉什昌出席在布加勒斯特举行的中国—中东欧国家合作国家协调员会议。斯洛文尼亚社会民主人士党、积极的斯洛文尼亚党派团来华出席中国与中东欧青年政治家论坛。12月，斯洛文尼亚专家学者来华出席中国—中东欧国家高级别智库研讨会。

## 索马里
## (Somalia)

2013年，中华人民共和国与索马里联邦共和国友好合作关系继续发展。

8月22～28日，索马里副总理兼外交部长福西娅·优素福·哈吉·阿丹对中国进行正式访问，国务院副总理汪洋会见，外交部长王毅与其会谈。9月9～10日，中国驻肯尼亚大使刘光源对索马里进行工作访问，会见索马里总统哈桑·谢赫·马哈茂德，并与副总理兼外交部长福西娅等举行工作会谈。

中国继续支持国际社会推进索马里和平进程的努力。中国分别向索马里联邦政府和非盟驻索马里特派团提供新的援助。中国政府非洲事务特别代表钟建华大使先后出席第二次伦敦索马里问题国际会议和欧盟索马里问题高级别会议。中方并派团出席索马里海盗问题联络小组会议。索马里政府继续坚定奉行一个中国政策，在有关重大问题和国际组织竞选中给予中方支持，致力于拓展两国各领域合作。

中国自2008年年底开始向亚丁湾和索马里海域派出护航舰艇编队，至2013年年底已派出16批，为5300余艘中外船舶进行伴随护航。

## 南　非
## (South Africa)

2013年，中华人民共和国与南非共和国的全面战略伙伴关系继续深入发展，两国各领域交流与合作日益扩大。

两国继续保持密切高层互访。3月25～29日，国家主席习近平对南非进行国事访问，与南非总统雅各布·祖马举行会谈并出席在德班举行的金砖国家领导人第五次会晤。12月6～7日，国务委员杨洁篪赴南非出席金砖国家安全事务高级代表第四次会议，并同南非金砖国家安全事务高级代表、国家安全部长西亚邦加·奎莱举行双边会见。10月27～30日，南非副总统卡莱马·莫特兰蒂正式访华并与国家副主席李源潮共同主持召开中南国家双边委员会第五次全体会议，习近平主席会见。

两国外交部保持密切合作。2月17～18日，外交部长杨洁篪访问南非，会见南非总统祖马并与南非国际关系与合作部长迈特·恩科阿纳－马沙巴内举行会谈。9月，外交部长王毅在出席第68届联合国大会期间会见南非国际关系与合作部长马沙巴内。

两国政党交流活跃。9月，中共中央政治局委员、重庆市委书记孙政才访问南非。11月，全国妇联副主席、书记处书记喻红秋率中共友好代表团访问南非。9月，南非共产党总书记布莱德·恩齐曼德率南非共高级干部研修班访华。中方为南非执政党非洲人国民大会举办新一届执委研修班。

两国经贸合作继续快速、健康发展。中南双边贸易额占中非贸易额近1/3。南非连续四年成为中国在非洲最大贸易伙伴，中国连续五年成为南非最大贸易伙伴、出口目的地国和进口来源国。9月，中方协助南非在厦门、北京成功举办第三届“南非商品展”，南非亦成为中国国际投资贸易洽谈会历史上的首个主宾国。2月，国土资源部副部长汪民赴南出席南非国际矿业大会。11月，南非矿产资源部长苏珊·沙班古来华出席2013年中国国际矿业大会。两国金融合作迅速发展，南非储备银行宣布将首次购买15亿美元中国银行间债券作为储备资产。

两国军事、人文、地方等各领域交往进一步密切。中国人民解放军总参谋长助理陈勇中将访问南非。文化部副部长陈晓光、国家新闻出版广电总局副局长邬书林先后访南。南非旅游部长马蒂纳斯·范斯卡尔奎克访华，两国签署《中华人民共和国政府与南非共和国政府旅游合作协议》。福建省政协主席张昌平、中国人民对外友好协会会长李小林等访问南非。南非西北省副省长莫特拉莱普拉·露莎等访华。截至2013年年底，两国已有28对省市建立了友好省市关系。

### 国家主席习近平访问南非

3月25～29日，习近平主席对南非进行国事访问，与南非总统祖马举行会谈。双方有关部门签署了经贸、金融投资、能矿、文化教育、基础设施建设等领域13项合作文件。

习近平主席在会谈时表示，中南同为重要发展中国家，有着相似的历史、相连的命运、相依的未来，两国关系越来越具有战略意义和全球影响。中方将南非作为对外关系优先方向，愿同南非一道，共同谱写友好合作新篇章，将中南关系打造成中非新型战略伙伴关系和发展中大国团结合作的典范。中南要深化互信，保持高层及党际交往，交流互鉴治国理政经验，在涉及对方核心和重大利益问题上继续相互理解和支持，加强在国际和地区事务中战略协作，维护好两国和广大发展中国家共同利益。中方愿本着互利共赢原则推进两国合作。中方将鼓励和支持中资企业和金融机构在基础设施建设、矿业、能源、汽车等南非优先发展领域开展投融资合作。双方要引导和扶持两国企业开展重大合作项目。双方要放眼未来，加强人员交流，共同搞好2014年和2015年互办国家年活动。中方将在南非设立中国文化中心，推动高校合作办学，培养更多中南友好接班人。

祖马总统赞同习近平主席对发展两国关系的主张，表示习近平主席首次出访就选择南非，是南非的荣幸，充分体现了南中关系的高水平。中国的发展为南非提供了榜样和希望，鼓舞我们把国家建设得更好。南非从战略高度重视同中国加强团结合作，实现共同发展，推动国际秩序朝更加公正合理的方向发展。

### 中南国家双边委员会第五次全体会议在华举行

10月27～30日，南非副总统莫特兰蒂正式访华并与国家副主席李源潮共同主持召开中南国家双边委员会第五次全体会议，习近平主席会见。双方有关部门签署了旅游及公共行政领域两项合作文件。

会议期间，李源潮副主席表示，建交15年来，中南关系实现跨越式发展，中国对南非的发展充满信心。希望充分发挥双边委员会机制作用，对两国关系进行长远和战略规划，推进经贸、科技、能源、农业、公共行政、人文等领域互利合作，加强重大国际和地区问题的沟通协调，推动中南全面战略伙伴关系迈上新台阶。

莫特兰蒂副总统表示，南中关系发展势头强劲，南非将与中方共同努力，加强两国在各领域的友好互利合作。

全体会议前，双方分别举行了外交、经贸、科技、矿业、能源分委会会议。10月25日，外交分委会第四次会议暨中南第六次战略对话在北京举行，由外交部副部长翟隽与南非国际关系与合作部副部长易卜拉欣·易卜拉欣共同主持。

### 南非前总统纳尔逊·曼德拉逝世

当地时间12月5日（北京时间6日），南非前总统曼德拉在约翰内斯堡家中病逝，享年95岁。6日，国家主席习近平、国务院总理李克强分别向南非总统祖马致唁电，国家副主席李源潮代表中国政府赴南非驻华使馆吊唁，外交部长王毅向南非国际关系与合作部长马沙巴内发去唁电。9～11日，李源潮副主席作为习近平主席特别代表赴南非出席曼德拉葬礼并在官方悼念活动上致辞。其间，李源潮副主席会见祖马总统并转交了习近平主席的亲署信。

## 南苏丹
## (South Sudan)

2013年，中华人民共和国与南苏丹共和国友好关系稳步发展，各领域交流与合作取得积极成果。

两国保持各层次交往。7月，南苏丹总统特使、石油和矿产部长斯蒂芬·德修·道访华，全国人大常委会副委员长陈竺会见，外交部长王毅与德举行会谈，德向中方转交南苏丹总统萨尔瓦·基尔·马亚尔迪特致国家主席习近平的亲笔信。3月，南苏丹外交部长尼亚尔·登格·尼亚尔向王毅外长致就职贺电。8月，国家副主席李源潮向南苏丹新任副总统詹姆斯·瓦尼·伊加致就职贺电，王毅外长向南苏丹新任外交部长巴拿马·马瑞尔·本杰明致就职贺电。9月，全国人大常委会委员长张德江向南苏丹新任国民议会议长迈古克·伦迪艾尔致就职贺电。同月，王毅外长在纽约出席第68届联合国大会一般性辩论期间会见南苏丹外长本杰明。10月，王毅外长就南苏丹遭受全国性水灾向本杰明外长致慰问电，中国红十字会同时向南苏丹提供了人道主义援助。南苏丹冲突爆发后，中国通过红十字会国际委员会向南苏丹提供了紧急人道主义援助。中国政府非洲事务特别代表钟建华大使于4月、6月、8月、12月四次访问南苏丹，并于4月赴美国出席南苏丹经济伙伴论坛。

8月，中国新任驻南苏丹大使马强向南总统基尔递交国书。

两国经贸、文化、卫生等领域的交流与合作取得进展。经贸合作稳步发展，石油合作不断深化，中国企业积极投资南苏丹道路、水电、电信、医疗等基础设施项目。中国政府援建的伦拜克医院顺利竣工，中方还先后捐赠多批医疗设备、抗疟药品及太阳能电池和照明设备。两国还签署了续派援助南苏丹医疗队协议。

## 西班牙
## (Spain)

2013年是中华人民共和国与西班牙王国建交40周年，中西全面战略伙伴关系持续深入发展，各领域交流合作日益扩大。

两国高层交往密切，政治互信牢固。3月，国家主席胡锦涛与西班牙国王胡安·卡洛斯一世，国务院总理温家宝与西班牙首相马里亚诺·拉霍伊·布雷伊互致建交40周年贺电。3月，卡洛斯国王致电祝贺习近平当选国家主席。10月，习近平主席和卡洛斯国王互致国庆贺电。7月，西班牙众议长赫苏斯·玛丽亚·波萨达·莫雷诺访华，习近平主席、全国人大常委会委员长张德江分别会见、会谈。双方一致同意继续深化两国间友谊与合作，共同推动中西关系取得新的发展。全国政协副主席杜青林，全国政协副主席、科技部长万钢，全国人大常委会法制工作委员会主任李适时分别访问西班牙。

各级别人员对话与接触频繁。4月，西班牙外交与合作大臣何塞·曼努埃尔·加西亚–马加略访华，国家副主席李源潮会见，外交部长王毅与其举行会谈。财政部长楼继伟在美国会见西班牙经济与竞争力大臣路易斯·德金多斯·胡拉多。财政部副部长李勇、国家旅游局局长邵琪伟等访西。6月，西班牙工业能源和旅游大臣何塞·曼努埃尔·索里亚·洛佩斯来华出席中西论坛第七次会议及中西建交40周年招待会。2月，西班牙农业、食品和环境大臣米格尔·阿里亚斯·卡涅特出席中国与南欧六国农业合作圆桌会议。

两国贸易关系发展顺利，相互投资稳步增长。西班牙是中国在欧盟内第七大贸易伙伴，中国是西班牙在欧盟外最大贸易伙伴。

文化、教育、科技等领域交流合作日益扩大。两国以建交40周年为契机，互办近百场形式多样的文化展演，掀起中西人文交流热潮。5月，全国政协副主席、科技部长万钢访西期间与西方共同主持召开中西第七届政府间科技联委会。11月，西班牙教育、文化和体育大臣何塞·伊格纳西奥·维尔特·奥尔特加来华出席“2013中国国际教育年会”。

两军交往密切。中共中央军事委员会委员、中国人民解放军第二炮兵司令员魏凤和上将，中国人民解放军总后勤部副部长孙黄田中将分别访问西班牙，西班牙国防联合参谋长胡安·安东尼奥·卡拉斯科·胡安中将访华。

地方合作开展顺利，截至2013年年底，两国共结有24对友好省市。

# 斯里兰卡
(Sri Lanka)

2013年，中华人民共和国与斯里兰卡民主社会主义共和国建立战略合作伙伴关系，各领域务实合作取得新进展。

两国高层交往频繁。3月，斯里兰卡总统马欣达·拉贾帕克萨致信祝贺习近平就任国家主席。国家主席习近平同拉贾帕克萨总统通电话。9月，中共中央政治局常委、中央书记处书记刘云山访问斯里兰卡，分别会见拉贾帕克萨总统、贾亚拉特纳总理。3月，全国政协副主席罗富和访问斯里兰卡并出席汉班托塔国际机场启用仪式。10月，全国人大常委会副委员长、中国人民争取和平与裁军协会副会长严隽琪访问斯里兰卡。5月，拉贾帕克萨总统对中国进行国事访问，习近平主席、国务院总理李克强、国家副主席李源潮分别会见。双方发表《中华人民共和国与斯里兰卡民主社会主义共和国联合公报》，一致同意构建真诚互助、世代友好的战略合作伙伴关系，并签署经贸、农业、金融等领域十余项合作协议。6月，贾亚拉特纳总理来华出席首届中国—南亚博览会，国务院副总理马凯会见。8月，贾亚拉特纳总理来华出席第二届亚洲青年运动会闭幕式。

经贸合作成果丰硕。2013年，中斯双边贸易额36.21亿美元，同比增长14.3%。4月，中斯经贸联委会第五次会议在科伦坡举行。11月，第12届中国工程技术展览会在斯里兰卡举办。中国企业承建的汉班托塔国际机场、科伦坡港南集装箱码头、科伦坡机场高速公路等项目顺利完工。

人文、防务、海洋等领域合作进一步拓展。斯里兰卡多位部长访华或来华出席国际会议。中斯多个艺术团组相互访问演出。中国赴斯游客快速增长。云南省临沧市与斯里兰卡中部省加姆波勒市建立友好城市关系。5月，两国签署《中华全国青年联合会和斯里兰卡民主社会主义共和国青年事务和技能发展部青年交流与合作协议》。共青团中央与斯青年事务和技能发展部派团互访。11月，中国人民解放军副总参谋长王冠中中将访问斯里兰卡。海军副参谋长管建国少将赴斯出席第四届“高尔对话”国际海洋会议。斯国防与城市发展部常务秘书戈塔巴雅、海军司令科伦贝格访华。8月，中斯海洋领域合作联委会第一次会议在北京召开。

两国在重大问题上相互支持，在国际和地区事务中保持密切沟通与配合，在人权等领域开展良好合作。7月，外交部长王毅在出席第20届东盟地区论坛外长会期间会见斯里兰卡副外长佩雷拉。中方继续向斯提供力所能及的帮助。2013年年初，斯发生洪灾，中方向斯提供五万美元现汇援助。

## 苏 丹
## (Sudan)

2013年，中华人民共和国与苏丹共和国友好合作关系继续稳步向前发展，各领域务实合作稳步推进。

两国保持各层次友好交往。3月，苏丹总统奥马尔·哈桑·艾哈迈德·巴希尔向国家主席习近平、国务院总理李克强致就职贺电，苏第一副总统阿里·奥斯曼·塔哈向国家副主席李源潮致就职贺电，苏外交部长阿里·艾哈迈德·库尔提向外交部长王毅致就职贺电。1月，中国政府特使、外交部副部长翟隽在出席非盟第20届首脑会议期间会见苏外长库尔提。6月，李源潮副主席与苏全国大会党副主席、总统助理纳菲阿·阿里·纳菲阿在北京共同主持召开第二届中国—苏丹执政党高层对话。其间，中共中央政治局常委、中央书记处书记刘云山会见纳一行。12月，全国人大常委会委员长张德江致电苏新任国民议会议长法提赫·伊扎丁，祝贺其履新。同月，李源潮副主席向苏新任第一副总统巴克利·哈桑·萨利赫致就职贺电。中国政府非洲事务特别代表钟建华大使于4月、6月、7月、8月、12月六次访问苏丹。1月，苏达尔富尔地区权力机构主席铁贾尼·希西·阿提姆访华，外交部部长助理张明会见。4月，苏内阁事务部长艾哈迈德·萨阿德·欧麦尔访华。4月、7月，苏外长库尔提分别就中国四川芦山，甘肃岷县、漳县地震向王毅外长致慰问信。8月，苏外长库尔提访华，国务委员杨洁篪会见，王毅外长与库举行会谈。同月，中国红十字会就苏丹遭受水灾向苏方提供人道主义援助。

4月，苏新任驻华大使奥马尔·伊萨·艾哈迈德向习近平主席递交国书。

两国经贸合作稳步发展。中国继续保持苏丹最大贸易伙伴国地位。两国石油合作不断深化，“石油、信贷、工程”一揽子合作稳步推进，农业、矿业、加工制造业等领域合作进展顺利。9月，商务部国际贸易谈判代表兼副部长钟山率团访问苏丹。11月，商务部副部长李金早与苏财政和国民经济部长阿里·马哈茂德·阿卜杜拉苏勒在北京共同主持召开中苏第十届经贸联委会。同月，苏水资源和电力部长奥萨玛·阿卜杜拉·穆罕默德访华，国家发展和改革委员会副主任、国家能源局局长吴新雄会见，双方共同签署《中国和苏丹关于开展和平利用核能合作的协定》。苏矿业部长卡玛勒·阿卜杜拉提夫·阿卜杜拉希姆出席在天津召开的“2013中国国际矿业大会”。

两国文化、教育、卫生等领域的交流与合作顺利开展。8月，苏卫生部长巴哈尔·伊德里斯·阿布加尔达率团来华出席中非部长级卫生合作发展会议。

## 苏里南
## (Suriname)

2013年，中华人民共和国与苏里南共和国友好合作关系取得积极进展，各领域合作日益深化，在国际事务中相互支持与配合。

高层交往密切。6月，国家主席习近平访问特立尼达和多巴哥期间，同苏里南总统德西·鲍特瑟举行双边会晤。3月，鲍特瑟总统向新任国家主席习近平致贺函。6月下旬，鲍特瑟总统来华出席第二届世界和平论坛并访华，习近平主席、国家副主席李源潮分别会见，两国签署涵盖签证、农业、经济技术合作等领域多项协议。8月，苏农牧渔业部长亨德里克·塞特罗维焦约来华出席首届中国—拉丁美洲和加勒比农业部长论坛。11月，苏外交部长温斯顿·拉金非正式访华。

3月，中国新任驻苏里南大使杨子刚向苏总统鲍特瑟递交国书。

经贸合作深化，人文交流活跃。中国政府援苏里南第三期道路项目完工。低造价住房等项目有序推进。1月，“文化中国·四海同春”艺术团赴苏访问演出。10月，“文化中国”艺术团赴苏参加华人定居苏里南160周年庆典活动并演出。同月，苏国防部长政策顾问约翰尼·安东尼奥来华出席加勒比与南太平洋国家高级防务论坛。

## 瑞　典
## (Sweden)

2013年，中华人民共和国与瑞典王国关系稳定、深入发展。

两国高层保持交往。3月，瑞典国王卡尔十六世·古斯塔夫、首相弗雷德里克·赖因费尔特分别致信祝贺习近平当选国家主席，瑞典首相赖因费尔特致信祝贺李克强当选国务院总理。6月，全国政协主席俞正声对瑞典进行正式友好访问，分别与瑞国王卡尔十六世·古斯塔夫、议长佩尔·韦斯特贝里、外交大臣卡尔·比尔特会见、会谈。11月，卡尔十六世·古斯塔夫国王以世界童子军基金名誉主席身份访问香港。菲利普王子年内非正式访华。

12月，新任驻瑞典大使陈育明向卡尔十六世·古斯塔夫国王递交国书。

立法机构交流良好。瑞典议会对华友好协会主席肯特·海斯泰特访华，全国人大科教文卫委员会主任委员柳斌杰访瑞。

各层级人员密切往来。3月，外交部副部长宋涛与瑞典外交部国务秘书弗兰克·贝尔弗拉格在北京举行政治磋商。瑞农村事务大臣艾斯基尔·埃兰德松、工商大臣安妮·略夫、公共管理与住房事务大臣斯特芬·阿特法、财政大臣安德士·博里、信息技术与能源大臣安娜–卡琳·哈特等访华，水利部副部长胡四一、天津市人大常委副主任李亚力、山西省副省长杜善学等访瑞。

各领域务实合作深入发展。10月，瑞典银瑞达投资公司主席雅各布·瓦伦堡访华，全国政协主席俞正声在北京会见。两国互为在各自地区的最大贸易伙伴。投资合作取得新进展，中国东风集团与瑞典沃尔沃集团成立全球最大的商用车联盟。9月，第三次中瑞科技合作联委会在北京举行。11月，环保部与瑞典环境部在北京共同举办“中国瑞典环境日”。9月，中国气象局局长郑国光赴瑞出席政府间气候变化专门委员会会议。中国科学院院士秦大河获瑞典沃尔沃环境奖。两国签署《关于中瑞汽车可持续发展合作的行动计划》。

人文交流更加活跃。“中国节”等大型文化活动在斯德哥尔摩举办。11月，中国藏学家代表团访问瑞典，与瑞议会、政府官员、高校师生、华人媒体等各界代表进行交流，瑞典高等教育署署长拉尔斯·海库拉访华。军事交往不断增强，中国人民解放军副总参谋长孙建国海军上将与瑞典国防参谋长扬·萨勒斯兰德互访。

截至2013年年底，两国已缔结友好省份和友好城市26对。

# 瑞士

# (Switzerland)

2013年，中华人民共和国与瑞士联邦关系快速发展，各领域务实合作呈现良好局面。

两国高层交往密切。5月23～25日，国务院总理李克强正式访问瑞士，与瑞士联邦主席兼国防、民防和体育部长于利·毛雷尔会谈，瑞士联邦副主席兼外交部长迪迪埃·布尔克哈尔特、联邦委员兼经济部长约翰·施耐德-阿曼参加，双方就双边关系、各领域合作及共同关心的国际和地区问题交换意见。双方签署了《中华人民共和国国家发展和改革委员会和瑞士联邦瑞士发展合作署关于气候变化领域合作的谅解备忘录》、《关于在中瑞经贸联委会框架下建立钟表合作工作组的谅解备忘录》、《中华人民共和国政府和瑞士联邦政府关于开展促进可持续发展的中瑞管理培训项目谅解备忘录》、《中华人民共和国教育部和瑞士联邦经济、教育和研究部教育、研究和创新国务秘书处关于在教育领域开展全面合作的联合声明》等。2月16～20日，国务院副总理回良玉访问瑞士，分别与瑞士联邦主席兼国防部长毛雷尔、联邦副主席兼外长布尔克哈尔特、联邦委员兼经济部长施耐德-阿曼会见。5月7日，外交部副部长宋涛同瑞士外交部国务秘书伊夫·罗西尔举行中瑞外交部政治磋商。7月17～21日，瑞士联邦主席兼国防、民防和体育部长毛雷尔访华并出席生态文明贵阳国际论坛，国家主席习近平、李克强总理、国务院副总理张高丽、国务委员兼国防部长常万全上将分别会见。4月25日，瑞士联邦副主席兼外长布尔克哈尔特访华，国务院副总理汪洋会见，外交部长王毅与其会谈。5月30～31日，瑞士联邦委员兼环境、交通、能源和电信部长多丽丝·洛伊特哈德访华，国务委员杨洁篪会见。7月6日，瑞士联邦委员兼经济部长施耐德-阿曼访华，李克强总理会见。8月15～17日，联邦委员兼内政部长阿兰·贝尔塞访华并出席中国卫生论坛。

各领域务实合作实现新突破。7月6日，商务部长高虎城同瑞士联邦委员兼经济部长施耐德-阿曼在北京签署《中华人民共和国和瑞士联邦自由贸易协定》。12月，瑞士联邦议会国民院表决通过该协定。

双边对话和磋商机制运转顺畅。首次中瑞金融对话、第七次中瑞人权对话、第七轮中瑞领事（移民）对话举行，中瑞经济贸易联合委员会第22

次会议在苏黎世召开。

人文交流更加活跃。巴塞尔大学孔子学院正式揭牌，秦兵马俑展和巴塞尔中秋节等文化活动在瑞士引起热烈反响。广东省与苏黎世州、日内瓦市与北京市先后就缔结友好省州（市）达成协议。

6月27日，中国新任驻瑞士大使许镜湖向瑞士联邦主席毛雷尔递交国书。

## 叙利亚
## (Syria)

2013年，叙利亚局势加剧动荡。军事冲突持续不断，化学武器危机跌宕起伏，人道主义形势更趋严峻。中国坚持推动政治解决叙利亚问题，平衡做叙利亚政府和反对派劝和促谈工作，推动妥善解决叙利亚化学武器问题，明确发出反战促和的响亮声音。

9月27日，外交部长王毅在美国纽约联合国总部出席第68届联合国大会一般性辩论期间，会见叙利亚副总理兼外交部长瓦利德·穆阿利姆。12月，中国中东问题特使吴思科在巴林麦纳麦出席第九届“麦纳麦对话会”期间，会见“叙利亚反对派和革命力量全国联盟”主席事务负责人蒙泽尔·阿克比克。2月4～7日，叙利亚副外长费萨尔·米格达德访华。9月10～14日，叙利亚“全国对话联盟”代表团应中国人民外交学会邀请访华。

2013年，中国政府继续通过多种渠道，多批次地向叙利亚人民包括在黎巴嫩、约旦、土耳其等叙利亚邻国境内的叙利亚难民提供了新的人道主义援助。

## 塔吉克斯坦
## (Tajikistan)

2013年，中华人民共和国与塔吉克斯坦共和国正式建立战略伙伴关系，各领域合作稳步发展。

两国高层密切交往，政治互信进一步巩固。9月12日，上海合作组织比什凯克峰会期间，国家主席习近平同塔吉克斯坦总统埃莫马利·拉赫蒙举行双边会见，就建设和发展中塔战略伙伴关系作出重要规划。11月29日，上海合作组织成员国政府首脑（总理）理事会第12次会议期间，国务院总理李克强同塔吉克斯坦总理科希尔·拉苏尔佐达举行双边会见。4月29日，上海合作组织安全会议秘书第八次会议期间，国务委员兼公安部长郭声琨会见塔吉克斯坦安全会议秘书阿卜杜拉希姆·卡霍洛夫。7月，塔吉克斯坦国家安全委员会主席赛穆明·亚济莫夫访华，国务委员郭声琨会见。5月19～20日，塔吉克斯坦总统拉赫蒙对中国进行国事访问。其间，习近平主席、全国人大常委会委员长张德江、国务院副总理张高丽分别同拉赫蒙总统举行会谈、会见。两国元首签署《中华人民共和国和塔吉克斯坦共和国关于建立战略伙伴关系的联合宣言》，中塔关系实现战略升级。

两国务实合作快速发展，商定和实施了一批重点合作项目。双方就中国—中亚天然气管道D线过境塔吉克斯坦签署政府间协议。中国路桥公司承建的乔尔马扎克隧道竣工通车。新疆特变电工公司承建的杜尚别2号火电厂并网发电。

两国人文合作不断扩大。“中国文化日”活动在塔吉克斯坦成功举行。福建省厦门市与杜尚别市结为友好城市。

## 坦桑尼亚
## (Tanzania)

2013年，中华人民共和国与坦桑尼亚联合共和国友好合作关系进一步发展，各领域合作不断取得新成果。

双方高层交往密切，政治互信不断增强。3月，坦桑尼亚总统贾卡亚·姆里绍·基奎特致函祝贺习近平当选国家主席。4月，基奎特总统就四川芦山地震向习近平主席致慰问电。

3月24～25日，习近平主席对坦桑尼亚进行国事访问。访问期间，习近平主席与基奎特总统举行会谈，分别会见桑给巴尔总统阿里·穆罕默德·谢因和坦前总统本杰明·威廉·姆卡帕。两国一致同意构建和发展互利共赢的全面合作伙伴关系。双方共同发表了《中华人民共和国政府和坦桑尼亚联合共和国政府联合公报》，签署了贸易、金融投资、基础设施建设、文化等领域15项合作文件。习近平主席还在尼雷尔国际会议中心发表主题为《永远做可靠朋友和真诚伙伴》的演讲，阐述中国对非洲“真、实、亲、诚”的政策主张。

5月27日至6月2日，坦桑尼亚桑给巴尔总统谢因来华出席第二届中国（北京）国际服务贸易交易会暨全球服务论坛北京峰会并访问江苏、福建，习近平主席、国家副主席李源潮分别会见。10月16～25日，坦桑尼亚总理米曾戈·卡扬扎·彼得·平达来华出席第14届中国西部国际博览会并访问北京、广东，国务院总理李克强、副总理汪洋、全国人大常委会副委员长严隽琪分别会见。

两国政党、军事交往密切。中共中央对外联络部副部长艾平，国防部外事办公室主任钱利华少将、副主任胡昌明少将，以及中国海军第15批护航编队分别访问坦桑尼亚。坦桑尼亚革命党总书记阿卜杜拉曼·基纳纳、坦桑尼亚国防与国民服务部长沙姆西·武瓦伊·纳霍扎分别访华。

两国经贸合作成效显著。中国已成为坦桑尼亚第一大贸易伙伴和第二大外资来源国。双方签订《促进和相互保护投资协定》。姆特瓦拉—达累斯萨拉姆天然气输送管道项目开工建设，坦桑尼亚现代农业示范园项目进入设备安装阶段，60万千瓦发电站和巴加莫约港口及临港工业区等大型项目稳步推进。中国政府援建的尼雷尔国际会议中心正式移交，太阳能项目完工，外交部办公楼项目进展顺利。

两国人文领域交流与合作蓬勃开展。中国文化中心项目取得积极进展，多多马大学和达累斯萨拉姆大学新设两所孔子学院。第二批斯瓦希里语版中国电视剧在坦桑尼亚开播。中国文联、国家新闻出版广电总局、中非友协等代表团访坦。坦文化部长赴华出席首届中非文化产业圆桌会议。中国高等教育展在坦举办。

## 泰　国
## (Thailand)

2013年，中华人民共和国与泰王国全面战略合作伙伴关系持续深入发展。

双方高层互访频繁。10月，国务院总理李克强对泰国进行正式访问，会见泰国王室、政府和议会领导人，并同各界友好人士广泛接触。11月，全国政协副主席刘晓峰访泰。外交部长王毅5月访泰，8月赴泰出席中国—东盟高层论坛。4月、10月，泰国诗琳通公主两次访华，3月、9月、12月，朱拉蓬公主三次访华，并在华举办第六届“中泰一家亲”音乐歌舞晚会。9月，泰总理英拉来华出席第十届中国—东盟博览会。4月，泰国会主席兼下议院议长颂萨·杰素拉暖访华。1月，泰国会副主席兼上议长尼空·瓦拉帕尼正式访华。泰副总理包巴索·苏拉瓦蒂、副总理兼教育部长蓬贴·贴甘乍纳、副总理兼商业部长尼瓦塔隆·汶松派讪、副总理兼外交部长素拉蓬·都威乍猜军分别来华访问或与会。

双方各领域合作持续发展。两国政府发表《中泰关系发展远景规划》，双方有关部门签署了经贸、科技、教育、海洋、能源等多个领域的合作文件。双边贸易持续增长，中国是泰国第二大贸易伙伴，泰国是中国在东盟国家中第二大贸易伙伴。人文交往日益密切，各层级人员往来频繁。双方就开展新一轮大熊猫合作达成一致。四川芦山发生强烈地震后，泰政府向中国捐款约100万元人民币，诗琳通公主捐款20万元人民币。

两国在联合国、亚太经合组织、中国—东盟、东盟与中日韩、亚洲合作对话等国际和地区合作机制中保持密切配合。

## 东帝汶
## (Timor-Leste)

2013年，中华人民共和国与东帝汶民主共和国双边关系继续保持良好发展态势。

11月，国务院副总理汪洋在澳门会见来华出席中国—葡语国家经贸合作论坛第四届部长级会议的东帝汶副总理费尔南多·拉萨马·德阿劳若。

中国对东帝汶援助成效显著，各项目有序推进。中方积极帮助东帝汶提高能力建设，共为东帝汶培训112名政府公务员和技术人员。中国、美国、东帝汶三方农业合作取得积极进展。中国医疗队继续在当地提供医疗服务。

两国人文交流顺利推进。东帝汶—中国友好协会在东帝汶首都帝力成立。中国继续向东帝汶提供政府奖学金名额。

## 多　哥
## (Togo)

2013年，中华人民共和国与多哥共和国友好合作关系顺利发展，各领域务实合作稳步推进。

两国政治互信不断巩固。3月，多哥总统福雷·埃索齐姆纳·纳辛贝致函祝贺习近平当选国家主席，国民议会议长阿巴斯·邦福分别致函祝贺张德江和俞正声当选全国人大常委会委员长和全国政协主席，外交与合作国务部长埃利奥特·奥欣致函祝贺王毅就任外交部长。9月，张德江委员长致电祝贺达马·德拉马尼就任多哥国民议会议长，国务院总理李克强致电祝贺奎西·塞莱亚戈吉·阿胡梅-祖努连任总理，王毅外长致电祝贺罗贝尔·迪塞就任多哥外交与合作部长。

12月13日，中国新任驻多哥大使刘豫锡向福雷总统递交国书。

双边经贸合作富有成果。中国在中非合作论坛第四届部长级会议宣布的援非新八项举措框架下援助多哥的100眼水井项目于5月顺利移交，道关中学和太阳能照明项目于6月开工。8月，利用中国政府优惠贷款实施的索科地变电站项目开工。

卫生等领域交流合作取得新进展。8月，第21批中国援多哥医疗队员抵多哥工作。同月，多哥卫生部长孔迪·夏尔·阿巴来华出席中非部长级卫生合作发展会议。

## 汤　加
## (Tonga)

2013年是中华人民共和国与汤加王国建交15周年，两国关系保持良好发展势头。

两国高层及各级别交往密切。7月，汤加首相图伊瓦卡诺来华出席生态文明贵阳国际论坛2013年年会开幕式并访问北京、广东。在贵阳期间，国务院副总理张高丽会见。在北京期间，国务院总理李克强、外交部长王毅、商务部长高虎城和中国人民对外友好协会会长李小林分别会见。双方就中汤关系和各领域合作交换意见。8月，汤加副首相兼基础设施大臣瓦伊普卢访华。9月，汤加公主皮洛莱乌·图伊塔访华。11月，汤加首相图伊瓦卡诺来华出席在广州举办的第二届中国—太平洋岛国经济发展合作论坛并顺访深圳，国务院副总理汪洋会见。9月，中国—太平洋岛国论坛对话会特使李强民在马绍尔群岛首都马朱罗出席第25届太平洋岛国论坛会后对话会期间会见汤加首相图伊瓦卡诺。

两国经贸、军事、文化等领域交流与合作稳步发展。中方援助汤加的新舟60飞机顺利交接并投入运营，示范生态农场第二期技术合作项目圆满完成。5月，中国国际贸易促进委员会副会长王锦珍访汤并举办中国—汤加投资研讨会。8月，中国人民解放军总政治部副主任吴昌德上将率军事代表团访问汤加。两国围绕建交15周年举行一系列庆祝活动。10月底11月初，深圳艺术团赴汤加访问演出。

## 特立尼达和多巴哥
## (Trinidad and Tobago)

2013年，中华人民共和国与特立尼达和多巴哥共和国各领域务实合作取得积极进展，两国关系迈上新台阶。

两国政治互信不断增强。5月31日至6月2日，国家主席习近平对特立尼达和多巴哥进行国事访问。此系中国同英语加勒比国家开启外交关系41年来，中国国家主席首次到访该地区。其间，习近平主席会见特多总统安东尼·托马斯·阿基纳·卡莫纳，同特多总理卡姆拉·佩萨德－比塞萨尔举行会谈、共同见证签署三份合作文件、会见记者并出席中国公司承建的库瓦儿童医院项目动工揭牌仪式，集体会见特多参议长蒂莫西·哈梅尔－史密斯和众议长韦德·马克。

在特立尼达和多巴哥首都西班牙港，习近平主席还分别会见了苏里南总统德西·鲍特瑟、圭亚那总统唐纳德·拉莫塔、多米尼克总理罗斯福·斯凯里特、安提瓜和巴布达总理鲍德温·斯潘塞、巴巴多斯总理弗罗因德尔·斯图亚特、牙买加总理波西娅·辛普森－米勒、巴哈马总理佩里·克里斯蒂和格林纳达总理基思·米切尔，并为加勒比建交国领导人举行集体午宴，就深化双边经贸、新能源、教育、卫生、农业、旅游、航空、人文及国际地区事务合作等广泛深入交换了意见。习近平主席表示，中方将坚定不移致力于同加勒比国家在相互尊重的基础上发展平等互利、共同发展的全面合作伙伴关系。中方愿在积极推动落实第三届中国—加勒比经贸合作论坛举措基础上，加大对加勒比国家经济发展支持力度，向加勒比友好国家提供15亿美元优惠性质贷款和15亿美元基础设施建设专项贷款。今后三年，中方还将同加方合作建设一到两个农业技术示范中心，向加勒比派遣100名医疗队员，为加方培养100名在职研究生并提供1000个政府奖学金名额。加勒比国家领导人盛赞加中友谊，感谢中方长期以来对加勒比国家经济社会发展提供的大力支持，对中方宣布的中加合作新举措表示欢迎，愿同中方继续深化互信、加强合作、共同发展。

2月，习近平主席致函祝贺卡莫纳当选总统。

3月，特立尼达和多巴哥领导人分别致函祝贺习近平就任国家主席、李克强就任国务院总理、张德江就任全国人大常委会委员长。6月，特多农业部国务部长杰拉姆·西芒盖尔来华出席首届中国—拉丁美洲和加勒比农业部长论坛。

5月，中国新任驻特立尼达和多巴哥大使黄星原向卡莫纳总统递交国书。

两国经贸合作稳步发展。双边贸易稳中有升，各类承包工程和劳务合作顺利开展。4月，商务部国际贸易谈判代表兼副部长钟山访问特立尼达和多巴哥。7月，国家能源局代表团访问特立尼达和多巴哥。10月，中国援特多集装箱检测设备举行对外合同签字仪式。

两国文教、军事和地方交流亮点频呈。10月，特立尼达和多巴哥首所孔子学院在西印度大学特多圣奥古斯丁分校正式挂牌。“文化中国·四海同春”艺术团、浙江婺剧团和佛山鸿胜馆舞狮队先后赴特多访问演出。首届中国电影周和“美丽中国”摄影展在特多掀起“中国热”。6月和8月，广州侨办代表团和佛山市政府代表团分别到访特多。9月，特多文化部长率特多国家钢鼓乐队来华参加“第九届国际民间艺术节”。10月，特多高级军官来华出席加勒比与南太平洋国家高级防务论坛。

## 突尼斯
## (Tunisia)

2013年，中华人民共和国与突尼斯共和国友好关系继续稳步发展。

两国政治往来进一步加强。3月，突尼斯总统蒙塞夫·马尔祖基向国家主席习近平致就职贺信，突总理阿里·拉哈耶德向国务院总理李克强致就职贺信，突外交部长奥斯曼·贾兰迪向外交部长王毅致就职贺信。4月，突总统马尔祖基就四川芦山地震向习近平主席致慰问信。6月，宁夏回族自治区政协副主席洪洋访突。9月，外交部外交政策咨询委员会委员吉佩定访突。

双边经贸、文化、卫生等领域的交流与合作取得进展。双边贸易额持续增长。5月，国家卫生和计划生育委员会副主任马晓伟访突。8月，农业部副部长牛盾访突，双方签署了《中华人民共和国农业部与突尼斯共和国农业部关于渔业领域合作与交流计划（2014～2015）》。9月，突尼斯总理府经济事务部长里达·赛伊迪和工业部长迈赫迪·朱玛来华出席第七届夏季达沃斯论坛。10月，中国驻突尼斯使馆与突文化部联合举办“中国电影周”。

## 土耳其
## (Turkey)

2013年，中华人民共和国与土耳其共和国关系继续保持稳健发展势头。

两国高层交往密切，双方政治互信进一步增强。9月，国家主席习近平在二十国集团圣彼得堡峰会期间会见土耳其总理雷杰普·塔伊普·埃尔多安；国务院总理李克强在大连会见来华出席夏季达沃斯论坛的土耳其副总理阿里·巴巴詹。6月，全国政协副主席、中国人民争取和平与裁军协会会长韩启德率团访问土耳其。10月，中共中央政治局委员、中央书记处书记、中共中央宣传部部长刘奇葆率团访问土耳其，土耳其总统阿卜杜拉·居尔会见。

双方保持各层级、多领域交流。7月，外交部长王毅在出席东盟地区论坛外长会期间会见土耳其外交部长阿赫迈特·达乌特奥卢。此外，中共友好代表团、中共青年政治家代表团等先后访土。土耳其最高法院院长阿里·奥坎、武装部队副总参谋长胡卢斯·阿卡尔上将、文化旅游部长奥迈尔·切利克、农业部长迈赫迈特·迈赫迪·埃克尔、宗教部长迈赫迈特·居尔迈茨、大国民议会外事委员会主席沃尔坎·博兹克尔、国家人事委员会主席迈赫迈特·阿里·库姆布兹奥卢等分别访华。

务实合作取得新进展。中铁建公司承建的安卡拉至伊斯坦布尔高铁二期工程全线贯通。天辰公司中标土卡赞天然碱项目，南车公司安卡拉地铁机车项目进入交付阶段，两国经贸合作向深度合作方向发展。

人文交流高潮迭起。伊斯坦布尔国际书展中国主宾国活动、新疆维吾尔自治区艺术团参加土“纳吾鲁孜节”庆祝活动在土引起热烈反响，有力增进了两国人民的相互理解和友谊。“土耳其文化年”、“土耳其伊斯兰文化展演”有关活动在华成功举行。中国社会科学院、中国科学院、现代国际关系研究院、国务院参事室、当代世界研究中心等访土团组与当地知名智库及学者深入交流，取得良好效果。

此外，两国在联合国、二十国集团和亚洲相互协作与信任措施会议等多边框架内均保持良好合作。

# 土库曼斯坦
(Turkmenistan)

2013年，中华人民共和国与土库曼斯坦建立战略伙伴关系，各领域合作取得系列重要成果。

两国高层交往密切。9月3～4日，国家主席习近平对土库曼斯坦进行首次国事访问，并同土库曼斯坦总统库尔班古力·别尔德穆哈梅多夫举行会谈，就两国关系、双边务实合作以及共同关心的国际和地区问题深入交换意见。两国元首签署了《中华人民共和国和土库曼斯坦关于建立战略伙伴关系的联合宣言》，并见证双方有关部门、企业签署外交、经济、能源、金融、教育、人文和地方合作等12份文件。习近平主席和别尔德穆哈梅多夫总统共同前往马雷市出席"复兴气田"投产仪式。7月18日，外交部长王毅访土，分别同土总统别尔德穆哈梅多夫、副总理兼外交部长拉希德·梅列多夫举行会见、会谈。11月13日，土国防部长别坚齐·贡多格德耶夫访华，同中央军委副主席范长龙上将会见，同国务委员兼国防部长常万全上将举行会谈。

两国经贸合作全面发展，双边贸易往来频繁，能源领域合作进一步加强。中国成为土库曼斯坦第一大贸易伙伴国和天然气出口市场。11月14～15日，商务部国际贸易谈判代表钟山率中国经贸代表团访土，同土方举行中土合作委员会经贸合作分委会第二次会议。12月3日，国家发展和改革委员会副主任、国家能源局局长吴新雄访土，与土方召开中土能源合作分委会第三次会议。

两国人文合作呈现良好发展势头。中国西安市和土库曼斯坦马雷市签署发展友好合作关系协议，"中国文化日"在土成功举行，两国教育部和知名高校签署合作备忘录。文化部组织儿童艺术团赴土参加"阿瓦扎—友谊之滨"国际儿童艺术节。

## 乌干达
(Uganda)

2013年，中华人民共和国与乌干达共和国友好合作关系快速发展，各领域合作成果丰硕。

两国高层交往频繁。乌干达总统约韦里·卡古塔·穆塞韦尼致电祝贺习近平当选国家主席、分别就中国四川和甘肃发生地震灾害向习近平主席致电慰问。3月28日，国家主席习近平在南非德班出席金砖国家领导人第五次会晤期间会见穆塞韦尼总统。9月16～17日，全国人大常委会委员长张德江对乌干达进行正式友好访问，会见穆塞韦尼总统和总理阿马马·姆巴巴齐，与乌议长丽贝卡·阿利图瓦拉·卡达加举行会谈，就深化中乌友好合作、加强两国立法机关交流合作深入交换意见。双方签署了中国全国人大和乌干达议会关于建立议会合作的谅解备忘录。6月30日至7月6日，乌干达执政党全国抵抗运动总书记、政府总理姆巴巴齐访华，国务院总理李克强和国家副主席李源潮分别会见。

两国经贸合作继续深化。由中国企业承建的卡鲁玛水电站和伊辛巴水电站项目正式开工。中国海洋石油总公司获得乌干达政府颁发的石油开发生产许可证。

两国人文领域交流合作更趋密切。2月，乌干达中非友好协会正式成立。8月，中国第16批援助乌干达医疗队员抵乌开始工作。11月，中国—东非共同体国家省市长对话会在乌干达首都坎帕拉成功举行。2013年，中国共向乌干达提供43个奖学金名额。上海艺术团和辽宁省侨联艺术团先后赴乌干达访问演出。

## 乌克兰
(Ukraine)

2013年，中华人民共和国与乌克兰战略伙伴关系健康稳定发展，中乌政府间合作委员会有效运转，各领域互利合作成果显著。

中乌高层保持密切接触，政治互信增强。12月3～6日，乌克兰总统维克多·亚努科维奇对中国进行国事访问，国家主席习近平、国务院总理李克强、全国人大常委会委员长张德江分别同其举行会谈、会见，就推进中乌战略伙伴关系发展、深化务实合作和人文交流深入交换意见，两国元首共同签署《中乌友好合作条约》、《中乌关于进一步深化战略伙伴关系的联合声明》，宣布批准《中乌战略伙伴关系发展规划（2014～2018年）》。9月24～26日，乌第一副总理谢尔盖·阿尔布佐夫来华与国务院副总理马凯共同主持召开中乌政府间合作委员会第二次会议并出席2013年欧亚经济论坛开幕式，中共中央政治局常委、中央书记处书记刘云山，国务院副总理汪洋分别同其会见，就中乌关系、务实合作等交换意见。1月13～16日，国务委员兼国防部长梁光烈上将访乌，分别同乌总统亚努科维奇、总理尼古拉·阿扎罗夫、国防部长巴维尔·列别杰夫会见、会谈，就中乌关系、两军合作等问题交换意见。5月21～24日，中共中央政治局委员、中央军委副主席许其亮空军上将访乌，分别同乌总统亚努科维奇，总理阿扎罗夫，国防部长列别杰夫会见、会谈，就中乌关系、两军交往、军技合作等交换意见。9月5～8日，中共中央政治局常委、中央书记处书记刘云山访乌，分别同乌总统亚努科维奇，乌地区党主席、总理阿扎罗夫，乌共产党中央第一书记彼得·西蒙年科会见、会谈，就中乌关系、务实合作、人文交流及党际合作等交换意见。

两国部门间交流活跃，合作机制进一步完善。5月23～26日，商务部国际贸易谈判代表兼副部长钟山访乌，举行中乌政府间合作委员会经贸分委会第二次会议。6月19～21日，人力资源和社会保障部副部长何宪访乌。8月6～8日，国务院新闻办公室副主任李伍峰访乌。8月12～16日，中国人民解放军总装备部科技委员会主任兼总装备部副部长李安东上将访乌。9月9～11日，工业与信息化部副部长、国家航天局局长马兴瑞访乌。6月16～23日，乌最高法院副院长阿纳托利·亚列马访华。

两国党际交往活跃。9月22～25日，中共中央宣传部副部长吴恒权访乌。6月9～20日，乌共产党代表团访华，同中方就治国理政、经济改革等交换意见。

中乌经贸合作保持恢复性增长势头。大项目投融资、基础设施建设成为双方合作的主要方向，基辅鲍利斯波尔机场轻轨项目、中乌农业合作项目有序推进。

两国地方交往积极。4月22日，广东省副省长陈云贤访乌。8月20～22日，北京市副市长陈刚访乌。10月20～22日，广东省政协主席朱明国访乌。10月27～29日，湖北省副省长张通访乌。全年两国地方互访团组达十余个。

## 阿拉伯联合酋长国
## (United Arab Emirates)

2013年，中华人民共和国与阿拉伯联合酋长国关系继续保持良好发展势头，各领域互利合作日益深入。

两国各层次、各领域交往密切。3月，阿联酋总统哈利法·本·扎耶德·阿勒纳哈扬和阿布扎比王储穆罕默德·本·扎耶德·阿勒纳哈扬分别致电祝贺习近平当选国家主席，阿联酋副总统兼总理、迪拜酋长穆罕默德·本·拉希德·阿勒马克图姆致电祝贺李克强当选国务院总理。阿联酋联邦国民议会议长穆罕默德·艾哈迈德·莫尔访华，全国人大常委会委员长张德江同其举行会谈。9月，阿联酋经济部长苏尔坦·本·赛义德·曼苏里来华出席在宁夏举行的2013年中国—阿拉伯国家博览会。此外，两国在国际和地区事务中保持良好沟通协调。

两国经贸、能源、金融等领域合作稳步推进。阿联酋继续保持中国在西亚北非地区第二大贸易伙伴和最大出口国地位。中国建设银行、农业银行在阿联酋开设分支机构。

两国在文化、教育、航空、旅游等领域交流日趋活跃。阿联酋民众学习、了解中国文化的兴趣日益浓厚，两所孔子学院和阿布扎比中文学校学生数量持续增长。阿联酋王储办公厅“青年大使”项目组织阿青年精英来华参观访问。两国新增多条客货运航线。中国赴阿游客数量保持增长，已成为阿联酋主要游客来源国之一。

## 英　国
## (United Kingdom)

2013年，中华人民共和国与大不列颠及北爱尔兰联合王国关系经历曲折后恢复正常，重拾发展势头。

政治往来逐步恢复。9月，国家主席习近平在二十国集团圣彼得堡峰会期间同英国首相戴维·卡梅伦寒暄。6月，外交部长王毅与英外交大臣威廉·黑格通电话。3月，英国女王伊丽莎白二世、首相卡梅伦、副首相尼克·克莱格、外交大臣黑格分别向国家主席习近平、国务院总理李克强、国务院副总理张高丽、国务委员杨洁篪、王毅外长致就职贺信或贺电。李克强总理应约同卡梅伦首相通电话。5月，卡梅伦首相在议会公开重申，英国尊重中国的主权和领土完整，承认西藏是中国的一部分，不支持“西藏独立”。10月，英国财政大臣乔治·奥斯本访华，同国务院副总理马凯共同主持第五次中英经济财金对话。12月，卡梅伦首相访华，同李克强总理举行两国总理年度会晤，双方一致同意在相互尊重、照顾彼此重大关切基础上推进中英全面战略伙伴关系。

务实合作进一步深化和扩大。中国是英国在欧盟外的第二大贸易伙伴和第四大投资目的地国，英国是中国在欧盟内的第三大贸易伙伴和第二大实际投资来源地。双边货物贸易持续增长，中国企业对英直接投资快速增加。两国签署关于加强双边投资合作和加强民用核能领域合作的谅解备忘录。两国央行签署规模为2000亿元人民币的双边本币互换协议，伦敦成为除香港外最大人民币境外交易市场。双方签署关于研究创新合作的谅解备忘录，同意各出资一亿英镑建立联合科学创新基金。

人文交流充满活力。双方签署2013～2018年文化交流计划。“欢乐春节”继续在英国举办，这是海外最大规模春节庆祝活动。中国艺术团体继续积极参与爱丁堡艺术节。汉语被列为英格兰公立小学三年级以上必修外语中唯一一门备选亚洲语种。孔子学院、孔子课堂建设力度进一步加大，留学人员双向交流规模不断攀升。英国启动“英国未来计划”，今后三年将支持1.5万名英国青年到中国学习、实习。英国成为中国第二大科学合作伙伴。中英在科技、卫生、气候变化、可持续城市、人员交往、野生动物保护等领域合作势头良好。

两国保持军事交往。12月，英国海军导弹驱逐舰“勇敢”号访问上海。

两国地方交往深入开展。截至2013年年底，两国已缔结友好城市（省、郡、区）49对。

中英在国际事务中保持磋商与协调。两国在联合国、二十国集团等框架内就气候变化、防扩散、国际发展、网络安全、非洲事务等问题保持密切沟通。

# 美　国
## (United States of America)

2013年，中华人民共和国与美利坚合众国关系总体保持积极稳定发展。

两国高层和各级别交往密切。两国元首2次会晤、1次通话、14次通信，就中美关系及共同关心的问题保持密切沟通。3月14日，国家主席习近平就任当天即应约同美国总统奥巴马通电话。6月7～8日，习近平主席同奥巴马总统在美国加利福尼亚州安纳伯格庄园举行了历史性、建设性、战略性的会晤，就共同努力构建中美新型大国关系达成重要共识，指明了两国关系未来发展方向。9月6日，习近平主席同奥巴马总统在二十国集团圣彼得堡峰会期间举行会晤。10月10日，国务院总理李克强在东亚领导人系列会议期间会见美国国务卿克里。

12月4～5日，美国副总统拜登正式访华。习近平主席同拜登举行会谈，李克强总理会见拜登，国家副主席李源潮会见拜登并为其举行欢迎仪式和午宴，双方就中美关系和共同关心的重大问题坦诚、深入交换了意见。美国国务卿克里、财政部长雅各布·卢、总统国家安全事务助理多尼隆、参谋长联席会议主席邓普西、常务副国务卿伯恩斯、助理国务卿拉塞尔等分别访华。

两国机制性对话磋商频繁。11月21日，第四轮中美人文交流高层磋商在华盛顿举行，国务院副总理刘延东与美国国务卿克里共同主持磋商，共取得75项成果，是历史上对话成果最多的一次。7月10～11日，国务院副总理汪洋、国务委员杨洁篪作为国家主席习近平特别代表在华盛顿与美国总统奥巴马特别代表国务卿克里、财政部长雅各布·卢共同主持第五轮中美战略与经济对话。对话共取得178项成果，是历史上对话成果最多的一次。双方在战略对话框架下举行了第三次中美战略安全对话，外交部副部长张业遂和美国常务副国务卿伯恩斯共同主持。双方还建立了气候变化工作组和网络工作组，并成功举行首次会议，达成多项合作意向。12月19～20日，第24届中美商贸联委会在北京举行，汪洋副总理与美国商务部长普利兹克、贸易代表弗罗曼共同主持，美国农业部长维尔萨克出席。中方成果清单共76项成果，创历史新高。

8月16～20日，国务委员兼国防部长常万全上将访美。

4月13日，杨洁篪国务委员在北京会见美国国务卿克里。7月12日，杨洁篪国务委员在华盛顿会见美国总统国家安全事务助理赖斯。

7月2日，外交部长王毅在出席东亚系列外长会期间会见美国国务卿克里。9月19～27日，外交部长王毅访问美国并出席第68届联合国大会一般性辩论，其间与美国副总统拜登、国务卿克里、国防部长哈格尔、总统国家安全事务助理赖斯等举行会见。

两国立法机构交流稳定发展。6月，全国人大外事委员会主任委员傅莹访美。美国全年共9批32名议员、17批200多名议员助手访华。1月，众院“美中工作小组”共同主席拉森、众院外委会主席罗伊斯、首席成员恩格尔访华。3月，参院外委会首席成员科克访华。5月，参院外委会亚太小组委主席卡丁访华。8月，参院外委会主席梅南德斯、参议员麦凯恩、众院国会非洲裔议员小组代表团访华。

中美经贸合作保持积极发展势头，两国在人文、能源、环境、农业、卫生、交通、反恐、执法等领域的交流合作不断深化，两军关系持续改善和发展。

2013年，中美贸易保持较快增长势头。双边贸易额达到5210亿美元，同比增长7.5%，相互投资存量超过1000亿美元，均创历史记录。中美互为第二大贸易伙伴，美国是中国第一大出口市场和第五大进口来源地，中国是美国第三大出口市场和第一大进口来源地。

中美双边投资保持平稳较快发展。2013年1～12月，中国企业在美累计非金融类直接投资42.3亿美元，同比增长15.9%，美对华投资项目累计63233个，实际投入727.8亿美元，美国是中国外资最大来源地之一。

美国国内贸易保护主义有所上升。目前，美正在进行的对华贸易救济调查有10起，均为2013年发起，包括4起“双反”调查、1起反倾销调查和1起反补贴调查，涉案总金额约为2亿美元。

中美在教育、科技、文化、交通、环保、体育、卫生等领域交流合作密切深入。1月，科技部长万钢与美国能源部长朱棣文在华盛顿共同主持第五次中美清洁能源联合研究中心指导委员会会议，并会见美国卫生与公众服务部长西贝利厄斯。4月，第二届中美省州教育厅长对话在美国哈佛大学举行。6月，农业部长韩长赋与美国农业部长维尔萨克通电话，就转基因生物安全、农产品贸易等交换意见。美国农业部副部长沃泰奇访华。7月，第三届中美环保产业论坛在北京举行。第四次中美创新对话在美国华盛顿举行。科技部长万钢在华盛顿与美国能源部长莫尼兹举行会谈。农业部副部长牛盾在华盛顿出席第五轮中美战略与经济对话期间，与美国农业部代理副部长维特共同主持中美农业联委会第五次会议，并会见美农业部副部长沃泰奇。10月，中美交通论坛第六次会议在美国芝加哥举行，交通运输部副部长高宏峰和美国联邦运输部副部长波加利率团出席。11月，第四轮中美人文交流高层磋商在美国华盛顿成功举行，刘延东副总理赴美与美国务卿克里共同主持磋商。其间，国家卫生和计划生育委员会与美国卫生与公众服务部签署《关于延长并修订医学及公共卫生科学技术领域合作议定书》。文化部与美国亨廷顿图书馆在美国洛杉矶联合举办“跨越太平洋——中美文化产业对话”。12月，中美环境合作联委会第四次会议在北京召开，环保部长周生贤与美国环保署署长麦卡锡共同出席会议。农业部长韩长赋在北京会见美国农业部长维尔萨克，并共同出席第24届中美商贸联委会。

2013年，中美两军关系持续改善，面临进一步发展机遇。6月，习近平主席在安纳伯格庄园与奥巴马总统会晤期间，两国元首就积极构建与中美新型大国关系相适应的新型军事关系达成共识，为两军关系发展指明方向。3月、5月，中国人名解放军总参谋长房峰辉上将应约与美军参联会主席邓普西上将通话。4月，国务委员兼国防部长常万全上将应约与美国国防部长哈格尔通话。4月21～25日，邓普西访华，习近平主席、中央军委副主席范长龙上将、总参谋长房峰辉上将、国务委员兼国防部长常万全上将分别会见。8月，国务委员兼国防部长常万全上将成功访美，与美国国防部长哈格尔就构建中美新型军事关系进行探讨，取得积极成果。9月，海军司令员吴胜利上将访美，中国人民解放军副总参谋长王冠中中将与美国防部副部长米勒在北京共同主持第14次中美国防部防务磋商。同月，两国海军在亚丁湾进行反海盗联合演练。11月，两军在夏威夷举行人道主义救援减灾首次实兵联合演练。12月，第九次中美国防部工作会晤在北京举行。此外，两军还按计划在国防院校、军舰互访、军事档案、反海盗等领域开展了务实交流与合作，并举行了中美海上军事安全磋商机制年度会晤和小组会议。

两国执法合作保持良好发展势头，双方执法部门各级别交流合作密切。7月3日，中央政治局委员、中央政法委书记孟建柱在俄罗斯符拉迪沃斯托克出席第四届安全事务高级代表国际会议期间，会见美国国土安全部部长纳波利塔诺，就中美关系、两国执法安全交流与合作等交换意见。双方同意年内建立部级年度会晤机制，并就反恐、打击网络犯罪等合作事项达成共识。11月13～14日，中美执法合作联合联络小组（JLG）第11次会议在美国首都华盛顿举行，深入讨论了双方关注的执法和司法合作问题，并就2014年重点合作领域和具体工作作出规划。双方决定进一步完善JLG工作机制，总结和创新合作方式，在追逃追赃、禁毒、打击网络犯罪和侵犯知识产权犯罪等领域继续加强合作，取得更大成果。

双方在重大国际地区和全球性问题上保持着密切沟通协调，中美关系的战略意义和全球影响进一步上升。

中美共同努力，推动朝鲜半岛局势总体稳定，促使叙利亚化学武器问题“软着陆”，推动伊朗核问题谈判取得积极进展。双方在阿富汗、南北苏丹、中东等问题上的沟通协调也富有成效。同时，中美加强在联合国、二十国集团、亚太经合组织、东亚峰会等多边框架内的合作，就金融危机、气候变化、网络安全等全球性挑战保持对话协调，共同维护和促进世界的和平、稳定与繁荣。

中美关系中的台湾、涉藏、涉疆、经贸、人权、宗教等问题仍较突出。

奥巴马政府多次重申坚持一个中国政策，恪守中美三个联合公报，支持两岸关系和平发展。但同时，美方继续与台湾发展官方往来和军事联系，提升美台实质关系。2013年，美允许台湾地区领导人马英九“过境”，“立法院长”王金平、“外长”林永乐、“文化部长”龙应台、“法务部长”曾勇夫、民进党主席苏贞昌、国民党副主席蒋孝严等访美，允许台“侨委会委员长”陈士魁，“劳委会主委”潘世伟，“国防部副部长”杨念祖、严德发，台“经济部次长”卓士昭等赴美活动。美方还派美国副贸易代表马兰蒂斯、参院外委会主席梅南德斯等访台，并与台在美举行“防务工业会议”、“国安高层对话”等活动。美方不顾中方反对，执意与台签署新“特权、免税暨豁免协定”，重启美台“贸易暨投资框架协定”。美国会通过“关于要求国务卿制定行动计划使台湾获得三年一度国际民航组织大会观察员地位”议案，提出多项涉美台官方往来、售台F-16C/D战斗机和“佩里”级导弹护卫舰议案或修正案。

中国政府对美方的错误行径进行了坚决斗争，敦促美方认清台湾问题的高度敏感性，恪守一个中国政策和中美三个联合公报，停止美台官方往来和军事联系，停止售台武器，以实际行动支持两岸关系和平发展。美方多次公开重申美国坚持一个中国政策，尊重中国主权和领土完整，乐见两岸关系不断改善和发展，不支持“台湾独立”。

达赖先后于5月、10月，“首席噶伦”洛桑孙根于4月、5月、8月、11月到美国窜访。5月，美国国务院发表2012年度“国际宗教自由报告”，对中国宗教状况和宗教政策进行无端指责，并对藏人自焚等问题说三道四。新疆巴楚、鄯善、莎车先后发生“4·23”、“6·26”、“12·30”暴力恐怖袭击案件后，美国国务院发言人对中国民族宗教政策妄加指责。中方从维护国家主权、安全和利益出发，对美方错误行径进行了坚决斗争，要求美方摒弃“双重标准”，纠正错误做法，以免损害中美反恐合作。

4月19日，美国国务院发布年度“国别人权报告”，涉华部分继续无端指责中国人权状况。美国国际宗教自由委员会和美国国务院分别于4月30

日和5月20日发表年度“国际宗教自由报告”，美国国务卿克里、国务院国际宗教自由无任所大使库克就有关报告回答记者提问，继续对中国宗教政策和宗教自由状况进行指责。美国继续通过双边接触和其他场合就人权问题向中国表达关切。12月10日“世界人权日”前夕，美国国务卿克里、驻华大使骆家辉等分别就人权问题发表声明，干涉中国内政。中方就美方上述错误言行提出了严正交涉。

## 乌拉圭
## (Uruguay)

2013年是中华人民共和国与乌拉圭东岸共和国建交25周年，两国关系全面快速发展。

两国高层交往密切。5月，乌拉圭总统何塞·阿尔韦托·穆希卡·科尔达诺对中国进行工作访问，国家主席习近平、全国人大常委会委员长张德江分别会谈、会见，两国领导人就增进中乌传统友谊、进一步深化各领域交流合作深入交换意见，达成重要共识。双方签署经贸、教育、信息通讯等六项合作文件。

两国各领域交流频繁。第17次中乌经贸混委会在乌拉圭举行。乌牧农渔业部长塔瓦雷·阿格雷来华出席中拉农业合作论坛。中国人民解放军南京军区政委郑卫平中将率军事友好代表团访乌。

两国经贸合作稳步发展。双边贸易保持增长势头，中国成为乌拉圭第一大贸易伙伴和乌羊毛、大豆、牛肉最大进口国。吉利汽车乌组装厂首辆汽车成功下线。

## 乌兹别克斯坦
## (Uzbekistan)

2013年是中华人民共和国与乌兹别克斯坦共和国建立战略伙伴关系后的开局之年，两国关系发展迈入第三个十年的崭新阶段。

两国高层交往密切。9月8～10日，国家主席习近平对乌兹别克斯坦进行国事访问，同乌总统伊斯拉姆·卡里莫夫举行会谈，并在卡里莫夫总统陪同下赴乌历史文化名城撒马尔罕参观访问。两国元首签署并发表《中华人民共和国和乌兹别克斯坦共和国关于进一步发展和深化战略伙伴关系的联合宣言》，签署《中华人民共和国和乌兹别克斯坦共和国友好合作条约》，见证签署中国—中亚天然气管道D线过境政府间协议、关于在撒马尔罕合作设立孔子学院的协议、关于相互提供使馆馆舍和土地的谅解备忘录等九份文件。11月28～29日，国务院总理李克强赴乌出席上海合作组织成员国政府首脑（总理）理事会第12次会议，分别与乌总统卡里莫夫、总理沙夫卡特·米尔济约耶夫举行会见、会谈。10月30～31日，中央政治局委员、中央政法委书记孟建柱赴乌举行中乌政府间合作委员会第二次会议，分别同乌总统卡里莫夫、第一副总理兼财政部长鲁斯塔姆·阿济莫夫举行会见、会谈。4月29日，上海合作组织安全会议秘书第八次会议期间，国务委员兼公安部长郭声琨会见乌安全会议秘书巴霍基尔·塔什马托夫。9月22日，中央军委副主席范长龙上将、国务委员兼国防部长常万全上将分别与来华进行正式访问的乌国防部长卡布尔·别尔季耶夫举行会见、会谈。

两国务实合作快速发展。中国已成为乌第二大贸易伙伴和第一大投资国。双方成功举行中乌政府间合作委员会第二次会议，增设农业合作分委会并举行首次会议。中国—中亚天然气管道C线乌境内段进入收尾阶段。双方签署中乌天然气管道D线政府间协议。纯碱厂、钾肥厂、电站改造等重大项目进展顺利。

两国地方交流和人文合作更加活跃。陕西省西安市与乌撒马尔罕州撒马尔罕市建立友好城市关系。第二所孔子学院即将在撒马尔罕市落户。乌世界语言大学设立汉语文化中心。

## 瓦努阿图
## (Vanuatu)

2013年，中华人民共和国与瓦努阿图共和国友好关系继续发展。

双方高层交往密切。9月，瓦努阿图总理莫阿纳·卡凯塞斯赴宁夏银川出席首届中国—阿拉伯国家博览会，全国政协主席俞正声会见。11月，卡凯塞斯总理赴广州出席第二届中国—太平洋岛国经济发展合作论坛，国务院副总理汪洋会见。文化部长蔡武、商务部副部长钟山、国防部外办主任钱利华少将访问瓦努阿图。9月，中国—太平洋岛国论坛对话会特使李强民在马绍尔群岛出席第25届太平洋岛国论坛对话会期间会见瓦副总理兼外长爱德华·纳塔佩。

经贸合作深入发展，人文领域交流扩大。中国援建的瓦努阿图南太大学埃马路斯分校扩建等项目完工，国家会议中心项目开工。广东省友好代表团及医疗小组访瓦，重庆艺术团赴瓦演出。

## 委内瑞拉
## (Venezuela)

2013年，中华人民共和国与委内瑞拉玻利瓦尔共和国各领域互利友好合作深入发展，两国共同发展的战略伙伴关系内涵更加丰富。

双方保持高层交往，政治互信不断加深。3月，中共中央政治局常委俞正声代表中国政府赴委内瑞拉驻华使馆吊唁因病逝世的委总统乌戈·查韦斯，国家发展和改革委员会主任张平作为国家主席特使赴委出席查韦斯总统葬礼。4月，全国人大常委会副委员长艾力更·依明巴海作为国家主席特使赴委出席尼古拉斯·马杜罗总统就职仪式。5月，国家副主席李源潮对委进行正式访问，分别会见马杜罗总统、委全国代表大会主席迪奥斯达多·卡韦略，与副总统豪尔赫·阿雷阿萨举行会谈。

9月，马杜罗总统对中国进行国事访问。国家主席习近平同马杜罗总统举行会谈，国务院总理李克强、全国政协主席俞正声分别会见，国务院副总理张高丽同马杜罗总统共同出席中国—委内瑞拉高级混合委员会第12次会议闭幕式。双方签署了《中国—委内瑞拉高级混合委员会第12次会议纪要》、《中国政府和委内瑞拉政府关于中委联合融资基金协议的第三次修改议定书》、《中国政府和委内瑞拉政府关于互免持外交、公务、公务普通护照人员签证的协定》等12个合作文件。

委方其他重要来访有：委内瑞拉统一社会主义党第一副主席、全国代表大会主席迪奥斯达多·卡韦略，副总统豪尔赫·阿雷阿萨，外交部长埃利亚斯·豪阿，石油矿业部长拉斐尔·拉米雷斯访华。

两国经贸往来日益密切，各领域务实合作稳步推进，双方在金融、能矿、农业、基础设施建设等重点领域开展了新的合作。

两国在人文领域交流活跃。中方在委举办“欢乐春节”系列活动，取得圆满成功。委派团来华参加首届拉美艺术季开幕式音乐会演出。

委内瑞拉在台湾、涉藏等问题上坚定支持一个中国立场。两国在国际和地区事务中保持密切协调与配合。

# 越　南
(Vietnam)

2013年，中华人民共和国与越南社会主义共和国全面战略合作伙伴关系发展平稳，各领域务实合作不断扩大。

两国高层交往频繁。3月，中共中央总书记、国家主席习近平应约同越南共产党中央总书记阮富仲通电话，强调要进一步巩固和发展两党两国关系。9月，国务院总理李克强在广西南宁出席第十届中国—东盟博览会期间会见越南政府总理阮晋勇。10月，李克强总理对越南进行正式访问，分别会见越共中央总书记阮富仲、国家主席张晋创、国会主席阮生雄，同政府总理阮晋勇举行会谈。双方同意把握新时期中越关系发展方向，沿着海上、陆上、金融三条主线全面推进各领域务实合作，并成立海上共同开发磋商工作组、基础设施合作工作组、金融合作工作组三个重要机制负责具体落实。双方发表新时期深化中越全面战略合作的联合声明，签署关于建设跨境经济合作区、互设贸易促进机构、海上低敏感领域等合作文件。11月，国家副主席李源潮会见来华出席第二届中越青年大联欢的越共中央政治局委员、祖国阵线主席阮善仁。5月，国务委员杨洁篪同越南副总理阮善仁共同主持中越双边合作指导委员会第六次会议，就推进各领域务实合作达成广泛共识。5月，全国政协副主席何厚铧访越。12月，全国政协副主席、中共中央对外联络部部长王家瑞访越。11月，全国政协副主席刘晓峰访越。8月，外交部长王毅访越，同越外交部长范平明就双边关系、两国外交部合作及共同关心的问题交换意见。

6月，越南国家主席张晋创对中国进行国事访问。访问期间，习近平主席同张晋创主席举行会谈，李克强总理、全国人大常委会委员长张德江分别会见。双方发表联合声明，签署了《落实中越全面战略合作伙伴关系行动计划》及国防、渔业、质检、文化、油气等领域合作文件。6月，越南副总理武文宁来华出席首届中国—南亚博览会暨第21届中国昆明进出口商品交易会。

经贸合作进展顺利。双边贸易额稳步增长，中国连续十年成为越南第一大贸易伙伴。两国将成立基础设施合作工作组，统筹规划并指导谅山—河内高速公路、芒街—下龙高速公路、老街—河内—海防铁路等互联互通项目实施。双方正在推进跨境经济合作区、跨境桥梁建设等项目。两国央行正在筹备成立金融合作工作组，共同应对金融风险，并为双方经贸合作提供融资支持。

两国各领域和地方交流合作不断深化。两党交往保持良好态势，成功举办第九次两党理论研讨会。两军交往密切，签署了“中越国防部边防合作协议”，举行第七次防务安全磋商。两国海军迄今已在北部湾举行16次联合巡逻，并结合联合巡逻开展舰艇编队互访和海上联合搜救活动。两国文化、教育等部门签署合作协议。民间交往活跃，双方于11月在广西南宁成功举办第二届中越青年大联欢。广西、云南与越南北部省份合作机制运转良好，在经贸、旅游等领域务实合作不断深化。

两国边界领土问题谈判取得积极进展。中越政府边界谈判代表团团长多次举行会晤，就妥善处理南海争议深入交换意见。双方成立了海上共同开发磋商工作组，并举行首次组长会晤。中越海上低敏感领域合作专家工作组和北部湾湾口外海域工作组分别举行两轮磋商。双方同意开展北部湾湾口外海域共同考察，签署了“北部湾海洋和岛屿环境管理合作研究”、“红河三角洲与长江三角洲海域全新世沉积演化对比研究”两个海上低敏感领域合作文件，并同意继续推进在海洋环保、海洋科研、海上搜救、防灾减灾、海上互联互通等领域合作。

## 也门
## (Yemen)

2013年，中华人民共和国和也门共和国友好关系取得新发展。

两国高层交往不断。3月，也门总统阿卜杜拉布·曼苏尔·哈迪致电祝贺习近平当选国家主席。11月，哈迪总统对中国进行国事访问，习近平主席同哈迪总统会谈，国务院总理李克强、全国政协主席俞正声分别会见。访问期间，双方签署了《中华人民共和国政府与也门共和国政府经济技术合作协定》、《中华人民共和国教育部与也门共和国高等教育和科学研究部、技术教育和职业培训部关于教育领域合作的协议》。1月，外交部副部长翟隽访问也门。3月，中国驻英国大使刘晓明代表中方出席在伦敦举行的也门之友小组第五届部长级会议并发言。9月，外交部长王毅在第68届联合国大会期间出席在纽约举行的也门之友小组第六届部长级会议并发言。同月，也门工业与贸易部长萨阿迪·阿里·萨利姆·塔利布访华并出席在宁夏举行的2013年中国—阿拉伯国家博览会，国防部长穆罕默德·纳赛尔·艾哈迈德访华。

两国经济领域合作稳步发展。4月，中也经贸联委会第九届会议在北京召开。中国在也门援建项目进展良好，中也友谊医院项目交付也方，也门国家大图书馆项目顺利推进。

两国教育、卫生等领域合作取得进展。中方向中也科技学院复派教师组。中国援也医疗队全部复派到位。

## 赞比亚
## (Zambia)

2013年，中华人民共和国与赞比亚共和国友好合作关系继续迅速发展，各领域务实合作稳步推进。

两国高层互访频繁，政治互信不断增强。3月，赞比亚总统迈克尔·奇卢菲亚·萨塔致函祝贺习近平当选国家主席。4月，萨塔总统对中国进行国事访问并出席博鳌亚洲论坛2013年年会，国家主席习近平与其举行会谈，国务院总理李克强、全国政协主席俞正声分别会见。双方有关部门签署了经济、文化、融资等领域共六个协议。1月，赞比亚酋长与传统事务部长恩坎杜·卢奥率14名副部级官员来华参加中国为赞比亚举办的第二期部级官员研讨班。2013年，多名赞比亚副部级官员因私来华或出席各类会议。2月，中国国土资源部副部长汪民访问赞比亚。12月，民政部副部长窦玉沛访问赞比亚。

两国经贸互利合作迅速发展，成果丰硕。中国是赞比亚第三大贸易伙伴，对赞比亚各类投资不断增加。在赞中资企业超过500家，涉及矿业、农业、制造业、基础设施建设等各个领域。中国向赞比亚姆巴拉—纳孔德道路升级改造、曼萨—陆温古公路升级和卢萨卡国际机场扩建等重大项目提供融资支持。赞中经贸合作区建设继续取得积极进展。中非合作论坛框架内涉赞比亚合作项目落实顺利。

双方文化、党际、地方政府等各领域交流与合作有序进行。1月，中国烈士纪念设施考察祭扫团赴赞比亚考察。5月，赞比亚爱国阵线干部考察团访华。7月，海南省常务副省长谭力访问赞比亚。11月，赞比亚酋长代表团应邀访华。

# 津巴布韦
(Zimbabwe)

2013年，中华人民共和国与津巴布韦共和国传统友好关系稳定、健康发展。

两国高层和各部门交往频繁。8月7日，国家主席习近平致电津巴布韦总统罗伯特·加布里埃尔·穆加贝，祝贺其再次当选。5月21～23日，国务院副总理汪洋对津巴布韦进行正式访问，分别会见了穆加贝总统、总理摩根·茨万吉拉伊、副总统乔伊斯·穆菊茹，双方就进一步发展两国友好合作关系交换了意见，并签署了《中华人民共和国政府和津巴布韦共和国政府经济技术合作协定》等合作文件。7月28日至8月3日，应津巴布韦政府邀请，中国政府观察团赴津巴布韦观察总统、议会和地方政府“三合一”大选。8月20～24日，习近平主席特使、民政部长李立国赴津巴布韦出席穆加贝总统就职典礼，并会见穆加贝总统。3月14日，穆加贝总统致信祝贺习近平当选国家主席。

2013年，商务部长陈德铭、国家旅游局局长邵琪伟、安徽省副省长梁卫国、辽宁省副省长潘利国等访问津巴布韦。津巴布韦地方政府部长伊格内修斯·乔姆波、交通部长尼古拉斯·戈齐、财政部长腾达伊·比蒂等访华。

两国经贸合作成果丰富。中国援助津巴布韦项目顺利推进，向津交付了三套集装箱检查设备，并为津举办的第20届世界旅游组织大会提供翻译与音响设备。两国贸易稳步增长，在基础设施建设、农业、矿业等领域的合作规模不断扩大。中国进出口银行与津政府签署向津巴布韦卡里巴南岸水电站扩建项目提供贷款支持的协议。由中国进出口银行提供贷款实施的哈拉雷水输送系统升级项目正式启动。

两国人文交流异彩纷呈。2月，国务院侨务办公室组织的“文化中国·四海同春”艺术团访问津巴布韦。8月，深圳歌舞团访问津巴布韦，参加第20届世界旅游组织大会和津总统就职典礼文艺演出。11月，第四届“中非合作论坛—法律论坛”在津巴布韦举行。第13期中国医疗队抵达津巴布韦工作。津巴布韦孔子学院和五个孔子课堂影响不断扩大，学生规模已接近800人。

# 第四章

# 中国与国际和地区组织的关系

## （一）中国与联合国

### 1. 政治安全领域

#### （1）积极参与联合国维持和平行动

联合国维和行动是维护国际和平、巩固集体安全的有效手段，为解决冲突和争端、恢复和建设和平作出了重要贡献。截至2013年年底，联合国共部署68项维和行动，正在实施的有15项，共有来自120个国家的83228名军事人员、1829名军事观察员、12913名警务人员、16822名文职人员和2021名联合国志愿者参加。2013年7月至2014年6月，联合国维和预算约75.4亿美元。

中国重视并支持根据《联合国宪章》的宗旨和原则部署维和行动，积极参加联合国安理会、联合国大会和联合国维和行动特别委员会的有关审议和磋商。

2013年，安理会多次就维和问题举行会议。中国常驻联合国代表李保东大使在1月安理会关于联合国维和行动问题的公开辩论会上发言表示，维和行动的授权日益多元化，安理会赋予部分综合性维和特派团早期建设和平职能，这是联合国维和行动发展的突出特点之一。维和特派团实施建设和平领域的任务，应坚持联合国维和行动的相关原则，特别是当事国同意原则。为此，联合国机构应加强相互协调，并注重发挥地区国家和区域组织的优势。

中国常驻联合国副代表王民大使在2月联合国维和行动特别委员会一般性辩论中发言表示，联合国维和行动要继续坚持"哈马舍尔德"维和三原则，履行保护平民授权应充分尊重当事国主导作用，稳妥处理维持和平与建设和平的关系，加强维和行动规划和管理，高度重视并支持区域组织发挥积极作用。

中国积极参与联合国维和行动并作出重要贡献。自1989年以来，中国共向30项联合国维和行动派出军事人员、警察和民事人员两万余人次。目前，中国派遣的2000多名维和人员在中东、黎巴嫩、西撒哈拉、刚果（金）、利比里亚、科特迪瓦、苏丹达尔富尔、南苏丹、塞浦路斯、马里十个任务区执行任务。

2013年，中国应联合国请求向联合国驻马里综合稳定特派团派遣了工兵、医疗和警卫分队。这是中国首次派出安全部队参与维和行动。

### （2）安理会改革

2013年，联合国会员国继续围绕安理会改革问题展开讨论，并进行政府间谈判。第67届联合国大会举行了第九轮政府间谈判的两次会议，各方在谈判中继续阐述各自立场和关切，就安理会改革相关问题交换看法。

8月29日，第67届联大协商一致通过决定，要求第68届联大根据以往联大相关授权，在第67届联大所取得进展及会员国立场和建议的基础上，继续就安理会改革问题进行政府间谈判。

中国积极参与了安理会改革政府间谈判。中国常驻联合国代表刘结一大使在联大辩论中发言表示，中国支持安理会通过合理、必要的改革增强权威和效率，主张优先增加发展中国家、特别是非洲国家在安理会的代表性。安理会改革事关联合国未来和全体会员国切身利益，只能通过民主讨论和耐心协商，不断积累共识，寻求会员国能够达成广泛共识的一揽子解决方案。为改革人为设定时限，在条件不成熟的情况下强行推动某些具体方案的做法，无助于改革进程的健康发展。政府间谈判是会员国普遍认可的讨论安理会改革问题的平台，应维护其权威和作用，坚持会员国主导原则，以公开、包容、透明方式继续开展政府间谈判，寻求能够在会员国间达成广泛一致，符合联合国长远利益和会员国共同利益的改革方案。

### （3）安理会处理的有关热点问题

**叙利亚问题**

2013年，叙利亚危机持续发酵，局势未有好转。安理会就销毁叙利亚化学武器问题通过一份决议、一份主席声明和三份主席新闻谈话。

3月22日，安理会通过主席新闻谈话，谴责发生在叙利亚首都大马士革的恐怖袭击事件。

5月15日，第67届联合国大会以107票赞成、12票反对（含中国、俄罗斯）、59票弃权的表决结果，通过了叙利亚问题决议。主要内容包括：欢迎叙利亚反对派“全国联盟”成立，注意到国际社会广泛承认其为叙利亚人民合法代表；欢迎阿盟为政治解决叙利亚问题所作努力及通过的相关决议等。

6月7日，安理会通过主席新闻谈话，对发生在叙利亚古赛尔的冲突造成人道主义危机深表关切，呼吁叙利亚政府配合人道机构在古赛尔开展的救援行动，呼吁叙利亚冲突各方尽全力保护平民。

9月27日，安理会以15票赞成通过第2118号决议，核可禁止化学武器组织关于销毁叙利亚化学武器的决定，要求叙利亚政府配合销毁工作；核可关于叙利亚政治过渡进程的第一次日内瓦会议公报，呼吁尽早召开第二次日内瓦会议。

10月2日，安理会通过主席声明，敦促叙利亚各方配合联合国及人道救援机构在叙开展人道救援工作，敦促叙利亚政府为此消除官僚主义障碍，呼吁国际社会向叙利亚积极提供人道援助。

11月28日，安理会通过主席新闻谈话，谴责针对俄罗斯驻叙利亚使馆的恐怖袭击事件，强调应将肇事者绳之以法。

**朝鲜发射卫星与核试验问题**

2012年12月12日，朝鲜发射“光明星3号”卫星。12月13日，安理会举行紧急会议并发表主席新闻谈话，谴责朝鲜发射卫星，认为此举明显违反安理会决议，表示安理会将就如何作出适当回应继续举行磋商。2013年1月23日，安理会一致通过关于朝鲜发射卫星问题的第2087号决议，主要内容包括：谴责朝鲜使用弹道导弹技术发射；重申第1718号、1874号决议的现有制裁措施；在定向制裁清单上增列四名朝鲜人员和六个实体；参照以往做法，对现有对朝鲜禁运清单进行更新；明确各国应禁止向被制裁的朝鲜人员或实体转让有关禁运物项；重申支持外交谈判与和平解决朝鲜半岛核问题，呼吁重启六方会谈；如朝鲜再次发射或核试，安理会将采取重要行动等。

2013年2月12日，朝鲜进行第三次核试验。2月13日，安理会举行紧急会议并发表主席新闻谈话，强烈谴责朝鲜核试，认为此举严重违反安理会决议，且继续存在对国际和平与安全的明显威胁，表示将立即启动决议草案磋商以采取适当措施。3月7日，安理会一致通过关于朝鲜核试验问题的第2094号决议，主要内容包括：最严厉谴责朝鲜违反安理会决议进行核试；决定朝鲜不应使用弹道导弹技术进一步发射，不应进行核试或进一步挑衅；重申朝鲜应以完全、可核查和不可逆的方式放弃所有核武器和现有核计划，立即停止所有相关活动，严格履行《不扩散核武器条约》和国际原子能机构《保障监督协定》；在定向制裁清单上增列三名朝鲜人员和两个实体；在禁运清单上增列八项核、导、生化武器物项和贵重珠宝、游艇、豪华汽车、赛车等奢侈品；决定各国应防止提供有助于朝鲜核计划、弹道导弹计划或安理会相关决议禁止的其他活动的金融服务，包括随身携带现金过境，以及不向有助于朝鲜核、导计划的贸易提供金融支持；决定各国在有合理情报时在其境内检查所有进出朝鲜货物；呼吁各国在有合理情报时不允许涉嫌飞机使用本国领土起飞、飞越或降落等；承诺通过对话的和平方式解决朝鲜半岛核问题，支持并呼吁重启六方会谈；如朝鲜再次发射或核试，安理会将采取重要行动等。

**也门问题**

2013年，联合国持续关注也门问题，支持也门政治过渡进程及对也门人道主义援助，安理会通过一项主席声明，并三次发表主席新闻谈话。

2月15日，安理会发表主席声明，欢迎也门总统哈迪宣布于3月18日举行全国对话会议，敦促也门各方拒绝出于政治目的从事暴力活动，并遵守安理会相关决议，重申如继续存在阻碍民族团结政府运作及政治过渡的行为，安理会准备采取包括援引《联合国宪章》第41条在内的进一步措施，重申对也门主权、独立、统一和领土完整的承诺等。

4月15日，安理会发表主席新闻谈话，欢迎也门总统哈迪发布法令重组也门军队。

11月27日，安理会发表主席新闻谈话，欢迎也门政治过渡进程取得的进展。支持也门政府维护国家安全，实现经济社会发展，推进政治、经济和安全等领域改革。强调也门政治过渡进程的结束应以完成海湾合作委员会倡议及其落实机制规定的各项任务为标准，对继续存在干扰也门政治过渡进程、阻碍也门政府运作的行为表示关切，对此类企图表示谴责，重申如此类行为持续，愿考虑采取进一步措施。呼吁也门各方坚持海合会倡议及其落实机制的指导原则，强调尽快结束全国对话会议的重要性。

12月5日，安理会发表主席新闻谈话，谴责当日发生的针对也门国防部与医院的恐怖袭击事件。

中国常驻联合国代表刘结一大使在安理会审议也门局势时发言表示，中方欢迎也门政治进程稳步推进，希望也门各方认真落实海合会倡议及其执行机制，通过对话协商弥合政治分歧，不断推进全国政治进程与民族和解。中方赞赏海湾合作委员会积极斡旋也门局势，支持联合国秘书长和比诺马尔特使为协助也门推进政治进程所作努力。希望国际社会充分利用联合国和“也门之友小组”机制，共同促进也门政治过渡进程。在此过程中，应充分尊重也门独立、主权和领土完整，充分尊重也门人民自主选择国家发展道路的权利。中方将继续对也门提供支持和帮助，也呼吁国际社会兑现援助承诺，帮助也门加快经济重建的步伐。

**巴以问题**

自2013年7月起，巴勒斯坦与以色列恢复直接和谈，中东和平进程面临难得契机。联合国大会及安理会持续关注巴以问题，并多次开会审议。

10月22日，中国常驻联合国副代表王民大使在安理会中东问题公开辩论会上阐述了中方在巴以问题上的原则立场，强调对话谈判化解争端是解决巴以问题的唯一途径。中方希望巴以双方相向而行，避免采取破坏和谈前景的言行，争取推动谈判早日取得实质性进展。中方支持安理会为解决巴以问题发挥更大作用，推动国际社会形成对中东和平进程的一致支持。

6月18～19日，联合国支持巴以和平国际会议在北京举行。外交部长王毅集体会见主要与会代表。外交部部长助理马朝旭出席开幕式并致辞。马朝旭积极评价联合国为推动巴以和谈、促进巴以和平进程发挥的建设性作用，重申中方坚定支持巴勒斯坦人民的正义事业，坚定支持巴以和平进程的一贯立场。

11月25日，联合国“声援巴勒斯坦人民国际日”纪念大会在联合国总部举行，安理会轮值主席、中国常驻联合国代表刘结一大使出席纪念大会，并向联合国巴勒斯坦人民行使不可剥夺权利委员会主席转交习近平主席致纪念大会的贺电。习近平主席在贺电中重申了中方在巴以问题上的一贯立场，希望国际社会齐心协力，共同致力于推动中东和平进程不断向前，中方作为联合国安理会常任理事国和负责任的国家，愿同国际社会一道，为早日实现中东持久和平作出不懈努力。刘结一大使还介绍了安理会过去一年审议巴勒斯坦问题情况，表示安理会一直密切关注巴勒斯坦问题，支持在联合国有关决议、原则、倡议等基础上，通过对话谈判，寻求问题的全面解决，实现巴以两个国家和平共处。

**阿富汗问题**

2013年，安理会六次公开审议阿富汗问题，通过了两份决议、六次主席新闻谈话。

3月19日，安理会一致通过第2096号决议，决定将联合国阿富汗援助团任期延长至2014年3月19日，主要职能包括：支持阿总统和省议会选举；支持阿政府优先发展计划和政府治理事项；加强与国际安全援助部队合作；通过斡旋支持阿和解；发挥人道援助中心协调作用；监督阿人权状况并协调人权保护工作；支持区域合作等。

10月10日，安理会一致通过第2120号决议，决定将国际安全援助部队任期延长至2014年12月31日；欢迎阿富汗政府与国际安全援助部队达成协议，在2014年底前逐步将阿富汗境内的全部安全责任移交给阿富汗政府；欢迎阿富汗政府在全国各地承担安全责任过程中发挥越来越大的领导作用；要求国际安全援助部队定期向安理会汇报，并于2014年12月作全面报告。

12月17日，中国常驻联合国代表刘结一大使在安理会阿富汗问题公开辩论会上发言表示，中方欢迎阿富汗各界为筹备2014年总统和省级议会选举所作努力，呼吁国际社会积极向阿富汗提供协助，为大选如期、成功举行创造条件。中方敦促有关各方严格遵守国际人道法及相关国际法，切实保护平民。有关方面应充分考虑到维护阿富汗安全稳定的需要，稳妥、有序地向阿富汗政府移交安全职责。中方呼吁国际社会帮助阿富汗政府和人民自主推进民族和解，并营造适宜的外部环境。国际社会应尽快兑现援助承诺，提高援助效率，加大对阿富汗民生领域投入，帮助阿富汗加强自身"造血"功能。阿富汗问题的地区合作应不断完善和加强，尊重地区国家合理关切，重视发挥上海合作组织等区域组织的重要作用。中方支持联合国阿富汗援助团根据授权，加强与阿富汗政府及有关各方的沟通配合，发挥更大作用。中方愿与国际社会一道，对2014年后如何更好发挥联合国阿富汗援助团的作用进行探讨。

**苏丹和南苏丹问题**

2013年，国际社会继续高度关注苏丹、南苏丹和苏丹达尔富尔问题。安理会就苏丹和南苏丹问题通过第2091、2104、2109、2113、2126、2132号决议，通过一项主席声明。

2013年12月15日，南苏丹局势突变，首都朱巴爆发激烈的武装冲突，并蔓延到外省，造成大量人员伤亡。12月24日，安理会一致通过第2132号决议，核可联合国秘书长关于临时提高联合国南苏丹特派团兵力上限的建议，授权秘书长采取措施，从联合国驻刚果（金）、苏丹达尔富尔等地维和人员中抽调人员增援特派团。

中国常驻联合国代表刘结一大使在安理会审议苏丹和南苏丹问题时表示，中方欢迎苏丹和南苏丹关系近来取得积极进展，两国总统实现互访，并就非军事边界安全区、开放跨境口岸、石油运输安排等一系列问题达成协议。中方支持苏丹和南苏丹落实有关协议，以改善关系、解决未决问题。在阿布耶伊问题上，苏丹和南苏丹已发表联合公报，确定通过对话商讨建立阿区行政机构等安排，有关各方均应认真予以落实，避免采取有悖于苏丹和南苏丹共识的单边行动。

中国常驻联合国代表刘结一大使在安理会审议南苏丹局势时表示，中方对南苏丹爆发的武装冲突深感关切，中方注意到基尔总统表示愿意无条件同反对派开展政治对话，希望南苏丹有关各方以国家和人民利益为重，停止敌对，尽快通过对话妥善解决分歧，实现民族和解。当务之急是尽快结束冲突，同时，南苏丹各方应认真研究危机背后的深层次原因，积极采取措施巩固民族和解局面。

**刚果（金）问题**

刚果（金）局势自2012年4月以来持续动荡，政府军与盘踞在刚果（金）东部的反政府武装“3月23日运动”（M23）冲突不断。2013年，安理会多次审议刚果（金）问题，通过一项决议和一项主席声明，发表五次主席新闻谈话。

2月，联合国秘书长潘基文和刚果（金）、卢旺达、乌干达等11国领导人以及非盟等区域组织负责人签署《刚果（金）与大湖地区和平、安全与合作框架文件》（以下简称“《框架文件》”），包括深化刚果（金）安全部门改革、本地区国家不支持非法武装组织，建立后续监督落实机制等内容。

3月，安理会通过第2098号决议，决定在联合国驻刚果（金）稳定特派团内设立干预旅，授权干预旅在刚果（金）政府军协同下或独立执行打击武装团体等任务。

7月25日，安理会举行大湖地区部长级会议，美国国务卿克里主持会议，联合国秘书长潘基文、世界银行行长金墉、非盟委员会主席祖马、刚果（金）总统卡比拉、乌干达总统穆塞韦尼等与会。会议发表主席声明，要求有关各方遵守《框架文件》，相互尊重主权和领土完整，互不干涉内政。

9月5日，大湖地区国际会议在坎帕拉就刚果（金）东部问题举行第七次特别峰会。在峰会要求下，刚果（金）政府和叛军M23在乌干达重启谈判。10月21日，由于双方在大赦、解除武装和重返社会等问题上分歧较大，和谈暂停。刚果（金）政府军在联合国驻刚果（金）稳定特派团干预旅支持下逐渐扭转战局，于10月底至11月初击溃M23，取得平叛重大胜利，迫使M23于11月5日宣布停止叛乱，接受政治解决分歧。11月11日，双方重返坎帕拉谈判，因刚果（金）政府要求签署M23彻底解散的“声明”而非“和平协议”遭M23拒绝，刚果（金）政府拒绝签署协议。

11月14日，安理会就刚果（金）问题通过主席声明，要求根据坎帕拉谈判结果达成并执行最后商定的成果文件。

12月中旬，刚果（金）政府与武装团体M23签署和平文件，刚果（金）政府已在有关地区重建政府机构，并致力于打击“乌干达民主同盟军”和“解放卢旺达民主力量”等武装团体。

安理会11月轮值主席、中国常驻联合国代表刘结一大使在主持安理会相关审议时表示，中方欢迎刚果（金）东部局势取得的积极进展。中方支持刚果（金）政府及有关方面加大努力，寻求持久的政治解决方案。安理会将密切关注刚果（金）东部和大湖地区形势发展，为保持当前积极势头、推动形势向更好方向发展作出进一步努力。

**索马里问题**

2013年初以来，索马里安全局势持续改善。索马里政府军在非盟驻索马里特派团的支持下，与地方政府和部族武装共同清剿反政府武装“沙巴布”残余，已控制中南部大部分城镇。但索安全局势仍显脆弱，“沙巴布”虽撤出大城市，但仍控制索南部很多农村地区，并以此为基地向摩加迪沙等城市及肯尼亚等邻国发动恐怖袭击。9月，“沙巴布”对肯尼亚内罗毕购物中心发动恐怖袭击，造成72人死亡。

安理会多次审议索马里问题，通过四项决议和一项主席声明，发表七次主席新闻谈话。

3月，安理会通过第2093号决议，调整对索马里武器禁运豁免清单。

5月，安理会通过第2102号决议，决定成立联合国索马里援助团，主要任务包括支持索和平进程、就索和平和国家建设提供政策咨询、协助索联邦政府协调国际捐助方支助、对索境内违反人权等行为进行监督等。

7月，安理会通过第2111号决议，决定对索军火禁运不适用于为组建索联邦政府安全部队和保障索人民安全而交付的武器或军事装备。

8月底、9月初，联合国和非盟对索马里进行了联合评估。联合国秘书长据此向安理会提交报告，认为索马里近期安全形势有所恶化，在当前形势下不适合在索部署联合国维和行动，并从政治、安全等方面为部署维和部队提供了一系列指标。同时，秘书长建议向非盟驻索马里特派团增兵，并加强对索国家军队的支持。

11月，安理会通过第2124号决议，同意向非盟驻索马里特派团增兵并向其提供一揽子后勤支助。

6月，中国常驻联合国副代表王民大使在安理会审议索马里问题时表示，中方希望国际社会继续加大对索马里的关注和投入，为索马里和平与重建提供支持，特别是协助索马里政府加强能力建设。国际社会在对索援助时要充分尊重索马里主权和独立，在发挥各自优势的基础上加强协调。

**索马里海盗问题**

2013年，在国际社会共同努力下，打击索马里海盗行动成效显著，索马里海域海盗袭击案件大幅降低，但其问题根源尚未完全消除，索马里海盗问题对索马里及亚丁湾海域的航运安全仍具极大威胁。

安理会审议索马里海盗问题，通过第2125号决议，将各国打击索马里海盗的授权延期一年。

中方一贯支持打击索马里海盗，并积极参加打击索马里海盗国际合作。中国海军根据安理会授权，自2009年1月向亚丁湾、索马里海域派出舰艇护航，截至2014年1月6日，共派出16批护航编队，完成671批5476艘船舶的伴随护航，其中外国船舶2787艘（世界粮食计划署船舶7艘），占半数以上。

中方分别派团出席索马里海盗问题联络小组第14至15次全会，积极宣介中国在国际打击海盗行动中发挥的作用。中方与会代表团团长王群大使在发言时表示，中方支持根据安理会授权打击索马里海域海盗及联络小组框架下的国际合作。但索海盗问题的根源在陆上，其根本解决有赖于索实现政局稳定、经济发展和社会安宁。中方呼吁国际社会继续高度重视索马里局势，持续从多领域、多层面向索马里提供综合配套支持，尤其是要帮助索政府加强治理国家、维护和平、保持稳定、实现发展的能力建设。中方愿与国际社会一道，继续为推动索和平进程和索海盗问题的最终解决发挥积极和建设性作用。

**萨赫勒地区问题**

萨赫勒地区经济社会发展落后，人道局势严峻，武器扩散严重。利比亚冲突导致“伊斯兰马格里布基地组织”等极端恐怖组织在该地区势力急剧膨胀。

2013年6月，联合国提出萨赫勒地区综合战略，主张在该地区加强治理，促进发展，并通过国家和区域安全机制应对安全挑战。

7月16日，安理会通过萨赫勒问题主席声明，欢迎联合国出台萨赫勒综合战略并要求予以落实。

9月26日，联合国秘书长潘基文在联合国总部主持召开萨赫勒地区问题高级别会议。会后，潘基文秘书长发表主席总结，主要内容包括：与会各方欢迎联合国出台萨赫勒地区综合战略，敦促其切实落实；欢迎马里局势取得积极进展，同时对萨赫勒地区面临的其他挑战表示关切；重申致力于应对萨赫勒地区面临的挑战；欢迎联合国与国际金融机构加强相关合作等。

11月4～7日，联合国秘书长潘基文、世界银行行长金墉、非盟委员会主席祖马、欧盟发展事务专员皮耶巴尔格斯访问萨赫勒地区。潘基文秘书长宣布将创建"萨赫勒行动基金"，世界银行宣布将在今后两年为该地区提供15亿美元援助，欧盟宣布未来七年提供50亿欧元资助。

12月12日，中国常驻联合国代表刘结一大使在安理会审议萨赫勒地区问题时表示，萨赫勒地区安全、人道局势虽有改善，但仍然脆弱，中方对此表示关切。萨赫勒地区的诸多问题彼此关联，相互影响。迅速全面改善该地区形势需要综合施策。国际社会应继续支持地区国家维护和平稳定的努力；应充分尊重当事国意见；应继续增加对该地区的援助和投资，提升地区国家自主发展能力。

**马里问题**

2013年初，"伊斯兰马格里布基地组织"等恐怖极端势力向马里过渡政府控制区发动进攻，马里国内陷入动荡。法国紧急出兵协助马政府军平叛。安理会多次讨论马里问题，通过一项决议，并发表五次主席新闻谈话。4月24日，安理会通过第2100号决议，决定部署联合国驻马里综合稳定特派团。中国向联合国驻马里综合稳定特派团派遣一个工兵连、一个二级医院和一个战区司令部警卫连共计395人，并于2014年1月完成部署。

马里北方主要城市已收复，但有关清剿行动尚未结束，部分极端恐怖组织退入北部山区和周边国家。7～8月，马里举行全国大选，联盟党主席凯塔当选，结束了长达一年半的政治过渡期。

12月10日，中国在安理会审议马里问题时发言称，马里形势近期继续向好的方向发展，但和平安全局面仍较脆弱，国际社会应积极伸出援助之手。中方希望联合国继续为马里举行的第二轮立法选举提供支持，帮助其顺利完成选举，结束政治过渡期。中方同时希望联合国驻马里综合稳定特派团尽快全面部署到位，并与马里政府保持密切沟通协调，严格根据安理会授权开展行动。

**中非问题**

2013年3月，中非反政府武装联盟"塞雷卡"武力推翻博齐泽政权，国际社会对此予以谴责。在中部非洲国家经济共同体推动下，中非各派组成全国过渡委员会和联合政府，颁布过渡宪法，启动为期18个月的过渡期。前"塞雷卡"领导人乔托迪亚当选过渡期国家元首，反对派领导人蒂昂盖伊出任总理。因中非过渡政府控局能力较弱，中非国内安全形势严峻，社会矛盾尖锐，宗教冲突不断升级。非盟组建非洲领导的驻中非国际支持团（MISCA），负责维护全国安全直至2014年10月大选结束。

安理会多次审议中非问题，通过三项决议，两项主席声明和七次主席新闻谈话。

1月24日，安理会通过第2088号决议，要求中非各方落实《利伯维尔协议》承诺，并将联合国中非建设和平综合办事处任务期限延长至2014年1月31日。

10月10日，安理会通过第2121号决议，决定向MISCA提供装备和资金支持。联合国秘书处并就国际社会支持MISCA提供了五种备选方案。

12月5日，安理会通过第2127号决议，决定给予MISCA 6个月授权，并考虑提出将MISCA转变为联合国维和行动的建议。

安理会11月轮值主席、中国常驻联合国代表刘结一大使在主持安理会相关审议时表示，中方对中非共和国局势持续动荡表示关切，希望有关方面停止暴力，通过对话和协商解决分歧。

#### （4）积极参与安理会反恐工作

2013年，中国积极参与联合国框架下的国际反恐合作，支持联合国及其安理会在反恐中发挥主导作用。12月17日，联合国安理会一致通过第2129号决议，对恐怖组织和恐怖分子利用互联网从事煽动、招募、资助或策划恐怖活动表示关注，要求各国就打击此类活动采取具体措施，并将安理会反恐执行局任期延长至2017年12月31日。中国积极参与磋商，并为决议的顺利通过作出重要贡献。

中国支持加强安理会反恐委员会、联合国全球反恐战略、联合国反恐中心等作用。1月15日，中国外交部副部长崔天凯在安理会反恐问题高级别会议上发言，阐述了中方关于加强国际反恐合作的四点主张：第一，要充分尊重各国的主权和领土完整；第二，要发挥联合国及其安理会的主渠道作用；第三，要坚持标本兼治，综合应对；第四，要坚持统一标准，摒弃双重标准。

中国认真、负责地参与有关制裁委列、除名工作，既最大限度地发挥制裁效力，同时尽量减少制裁对普通民众和第三国的负面影响。中国向安理会反恐委员会提交了七份执行第1373号决议国别报告，全面、翔实地介绍中国执行决议情况和在反恐领域的最新进展。

中国支持安理会反恐执行局和联大反恐执行工作组有关工作，推动全球反恐战略的全面、平衡落实，使安理会与联大的反恐努力互为补充、协调一致，维护联合国在国际反恐合作中的核心作用。

### 2. 经济领域

#### （1）综合性国际经济发展领域的活动

**联合国第68届大会经济和金融委员会（第二委员会）**

联合国第68届大会经济和金融委员会（第二委员会）于2013年10月8

日至12月12日在纽约联合国总部举行，审议了宏观经济、可持续发展、消除贫困、发展业务活动、贸易与发展等议题。中国常驻联合国副代表王民在一般性辩论发言中阐述了对国际发展合作的政策主张，强调国际社会应加强宏观经济政策协调，推动完善全球经济治理和改革，反对贸易保护主义，共同促进世界经济稳定复苏。

**联合国决定设立“世界城市日”**

2013年12月，第68届联合国大会第二委员会协商一致通过有关人类住区问题的决议，决定自2014年起将每年的10月31日设为“世界城市日”。12月27日，联大核可相关决议，标志着“世界城市日”正式设立。这是中国首次在联合国倡议设立的国际日，获得了联合国全体会员国的支持。

10月31日是2010年中国上海世博会的闭幕日。“世界城市日”来源于上海世博会“城市，让生活更美好”的理念，是为了因应全球城市化加速发展的趋势。“世界城市日”的设立将提升国际社会对全球城市化进程的关注，促进各国携手应对城市化进程带来的机遇和挑战，推进城市可持续发展和全球可持续发展事业，也为加强中国与各方在新型城镇化建设领域的合作提供重要契机。

此前，国际展览局全体大会、联合国人居署理事会和联合国经社理事会先后通过相关决议建议设立“世界城市日”。

### （2）发展领域活动

**联合国2015年后发展议程高级别名人小组**

2012年7月，联合国秘书长潘基文发起成立联合国2015年后发展议程高级别名人小组，就2015年后发展问题进行研究并提交报告。印度尼西亚总统苏希洛、利比里亚总统瑟利夫、英国首相卡梅伦担任联合主席，中国前常驻联合国代表王英凡大使为小组成员。

2013年5月，名人小组向联合国秘书长提交了《新型全球伙伴关系：通过可持续发展实现消除贫困和经济转型》报告。报告呼吁国际社会建立新的全球伙伴关系，通过利益攸关方和各群体共同努力，推动制定一套具有普遍性的可持续发展议程，实现消除贫困和可持续发展，为人人享有的可持续繁荣奠定基础。

**联合国千年发展目标特别会议**

2013年9月25日，联合国千年发展目标特别会议在纽约联合国总部举行。外交部长王毅出席并发表讲话。王毅外长在讲话中全面阐述了对国际发展合作的看法和主张，强调2015年后发展议程应坚持以发展为主线，以人本为宗旨，以减贫为核心，构建新的发展合作架构并建立完善的后续监督保障机制，呼吁国际社会尊重各国国情和发展道路，共同维护开放包容、增长联动的世界经济。王毅外长重申中国将继续积极参与南南合作，为人类发展事业提供正能量。

千年发展目标特别会议决定于2014年9月第69届联大启动2015年后发展议程政府间谈判，2015年9月举行领导人峰会正式通过发展议程。

**《中国实施千年发展目标进展情况报告》(2013年版)**

2013年9月22日，由中国外交部与联合国驻华机构合作编写的《中国实施千年发展目标进展情况报告》(2013年版)正式对外发布。报告全面介绍了自2010年以来，中国推进落实各项千年发展目标情况。报告指出，截至2013年9月，中国已提前完成千年发展目标提出的实现减贫、饥饿人口减半、普及初级教育、消除中小学教育性别歧视、降低五岁以下儿童死亡率、防控结核病和疟疾、提供安全饮用水和基本环卫设施等七个发展指标，在促进充分就业、防治艾滋病等目标上取得积极进展，并在南南合作框架下向其他发展中国家提供了力所能及的帮助。报告同时也指出，中国仍然是发展中国家，发展不平衡、不协调、不可持续问题依然突出，还有近亿贫困人口，全面实现千年发展目标仍需付出艰苦不懈努力。

### (3) 在环境与可持续发展领域中的活动

**联合国可持续发展高级别政治论坛**

联合国可持续发展高级别政治论坛系根据2012年联合国可持续发展大会成果文件授权，2013年7月由联大通过决议正式建立。2013年9月24日第68届联大一般性辩论期间举行首次会议，标志着论坛正式启动，并取代联合国经社理事会下设的可持续发展委员会。论坛属于政府间机制，联合国193个成员国均是论坛正式成员，旨在对全球可持续发展进行政治领导和监督落实。

外交部长王毅出席了论坛首次会议并发表讲话。王毅外长从建设生态文明、营造有利外部环境、坚持“共同但有区别的责任”、重视社会问题及创新思维、模式和方式等五个角度出发，阐述了中国对未来可持续发展国际合作的看法。王毅外长并介绍了中国建设生态文明的举措和成就，强调中国将继续落实以人为本、全面协调可持续的科学发展观，维护人民的根本和长远利益。

**联合国可持续发展目标工作组**

联合国可持续发展目标工作组系根据2012年联合国可持续发展大会成果文件授权，2013年1月由联大通过决议正式建立。工作组属于政府间机制，由30个成员国和成员国小组组成，向联合国所有成员国、联合国专门机构和组织、其他政府间国际组织及有联合国经社理事会咨商地位的非政府组织开放。工作组旨在通过开放、透明、包容、协商一致的方式，就设立可持续发展目标相关问题进行研究，并于2014年9月向联合国大会提交报告。

2013年3～12月，工作组在纽约联合国总部举行了六次会议，讨论联合国可持续发展大会成果文件提及的重点领域和目标，为起草报告做准备工作。中国是工作组成员之一，与印度尼西亚、哈萨克斯坦共享席位，中国积极参与了工作组的筹备、建立、讨论等各项工作。中国主张，各国在参与制定可持续发展目标的进程中，应切实本着"共同但有区别的责任"原则，充分考虑各国国情和发展水平，平衡经济、社会、环境三大支柱。

**联合国可持续发展筹资政府间专家委员会**

联合国可持续发展筹资政府间专家委员会系根据2012年联合国可持续发展大会成果文件授权，2013年6月由联大通过决议正式建立。工作组属于政府间机制，由联合国成员国推荐、五个地区组任命的30名专家组成，旨在就可持续发展筹资战略问题进行研究，于2014年向联大主席提交报告并结束委员会的工作。国家发展和改革委员会国家应对气候变化战略研究和国际合作中心副主任邹骥是委员会成员。

2013年8～12月，工作组已在纽约联合国总部举行了两次会议，就可持续发展资金需求、来源等问题进行了讨论。

## 3. 人权领域

### （1）积极参与联合国人权机构工作

2013年，中国继续本着积极和建设性态度参与联合国人权机构各项工作。11月12日，中国以176票的高票当选2014～2016年度联合国人权理事会成员。

2月25日至3月22日，人权理事会在日内瓦举行第22次会议。期间举行了高级别会议，并与人权高专皮雷以及酷刑、宗教信仰自由、朝鲜、缅甸、伊朗等人权特别机制和叙利亚国际调查委员会进行互动对话，核可巴基斯坦、斯里兰卡、日本、韩国等14国国别人权审查报告，任命土著人权利机制专家，通过缅甸人权状况等39项决议和决定。中国代表团深入参与各项议题的审议和磋商，发言介绍中国在人权领域取得的最新成就，积极参加与人权高专和有关特别机制互动对话。

5月27日至6月14日，人权理事会在日内瓦举行第23次会议。会议与言论自由、法外处决、和平集会、法官与律师独立性问题特别报告员等特别机制对话，与叙利亚国际调查委员会对话，就叙利亚人权状况举行紧急辩论，举行保护妇女人权、民主与法治两场专题讨论会，任命海地、马里人权状况独立专家，通过28项决议、决定和主席声明。

9月10～28日，人权理事会在日内瓦举行第24次会议。会议核可俄罗斯、古巴、德国、加拿大等14国国别人权审查报告，与叙利亚国际调查委员会、朝鲜人权问题调查委员会进行互动对话，讨论发展权、土著人权利、被判处死刑人员子女权利等问题，通过40项决议、决定和主席声明，选举6名人权理事会咨询委员会新成员，任期为2013年9月至2016年9月。中国人权专家张义山当选。

1月21日至2月1日、4月22日至5月3日、10月21日至11月1日，人权理事会国别人权审查工作组第15、16、17次会议在日内瓦举行，对法国、德国、罗马尼亚、加拿大、俄罗斯、阿拉伯联合酋长国、沙特阿拉伯、塞内加尔、尼日利亚、马来西亚、墨西哥、古巴等42国进行审查。中国积极主动参与有关审查，客观评价受审国人权状况，发挥建设性作用。

10月22～25日，中国在日内瓦接受人权理事会第二轮国别人权审查。外交部特使吴海龙大使率团出席，中央政府有关部委和香港、澳门特别行政区政府派人参加。代表团以开放、自信、包容、合作的姿态参与审查。137国在会上发言，大多数国家充分肯定中国人权事业成就，支持中国根据本国国情进一步促进和保护人权，希望中国分享在保障发展权和生存权等方面的经验和做法。会议最终通过中国接受审查的报告。

10月7日至11月27日，第68届联大三委在纽约联合国总部举行，审议了人权、社会发展、妇女、儿童、难民、预防犯罪和刑事司法等议题并通过90项决议。中国常驻联合国副代表王民大使在人权议题下作综合性发言，介绍中国在人权问题上的政策主张和巨大发展成就，强调中国新一届中央领导集体提出了实现中华民族伟大复兴的“中国梦”，带领13亿中国人民朝着实现“两个一百年”的奋斗目标迈进。随着“中国梦”的逐步实现，中国人权事业必将再上新台阶。中国代表团全面深入参与各议题讨论及决议磋商，积极发出中国声音、提出中国方案，呼应发展中国家提出的合理主张，对针对伊朗、叙利亚等国的国别人权提案投反对票。

1月21～30日、5月20～29日，联合国非政府组织委员会2013年届会和续会分别在纽约联合国总部举行。中国作为委员会成员出席会议。会议审议了471个组织的新申请和379个组织的新四年期报告。中国联合国协会、中国科学技术协会、中国关爱协会、中国可持续发展研究会、中国光彩事业促进会、中国民间组织国际交流促进会、香港各界妇女联合协进会、澳门妇女联合总会等四年期活动报告获得顺利通过。宋庆龄基金会获得咨商地位。

中国专家丛军出席了联合国经济、社会及文化权利委员会第50、51届会议，从专家层面为国际专题人权问题研究作出积极贡献。

### （2）与联合国人权机制合作

2013年，中国继续积极开展与人权特别机制合作。12月12～19日，接待人权理事会“法律和实践中对妇女的歧视问题工作组”访华。在认真调查的基础上，中国政府继续及时答复人权理事会特别机制的来函。中国重视国际人权文书对促进和保护人权的积极作用，已参加27项国际人权公约。中国继续与联合国人权条约机构加强合作，积极履行已加入的公约义务。

10月20～24日，第13届亚欧非正式人权研讨会暨指导委员会会议在丹麦哥本哈根举行，主题为“人权与环境”。亚欧40多个国家共120余名官方和民间代表出席会议。外交部陈士球大使作为政府代表出席，清华大学和中国社会科学院代表作为学术机构代表参会。研讨会设四个工作组，分别讨论“可持续发展、环境与人权的互动”、“确保知情权、促进公众参与与诉诸司法权”、“行为者、相关机构与治理”、“气候变化与人权内涵”等问题。

### （3）开展国际人权领域对话与交流

中国继续在平等和相互尊重的基础上开展国际人权领域对话与交流。2013年，中国与美国、欧盟、德国、瑞士等举行人权对话，与荷兰举行人权磋商，与新西兰驻华大使进行人权交流，还与美国举行中美法律专家交流，与澳大利亚开展人权技术合作，并接待欧盟人权事务特别代表访华，起到了增信释疑与相互借鉴的作用。中国与巴基斯坦进行人权磋商，达到了增进了解、扩大共识的目的。

## 4. 社会领域

### （1）国际难民保护

联合国难民事务高级专员公署（简称“难民署”）于1951年成立，负责保护难民并促使难民问题的永久解决，总部位于瑞士日内瓦。据难民署统计，目前全球难民总数达到1040万，其中战争和武装冲突、外来干涉、贫困等问题是重要因素。现任难民高专古特雷斯（葡萄牙人），2005年6月上任，2010年连任，任期至2015年。

中国是联合国1951年《关于难民地位的公约》及其《议定书》的缔约国，高度重视难民保护问题，严格履行应尽义务。2013年，中国政府继续积极支持国际难民保护工作，与难民署保持良好合作关系。

2013年9月30日至10月4日，联合国难民执委会第64次会议在日内瓦召开。会议就国际难民形势举行一般性辩论，审议了难民高专报告，通过难民署2014～2015双年度预算等。中国代表团与会并发言，积极评价难民署工作，强调各国应坚持以和平方式解决争端，加强国际团结，促进共同发展，并宣介中国在难民保护方面所做工作，包括为缓解叙利亚人道主义局势所做努力。

2013年10月22～24日，联合国难民高专古特雷斯访华，与杨洁篪国务委员会见，与外交部、民政部、公安部等部门领导会谈，并与民政部签署人道主义救灾合作意向书。古特雷斯此访与中方就国际形势、人道及难民问题交换意见，推动双方在难民管理、难民立法、在华难民保护、国际救灾等方面继续开展合作。

### （2）妇女权益保护

联合国妇女地位委员会于1946年成立，是联合国经社理事会职司委员会之一，系联合国系统处理妇女问题的主要机构。该机构职责是促进妇女在政治、经济、社会及教育等方面实现男女平等，就有关妇女权益问题向经社理事会提出建议。现有成员45个，由经社理事会按地区分配原则选举产生，任期四年。中国于1972年首次当选妇女地位委员会成员，之后连选连任至今。中国积极参与该委员会的各项活动。

2013年3月4～15日，联合国妇女地位委员会第57届会议在纽约联合国总部举行。会议审议了各国、各区域执行北京第四届世界妇女大会《北京行动纲领》和妇女问题特别联大成果文件情况，讨论了优先主题“预防和消除一切形式对妇女和女童的暴力”和新议题“2015年后发展目标”等。中国常驻联合国副代表王民大使率团与会并发言，全面阐述中国对联合国妇女工作的看法。

自2011年1月1日正式运作以来，联合国妇女署推动世界妇女事业及联合国系统性别主流化进程取得了长足进展。2013年，南非前副总统姆兰博-努卡担任妇女署新一届执行主任，妇女署执行局审议通过了2014～2017年战略规划，确定未来一个阶段的发展方向和业务重点。妇女署着眼2015年后发展议程制定，主张将性别平等和妇女赋权设为独立目标，并将两性平等因素纳入其他所有目标，同时重点关注消除对妇女暴力、妇女发展以及妇女参与决策。

中国积极参与联合国性别机构改革进程和联合国妇女署的建章立制，并于11月成功连任妇女署执行局成员。

### （3）劳工权益保护

国际劳工组织成立于1919年，1946年成为联合国负责劳工事务的专门机构。总部设在瑞士日内瓦，现有185个成员。成员国代表团按“三方性”原则由政府、雇主组织和工人组织的代表组成，三方代表有平等独立的发言权和表决权。主要机构有国际劳工大会、理事会和国际劳工局。国际劳工大会为该组织的最高权力机构，理事会为大会闭会期间的执行机构，国际劳工局是该组织常设秘书处。总干事盖·瑞德（英国籍）2012年就任，任期五年。

中国是国际劳工组织的创始会员国，也是理事会政府组的常任理事国。1971年，中国恢复在该组织的合法席位。1983年，中国派团出席第69届国际劳工大会，正式恢复在国际劳工组织中的活动。中国重视并积极参与国际劳工组织的各项活动，与其保持着良好的合作关系。

2013年，中国政府派团参加了国际劳工组织第317、318、319届理事会和第102届国际劳工大会等活动。

2013年6月5～20日，第102届国际劳工大会在日内瓦举行。中国人力资源和社会保障部、中华全国总工会、中国企业联合会组成中国三方代表团与会。中国代表团从不同角度介绍了中国过去五年经济社会发展取得的成就，并从促进就业、结合国情落实劳工标准、加强技能培训等方面，提出探索实现社会公平正义的创新途径。

#### （4）联合国互联网治理论坛

联合国互联网治理论坛是根据联合国信息社会世界峰会突尼斯阶段峰会的决定于2006年成立的，为期五年。该论坛是多利益攸关方参与机制，专门讨论互联网全球治理框架问题。2010年10月，第65届联合国大会讨论并决定延续该论坛。

2013年10月22～25日，联合国互联网治理论坛第八届会议在印度尼西亚巴厘岛举行。会议主题为“架设桥梁：加强多利益攸关方合作，促进增长和可持续发展”，并就网络安全、隐私保护、网络治理原则、人权和网络信息自由流动等议题进行讨论。印尼通讯与信息技术部长塞姆博林、联合国经社事务部助理秘书长盖斯，以及111个国家的政府、国际组织、私营部门和民间团体代表1500余人与会。中国工业和信息化部、外交部、国务院新闻办等组团与会。

### 5. 中国与联合国专门机构

#### （1）世界卫生组织

世界卫生组织（简称“世卫组织”）创建于1948年，是联合国专门机构，系国际卫生工作的指导和协调机构，总部位于瑞士日内瓦。现有194个会员国和2个准会员国。世卫组织的最高权力机构为世界卫生大会，由全体会员国代表组成，每年举行例会。执行委员会是世界卫生大会的执行机构，由34名执委组成，名额按地域分配原则，由世卫组织区域委员会选出。

现任总干事为陈冯富珍（中国籍），2006年11月当选，2012年5月连任，任期至2017年6月30日。

中国是世卫组织创始国之一。1972年第25届世界卫生大会恢复了中国在该组织的合法席位。此后，中国出席了历届世界卫生大会，多次当选执委会委员。

2013年1月21～29日，世卫组织执委会第132届会议在日内瓦召开。卫生部、外交部、国家食品药品监督管理局等组团与会。会议讨论了世卫组织改革、非传染性疾病、2015年后发展议程中的卫生问题、大流行流感防范等议题。

3月底，中国部分省份出现人感染H7N9禽流感疫情后，中国及时向世卫组织通报了有关信息。4月8日，中国国家卫生和计划生育委员会与世卫组织联合召开新闻发布会，通报疫情最新信息，并回答记者提问。4月18～24日，世卫组织专家来华与中方专家组成联合考察组，对疫情防控工作开展了客观、全面的评估。国务院副总理刘延东会见联合考察组。

5月20～28日，第66届世界卫生大会在瑞士日内瓦举行。会议审议了《世卫组织第12个工作总规划（2014～2019）》、摊款比额表、世卫组织改革、卫生研发筹资和协调等42项技术和管理议题，通过了24个决议和5项决定。中国国家卫生和计划生育委员会主任李斌率团出席会议，并在一般性辩论中作题为“为实现人人享有卫生保健而共同努力”的发言。此外，中国代表团还与世卫组织联合举办人感染H7N9禽流感防控情况边会，宣传中国防控经验和举措。来自世卫组织成员国、非政府组织、新闻媒体近300人出席会议。中国有关防控工作获得外界高度评价。

8月14～22日，世卫组织总干事陈冯富珍访华。中国国家主席习近平、国务院副总理刘延东、全国人大常委会副委员长陈竺、卫生计生委主任李斌、外交部副部长张业遂、商务部副部长李金早、国家食品药品监管总局局长张勇等分别会见。

### （2）国际电信联盟

国际电信联盟（简称“国际电联”）成立于1865年，是联合国专门机构，总部位于瑞士日内瓦，现有193个成员国。全权代表大会是国际电联最高权力和政策制定机构，每四年召开一次。理事会是该组织管理机构，由48个成员国组成。中国是国际电联成员国并担任理事会成员，一直积极参加国际电联各项活动。

2013年11月18日，国际电信联盟和泰国通信技术部在曼谷联合举办连通亚太峰会，泰国总理英拉、国际电信联盟秘书长图埃以及来自国际电信联盟亚太地区37个成员国政府的7名政府首脑、30名部级官员与会。中国工业和信息化部苗圩部长率团出席。峰会通过《亚太2020领导人愿景》和《峰会公报》，提出到2020年在亚太地区实现包容、发展、创新的智能数字社会总体目标，并确定了加快信息通信基础设施建设、鼓励信息通信创新、加强公共私营合作、利用信息通信技术促进可持续发展等重点工作领域。

### （3）国际海事组织

国际海事组织成立于1959年，原名“政府间海事协商组织”，1982年更名为“国际海事组织”，是联合国负责海上航行安全和防止船舶造成海洋污染的专门机构，其通过的条约对国际航运行为具有强制性约束力。现有170个成员国和3个联系会员（中国香港、中国澳门和法罗群岛）。秘书处设在英国伦敦，现任秘书长关水康司（日本人），2012年1月1日上任，任期四年。

中国于1973年恢复在国际海事组织中的成员国地位，并从1989年起连续12届担任该组织A类理事国。中国批准或加入了该组织几乎所有的重要公约。

2013年，国际海事组织召开了第28届大会、第110届和第111届理事会，以及第92届海上安全委员会、第65届海上环境保护委员会等委员会会议和相关分委会会议，重点审议了该组织战略规则、机构改革、温室气体减排、极地水域航行船舶规则等议题。中国代表团出席了上述会议，积极参与国际海运温室气体减排、成员国审核机制、客船安全、打击海盗等重点议题的讨论。

### （4）国际民航组织

国际民航组织于1947年成立，是联合国系统中负责处理国际民航事务的专门机构，现有191个成员国，总部在加拿大蒙特利尔。按照《国际民用航空公约》授权，制定并更新航行方面的国际技术标准和建议措施。

国际民航组织的最高权力机构是所有成员国参加的大会，每三年召开一次。大会的常设机构为理事会，由36个理事国组成，理事国可连选连任。理事会设主席职位，任期三年，可连任两次。现任理事会主席为阿留（尼日利亚人），任期为2014～2016年。国际民航组织还设秘书长，现为雷蒙·邦雅曼（法国人），任期为2012～2015年。

中国自1974年起恢复在国际民航组织活动以来，在历届大会选举中连选连任二类理事国，在2004年第35届大会首次成功竞选担任一类理事国，并于2007年、2010年、2013年成功连任。

2013年6月27日，国际民航组织亚太地区分办事处在北京正式挂牌成立。中国民用航空局局长李家祥、国际民航组织理事会主席高贝、秘书长邦雅曼以及亚太有关国家民航部门负责人出席。

2013年9月24日至10月4日，国际民航组织第38届大会在蒙特利尔召开，来自191个成员国及部分国际组织的约1400名代表参会，就航空安全、航空安保、环境保护、运输政策、法律等近60项议题展开讨论。中国民用航空局率中国代表团参会。中华台北民航局首次派人作为国际民航组织理事会主席客人列席大会。

### （5）联合国教科文组织

联合国教科文组织（简称“教科文组织”）1946年正式成立。总部在法国巴黎。该组织旨在通过教育、科学及文化促进各国间合作，对和平与安全作出贡献。现任总干事为伊琳娜·博科娃女士（保加利亚人），2009年10月当选，2013年11月连任，任期至2017年。

中国是教科文组织20个创始国之一，1971年恢复在该组织的合法席位。教科文组织是中国教育、科学和文化领域对外开放的重要合作伙伴，中方始终重视与该组织的合作，积极参与其各项重要项目和活动。2013年，双方合作得到进一步提升。

2013年5月14～17日，中方与教科文组织合作在杭州举办“文化：可持续发展的关键”国际会议，这是教科文组织首次在全球范围内举办以文化为中心议题的会议。国务院副总理刘延东、教科文组织总干事博科娃出席开幕式并致辞，81个国家、20多个国际组织的代表共计约400余人参加了会议。会议通过《杭州宣言》，呼吁将文化置于可持续发展的核心位置。

2013年6月16～27日，教科文组织世界遗产委员会第37次会议在柬埔寨金边召开。中国新疆天山和云南红河哈尼梯田项目成功列入《世界遗产名录》，世界遗产总数达到45处，位居全球第二。

2013年11月5～20日，教科文组织第37届成员国大会在法国巴黎召开。教育部副部长郝平当选大会主席，系该组织成立68年以来中国代表首次担任大会主席。

### （6）世界知识产权组织

世界知识产权组织成立于1967年，1974年成为联合国专门机构，是致力于促进使用和保护人类智力作品的国际组织，现有187个成员国。现任总干事弗朗西斯·高锐（澳大利亚人），2008年就任，2014年连任，任期至2020年。中国自1980年加入世界知识产权组织以来，双方始终保持友好合作关系。

2013年4月，中国与世界知识产权组织在瑞士日内瓦签署"关于设立世界知识产权组织中国办事处的协定"，正式确认世界知识产权组织将在北京设立驻外办事处。

2013年9月23日至10月2日，世界知识产权组织第51届成员国大会在瑞士日内瓦召开。中国国家知识产权局率团与会，介绍中国政府在推进创新和知识产权保护方面采取的举措及取得的成绩，表示愿与各国进一步加强合作，实现共同发展。

2013年11月，国务委员王勇会见应邀访华的世界知识产权组织总干事弗朗西斯·高锐一行，就深化双方合作交换看法。外交部副部长李保东与高锐就落实世界知识产权组织在华设处等工作进行交流。

2013年12月10～12日，世界知识产权组织第52届成员国大会在瑞士日内瓦召开，讨论第51届大会未决议题。中国国家知识产权局率团与会。

### （7）万国邮政联盟

万国邮政联盟成立于1874年，目前有192个成员国，是有关国际邮政事务的联合国专门机构，总部设在瑞士日内瓦。该组织旨在促进、组织和改善国际邮政业务，并向成员提供邮政技术援助。现任总局长比沙尔·侯赛因（肯尼亚人），任期为2013～2016年。中国1914年加入万国邮政联盟，1972年恢复合法席位。自1974年以来，中国当选历届邮政经营理事会理事国，除两届轮空外，均当选行政理事会理事国。

2013年4月8～25日、10月28日至11月15日，万国邮政联盟邮政经营理事会和行政理事会先后在瑞士首都伯尔尼召开年会。国家邮政局副局长刘君在行政理事会上作了题为"履行监管职责，推动行业发展"的主旨发言。

### （8）联合国开发计划署

联合国开发计划署成立于1965年，是联合国系统最大的多边无偿援助机构。其前身为1949年设立的"技术援助扩大方案"和1958年设立的"联合国特别基金"。联合国开发计划署旨在向发展中国家和地区提供资金和技术援助，以促进其以人为中心的经济和社会可持续发展。

联合国开发计划署/联合国人口基金执行局2013年第一次常会、年会、第二次常会分别于1月28日至2月4日、6月3～15日、9月9～13日在纽约举行，审议了署长报告、2014～2017年战略计划、供资状况、财政预算和管理、国别方案、评估事项及项目计划安排等议题。

2013年4月25日，联合国经社理事会组织会议续会在纽约举行。在会议期间进行的经社理事会有关下属机构选举中，由于此前已获亚太组核可，中国未经投票直接当选2014～2016年联合国开发计划署/联合国人口基金执行局成员。

2013年8月13日，联合国秘书长潘基文任命联合国开发计划署中国籍职员徐浩良为联合国助理秘书长、联合国开发计划署助理署长兼亚太局局长。

2013年8月29日至9月3日，联合国开发计划署署长海伦·克拉克访华并出席第三届中国—亚欧博览会。国家副主席李源潮、外交部长王毅、商务部长高虎城等分别会见。

### （9）联合国工业发展组织

联合国工业发展组织成立于1966年，1985年6月成为联合国专门机构，旨在通过工业发展推进扶贫和环境友好型经济增长，提高全世界人民，尤其是最贫困国家人民的生活水平和生活质量。工发组织是联合国系统促进可持续工业发展和国际工业合作的专门机构，通过发挥其全球论坛职能及与发展中国家技术合作等活动，主要开展三大核心业务：减贫、贸易能力建设、能源和环境。

2013年6月24～27日，联合国工业发展组织第41届理事会在维也纳举行，选举新任总干事。中国候选人、财政部副部长李勇获得53票中的37票，以绝对优势赢得选举，并由6月28日举行的工发组织特别大会正式任命，任期四年。

2013年11月6～11日，李勇总干事访华，期间出席了工发组织和工信部联合举办的第三届绿色工业大会、中国国际绿色创新技术产品展等活动。习近平主席、汪洋副总理、工信部长苗圩、商务部长高虎城等分别会见。

2013年12月2～6日，联合国工业发展组织第15届大会在秘鲁利马举行，大会主题为“为新工业革命建立伙伴关系，实现包容与可持续增长”。大会通过了以实现包容与可持续工业发展理念为核心的《利马宣言》，强调要实现消贫目标，就必须推动强劲、包容、可持续的经济和工业增长，促进经济、社会和环境发展三方面的有机统一。李克强总理向大会致视频贺辞。商务部国际贸易谈判代表兼副部长钟山率中国代表团出席会议。

### （10）联合国人口基金

1969年，“联合国人口活动基金”成立，1987年正式定名为“联合国人口基金”，属联合国经社理事会下属机构。旨在加强成员国能力建设，以对人口和计划生育领域的需求作出反应；促进发展中国家和发达国家提高人口意识及制订解决人口问题的战略；应发展中国家要求，采用适合其国情的方法帮助其解决人口问题；在联合国系统的人口领域发挥主导作用，负责协调由人口基金支持的方案和项目。

联合国开发计划署/联合国人口基金执行局2013年第一次常会、年会、第二次常会分别于1月28日至2月4日、6月3～15日、9月9～13日在纽约举行，审议了执行主任年度报告、国别方案和评估政策等议题。

2013年4月25日，联合国经社理事会组织会议续会在纽约举行。在会议期间进行的经社理事会有关下属机构选举中，由于此前已获亚太组核可，中国未经投票直接当选2014～2016年联合国开发计划署/联合国人口基金执行局成员。

2013年8月14～17日，联合国人口基金执行主任巴巴图德·奥索提迈辛访华，商务部长高虎城等会见。8月16日，习近平主席会见了出席中非部长级卫生合作发展会议的非洲国家卫生部长和国际组织代表，奥索提迈辛与会并参加会见。

### （11）联合国人居署

1978年，联合国人居中心成立。2001年12月，联合国大会56/206号决议决定将联合国人居中心升格为联合国人居署，旨在促进社会和环境方面可持续性人居发展，达到为所有人提供合适居所的目标。

2013年4月15～19日，联合国人居署第24届理事会在肯尼亚内罗毕举行，中国代表团出席。会议主题为“重视城市化恰逢其时”，各方围绕会议主题进行一般性辩论，审议通过了加强基础设施建设、通过新的城市议程促进可持续发展、全球住房战略、人居署国家活动方案等决议草案，中方提交的设立“世界城市日”草案获协商一致通过。会议充分肯定城市化是经济社会发展的主要动力，高度重视全球城市化进程；强调实现可持续城市发展，消除不平等，创造就业并关注青年、妇女的权益。住房和城乡建设部副部长齐骥率中国代表团出席。

### （12）联合国儿童基金会

联合国儿童基金会成立于1946年12月11日，当时称联合国国际儿童紧急基金会。1953年改称联合国儿童基金会，简称“儿童基金”或“儿基会”，英文缩写保留“UNICEF”。儿基会致力于全球儿童的生存、发展和保护，主要援助对象是发展中国家的儿童，重点在儿童保健、营养、教育、福利、妇女发展、安全饮用水等领域。

儿基会执行局2013年第一次常会、年会、第二次常会分别于2月5～8日、6月18～21日、9月3～6日在纽约举行，审议了执行主任年度报告、2014～2017年战略计划、综合预算、国别方案等议题。

2013年4月25日，联合国经社理事会组织会议续会在纽约举行。在会议期间进行的经社理事会有关下属机构选举中，由于此前已获亚太组核可，中国未经投票直接当选2014～2016年儿基会执行局成员。

### （13）联合国环境规划署

联合国环境规划署（简称“环境署”）于1973年1月成立，总部设在肯尼亚首都内罗毕。宗旨为促进环境领域国际合作，在联合国系统内提供有关环境规划总政策的指导和协调并审查世界环境状况并提出政策建议等。

中国自1973年以来一直是环境署理事会成员。1976年，中国在内罗毕设立驻联合国环境规划署代表处，由中国驻肯尼亚大使兼任代表。长期以来，中国与环境署保持了良好合作关系。2003年9月，环境署在北京设立代表处。

2013年2月18～22日，联合国环境规划署实行普遍会员制后首次理事会暨全球部长级环境论坛在肯尼亚首都内罗毕举行。本次会议的主要任务是落实联合国可持续发展大会成果文件对加强和提升环境署的相关要求，重点讨论环境署的机制安排和议事规则等问题。会议期间召开的部长级论坛主要围绕“里约+20：从成果到实施”主题展开政策对话。全体委员会重点讨论了环境署机构安排、包括汞在内的化学品和废物管理、化学品和废物融资方案磋商进程、绿色经济等议题。环保部、外交部及中国常驻联合国环境规划署代表处等部门组成中国代表团出席会议。

### （14）联合国粮食及农业组织

联合国粮食及农业组织（简称“粮农组织”）成立于1945年，属联合国专门机构。宗旨是提高各国人民的营养水平和生活水准；提高所有粮农产品的生产和分配效率；改善农村人口的生活状况，促进世界经济的发展，并最终消除饥饿和贫困。

2013年4月，达席尔瓦总干事向在罗马召开的粮农组织第146届理事会会议提交了2014～2015年《工作计划和预算》。6月，粮农组织第38届大会在罗马举行，通过了2014～2015年粮农组织《工作计划和预算》。6月，粮农组织第147届理事会会议在罗马召开，分别选举产生了新一届计划委员会、财政委员会、章程及法律事务委员会主席及相关成员。

中国是粮农组织创始成员国之一，1973年恢复在该组织席位以来，一直是理事会成员，合作良好。粮农组织积极支持中国农村改革和农业发展，中国也积极履行成员国义务，广泛参与和支持粮农组织活动。2013年6月，国务院副总理汪洋会见访华的达席尔瓦总干事，双方就粮食安全、农业发展和加强合作等交换了意见。

### （15）国际农业发展基金

国际农业发展基金（简称“农发基金”），1978年开始业务活动。宗旨是通过筹集资金，以优惠条件提供给发展中的成员国，用于发展粮食生产，改善人民营养水平，逐步消除农村贫困。

2013年2月，农发基金第36届理事会在意大利罗马举行，国务院副总理回良玉出席了会议开幕式并发表主旨讲话。8月，国务院副总理汪洋会见访华的农发基金总裁内旺泽，内还出席了“中国与农发基金第五届南南合作研讨班”开幕式并致辞。12月，农发基金第110届执董会在罗马举行，主要审议了2014年预算和工作规划等。

中国1980年正式加入农发基金，一直与其合作良好，是农发基金最大的受援国之一。同时，中国积极发挥成员国的作用，在认捐等问题上给予农发基金积极支持。1993年以来，除1996年和2005年外，中国一直担任农发基金执董（2005年任副执董）。

### （16）世界粮食计划署

世界粮食计划署（WFP）是联合国系统中负责多边粮食援助活动的专门机构，1963年正式开展业务。宗旨是以粮食为主要手段帮助受援国改善粮食自给制度，消灭饥饿和贫困。总部设在意大利罗马。成员为联合国全体会员国。

2013年2月，世界粮食计划署执行局第一次例会在罗马举行。11月，执行局第二次例会举行，主要讨论执行干事年度工作总结、政策性和预算性议题等。

中国于1979年正式参加WFP活动。1987年以来，中国一直担任粮食援助政策和计划委员会（执行局前身）成员。1995年起，一直是执行局成员（2008年除外）。2006年，WFP结束其在华常规粮食援助项目，至此中国从受援国转变为捐赠国，并逐渐加大对世界粮食计划署的支持力度。

### （17）世界气象组织

世界气象组织成立于1950年，是开展气象业务和气象科学合作活动的政府间国际组织，其宗旨是促进国际气象合作，进行气象、水文以及与气象有关的地球物理观测，促进气象情报交换及鼓励气象及有关领域内的研究和培训等。

中国是1947年《世界气象组织公约》签字国之一。自1973年起，中国一直是世界气象组织的执行理事会成员。中国与该组织关系良好，该组织历届主席、秘书长及许多高级官员曾多次访华，受到中国领导人的接见。

2013年5月，世界气象组织执行理事会第65次届会在瑞士召开，中国代表团与会。会议讨论了全球气候服务框架及第一届政府间气候服务委员会会议的筹备、气象防灾减灾、2012～2015年战略计划的实施、资源管理、总务和法律等事宜。中国气象局局长郑国光率中国代表团与会。

### （18）世界贸易组织

中国重视世界贸易组织的作用，坚定维护多边贸易体制，反对贸易保护主义，支持世界贸易组织加强对贸易政策的监督，并通过二十国集团圣彼得堡峰会、亚太经合组织第21次领导人非正式会议等重要多边国际会议呼吁各国加强对贸易问题的关注，支持多哈回合谈判。

2013年12月，世界贸易组织第九次部长级会议在印度尼西亚巴厘岛举行。在各方共同努力下，会议通过了“早期收获”协议，标志着多哈回合谈判取得重要进展。中国为协议的通过作出重要贡献。会议期间，中国与由贝宁、布基纳法索、马里、乍得组成的“棉花四国”发表联合新闻公报，宣布将在世界贸易组织框架下进一步加强棉花领域合作，该合作将成为南南合作的新模式。

世界贸易组织前任总干事拉米重视中国作用，于2013年3月和6月两次访华。现任总干事阿泽维多（巴西人）于2013年9月1日上任，任期至2017年9月。2013年10月，易小准被任命为世界贸易组织副总干事，这是第一位来自中国的副总干事。

## （二）中国与其他国际和地区组织、会议

### 1. 国际红十字组织

国际红十字组织包括红十字国际委员会（简称“国际红会”）和红十字会与红新月会国际联合会（简称“国际联合会”）。

国际红会成立于1863年，是国际红十字与红新月运动的发起者和创始组织。主要依据《日内瓦公约》所赋予的职责和权力，向战争和武装冲突受害者提供人道主义保护和救助，致力于发展和传播国际人道法。总部在瑞士日内瓦。现任主席彼得·莫雷尔（瑞士籍），2012年就任。

国际联合会成立于1919年。主要宣传红十字运动原则，救灾，备灾，与各国红十字会或红新月会合作开展各项人道主义工作。总部在瑞士日内瓦。现任主席近卫忠辉（日本籍），2009年就任，2013年连任，任期四年。

2013年3月11～12日，国际红会行动部主任皮埃尔来华访问，外交部部长助理马朝旭会见。

5月12～15日，国际红会主席莫雷尔对华进行工作访问，国家主席习近平、中国红十字会会长华建敏、外交部长王毅、司法部副部长张苏军、公安部部长助理刘彦平分别同其会见。

5月13～18日，中国红十字会在北京主办中非国家红会合作论坛暨“发展与人道”中非研讨会，国际红会主席莫雷尔、国际联合会秘书长格雷塔出席。期间，中国红十字会会长华建敏、外交部部长助理乐玉成同格雷塔会见。

6月27～28日，中国国际人道法国家委员会在北京举办“东亚和东南亚国际人道法：宣传和实施行动”地区会议。

8月15～16日，国际红会东亚地区办事处与中国红十字会在北京召开“重建家庭各联系能力建设会议”。

8月24日，第44届南丁格尔奖章颁奖大会在北京举行，国际红会主席莫雷尔出席并致辞。会前，习近平主席同其简短寒暄。

10月14～17日，国际红会与中国政法大学在北京联合举办“第二期武警国防生执法行动国际最佳实践研讨班”。

11月12～15日，国际联合会第19届全体大会在澳大利亚悉尼举行，大会选出新一届主席、副主席及领导委员会成员。中国红十字会常务副会

长赵白鸽当选国际联合会亚太区副主席。

**2. 国际移民组织**

国际移民组织成立于1951年，是移民领域唯一的全球性政府间国际组织，总部在瑞士日内瓦，现有155个成员国，宗旨是在世界范围内确保移民有序流动，并协助有关国家处理移民问题。现任总干事斯温（美国人），2008年10月上任，2013年6月连任，任期至2018年。

2001年，中国成为国际移民组织观察员国。2011年，中国与国际移民组织签署了《中国移民管理能力建设二期项目执行计划谅解备忘录》（2011～2013年）。2013年，中国政府继续积极支持国际移民领域工作，与国际移民组织保持良好合作关系。

2013年9月1～7日，总干事斯温应邀访华，外交部副部长张业遂、国务院侨务办公室主任裘援平会见，外交部国际司司长李军华与其会谈，就国际移民形势与加强双方合作交换意见。

11月26～29日，国际移民组织第103届理事会在瑞士日内瓦举行。中国代表团以观察员国身份出席，呼吁国际社会加强合作，树立开放包容理念，促进移民权益与融入。

12月5～6日，国际移民组织驻华联络处与中方在北京合作举办国际移民法培训班，来自中国外交部及十个地方省市共30名移民领域政府官员参加培训。

**3. 第68届联合国大会国际移民与发展高级别对话会**

根据2012年第67届联合国大会决议，第68届联大国际移民与发展高级别对话会于2013年10月3～4日在纽约联合国总部举行，主题为“加强各级合作促进国际移民对发展的有利影响”。第68届联大主席阿什、联合国秘书长潘基文等出席会议开幕式并致辞。中国常驻联合国副代表王民大使率团与会并发言，呼吁国际社会加强合作，客观公正地看待移民现象，推动各国共同发展，共享移民红利。

近年来，国际移民的规模和范围不断扩大，各方越来越关注移民对发展的影响。2006年联大曾就移民与发展问题举行过高级别会议。

**4. 亚洲太平洋邮政联盟**

亚洲太平洋邮政联盟是区域性政府间国际邮政组织，成立于1962年，总部设在泰国曼谷，现有成员国32个。中国于1975年加入该组织。

2013年9月3～7日，亚洲太平洋邮政联盟在印度新德里召开第11届全权代表大会。国家邮政局局长马军胜率中国代表团出席了大会。会上，中国政府推荐的候选人林洪亮高票当选新一届（2014～2017年）亚洲太平洋邮政联盟秘书长。

### 5. 中国环境与发展国际合作委员会

中国环境与发展国际合作委员会（简称“国合会”）是中国政府在环境领域的高级国际咨询机构，成立于1992年，主要职责是针对中国环发领域的重大问题进行研究，开展政策示范和项目示范，向中国政府提出政策建议，促进中国可持续发展与决策科学化。国合会每四年改选一届，现任主席为国务院副总理张高丽，委员包括中外政府部门官员和国内外环发领域的知名专家。

2013年11月13～15日，国合会2013年年会在北京召开。国务院总理李克强会见了国合会外方委员，副总理张高丽出席会议开幕式并发表讲话。国合会中外方委员、有关国家和国际组织代表、专家学者等400余人参加了会议。会议主题是“面向绿色发展的环境与社会”。会议听取了中外专家关于环境与发展领域的政策报告，并讨论通过了给中国政府的相关政策建议。

### 6. 国际可再生能源署

国际可再生能源署于2009年1月在德国波恩成立，系政府间国际组织，总部设在阿拉伯联合酋长国首都阿布扎比。其宗旨是推广可再生能源的使用，提供可再生能源发展的信息服务和政策咨询，促进可再生能源开发的技术转移等。

2009～2013年，中国以观察员身份参与了国际可再生能源署的历次筹备委员会会议和前三届全体大会。2013年6月，中国能源局向国际可再生能源署提出加入申请。2013年11月，王毅外长签署加入书。中国于2014年1月2日正式成为国际可再生能源署成员。

### 7. 亚太经济合作组织

亚洲太平洋经济合作组织（APEC）是亚太地区级别最高、领域最广、影响力最大的经济合作机制，成立于1989年，以加强多边贸易体制，消除区域贸易壁垒为宗旨。经过20多年的发展，APEC合作领域延伸至投资、金融、能源、农业、科技、电信、交通、旅游、人力资源，以及反恐、防灾减灾、反腐败、卫生等诸多领域。截至2013年年底，APEC共有21个成员及3个观察员，观察员分别是东盟秘书处、太平洋经济合作理事会和太平洋岛国论坛秘书处。APEC主要活动包括领导人非正式会议、部长级会议以及高官会等。

中国重视APEC的作用，一直支持并积极参与各层次、各领域的合作，并为合作不断取得进展作出了重要贡献。中国支持APEC推进自身改革和机制建设、增强效率和效用，提高在应对重大国际经济问题方面的相关性、针对性和时效性，不断增强在区域合作中的影响力。

2013年10月7～8日，APEC第21次领导人非正式会议在印度尼西亚巴厘岛举行。会议以“活力亚太　全球引擎”为主题，重点讨论了实现茂物目标、可持续和公平增长、推进互联互通等议题，发表了《活力亚太　全球引擎——APEC第21次领导人非正式会议宣言》和两个附件，以及《支持多边贸易体制和世界贸易组织第九届部长级会议声明》。宣言内容主要包括印尼方提出的上述三大重点合作领域，附件分别涉及亚太经合组织互联互通框架和基础设施建设和投资多年期计划。

国家主席习近平出席了此次会议。习近平主席提出维护和发展开放型经济，推动形成亚太地区政策协调、增长联动、利益融合的发展格局的主张，倡导亚太经济体加强宏观政策协调，反对贸易保护主义，提升APEC引领作用。习近平主席还介绍了中国主办2014年APEC领导人非正式会议的考虑，体现了中国在促进合作、推动区域经济一体化方面的负责任、建设性作用，获得各成员一致支持。习近平主席还出席了APEC工商领导人峰会和领导人与工商咨询理事会代表对话会，发表了题为《深化改革开放　共创美好亚太》的主旨演讲，全面系统地介绍了中国的发展理念和改革开放举措，提升了世界对中国经济持续健康增长的信心，传递出中国政府推动改革的决心，强调中国将坚定维护地区和平与稳定，大力促进地区发展与繁荣，致力于构建横跨太平洋两岸、惠及各方的合作框架，推动亚太合作实现共赢。

2013年，中国派团出席APEC工作组级别以上会议和活动80余场，主办APEC活动20余场。

中国将于2014年11月10～11日在北京主办APEC第22次领导人非正式会议，这将是继2001年在上海办会之后，中国再次主办APEC领导人非正式会议。

### 8. 上海合作组织

2013年，上海合作组织继续保持健康、稳定的发展势头，政治、安全、经济、人文领域合作取得新进展。成员国团结互信与务实合作水平进一步提高，该组织在国际和地区事务中的影响力持续上升。

9月12～13日，上海合作组织成员国元首理事会第13次会议在吉尔吉斯斯坦比什凯克成功举行。会议围绕发展成员国长期睦邻友好合作关系，上海合作组织下阶段工作目标和任务，以及重大国际和地区问题深入交换意见，达成广泛共识。成员国元首共同签署了《上海合作组织成员国元首比什凯克宣言》，发表了《上海合作组织成员国元首理事会会议新闻公报》，批准了《〈上海合作组织成员国长期睦邻友好合作条约〉实施纲要（2013～2017年）》，见证签署了《上海合作组织成员国政府间科技合作协定》。11月28～29日，上海合作组织成员国政府首脑（总理）理事会第12次会议在乌兹别克斯坦塔什干举行。会议围绕落实上海合作组织比什凯克峰会成果，对上海合作组织下一阶段各领域务实合作发展作出规划，并发表《上海合作组织政府首脑（总理）理事会会议联合公报》。

2013年，上海合作组织还举行了安全会议秘书、外交部长、国防部长、科技部长、紧急救灾部门领导人、司法部长、交通部长、经贸部长、文化部长、卫生防疫部门领导人会议和上海合作组织论坛，举行“救援协作—2013”联合救灾演练，进一步深化和拓展了各领域合作，扩大了国际影响力。

2013年，中国高度重视并全面参与上海合作组织框架内的各项活动，积极开展同其他成员国、观察员国和对话伙伴国的互利合作。在中方倡议下，成员国制定并落实《〈上海合作组织成员国长期睦邻友好合作条约〉实施纲要（2013～2017年）》，其涵盖20多个领域近70项合作措施，对成员国进一步提升互信、深化务实合作具有重要意义。

## 9．东南亚国家联盟

2013年是中国与东南亚国家联盟（简称“东盟”）建立战略伙伴关系十周年，双方先后举行多场庆祝活动，主要包括举办中国—东盟特别外长会、中国—东盟高层论坛、中国—东盟交通部长特别会议、中国—东盟建立战略伙伴关系十周年庆祝招待会、邀请东盟秘书长访华、东盟经贸部长来华“路演”、摄制《中国—东盟十年路》大型纪录片等。

10月2～8日，国家主席习近平访问东南亚，全面阐述了中国对东盟政策，提出愿与东盟国家携手建设中国—东盟命运共同体，倡议探讨签署中国与东盟国家睦邻友好合作条约、筹建亚洲基础设施投资银行、建设21世纪“海上丝绸之路”等，为中国—东盟关系未来发展指明了方向。

9月3～6日，第十届中国—东盟博览会暨中国—东盟商务与投资峰会在广西南宁举行。国务院总理李克强出席开幕式并致辞。

10月9日，李克强总理出席在文莱斯里巴加湾市举行的第16次中国—

东盟领导人会议。李克强总理在会上全面回顾总结中国与东盟建立战略伙伴关系十年来取得的成就和经验，并就未来十年中国—东盟关系发展提出"2+7合作框架"，倡议双方在坚持深化战略互信和聚焦经济发展两点共识基础上，重点推进政治、安全、经贸、金融、互联互通、海上、人文等七个领域合作，得到东盟国家积极响应。

8月29日，中国—东盟特别外长会在北京举行。李克强总理、国务委员杨洁篪分别会见来北京出席会议的东盟十国外长和东盟秘书长。外交部长王毅与泰国副总理兼外长素拉蓬共同主持会议。10月16～19日，应王毅外长邀请，东盟秘书长黎良明正式访华。杨洁篪国务委员和王毅外长分别与黎举行会见和会谈。

6月30日，中国—东盟外长会在文莱斯里巴加湾市举行，王毅外长出席。4月2日，第19次中国—东盟高官磋商在北京举行，外交部副部长张业遂出席。6月29日，中国—东盟非正式高官会在文莱举行，外交部副部长刘振民出席。上述会议回顾和展望了中国—东盟关系，并就双方共同关心的国际地区问题交换了意见。

9月14～15日，落实《南海各方行为宣言》第六次高官会和第九次联合工作组会在中国苏州举行。会上中国与东盟国家就进一步全面有效落实《宣言》、加强海上务实合作深入交换了意见，并在落实《宣言》框架下就"南海行为准则"举行了磋商。

中国与东盟其他领域合作全面推进。5月，中国与东盟国家国防部长在文莱举行会晤，双方就加强防务安全合作等问题深入交换意见。6月，第四届中国—东盟知识产权局长会议在北京举行，第11次中国—东盟海关总署磋商会在新加坡举行。7月，中国—东盟思想库网络在北京宣布启动。9月，第六届中国—东盟教育交流周在贵阳举行，第三届中国—东盟打击跨国犯罪部长级会议在老挝举行，中国—东盟青年联谊会在广西成立。11月，第八次中国—东盟电信部长会议在新加坡举行，首届中国—东盟海洋合作论坛在印度尼西亚巴厘岛举行。

### 10. 南亚区域合作联盟

南亚区域合作联盟（简称"南盟"）成立于1985年12月，包括阿富汗、孟加拉国、不丹、印度、马尔代夫、尼泊尔、巴基斯坦和斯里兰卡八个成员国。中国、日本、美国、欧盟、伊朗、韩国、毛里求斯、澳大利亚以及缅甸为观察员。

2005年11月，第13届南盟峰会原则同意接纳中国为观察员国。2006年8月，南盟第27届部长理事会审议通过南盟观察员国指导原则，正式接纳中国为观察员国。2007年4月、2008年8月、2010年4月和2011年11月，中国以观察员国身份分别派团出席第14～17届南盟峰会。

2013年6月，中国在昆明举行首届中国—南亚博览会，南亚各国派团参加。南盟秘书长萨利姆出席博览会开幕式，国务院副总理马凯会见。萨利姆秘书长还访问了北京并与外交部副部长刘振民举行会谈。萨利姆是中国成为南盟观察员国后首位访华的南盟秘书长。12月，中国与尼泊尔在加德满都共同举办首届"加德满都论坛"，文化部副部长丁伟、尼文化部部长施雷斯塔、南盟秘书处及南亚各国代表出席开幕式。

2013年，中国还同南盟各国举办了第八届中国—南亚商务论坛、南亚国家政党干部研修班等合作项目。

### 11. 阿拉伯国家联盟

2013年，中国与阿拉伯国家联盟（简称"阿盟"）的友好合作关系稳步向前推进，并在中国—阿拉伯国家合作论坛（简称"中阿合作论坛"）框架下共同举办了多项重要活动。

#### 继续加强磋商与协调，努力深化政治互信

3月6日，第139届阿盟外长理事会通过决议，强调重视加强同中国在各领域的关系，重申阿拉伯国家支持一个中国原则。

3月26日，国家主席习近平致电阿盟首脑理事会轮值主席、卡塔尔埃米尔哈马德·本·哈利法·阿勒萨尼，祝贺第24届阿盟首脑会议在卡塔尔首都多哈开幕。

9月25日，在纽约举行的第68届联大一般性辩论期间，外交部长王毅会见阿盟秘书长纳比勒·阿拉比，双方就中国与阿拉伯国家关系、中阿合作论坛建设和中东地区局势等交换了意见。

#### 推进中阿集体对话与合作稳步发展

3月24～30日，阿拉伯四国专家学者团应"中阿合作论坛研究中心"邀请访华期间，外交部部长助理张明会见。外交部、中国国际问题研究所、"中阿合作论坛研究中心"等单位负责人和专家学者分别就中国与阿拉伯国家关系、地区形势和热点问题等同代表团进行座谈交流。

4月8～10日，中阿合作论坛首届中国—阿盟卫生高官会在北京举行。国家卫生和计划生育委员会副主任陈啸宏、埃及卫生部副部长穆斯塔法及21个阿拉伯国家卫生官员出席了会议。会议通过了《中阿卫生高官会联合声明》。

5月14日，由文化部、外交部、国家新闻出版广电总局、国家体育总局、国家宗教局、国家文物局、中国文学艺术家联合会、中国作家协会等部门共同组织开展的2013年“中阿丝绸之路文化之旅”活动在北京正式启动。

5月29～30日，中阿合作论坛第十次高官会在北京举行。期间，王毅外长会见参会的阿拉伯各国及阿盟代表团团长。外交部副部长翟隽、阿盟副秘书长本·哈里、埃及外交部部长助理阿姆鲁·埃布埃勒阿塔等21个阿拉伯国家外交部高级官员与会。会议评估了中阿合作论坛第五届部长级会议成果文件落实情况，确定了下阶段落实《中阿合作论坛2012～2014年行动执行计划》的重点领域和步骤，深入探讨了2014年将在中国举行的中阿合作论坛第六届部长级会议以及“论坛”成立十周年庆祝活动相关筹备工作，并就共同关心的国际和地区问题进行了政治磋商。会议通过了《成果文件》。

6月27～28日，中阿合作论坛“第五届中阿关系暨中阿文明对话研讨会”在新疆乌鲁木齐举行。会议由外交部和阿盟秘书处共同主办，来自外交部、文化部、国务院新闻办公室、中国人民对外友好协会、国内知名学术研究机构、高校的代表和专家学者以及20个阿拉伯国家和阿盟的近百名代表与会。新疆维吾尔自治区主席努尔·白克力会见与会中外方代表，外交部副部长翟隽、新疆维吾尔自治区副主席库热西·买合苏提出席会议开幕式。会议期间，与会代表围绕新形势下如何进一步加强中阿战略合作关系、推进双方文化交往与文明对话等议题进行了深入探讨，达成广泛共识，并通过了会议《最终报告》。

9月13～16日，中阿合作论坛2013中国—阿拉伯国家广播电视合作论坛在宁夏银川举行，并通过了《2013中国—阿拉伯国家广播电视合作论坛纪要》。

11月23～30日，中阿合作论坛中方秘书处邀请来自20个阿拉伯国家和阿盟的第二批近60名青年代表访华。访问期间，外交部、商务部、文化部相关部门负责人和北京外国语大学师生分别同代表团进行座谈交流。

11月29日至12月8日，“中阿合作论坛研究中心”专家学者代表团访问科威特、约旦、埃及三国。代表团由外交部前副部长、“中阿合作论坛研究中心”理事会顾问杨福昌大使任团长，成员包括上海外国语大学中东研究所、北京大学等国内研究机构和高校的学者。访问期间，代表团同三国智库、学术机构进行座谈交流，就中国与阿拉伯国家关系、地区形势和热点问题进行了深入探讨。

12月9～10日，中阿合作论坛第五届企业家大会暨投资研讨会在四川成都举行。本届会议由中国国际贸易促进会与四川省人民政府共同主办，主题为“深化互利合作，促进共同发展”。全国政协副主席陈元出席开幕式并发表主旨演讲。贸易促进会会长万季飞、四川省省长魏宏、苏丹矿业部副部长萨利赫、中阿双方有关政府官员和企业家代表等数百人出席。

## 12. 海湾合作委员会

2013年，中华人民共和国和海湾阿拉伯国家合作委员会（简称“海湾合作委员会”）关系稳步发展。

1月，国家发展与改革委员会副主任张晓强应海湾合作委员会秘书处邀请访问沙特阿拉伯，分别会见了海湾合作委员会助理秘书长阿卜杜勒阿齐兹·欧维什格以及沙特财政副大臣、海湾合作委员会谈判总协调人哈马德·本·苏莱曼·巴兹。

9月，外交部长王毅在纽约出席第68届联合国大会期间，集体会见了海湾合作委员会“三驾马车”——现任轮值主席国巴林外交大臣哈立德·本·艾哈迈德·阿勒哈利法、下任轮值主席国科威特副首相兼外交大臣萨巴赫·哈立德·哈马德·萨巴赫、秘书长阿卜杜拉提夫·扎耶尼，双方就中国与海湾合作委员会关系及共同关心的国际和地区问题深入交换了意见。

12月，王毅外长访问沙特期间，会见了海湾合作委员会秘书长扎耶尼。

## 13. 非洲联盟

2013年，中国与非洲联盟友好合作关系快速发展，各领域交流与合作成果丰硕。

双方高层交往密切。2月，非盟委员会主席恩科萨扎纳·德拉米尼–祖马来华访问，中共中央总书记习近平会见，外交部长杨洁篪与其共同主持中国—非盟第五次战略对话。3月，国家主席习近平在南非出席金砖国家领导人会晤期间，会见非盟轮值主席、埃塞俄比亚总理海尔马里亚姆，并与非盟委员会主席祖马在中非领导人早餐会上交流。5月，习近平主席向庆祝非洲统一组织成立50周年非盟特别峰会致贺词，国务院副总理汪洋作为习近平主席特别代表与会宣读贺词，并分别会见了非盟轮值主席、埃塞俄比亚总理海尔马里亚姆和非盟委员会主席祖马。全国人大常委会委员长张德江在北京出席非洲驻华使团举办的庆祝非统成立50周年招待会，并会见非盟轮值主席特使、埃塞俄比亚副总理德梅克·梅孔嫩。11月，国务院副总理刘延东在访问埃塞期间会见非盟委员会主席祖马。9月，王毅外长在出席第68届联大期间会见非盟委员会主席祖马。10月，非盟委员会副主席姆温查访华。

双方务实合作持续深入。中非合作论坛第五届部长会涉非盟举措稳步推进。双方成立了非洲跨国跨区域基础设施合作联合工作组，并启动相关工作。中方在非洲和平安全合作伙伴倡议框架下，加大对非洲和平安全事务的建设性介入，为非盟能力建设和在索马里、马里等维和行动提供了力所能及的帮助。中国与非盟在气候变化、全球治理等重大国际问题上保持沟通配合，共同维护发展中国家利益。非盟在涉及中国重大和核心利益的问题上给予中国支持。中方坚定支持非盟在国际刑事法院审判非洲领导人等问题上的立场。双方还就加强中非人力资源开发、农业、旅游业、制造业等领域合作保持密切沟通。

### 14. 欧洲联盟

2013年是中国同欧洲联盟全面战略伙伴关系建立十周年，中欧关系保持稳定发展，各领域合作不断扩大和深化，以年度领导人会晤为战略引领，以政治、经济、人文为“三大支柱”的合作格局进一步完善。

高层交往势头良好。3月，欧洲理事会主席赫尔曼·范龙佩、欧盟委员会主席若泽·曼努埃尔·巴罗佐联名向新当选的国家主席习近平和国务院总理李克强致就任贺信。11月，范龙佩主席和巴罗佐主席应邀来华出席第16次中国欧盟领导人会晤。习近平主席会见两位主席，李克强总理同两位主席共同主持会晤。

各级别对话和磋商频繁。1月，外交部长杨洁篪与欧盟驻华使节举行年度工作午餐。4月，欧盟外交与安全政策高级代表兼欧盟委员会副主席凯瑟琳·阿什顿访华，全国政协主席俞正声、国务委员兼国防部长常万全上将、国务委员杨洁篪分别会见，外交部长王毅与阿什顿举行会谈。7月，王毅外长在文莱斯里巴加湾出席东亚系列外长会议期间会见阿什顿。9月，欧盟人权事务特别代表斯塔夫罗斯·兰普里尼季斯访华。此外，第十轮中欧外交政策磋商、第32次中欧人权对话、第八轮中欧非洲事务磋商、首轮中欧人员往来和移民领域对话、中欧网络工作小组第二次会议、中欧高技术贸易工作组第二次会议、第五次中欧环境部长对话、第八次中欧财金对话、第六次中欧能源对话、第五次中欧宏观经济政策对话、第八次中欧区域政策对话、中欧农业与农村发展对话机制第八次会议、中欧工业对话磋商机制第三次全体会议等顺利举行。中欧全面战略伙伴关系建立十周年研讨会、第三届布鲁塞尔“中欧论坛”先后在布鲁塞尔举行。国务院总理李克强向“中欧论坛”致贺信。

各领域务实合作积极推进。欧盟委员会卫生和消费者政策委员托尼奥·博奇，贸易委员卡洛·德古赫特，副主席兼工业企业委员安东尼奥·塔亚尼，环境委员雅奈兹·波托奇尼克，农业与农村发展委员达契安·乔罗什，就业、社会事务及社会融合委员拉斯洛·安多尔，国际合作、人道主义援助与危机应对委员克里斯塔琳·格奥尔基耶娃等欧盟机构官员相继访华，双方签署《关于可持续旅游领域合作的联合声明》等多个合作文件。

经贸关系继续发展。欧盟保持中国第一大贸易伙伴、进口来源地、技术引进来源地。中国是欧盟第二大贸易伙伴、第一大进口来源地、第三大出口市场。6月，第27届中欧经贸混委会在华举行。10月，国务院副总理马凯赴布鲁塞尔与欧盟委员会副主席兼经济与货币事务委员雷恩、贸易委员德古赫特共同主持第四轮中欧经贸高层对话。

中欧双方多次就光伏产品贸易争端举行对话和磋商。6月，国务院总理李克强与欧盟委员会主席巴罗佐通电话，就光伏产品贸易争端问题进行沟通。7月，中国机电产品进出口商会宣布，中国光伏产业与欧盟委员会达成价格承诺安排，就中国输欧光伏产品的价格和数量作出了规定。

议会、政党交流稳定开展。4月，第四届中欧政党高层论坛在江苏苏州举办。7月，全国人大—欧洲议会定期交流机制第35次会议在华举行。欧洲议会人民党党团副主席海梅·马约尔·奥雷哈、欧洲议会对华关系代表团团长克雷森佐·利凡里尼、欧洲议会保守党党团主席马丁·卡拉南、欧洲议会社会党联盟党团主席汉内斯·斯沃博达、欧洲议会欧中友好小组主席内杰·德瓦等相继率团访华。

### 第16次中国欧盟领导人会晤

11月20～21日，国务院总理李克强在北京同欧洲理事会主席范龙佩、欧盟委员会主席巴罗佐共同主持第16次中国欧盟领导人会晤。国家主席习近平会见来华与会的欧方领导人。双方就新形势下发展中欧关系和扩大务实合作深入交换意见。同意把握好中欧关系大方向，坚持相互信任与合作共赢，妥善处理合作中遇到的问题和分歧，推动中欧全面战略伙伴关系不断取得新发展。

会晤取得以下重要成果：第一，发表《中欧合作2020战略规划》，为未来五至十年培育和开发在城镇化、科研创新、航空航天、绿色经济等领域合作增长点制定一份有雄心、重务实的路线图。第二，正式宣布启动中欧投资协定谈判，确定到2020年贸易额达到一万亿美元的目标。第三，发挥好中欧高级别人文交流对话机制作用，加紧商谈便利人员往来协议，加强公共政策对话。第四，加强在国际和地区事务中的沟通、协调与合作。第五，签署《中欧知识产权合作行政协议》、《中欧能源安全联合声明》、《中欧粮食、农业和生物科技科研创新合作意向书》等合作文件。第六，举办第九届中欧工商峰会、2013年中欧城镇化伙伴关系论坛和中欧城市博览会以及首次中欧创新合作对话等配套活动。

### 15. 美洲国家组织

美洲国家组织成立于1948年，成员包括全美洲35个国家（2009年，美洲国家组织废除了1962年关于中止古巴成员国资格有关决议，但古巴拒绝重返该组织），是美洲最重要的政府间政治组织。总部设在华盛顿，现任秘书长何塞·米格尔·因苏尔萨，2005年当选，2010年连任。截至2013年，该组织有68个常驻观察员。2004年5月，中国成为该组织第60个常驻观察员国。

中国重视发展与美洲国家组织的友好合作关系。2013年6月，中国派团出席了该组织在危地马拉举行的第43届年会。同年10月，外交部部长助理张昆生过境美国期间会见因苏尔萨秘书长。

2013年，"中国—美洲国家组织合作基金"先后资助了涉及政治、社会发展、文化教育、环境等领域的七个项目。

### 16. 拉美和加勒比国家共同体

拉美和加勒比国家共同体（简称"拉共体"）于2011年12月正式成立，由拉美和加勒比33国组成，是拉美和加勒比首个囊括该地区所有独立国家的综合性组织，旨在推进地区各领域一体化建设，整合、协调现有的区域和次区域一体化组织。2013年1月，拉共体智利峰会决定加勒比共同体轮值主席国代表加勒比国家同拉共体原"三驾马车"一起组成"扩大的三驾马车"，作为拉共体主要的协调机制。

中国高度重视发展与拉共体的关系。2012年8月，中国与拉共体"三驾马车"建立外长定期对话机制并于9月在纽约举行首次外长对话。2013年9月，中国与拉共体"扩大的三驾马车"（成员包括古巴、智利、哥斯达黎加、特立尼达和多巴哥）外长举行对话，双方表示将积极落实中拉领导人就提升双方关系水平、推进整体合作达成的重要共识，推进中拉论坛筹备工作，推动平等互利、共同发展的中拉全面合作伙伴关系不断发展。

### 17. 南方共同市场

南方共同市场（简称"南共市"）1991年成立，1995年1月正式启动，是南美最大的经济一体化组织和关税同盟，世界第五大经济体。成员包括阿根廷、巴西、乌拉圭、巴拉圭、委内瑞拉和玻利维亚。厄瓜多尔于2013年6月正式申请"入市"。总部设在乌拉圭蒙得维的亚，现任高级总代表伊万·拉马略，2012年任职。

中国同南共市关系良好，双方自1997年起建立副部长级对话机制。至2004年6月，双方外交、商务部门共举行了五次对话。2012年6月，国务院总理温家宝在访问阿根廷期间与南共市国家领导人举行视频会议，就深化双方关系、加强经贸合作交换意见，达成广泛共识，并就发表《中华人民共和国与南方共同市场关于进一步加强经济、贸易合作联合声明》达成一致。同月，南共市第43届首脑会议正式发表该联合声明，中国驻阿根廷大使殷恒民作为中国政府代表应邀与会。8月，外交部部长助理张昆生致电祝贺拉马略当选南共市高级总代表。

## 18. 拉美“太平洋联盟”

拉美“太平洋联盟”（简称“联盟”）成立于2011年，宗旨是实现区内货物、服务、资本和人员自由流通，促进成员国经济增长、社会发展、提升整体竞争力，搭建面向世界、特别是亚太地区的政治、经济和贸易一体化平台。截至2013年，该组织有智利、哥伦比亚、墨西哥、秘鲁四个成员国，两个候选成员国（哥斯达黎加和巴拿马）及域内外23个观察员国。联盟现任轮值主席国为哥伦比亚。

外交部长王毅于2013年6月致函联盟轮值主席国哥伦比亚外长奥尔古因，提出中国希望成为联盟观察员国的申请。7月，联盟轮值主席国哥伦比亚外长和外贸部长联名致函王毅外长，通报接纳中国为联盟观察员国。

## 19. 美洲开发银行

美洲开发银行（简称“美洲行”）成立于1959年，宗旨是促进拉美和加勒比经济社会发展。现有48个成员国，总部设在华盛顿，现任行长路易斯·阿尔贝托·莫雷诺，2005年当选。

中国重视发展与美洲行的友好合作关系。双方高层往来密切，自1991年以来，中方派团出席历届美洲行年会。1991年，中国人民银行成为美洲行观察员。2009年1月，中国人民银行代表中国成为美洲行正式成员。2013年1月，中国人民银行和美洲行共同成立规模20亿美元的“中国对拉美和加勒比地区联合融资基金”，以支持推动拉美和加勒比地区经济的可持续发展。3月，中国人民银行副行长易纲率团出席在巴拿马举行的美洲行第54届年会。9月，国务院副总理马凯、外交部副部长张业遂等分别会见来华访问的莫雷诺行长。

## 20. 拉丁美洲议会

拉丁美洲议会（简称“拉美议会”）成立于1964年，由拉美和加勒比23个国家和地区的议员组成，宗旨是促进拉美和加勒比国家的团结和地区一体化。总部位于巴拿马首都巴拿马城，现任议长埃利亚斯·阿列尔·卡斯蒂略·冈萨雷斯，2010年12月当选，2012年11月30日连任，任期至2014年。

中国重视发展与拉美议会的友好合作关系。2004年3月，中国全国人民代表大会成为拉美议会观察员。2013年10月，中国全国人大常委会副委员长向巴平措率团出席拉美议会第29届年会暨拉美议会大楼竣工仪式。

## 21. 亚欧会议

亚欧会议成立于1996年，是亚洲与欧洲之间重要的政府间交流合作机制，旨在通过对话增进了解、加强合作，促进建立亚欧新型全面伙伴关系。亚欧会议现有51个成员，政治对话、经贸合作、社会文化及其他领域交流是其合作三大支柱。

2013年，中国继续积极参与亚欧会议各项活动，全面落实第九届亚欧首脑会议成果，推动亚欧深化务实合作。

11月11～12日，第11届亚欧外长会议在印度新德里举行。外交部长王毅率团出席。会议以“亚欧会议：增长与发展伙伴关系的桥梁”为主题，讨论了经济增长与可持续发展、非传统安全问题、国际和地区热点问题，通过了《主席声明》。王毅外长阐述了中方对亚欧合作的看法和主张，指出亚欧之间政治上的互信、经济上的互补、文化上的互容，为双方合作展示了更广阔的发展空间。亚欧合作的重点一是积极促进贸易和投资便利化，推动亚欧经济一体化，让亚欧未来发展具有更强后劲；二是在互联互通、清洁能源、生态保护、信息技术、城镇化等新领域开展更多务实合作；三是利用现代信息技术便利，丰富亚欧人文交流的内涵和形式，特别是吸引和增加青年与媒体的广泛参与。王毅外长建议亚欧智库学者将推动亚欧合作与建设“丝绸之路经济带”有机结合开展研究。王毅外长还介绍了中方将于2014年在城镇化、食品安全、公共卫生等领域举办的一系列活动倡议。

中国于4月25～26日在江苏省扬州市举办了亚欧会议未来发展方向研讨会，就亚欧会议的机遇与挑战、共享经验与最佳实践、亚欧会议未来发展等议题进行了深入讨论，通过了《扬州倡议》。中国于10月在北京举办了亚欧会议空气污染防治能力建设研讨会，11月在重庆举办了亚欧青年就业促进研讨会。

中国亚欧会议高官张小康大使率团出席了历次亚欧会议高官会。中国代表团还先后出席了亚欧教育高官会（1月28～29日，5月12日）、亚欧水资源与流域管理研讨会（3月21～22日）、第四届亚欧教育部长会议（5月12～14日）、第12届亚欧移民管理局长会议（10月9～10日）、第13届亚欧非正式人权研讨会（10月21～23日）、亚欧会议防灾减灾高级别会议（11月18～19日）等。

中国继续积极支持和参与亚欧基金的活动。中国亚欧基金董事吕永寿大使出席了第30次董事会会议及执行董事会会议。

## 22. 东亚峰会

截至2013年，东亚峰会参与国共18个，即东盟十国（文莱、柬埔寨、印度尼西亚、老挝、马来西亚、缅甸、菲律宾、新加坡、泰国、越南）、中国、日本、韩国、印度、澳大利亚、新西兰、美国、俄罗斯。

2013年10月10日，第八届东亚峰会在文莱斯里巴加湾举行，国务院总理李克强出席。李克强总理表示，东亚峰会成立八年来，秉承东亚合作的开放包容精神，立足东亚、超出东亚，已成为连接东亚、亚太合作的重要桥梁。李克强总理呼吁各方秉承传统并发扬光大，保持和平发展势头，妥善处理制约发展的问题，管控好分歧，营造有利于和平安全发展的环境，并提出三点建议：加强战略合作，共同应对挑战；深化经济合作，促进地区融合；增进安全互信，维护地区和平稳定。李克强总理还就地区形势和南海问题阐述了中方立场，强调南海的航行是自由的，南海的航行安全是有保障的，有关争议应由直接当事方通过协商和谈判解决。会议通过了《东亚峰会粮食安全宣言》。

2013年5月，中国主办“第五届东亚性别平等部长级会议”。6月，中国主办“东亚峰会重特大自然灾害风险管理研讨会”。7月，中国在东亚峰会外长会期间提出制定“《金边发展宣言》行动计划”，得到各方积极响应。9月，中国与新加坡共同主办东亚峰会“双语教学—政策与实践”活动，交流关于制定和落实第二语言教学项目方面的经验。10月，签署了《成立那烂陀大学谅解备忘录》。11月，中国与美国、马来西亚和联合国人道主义事务协调办公室在马来西亚沙巴州联合举行东亚峰会地震应急救援演练。

## 23. 中日韩合作

1999年11月，中日韩三国领导人启动三方在10+3框架内的合作。2000年，三方领导人决定在10+3框架内定期举行会晤。2008年12月13日，三国开始在10+3框架外举行中日韩领导人会议。

经过14年发展，中日韩合作已建立起较完备的合作体系，形成了以领导人会议为核心，外交、经贸、科技、文化等18个部长级会议和50多个工作层机制为支撑，全方位、多层次、宽领域的合作格局。中日韩三国合作秘书处于2011年在韩国首尔建成，为三国合作提供了专业的服务和支持。

中国高度重视并积极参与中日韩合作。2013年，中国主办了第六届中日韩地震减灾三边会议，出席了第15次中日韩环境部长会议、第五次中日韩央行行长会议、第八次东北亚名人会、第五次中日韩文化部长会议、第三次中日韩灾害管理部门负责人会议、第八次中日韩外交高官磋商暨亚洲政策磋商、第13次中日韩知识产权局局长政策对话会、第六次中日韩卫生部长会议等会议。中日韩自贸区举行三轮谈判，“东亚文化之都”、“亚洲校园”等合作项目稳步推进，取得良好成效。

## 24. 东盟与中日韩合作

自1997年召开首届领导人会议以来，东盟与中日韩（10+3）在财金、粮食、能源、灾害管理、减贫等24个领域开展了务实合作，已建立65个对话机制，形成了以领导人会议为核心，以部长会议、高官会、东盟常驻代表委员会与中日韩驻东盟大使会议和工作组会议为支撑的合作体系。10+3合作参与国包括东盟十国（文莱、柬埔寨、印度尼西亚、老挝、马来西亚、缅甸、菲律宾、新加坡、泰国、越南）、中国、日本和韩国。

2013年10月9日，第16次东盟与中日韩（10+3）领导人会议在文莱斯里巴加湾举行，国务院总理李克强出席会议。李克强总理表示，东盟国家与中日韩扎实推进各领域合作，巩固了东亚合作的良好势头，为推动东亚和世界经济增长作出了积极贡献。实践证明，10+3合作是成功的，已经成为东亚合作的主渠道、主阵地。李克强总理指出，国际社会对东亚经济能否保持长期稳定，并继续成为世界经济增长主要推动力高度关注。10+3国家作为东亚合作的重要力量，肩负重大使命。各国应继续牢牢把握和平发展、互利合作的大方向，把发展经济、改善民生放在优先地位，使东亚合作始终走在健康发展轨道上。李克强总理就进一步加强10+3合作提出四点看法：坚定维护地区和平稳定；加快推进东亚经济一体化；加强地区金融安全网建设；深化各领域合作。李克强总理强调，和平发展是东亚之福，10+3是东亚和平发展之锚。东盟各国与中日韩要密切合作，携手并进，共同谱写东亚合作新篇章。

会议通过了《2013～2017年东盟与中日韩（10+3）合作工作计划》。

2013年，10+3合作取得新进展。3月，设在泰国的10+3大米紧急储备秘书处正式启动。5月，10+3财长和央行行长会批准通过了清迈倡议多边化（CMIM）协议修订草案，审议通过了10+3宏观经济研究办公室（AMRO）升级为国际组织的协议草案以及落实修改后的“亚洲债券市场倡议新路线图”工作计划。

中国积极参加10+3合作各层级会议。6月30日，外交部长王毅率团出席在文莱斯里巴加湾举行的第14次10+3外长会。会议回顾和展望了10+3合作，并就共同关心的地区和国际问题交换看法。5月、6月、9月，中国派团出席三次10+3高官会，会议就10+3合作回顾和未来发展等问题交换意见。

中国还在10+3框架下举办了一系列会议论坛。4月，举办10+3村官交流项目。5月，举办第六届10+3生物质能源论坛、第八期10+3文化人力资源开发合作研讨班。6月，举办第五届东亚商务论坛、东亚思想库网络互联互通工作组会议。7月，举办第五届粮食安全战略圆桌会议。8月，举办10+3“了解中国”培训班。9月，举办10+3互联互通伙伴关系国际研讨会。10月，举办动物疫病防控技术研讨会暨动物疫病防控高级人才培训班。12月，举办第六届10+3媒体合作研讨会。

### 25. 大湄公河次区域经济合作

大湄公河次区域经济合作（GMS）成立于1992年，成员包括柬埔寨、中国、老挝、缅甸、泰国、越南。亚洲开发银行是GMS机制的发起方、协调方和秘书处。最高决策机构为领导人会议，现已举行四次。第五次领导人会议将于2014年12月在泰国举行。日常决策机构是部长级会议，下设高官会、各领域工作组及专题论坛等。

中方重视并积极参与GMS合作，参与并支持昆曼公路、泛亚铁路、湄公河上游航道改善等基础设施项目，投资建成面向越南、老挝、缅甸跨境电力交易项目，推动贸易便利化、生物多样性保护走廊、旅游、农业等领域合作，帮助GMS其他成员国加强区域合作能力建设和人员培训。

2013年12月10～11日，第19次GMS部长级会议在老挝万象举行。老挝自然资源与环境部长努林·欣班迪和亚洲开发银行副行长格罗夫共同主持会议。来自柬埔寨、中国、老挝、缅甸、泰国、越南六个成员国以及亚洲开发银行、发展伙伴美国国务院、日本国际协力机构、湄公河委员会、国际移民组织、亚太经社会等组织代表参会。财政部副部长史耀斌率中方代表团与会。会议审议通过了GMS区域投资框架。柬埔寨、中国、老挝和缅甸签署了成立GMS铁路联盟备忘录。会议通过了部长会联合声明。会议期间还举行了GMS发展伙伴会议。

## 26. 博鳌亚洲论坛

博鳌亚洲论坛成立于2001年，是非官方、非营利的国际组织。论坛以平等、互惠、合作、共赢为主旨，立足亚洲，面向世界，旨在为亚洲各国提供一个共商发展大计的场所，推动亚洲各国同其他地区国家相互了解与合作。

近年来，博鳌亚洲论坛关注亚洲发展，关注新兴经济体成长，已成为亚洲及亚洲与其他地区国家开展对话、交流、合作的重要平台。论坛通过年会期间形式多样的主题活动和赴境外举办能源资源、金融合作、互联互通等专题会议，为促进亚洲和新兴经济体的合作与发展，推动地区经济一体化作出积极贡献。每年论坛年会均邀请包括东道国中国领导人在内的多国国家元首和政府首脑出席，为各国开展首脑外交、深化交流合作创造良好契机。

博鳌亚洲论坛2013年年会于4月6～8日举行，主题为“革新、责任、合作：亚洲寻求共同发展”。国家主席习近平出席年会并发表题为《共同创造亚洲和世界的美好未来》的主旨演讲，阐述了中国对当前国际和地区经济金融形势及如何实现亚洲稳定、发展与合作的看法。

## 27. 东盟地区论坛

东盟地区论坛（ARF）系由东盟于1994年倡议成立的安全对话机制，是亚太地区最具包容性和影响力的安全对话与合作平台。成员包括东盟十国、中国、美国、俄罗斯、欧盟、日本、韩国、印度、澳大利亚等27方。2013年7月1日，东盟地区论坛（ARF）第20届外长会在文莱举行。会议讨论了地区和国际形势，听取了本年度ARF在救灾、防扩散、反恐等优先合作领域进展情况，审议并通过了《推动ARF向预防性外交迈进的概念文件》、《ARF生物事件应急与反应的最佳实践》等文件，批准了2013/2014年度合作项目。

外交部长王毅出席了第20届ARF外长会。王毅外长在讲话中指出，当前亚太地区形势的主流是和平稳定与发展合作。各国已成为利益融合、安危与共的命运共同体，大国在亚太良性互动不断增强，全面安全、共同安全、合作安全的理念正成为亚太各国重要共识。同时，亚太地区也存在不少挑战和不稳定因素。在此形势下，通过对话与合作谋求共同安全，通过区域经济一体化促进共同发展。求同存异，妥处分歧，不仅是实现亚太长治久安和持久繁荣的唯一可行道路，也是各方共同责任。中国坚持走和平发展道路，坚持互利共赢的开放战略，坚持与邻为善、以邻为伴的周边外交方针，继续把周边作为外交优先方向，致力于使自身发展更好惠及周边国家。中国是亚太稳定发展的正能量。王毅外长高度评价论坛成立20年来为增进亚太各国互信、合作作出的贡献，指出在论坛进入第三个十年之际，各方应积极倡导以“互信、互利、平等、协作”为核心的新安全观，坚持以建立信任措施为核心，推动非传统安全合作不断走实，在共识基础上稳步推动预防性外交进程。王毅外长阐述了中方在朝核、南海等问题上的原则立场，介绍了中方在海上安全、网络安全、维和等领域提出的务实合作项目，宣布中方将与东盟国家等共同主办2015年ARF第四次大型救灾演习。会前，王毅外长与文莱外长穆罕默德亲王共同主持两国联合制作的《东盟地区论坛成立20年纪念册》发行仪式。

4月，中国和文莱在北京举办了2012/2013年度ARF第二次建立信任措施与预防性外交会间辅助会议，在上海举办了第二次国防官员对话会。9月，中国和马来西亚在北京举办了ARF加强网络安全措施研讨会。10月，中国和柬埔寨在北京举办了ARF第六届维和专家会。

除上述会议外，中国还派团参加了ARF框架下的高官会、安全政策会议、2013/2014年度ARF第一次建立信任措施与预防性外交会间辅助会议、第11届反恐与打击跨国犯罪会间会、第12届救灾会间会、第五届海上安全会间会、第七届专家名人会、第17届国防院校长会、船舶信息建档研讨会等一系列会议。5月，中国派专业防化队参加了在泰国举行的ARF第三次救灾演习，这是中国首次派防化人员赴国外执行任务。

### 28. 东亚—拉美合作论坛

东亚—拉美合作论坛（简称“亚拉论坛”）于1999年正式成立，是目前唯一跨东亚和拉美两区域的官方多边合作论坛，旨在增进两区域之间的了解，促进政治、经济对话及各领域合作，推动东亚和拉美国家之间建立更为密切的关系。截至2013年年底，亚拉论坛共有36个成员国。

中国一直积极参与东亚—拉美合作论坛活动，支持加强两区域间的交流与合作。2013年6月，外交部部长助理张昆生率团出席在印度尼西亚巴厘岛举行的东亚—拉美合作论坛第六届外长会，并发表题为“增进亚拉互信，推动合作共赢”的书面讲话，指出中方将更积极地参与论坛建设，推动论坛在增进亚拉互信、推动务实合作、加强人文交流、促进共同发展方面取得更大进展。此外，中国派员出席了亚拉论坛第14次高官会和系列工作组会议，并先后参加论坛“前瞻小组”第三和第四次会议。2013年，中国在亚拉论坛框架下先后举办了“软实力与中国—拉美伙伴关系建构”国际研讨会、拉美高级外交官研修班、拉美政党多边研修班、发展中国家环境保护官员研修班、首届东亚—拉美合作论坛青年外交官研修班、第四届中国—拉美及加勒比地区民间友好论坛、首届东亚—拉美法律论坛和第七届中拉企业家高峰会等项目。目前，中国担任论坛2013～2015年社会、政治合作与可持续发展工作组东亚方共同主席。

## 29. 太平洋岛国论坛

太平洋岛国论坛成立于1971年，是太平洋岛国地区最具影响力的政治性地区组织，成员包括澳大利亚、新西兰及14个太平洋岛国。论坛宗旨是加强论坛成员在政治安全、经贸及其他发展问题上的合作与协商。论坛秘书处设在斐济首都苏瓦。中国等15个国家是论坛正式对话伙伴。

中国重视发展与太平洋岛国论坛关系。2013年，中国与太平洋岛国论坛关系取得新进展。5月和8月，中国—太平洋岛国论坛对话会特使李强民访问斐济时，会见太平洋岛国论坛秘书长斯莱德。6月，斯莱德秘书长访华，国务委员杨洁篪、外交部长王毅、外交部部长助理郑泽光分别会见。9月，李强民特使率中国政府代表团出席在马绍尔群岛举行的第25届太平洋岛国论坛会后对话会，阐述了中国对太平洋岛国政策，宣布了中国推进与岛国关系，支持岛国应对气候变化、加强区域合作、促进可持续发展的举措。对话会期间，李强民特使还分别会见了密克罗尼西亚联邦总统伊曼纽尔·莫里、纽埃总理托克·塔拉吉、库克群岛总理亨利·普那、瓦努阿图副总理图伊洛马·爱德华·纳塔佩、汤加首相图伊瓦卡诺、太平洋岛国论坛秘书长斯莱德，就双边关系等问题交换意见。11月，斯莱德秘书长来华出席第二届中国—太平洋岛国经济发展合作论坛，国务院副总理汪洋会见。

## 30. 亚洲合作对话

“亚洲合作对话”（ACD）由泰国于2002年倡议成立，是面向亚洲的官方对话与合作机制。ACD成立以来，为促进亚洲国家间相互理解、培育亚洲意识、增进亚洲团结发挥了积极作用。现有33个成员国，即东北亚的中国、日本、韩国、蒙古、俄罗斯；东南亚的东盟十国；南亚的印度、巴基斯坦、孟加拉国、斯里兰卡、不丹、阿富汗；中亚的哈萨克斯坦、吉尔吉斯斯坦、塔吉克斯坦、乌兹别克斯坦；西亚的沙特阿拉伯、伊朗、土耳其、阿拉伯联合酋长国、科威特、阿曼、卡塔尔、巴林。摩洛哥是ACD的发展伙伴。

2013年3月，外交部陈明明大使作为外交部长王毅的特别代表出席在塔吉克斯坦首都杜尚别举行的ACD第11次外长会，就在互联互通、能源与粮食安全、金融和社会文化等领域推进泛亚合作阐述了中方的看法和建议。外长会批准成立ACD临时秘书处。9月，ACD外长早餐会决定由泰国人班迪·林沙军担任临时秘书处秘书长。临时秘书处定址科威特，将由2015年

ACD第二次首脑会议决定是否成立ACD常设秘书处。11月，王毅外长特别代表陈明明大使出席ACD第12次外长会，就加强ACD机制建设、基础设施互联互通、人文交流和“丝绸之路经济带”等领域合作提出了中方的主张，获得各国积极响应。

ACD以牵头国方式开展具体领域合作，目前已有24个国家担任20个合作领域的牵头国。中国是农业和能源领域合作的牵头国。2013年，中国在扶贫领域牵头举办“亚洲国家包容性增长与减贫研修班”，得到各方好评。

# 第五章

# 中国外交中的军控、裁军与防扩散工作

## （一）概述

2013年，全球安全形势继续深度演化，安全挑战更加复杂多元。叙利亚问题从战争边缘重回政治解决轨道，销毁化学武器与商谈政治过渡方案同步推进。伊朗核问题达成首份协议，迈出和平解决的第一步。反导问题对国际战略稳定和地区安全影响更加突出，防止外空武器化和军备竞赛的任务日趋现实和紧迫，网络安全问题备受关注，无核武器国家就推进核裁军进程、改革多边裁军机制的呼声高涨。

中国继续以建设性姿态参与国际军控与防扩散进程，致力于维护国际军控与防扩散法律体系，认真履行有关国际义务，推动和平对话解决相关热点问题，加强防扩散出口管制，积极开展对外交流与合作，为维护国际和平、安全与稳定作出了新的贡献。

## （二）中国参与联合国框架内的军控与裁军工作

### 1. 联合国大会第一委员会

第68届联合国大会第一委员会（裁军与国际安全委员会）于2013年10月7日至11月5日在纽约联合国总部举行。会议举行了一般性辩论，并就核武器、其他大规模杀伤性武器、外空、常规武器、地区裁军与安全、其他裁军措施和裁军机制7个问题举行了专题辩论。会议审议通过了48项决议和5项决定。

中国代表团以积极和建设性姿态参与会议各项工作。在一般性辩论中，中国代表团阐述了中国对国际安全与多边军控进程的看法与主张，指出国际社会应摒弃安全领域的冷战思维和“零和”理念，坚持平等互信、包容互鉴、合作共赢，共同营造和谐稳定的国际安全环境；循序渐进推动核裁军进程，全面消除防扩散风险；严格履行国际条约义务，积极稳妥推进化学武器和常规武器领域军控进程；尽早制定国际规则，防止信息空间和外空成为新的战场；坚定维护多边裁军机制权威，重振裁谈会工作。

在核裁军专题讨论中，中国代表团全面阐述了对核裁军问题的立场，并就推进核裁军进程提出一系列具体主张。

在其他大规模杀伤性武器讨论中，中国代表团阐述了对《禁止化学武器公约》、化武逾期销毁、禁化武组织未来发展等问题的立场主张。

在外空专题讨论中，中国代表团强调确保外空和平利用、防止外空武器化和军备竞赛符合各国共同利益，并阐述了中国对防止外空军备竞赛以及外空透明和建立信任措施问题的立场。

在常规武器专题讨论中，中国代表团介绍了中国在扫雷援助、打击轻小武器非法贸易、武器贸易条约和军事透明等问题上的立场和举措。

在其他裁军措施议题下，中国代表团阐述了对信息和网络空间安全问题的看法，指出一个国家要谋取自身的信息安全，必须尊重和照顾别国的安全，在共同安全中获得自身安全。强调制定普遍有效的信息空间国际规则，规范各方行为，是实现和平、安全、开放、合作的信息空间的根本途径。

此外，在联大审议“国际原子能机构报告”议题时，中国代表团发言对国际原子能机构一年来的工作表示肯定，介绍了中国在保障核能安全方面的努力，并对机构下一步工作提出了具体建议。

中国是《全面禁止核试验条约》、“东南亚无核武器区条约”、“外空活动中的透明和建立信任磋商”、“防止外空军备竞赛”、“从国际安全角度看信息与电信领域的发展”和“联合国亚太和平与裁军中心”六项决议草案的共提国。

第68届联大一委期间，中国代表团就缅甸、日本、新议程联盟分别提出的三项核裁军决议案、不结盟运动提出的联大核裁军问题高级别会议后续行动决议案的投票立场做综合解释性发言，就《武器贸易条约》决议案做投票后解释性发言。

### 2. 日内瓦裁军谈判会议

日内瓦裁军谈判会议（简称“裁谈会”）是国际上唯一的多边裁军谈判机构，冷战后曾谈判制定《禁止化学武器公约》、《全面禁止核试验条约》等重要多边军控条约。现有65个成员国。由于各方在会议应优先处理的裁军、军控议题上存在不同关切，裁谈会已十多年未能开展实质性工作。

2013年8月，裁谈会决定成立工作计划问题非正式工作组，授权制订裁谈会工作计划。中国一贯高度重视裁谈会作用，支持裁谈会尽早达成工作计划，早日就“禁止生产核武器及其他核爆炸装置用裂变材料条约”（简称“禁产条约”）、防止外空军备竞赛、核裁军、无核国家安全保证等议题开展实质性工作。中国对裁谈会成立工作计划问题非正式工作组表示欢迎，希望各方继续努力，推动2014年裁谈会作出工作组可继续开展工作的决定。

2013年，中国代表团并以建设性姿态积极参加裁谈会全年工作，就核裁军、“禁产条约”谈判、防止外空军备竞赛等问题阐述了相关立场和主张。

### 3. 联合国裁军审议委员会

2013年联合国裁军审议委员会（下称“裁审会”）于4月1～19日在纽约联合国总部举行。2013年是本轮裁审会审议周期的第二年。会议继续审议“关于实现核裁军与防止核武器扩散目标的建议”和“常规武器领域建立切实可行的建立信任措施”两项议题。由于各方在裁审会工作方法、核裁军与核不扩散等问题上分歧严重，会议未达成实质性成果，仅通过程序性报告。

中国代表团以建设性姿态参加了2013年裁审会工作。在一般性辩论和各议题讨论中，中国代表团阐述了对国际安全形势、多边军控进程以及核裁军、核不扩散、常规武器军控等问题的看法，介绍了中国有关政策举措和努力。

**4. 联合国常规武器登记册**

联合国常规武器登记册系联合国大会根据其第46/36L号决议于1992年设立。该决议呼吁所有会员国每年提交其上一日历年涉及作战坦克、装甲战斗车、大口径火炮、作战飞机、攻击直升机、军舰、导弹及发射架七大类常规武器的转让情况，并请各国自愿提供有关军事财产、国内生产采购、轻小武器转让等情况。自1994年开始，联合国每三年成立政府专家组对登记册的继续运作和进一步发展进行审议。

联合国常规武器登记册作为常规武器转让领域的一项透明机制，在增进国家间互信方面发挥了积极作用。中国政府一贯高度重视并以积极和建设性姿态参加登记册相关工作，包括历次联合国政府专家组，对登记册的健康运作和发展作出了重要贡献。2013年，中国政府参加了联合国政府专家组会议，并向登记册提交了相关登记数据。

**5. 联合国军费开支标准报告制度**

根据联合国大会第35/142B号决议，联合国于1981年设立军费透明制度。该制度是联合国框架内的军事透明机制之一，各国自愿参加，以表格形式向联合国报告最近一个财政年度的军事开支。根据联合国大会第62/13号决议，联合国秘书长于2010年成立政府专家组，审议该制度的运作情况和未来发展。专家组在召开三次会议的基础上，向第66届联大提交了相关报告。报告对进一步提高制度的普遍性和有效性提出了改进措施和建议，并对制度表格进行了修改。

中国于2007年参加联合国军费开支标准报告制度，并从2008年起在报告中说明军事开支的主要用途，所提供的信息更加丰富。

2013年，中国向联合国提交了2012年度军事开支报告，继续以注释方式主动说明中国军事开支占国内生产总值比重。这再次表明中国政府高度重视军事透明问题、致力于增进与世界各国军事互信的积极态度。

**6.《武器贸易条约》**

2004年以来，英国、欧盟等推动在联合国框架内谈判一项全面的《武器贸易条约》（下称“条约”），以建立统一的国际武器转让原则和标准。

经过多年谈判，各国未能就条约草案达成协商一致。2013年4月2日，英国等推动联合国大会投票表决通过条约。条约于6月3日在纽约联合国总部开放签署。截至2013年底，共有116个国家签署、9个国家批约。

中国赞成国际社会采取必要措施，规范国际武器贸易行为，打击非法武器转让和贩运。中国本着积极和建设性态度，参加了条约谈判工作。中方对条约实质内容没有困难，但对未遵循多边谈判协商一致原则、而以联大表决方式通过条约存在“程序关切”。因此，中方在表决时投了弃权票。

## （三）中国履行国际军控和防扩散法律文书的工作

### 1.《不扩散核武器条约》

《不扩散核武器条约》(NPT)于1968年达成，1970年生效，有效期25年。1995年召开的NPT审议和延期大会决定条约无限期有效。NPT主要目的是推动核裁军、防止核武器扩散及促进和平利用核能。NPT现有190个成员国。印度、巴基斯坦、以色列迄未加入。中国于1992年加入。

NPT规定每五年召开一次审议大会，审议条约实施情况。其间召开三次筹备会议。第八次审议大会于2010年5月在纽约举行，会议通过了最后文件，就推进核裁军、加强核不扩散机制及促进和平利用核能提出64项行动计划。第九次审议大会将于2015年召开，2012年4月和2013年4月已分别在维也纳和日内瓦召开了前两次筹备会。

2013年，中国继续致力于维护和加强NPT的普遍性、权威性和有效性，忠实履行条约义务，积极落实NPT第八次审议大会最后文件，建设性参与第九次审议大会第二次筹备会议，并参加了五核国履行NPT日内瓦会议。

在核不扩散领域，中国继续从维护国际核不扩散机制、维护国际和地区和平与安全出发，推动和平解决有关地区核问题。中国认真履行国际防扩散义务，积极参与国际防扩散努力，建立了一整套与国际接轨的出口管制法律法规体系，坚决反对任何形式的核武器扩散。

在核裁军领域，中国主张并积极倡导全面禁止和彻底销毁核武器，坚定奉行自卫防御的核战略，恪守在任何时候任何情况下不首先使用核武器、承诺无条件不对无核武器国家和无核武器区使用或威胁使用核武器的承诺。支持无核武器国家建立无核武器区的努力。中国积极支持多边核裁军努力，为推进相关国际进程的发展作出应有贡献，并不断增进核透明，加强有关国家间的战略互信。

同时，中国高度重视和平利用核能问题，为推动国际和本地区和平利用核能事业的发展作出了积极贡献。中国积极支持和参与国际原子能机构的技术合作活动，按时、足额缴纳技术合作基金，为技术合作项目的顺利开展提供力所能及的帮助，并积极参与和平利用核能国际合作。

### 2. 国际原子能机构

国际原子能机构（简称“机构”）于1957年10月正式成立，总部设在奥地利维也纳。机构的主要职责包括促进和平利用核能、保障监督以及加强核安全与核安保。截至2013年11月，机构共有160个成员国，中国于1984年加入。

中国重视机构作用，与机构保持密切合作。中国积极参与机构理事会、大会等决策机制工作，派团出席了机构核能发展部长级大会和核安保部长级大会。2013年，中国与机构在华合办了核分析鉴定研讨会、推动《核材料实物保护公约》修订案普遍实施亚太地区研讨会，并与机构就开展国际实物保护咨询服务保持着沟通。

2013年11月，中国代表团在第68届联大“国际原子能机构的报告”议题下发言，肯定机构工作成效，同时指出，今后机构应重点做好以下几方面工作：第一，提升全球核安全水平，重塑国际社会发展核能的信心。第二，继续通过技术合作渠道，为发展中国家核能建设、利用提供支持和援助。第三，在确保公正、客观的前提下，加强保障监督的有效性和效率。第四，在地区热点核问题上继续发挥建设性作用，为通过对话解决有关问题作出积极贡献。中国鼓励机构加强对福岛核事故后续影响的跟踪和监控，为日本及时妥善处理福岛核污水泄漏问题提供必要指导和援助，稳步推进对福岛核事故及其应对工作的全面评估。

### 3.《全面禁止核试验条约》

《全面禁止核试验条约》（简称“条约”）于1996年达成并开放签署。条约禁止任何核武器试验爆炸及任何其他核爆炸，有助于防止核武器扩散、推动核裁军进程，是实现全面禁止和彻底销毁核武器过程中的一个重要步骤。截至2013年年底，条约已有183国签约，161国批约。条约生效所必需的44国中，已有36国批约。

为确保条约得到遵守，条约规定设立以国际监测系统为主体的核查机制。国际监测系统由运用地震、水声、次声、放射性核素四种技术的337个台站组成。截至2013年年底，已建成87.5%的台站，82.2%通过核证验收。条约组织筹委会临时技术秘书处（PTS）于2008年在哈萨克斯坦前苏联核试验场进行了“现场视察综合演练”，以全面检验筹委会对核爆等违约行为进行现场视察的能力。第二次“现场视察综合演练”将于2014年在约旦举行。

中国于1996年9月24日签署条约，是筹委会首批成员国之一。中国坚定支持条约宗旨和原则，在核武器国家中进行核试验次数最少，并一直恪守“暂停试”承诺。中国积极支持条约早日生效，以建设性姿态参与了历次促进条约生效大会，并投票支持历届联大有关条约的决议，数次参与共提。

中国积极支持并以建设性姿态全面参与筹委会工作。2013年，中国参与了筹委会会议及相关工作组会议，积极派专家参与PTS主办的技术研讨会，在华举办了“第21次现场视察研讨会”和惰性气体设备操作培训班，并接待了新任PTS执秘泽博访华。

中国政府高度重视履约筹备工作，为此成立了专门机构。截至2013年年底，中国境内已建成2个基本地震台站、4个辅助地震台站、3个放射性核素台站以及中国国家数据中心。

### 4.《禁止生物武器公约》

该公约全称《禁止细菌（生物）及毒素武器的发展、生产及储存以及销毁这类武器的公约》（下称“公约”），于1971年达成，1975年生效。中国于1984年加入该公约。

2013年，公约总体执行情况良好。缔约国总数为170个。93个国家和欧盟建立了国家履约联络点。63个国家提交了建立信任措施宣布。公约履约支持机构运行平稳，得到缔约国普遍支持。

中国继续致力于公约的全面、有效实施。中国外交部军控司充分发挥作为国家履约联络点的作用，保持同公约履约支持机构和其他缔约国的联络，协调国内相关部门的履约工作，推动国内生物履约工作顺利进行。

2013年4月，中国按时向履约支持机构提交建立信任措施宣布资料，更新有关生物战防御计划、高封闭实验室、立法及规章、疫苗生产设施的宣布。

中国继续以积极务实态度参与并促进多边生物军控进程。2013年8月12～16日，公约2013年专家会在日内瓦举行，会议议题为生物科技发展、建立信任措施、加强国家履约、国际合作与援助。各国代表介绍了相关领域经验和做法，并提出建议。中国代表团积极参与各项议题讨论，通过一般性辩论、工作文件、专题发言等形式，全面介绍中国在相关议题上的政策、措施和建议。中国代表团还应会议主席邀请介绍了中方应对H7N9禽流感的努力和经验，并提交了“中国应对H7N9禽流感的努力”工作文件。

2013年12月9～13日，公约2013年缔约国会议在日内瓦举行，各方在专家会基础上继续讨论生物科技发展、国际合作与援助等议题。会议经协商一致达成最后报告，针对各项议题提出工作建议并将提交2016年公约八审会审议。中国代表团以积极和建设性姿态与会，介绍了中国在相关议题上的主张，提出加强国际合作、及时评估生物科技发展、循序渐进加强国家履约、提高建立信任措施参与的普遍性，强调平衡推进公约各项目标，提高公约普遍性和有效性，展示了中国积极、严格履约的形象，并推动会议达成了较为全面、平衡的最后报告。

### 5.《禁止化学武器公约》

该公约全称《关于禁止发展、生产、储存和使用化学武器及销毁此种武器的公约》（下称“公约”），于1992年达成，1997年生效。中国于1997年批准公约，是公约原始缔约国。

2013年，履约工作总体平稳推进。索马里、叙利亚相继入约，公约缔约国达190个。化学武器销毁继续取得进展，已销毁世界全部库存化武的81.71%。公约核查机制行之有效，禁止化学武器组织（简称“禁化武组织”）技术秘书处对缔约国进行的现场核查已超过5286次。叙利亚化武销毁核查系禁化武组织年内主要工作。9月以来，执理会两次以协商一致方式通过销毁叙利亚化武有关决定，要求叙利亚在2014年6月底以前完成化武销毁，同意将叙化武战剂和关键前体运出叙境内销毁，以及详细销毁时间表和核查计划等。禁化武组织在处理叙利亚化武问题上发挥的独特作用，受到国际社会普遍关注和公认。

中国高度重视叙利亚化武问题，始终秉持客观公正立场，发挥建设性作用。明确反对任何国家、组织和个人使用化学武器。积极参与化解叙化武危机，支持国际社会关于“化武换和平”有关方面的斡旋努力。积极参加禁化武组织涉叙化武问题特别执理会，推动协商一致解决叙化武问题。响应禁化武组织和联合国号召，尽快安全、顺利销毁叙利亚化武，中国向禁化武组织提交十人备选专家名单，并派军舰为叙利亚化武海运护航。

中国高度重视公约履约工作。2013年，中国继续全面、忠实履行公约各项义务，按时向禁化武组织提交各类工业宣布和日本遗弃在华化学武器的后续宣布，接受了禁化武组织26次现场视察。中国认真履行公约规定的防扩散义务，不断加强出口管制能力建设，依照相关出口管制法规严格审查化学品进出口。中国政府高度重视公约在香港、澳门特别行政区和台湾地区的适用问题。香港特区履约工作全面顺利开展，澳门特区履约准备工作正有条不紊进行。在坚持一个中国原则前提下，中国政府一直积极、务实寻求妥善解决公约适用于台湾地区的问题。

2013年4月8～19日，公约第三次审议大会在荷兰海牙举行，会议全面审议公约过去五年履约情况并就今后履约工作作出规划。中国就核查、日本遗弃在华化学武器、国际合作及援助与防护等问题提交立场文件，并派代表团与会。香港特区代表作为中国代表团成员向大会介绍了特区履约情况。

6月24～28日，中国与禁化武组织联合在北京举办援助与化武防护高级国际培训班。来自巴西、印度、匈牙利、尼日利亚、乌克兰、伊拉克、津巴布韦等19个国家的20名学员参加了培训。2013年，中国还积极支持和响应在公约框架下开展对非援助活动，邀请2名非洲缔约国学员来华参加化工研修项目。

9月8～13日，禁化武组织总干事尤祖姆居访华。外交部副部长张业遂会见尤祖姆居，重申了中国政府对公约和禁化武组织工作的一贯支持，并就叙利亚化武、处理日遗化武等问题与其交换意见。尤祖姆居高度评价中国履约工作及在禁化武组织中发挥的重要作用，希望进一步加强与中方良好合作关系。

12月2～6日，公约第18届缔约国大会在荷兰海牙举行。中国代表团与会，在发言中阐述了中国政府在叙利亚化武销毁、日本遗弃在华化学武器销毁、三审会、国际合作等问题上的立场和主张，并对日遗化武销毁进度再次迟于执理会决定所设期限表示严重关切，敦促日方加大投入，按双方共同提交的销毁计划尽早完成销毁。香港特区代表作为中国代表团成员向大会介绍了特区履约情况。

中国政府高度重视处理日本遗弃在华化学武器问题，对日本未能在公约规定期限内完成日遗化武销毁表示严重关切。2013年9月，中国与日本首次邀请禁化武组织执理会代表团访问在华日遗化武设施。中国、日本与禁化武组织技术秘书处就日遗化武问题举行了两轮三方磋商，讨论了日遗化武销毁进展、下步工作计划、核查安排等。中国政府根据公约和禁化武组织执理会有关决定，按时提交“处理日遗化武进展报告”，并接待禁化武组织对日遗化武双边作业、托管库、销毁工作的现场视察4次。在中国协助下，日本派团完成了17次日遗化武现场探测、挖掘、鉴别和回收双边作业，共挖掘回收500余枚日遗化武。南京日遗化武移动式销毁作业已经结束。日遗化武销毁虽取得一定进展，但整体进程仍严重滞后于中日双方共同向执理会提交的销毁计划。中国敦促日方切实履行公约义务，加大投入，尽早全面、彻底、安全销毁日遗化武。

### 6.《特定常规武器公约》

该公约全称《禁止或限制使用某些可被认为具有过分伤害力或滥杀滥伤作用的常规武器公约》，1983年生效，截至2013年年底共有117个缔约国。公约现有《关于无法检测的碎片的议定书》、《禁止或限制使用地雷、诱杀装置和其他装置的议定书》、《禁止或限制使用燃烧武器的议定书》、《关于激光致盲武器的议定书》和《战争遗留爆炸物议定书》五个附加议定书。2001年公约第二次审议大会通过第一条修正案，将公约及其附加议定书的适用范围扩大至包括非国际武装冲突。

中国批准了公约及所附五个议定书以及第一条修正案。

2013年11月14～15日，公约2013年度缔约国大会在日内瓦举行。中国代表团在发言中高度评价公约在解决常规武器滥用引发的人道主义问题方面发挥的重要作用。中国乐见公约的宗旨和原则得到更广泛的认同，履约工作深入、务实推进。中国代表团介绍了中国在常规军控问题上的立场，及切实进行履约工作和开展国际人道主义扫雷援助的情况。在谈到反车辆地雷问题时，中国代表团表示，应充分考虑各国国情和承受能力，照顾各方关切，务实地进行讨论。处理反车辆地雷问题关键是确保经修订的二号议定书得以广泛、有效地执行，各方对重启相关谈判应持谨慎态度。关于“无人自主作战系统”问题，中方表示，对在公约框架下进行讨论持开放态度，并愿与各方就该问题的定义、范围、法律适用等进行全面讨论，以逐步凝聚共识。

### （1）地雷问题

目前国际上关于地雷问题的法律文书，除《特定常规武器公约》所附《地雷议定书》外，还有《渥太华禁雷公约》。前者主要对地雷的使用进行限制，而后者要求立即、全面禁止杀伤人员地雷。中国不是《渥太华禁雷公约》缔约国。

2013年11月13日，经修订的《地雷议定书》第15次缔约方会议在日内瓦举行。中国代表团在发言中积极评价经修订的《地雷议定书》的履约工作进展，介绍了过去一年来中国在履约宣传培训、国际扫雷援助与合作等方面的履约情况。中国代表团特别介绍了中国关于爆炸物管理的法律法规和举措，表示愿意积极参与有关防止非国家实体滥用“简易爆炸装置”的国际进程。

2013年12月2～6日，《渥太华禁雷公约》第13次缔约国会议在日内瓦举行，中国派观察员代表团与会。中国观察员代表团在发言中表示，中国认同公约的宗旨和目标，赞赏公约体现的人道主义精神，将继续加强与《公约》缔约国和有关国际组织的合作与交流，积极致力于国际人道主义扫雷援助事业，为早日彻底解决地雷造成的人道主义问题作出应有贡献。

### （2）国际人道主义扫雷援助

中国政府高度重视地雷引发的人道主义关切，积极参与国际扫雷援助活动，帮助有关国家摆脱雷患困扰。自1998年来，中国政府建立了长期的、机制化的国际扫雷援助规划，通过捐款、援助扫雷器材、举办扫雷技术培训班等方式，向近40个亚、非、拉国家提供了共计7000万元人民币的扫雷援助，培训500余名专业扫雷技术人员。

2013年，中国政府在华为苏丹、南苏丹、老挝举办人道主义扫雷培训班，向柬埔寨派出专家组进行实地扫雷培训，共培训110余名专业扫雷人员。中国政府还向斯里兰卡和约旦提供了地雷受害者援助。中国以自己的方式积极开展扫雷援助，获得了受援国、联合国和有关国际组织的高度好评。2013年10月，《渥太华禁雷公约》特使、约旦亲王米拉德应邀访华，就中国地雷政策等与中方深入交换意见，并赴南京解放军理工大学观摩中方为老挝举办的扫雷培训班。中国愿继续与受援国和有关国际组织合作，积极开展此类人道主义援助。

### （3）战争遗留爆炸物

《特定常规武器公约》所附《战争遗留爆炸物议定书》（五号议定书）于2003年达成，2006年生效，截至2013年年底有84个缔约国。

2013年11月11～12日，《战争遗留爆炸物议定书》第七次缔约方会议在日内瓦举行。中国代表团在发言中积极评价议定书生效以来的履约工作，希望各方继续在履约机制建设等方面取得新的进展，不断推进议定书普遍性和有效性。中方并介绍了在战争遗留爆炸物清除销毁、受害者援助、国际交流合作、爆炸物管理等方面所作的工作和取得的成绩。

### （4）集束弹药问题

近年来，集束弹药问题成为人道主义军控领域热点。自2007年成立以来，《特定常规武器公约》政府专家组就集束弹药问题进行密集谈判。2011年公约四审会期间，各方未就公约框架下的集束弹药议定书达成一致。中国代表团积极参加了《特定常规武器公约》集束弹药问题政府专家组工作。

《特定常规武器公约》框架外，挪威、墨西哥等国发起“奥斯陆进程”，并于2008年底达成《集束弹药公约》，公约于2010年8月1日正式生效。截至2013年年底共113国签署、84国批准。公约禁止发展、生产、使用、储存和转让集束弹药。公约第四次缔约国会议于2013年9月10～13日在赞比亚卢萨卡召开。中国派观察员代表团出席了本次会议，并在会上介绍了中方对集束弹药问题的一贯立场。

## （四）中国在防扩散方面的工作

**1. 积极参与国际防扩散努力**

中国政府坚决反对扩散大规模杀伤性武器及其运载工具，一贯以高度负责的态度处理防扩散问题，积极参与国际防扩散努力。

中国政府支持联合国在防扩散领域发挥的重要作用，认真执行安理会有关决议，并以建设性态度参与安理会1540（防扩散问题）委员会工作。

中国关注地区热点扩散问题的发展，积极致力于地区防扩散努力。中国支持并积极参与朝鲜半岛核、伊朗核问题的政治和外交解决进程。2013年5月，中国出席了第九届北约年度防扩散研讨会，与各方就防扩散问题交换了意见。

**2. 开展防扩散出口管制国际合作**

中国重视防扩散出口管制国际交流与合作，与欧盟等保持对话和交流。作为落实2004年中欧领导人会晤联合声明的后续行动，中国与欧盟编撰出版了中欧出口管制双语手册。手册汇编了双方出口管制实践和法律法规，对双方相关政府部门、企业和学术机构具有重要参考价值。手册发行仪式于2013年12月19日在北京举行。

## （五）中国与有关国家开展战略安全、军控和防扩散对话

中国与十余个国家有副部级、司级战略安全、军控与防扩散磋商机制，对增进相互理解与合作发挥了重要作用。2013年，中国继续开展战略安全、军控、网络安全等领域的对外交流与合作。

1月9日，外交部军控司与法国外交部战略、安全与裁军司举行军控及网络安全磋商，主要就伊朗核、“禁产条约”谈判、核裁军与核不扩散、外

空、防扩散、网络安全等问题深入交换了意见。

5月22日，外交部军控司与以色列外交部主管军控事务部门举行军控与防扩散磋商，主要就中东无核武器区、“禁产条约”谈判等问题深入交换了意见。

5月24日，外交部军控司与德国外交部军控与裁军司举行军控与防扩散磋商，主要就地区核问题、核裁军、外空等深入交换了意见。

6月6日，外交部部长助理马朝旭同美国负责军控与国际安全事务的代理副国务卿罗斯·高特莫勒在北京举行第六轮中美战略安全与多边军控磋商，就中美构建新型大国关系、地区核问题、多边军控等问题深入交换意见。

9月30日，外交部军控司与巴西外交部国际司举行军控与防扩散磋商，主要就核裁军与核不扩散、外空、地区核问题等深入交换意见。

## （六）其他问题

### 1. 全球核能合作框架

全球核能合作框架（IFNEC）前身为“全球核能伙伴计划”（GNEP）。GNEP旨在通过多边国际合作机制，采取安全、可靠和防止核扩散的方式，推动先进核能技术联合研发，促进核能在全球的发展，由美国于2006年提出，并于2007年成立。2010年，GNEP更名为IFNEC。截至2013年年底，共有32个成员国、31个观察员国，另有国际原子能机构、欧洲原子能共同体、第四代核能国际论坛等三个观察员组织参与其活动。

2013年10月24日，IFNEC执行委员会第七次部长级会议在阿联酋阿布扎比举行。会议发表联合声明，表示框架将继续关注成员国和观察员国在利用核能资源和发展核电生产时遇到的困难和挑战，并通过务实讨论为其提供有针对性的解决方案。此外，IFNEC指导组、基础结构开发工作组、可靠核燃料服务工作组等亦向会议提交了年度活动报告。

作为创始国之一，中国重视并积极参与IFNEC有关活动，出席了本年度执委会部长级会议，并参加相关文件起草工作。

## 2. 打击核恐怖主义全球倡议

“打击核恐怖主义全球倡议”（简称“倡议”）系俄罗斯和美国总统于2006年7月共同提出，同年10月成立。“倡议”通过组织全会、研讨会、桌面及实地演练等活动交流实践经验，提升各国能力，推动各国采取有效措施共同打击核恐怖主义。“倡议”向所有支持“倡议”《原则声明》的国家开放，现有85个伙伴国以及国际原子能机构、欧盟、国际刑警组织、联合国毒品与犯罪问题办公室四个观察员。中国、美国、俄罗斯、英国、法国、德国、意大利、日本、加拿大、澳大利亚、土耳其和哈萨克斯坦12国是创始伙伴国。

2013年5月，“倡议”第八次全会在墨西哥举行，中国派团出席。会议回顾了“倡议”过去两年工作进展，通过了核分析鉴定、核探测等“倡议”优先工作领域相关指导性文件，拟定了“倡议”未来工作重点，强调将重点加强“倡议”务实性和有效性。

中国政府一贯坚决反对包括核恐怖主义在内的任何形式的恐怖主义，支持“倡议”的宗旨和目标。作为“倡议”创始伙伴国，中国出席了“倡议”举行的历次全会，并积极参加“倡议”框架下的有关研讨会和演练活动。

## 3. 中国积极开展网络外交工作

中国高度重视网络安全问题，主张各国在相互尊重、相互信任的基础上，加强国际合作，共同构建和平、安全、开放、合作的网络空间。中方是网络安全的坚定维护者，支持国际社会加强网络安全的努力。中方认为，信息和通信技术应用于促进社会和经济发展及人类福祉，应有助于促进国际和平与稳定，反对网络战和网络军备竞赛。中方支持在遵守各国法律的前提下维护信息自由流动，反对利用网络干涉别国内政。互联网对于各国社会经济发展至关重要，主张逐步实现互联网的公平、民主治理。

2013年，中国积极开展网络外交工作，深入参与联合国等多边国际规则制定进程和金砖国家、上合组织、东盟等地区合作机制活动。6月，中方积极参与并推动联合国信息安全问题专家组达成报告，首次确认和平利用网络空间和网络主权等重要原则，为推动国际规则制定作出了贡献。中方深入参与第四次金砖国家安全事务高级代表会议涉网络安全议题的讨论，支持金砖国家成立网络安全工作组。中方积极参加上合组织、东盟地区论坛相关进程，增进地区互信与合作。8月，中国与马来西亚在北京合办东盟地区论坛网络安全研讨会，凝聚网络领域共识。此外，中方还参加了联合国互联网治理论坛、网络问题首尔国际会议等，与各方广泛深入交换了意见。

2013年，中国加强与其他国家网络领域交流对话，不断增进政策交流与互信。中国与俄罗斯举行了年度信息安全问题磋商，与美国成立网络工作组并举行了首次会议及会间会，与欧盟举行中欧网络工作组第二次会议。

# 第六章

# 中国外交中的条约法律工作

## （一）中国对外缔结条约情况

### 1. 中国对外缔结条约概况

中国一贯重视发展与世界各国的友好关系，积极参与全球性、区域性的双边和多边活动。

2013年，中国在政治、经贸、领事、文化、海关、能源环保、交通、医疗卫生、反恐、投资及税收等领域对外缔结了大量条约，为促进中国与各国经济共同发展，维护地区及世界和平，加强与国际组织合作提供了法律保障。其中，中国以国家、政府和政府部门间名义对外缔结双边条约及其他具有条约性质的文件约850项。新参加多边国际公约五项：1月19日，全国人大常委会批准《南太平洋公海渔业资源养护和管理公约》；6月29日，国务院核准《上海合作组织成员国组织和举行反恐演习的程序协定》；8月30日，全国人大常委会批准《关于持久性有机污染物的斯德哥尔摩公约》新增列九种持久性有机污染物修正案和《关于持久性有机污染物的斯德哥尔摩公约》新增列硫丹修正案；12月5日，国务院接受《修正〈国际海道测量组织公约〉议定书》。

## 2. 涉及香港和澳门特区的条约法律工作

2013年，中央人民政府严格按照“一国两制”方针和《中华人民共和国香港特别行政区基本法》、《中华人民共和国澳门特别行政区基本法》处理涉及香港特区和澳门特区的条约法律事务，为香港特区和澳门特区在有关领域参与国际合作、开展对外交往提供支持。

### （1）双边协定方面

中央人民政府授权香港特区政府分别与东盟、加拿大、缅甸谈判投资保护协定，与乌克兰、马达加斯加签署民航协定，与荷兰修订民航协定，与意大利、以色列签署移交逃犯协定，与伊朗签署移交被判刑人协定，与美国、丹麦、瑞典、格陵兰、冰岛、法罗群岛、波兰、菲律宾、巴西、阿根廷及乌克兰谈判税务资料交换协定，并与其中部分国家和地区完成签署；授权澳门特区政府与智利签署民航协定，与佛得角签署法律及司法互助协定，与捷克、根西岛、南非等九个国家和地区谈判税收信息交换协定或含有税收信息交换条款的避免双重征税协定，与日本、英国、阿根廷签署税收信息交换协定，与比利时修订避免双重征税协定。

### （2）国际公约方面

中央人民政府分别办理了《上海合作组织特权豁免公约》、《上海合作组织成员国长期睦邻友好合作条约》、《上海合作组织成员国保障国际信息安全政府间合作协定》、《上海合作组织成员国关于举行联合军演协定》、《上海合作组织成员国地区反恐怖机构的协定》、《东盟与中日韩大米紧急储备协定》、《关于持久性有机污染物的斯德哥尔摩公约》有关修正案、《修正〈国际海道测量组织公约〉议定书》和国际海事组织通过的17项海事修正案适用于香港特区和澳门特区的有关手续；办理了《关于在上海合作组织成员国境内组织和举行联合反恐行动的程序协定》、《上海合作组织成员国境内组织和举行联合反恐演习的程序协定》适用于澳门特区的有关手续。

## （二）中国在联合国机构中的法律工作

### 1. 第68届联大的法律议题

2013年10月14日至12月9日，第68届联合国大会共审议30余项法律议题，最终通过了30多项决议。其中，联大全会审议了五项，联大第六委员会审议了23项，联大第四委员会审议的法律议题主要涉及和平利用外空方面的国际合作。

中国代表团全面参加了上述议题的审议和决议草案的磋商，在消除国际恐怖主义的措施、国内和国际法治、普遍管辖权原则的范围和适用、和平利用外空的国际合作、联合国国际贸易法委员会第45届会议工作报告、《联合国宪章》和加强联合国作用特别委员会报告等议题下发言，阐述中国政府的有关立场主张，介绍中国的有关实践。

#### （1）关于“消除国际恐怖主义的措施”

中国代表团重申反对一切形式和表现的恐怖主义，支持国际社会消除恐怖主义的努力，强调反恐国际合作应由联合国主导，反恐应严格遵循包括《联合国宪章》在内的公认国际法，坚持统一标准，避免双重标准或选择性反恐，应坚持标本兼治，预防和惩治并重。中国代表团还介绍了中国在完善反恐法制和机制建设、加强反恐能力建设、开展反恐国际合作方面取得的进展。中国代表团指出，中国将继续与国际社会加强合作，共同打击各种形式的恐怖主义，为维护世界和平与稳定作出积极努力。

#### （2）关于“国内和国际法治”

中国代表团指出，法治与和平解决国际争端相互联系、相互促进，是统一的整体。和平解决国际争端是法治原则的必然要求，选择和平解决国际争端的方法须依法尊重当事国的自由选择权。是否采用仲裁或司法机构解决国际争端，也应以国际法治原则为依归，以国家平等自愿为前提。中国代表团表示，中国是法治与和平解决国际争端原则的坚定拥护者和促进者。在双边领域，中国始终坚持通过和平谈判协商解决分歧。在多边领域，中国作为安理会常任理事国，致力于以和平方式解决国际和地区争端，反对动辄使用武力或以武力相威胁，反对绕开安理会单边动武，反对任意扩大解释自卫权使用武力，反对霸权主义和强权政治。

### （3）关于“普遍管辖权原则的范围和适用”

中国代表团认为，普遍管辖权涉及到国际关系和国际秩序的稳定和健康发展，各国应本着审慎、平衡和共识的原则审议。从审议情况和各国书面意见看，国际社会对普遍管辖权的定义、涵盖范围和适用条件仍存在不同看法。普遍管辖权既不同于国际刑事司法机构的管辖权，也不同于国家的“或引渡或起诉”义务；其适用范围应立足于实际需要，旨在弥补国家属地、属人和保护性管辖的缺漏，立足于现有的习惯国际法和国际条约的规定；国家确立和行使普遍管辖权应在现有国际法框架内，遵守《联合国宪章》确立的国际法基本原则和规则，并尊重有关国家行使属地、属人和保护性管辖的优先权。

### （4）关于“和平利用外空的国际合作”

中国代表团介绍了一年来在和平利用外层空间国际合作领域所取得的主要成就，包括成功举办国际宇航联大会第64届会议和联合国载人航天技术倡议研讨会、积极推进设立联合国空间科技与应用教育亚太区域中心、与十多个国家签订航天合作协定或具体项目合作协定等。中国代表团表示，中国政府一贯主张在平等互利、和平利用、共同发展的基础上探索和利用外空，反对外空武器化和军备竞赛，支持各方为长期可持续开展外空活动所做的努力。

### （5）关于“联合国国际贸易法委员会第46届会议工作报告”

中国代表团积极评价联合国国际贸易法委员会第46届会议通过的《贸易法委员会投资人与国家间基于条约仲裁透明度规则》、《贸易法委员会跨国界破产示范法颁布指南》的修订草案和《贸易法委员会实施担保权登记处的技术立法指南》，认为规则和指南有助于促进国际社会对投资仲裁机制的信任、推动各成员国审理跨国界破产案件水平的提高和促进担保权登记法律的逐步协调和统一。

### （6）关于“《联合国宪章》和加强联合国作用特别委员会报告”

中国代表团支持联合国作用特别委员会根据联大授权开展职权范围内的工作，支持各国积极利用特委会平台，推动《联合国宪章》宗旨和原则得到有效遵守和实施。关于“援助受制裁影响的第三国”议题，中国代表团指出，安理会在制裁问题上应继续采取慎重和负责任的态度，最大程度降低制裁对普通民众和第三国的不利影响。中国代表团支持各方秉承务实协商精神，探索改进特委会工作方法的新思路和新措施，支持特委会以联大授权为基础，研究确定具有现实意义和可行性的新议题。

（7）关于“国际法委员会第65届会议工作报告”

中国代表团赞赏联合国国际法委员会第65届会议取得的丰硕成果，包括首次审议习惯国际法的识别、条约的暂时适用两个专题，希望委员会继续优化工作方法、提高工作效率，在挑选新议题时更加关注国际社会的需求，优先处理能为国际社会提供实践指导意义的专题，审慎纳入学理性、技术性较强的专题。

关于国家官员的外国刑事管辖豁免专题，中国代表团认为，国际社会对于国家元首、政府首脑和外交部长享有属人豁免基本达成共识，但从国际法院关于逮捕令案和吉布提诉法国案的判决以及一些国家国内法院的判例看，国际司法实践并未排除给予其他少数高级官员属人豁免的可能性。

关于习惯国际法的识别专题，中国代表团认为，习惯法的识别应坚持统一的识别标准，不能因国际法分支的不同或受众的不同而有所不同；应致力于澄清习惯国际法同条约、一般法律原则之间的关系，不宜处理强行法问题。关于本专题的成果，委员会应制定一套指南，为国际法从业人员提供统一、明确的指导原则。

关于条约暂时适用专题，中国代表团认为本专题的研究方法应以相关国际和国内实践为基础，重点研究暂时适用的法律效力。此外，委员会还应对条约暂时适用和各国宪法、国内法的关系进行研究。

关于条约保留专题，中国代表团赞赏《条约保留实践指南》梳理了大量有关条约保留的理论、案例，指出有关内容过于繁琐，个别条款不够灵活、平衡。

此外，中国代表团欢迎委员会将“保护大气层议题”列入工作计划。

## 2. 联合国国际法委员会第65届会议

2013年5月6日至6月7日、7月8日至8月9日，第65届联合国国际法委员会会议分两期在联合国日内瓦办事处举行。中国籍委员黄惠康博士出席会议并参与各项议题讨论，还在条约的暂时适用、习惯国际法的识别、国家官员的外国刑事管辖豁免、与条约解释相关的嗣后协定和嗣后惯例等议题下作主题发言。

本次会议由哥斯达黎加籍委员贝恩德·尼豪斯任主席，捷克籍委员帕维尔·斯图尔马、印度籍委员纳林德·辛格分别任第一和第二副主席，南非籍委员迪雷·特拉迪任起草委员会主席，法国籍委员马蒂亚斯·福尔托为特别报告员。本次会议还选举马塞洛·巴斯克斯·贝穆德斯（厄瓜多尔籍）填补斯蒂芬·瓦钱尼（牙买加籍）辞职造成的临时空缺。会议主要情况如下：

关于"国家官员的外国刑事管辖豁免"专题，委员会审议了特别报告员埃尔南德斯提交的第二份报告，该报告内容包括本专题及条款草案的范围、豁免和管辖的概念、属人豁免与属事豁免的区别、属人豁免的基本规则等。特别报告员还提出了六条条款草案，内容包括：条款草案的范围、排除的范围、刑事管辖豁免和属人豁免以及属事豁免等术语的定义、属人豁免的主体范围、属人豁免的行为范围、属人豁免的时间范围等。经起草委员会审议并经委员讨论，委员会最终通过了其中关于条款草案的范围、有关术语的定义、属人豁免的主体范围等三条条款草案及其评注。

关于"发生灾害时的人员保护"专题，委员会就特别报告员巴伦西亚·奥斯皮纳提交的第六份报告进行了讨论，该报告讨论了发生灾害时的人员保护中的预防问题，包括减少灾害风险、将预防作为国际法原则以及预防方面的国际合作。经委员讨论之后，委员会决定将特别报告员建议的两条条款草案转交起草委员会。最终，委员会暂时通过了七条条款草案及其评注，其中包括委员会在2012年第64届会议上讨论过的五条条款草案（第5条第2款和第12至第15条），涉及合作形式、提议援助、对提供外部援助规定条件、便利外部援助和终止外部援助，以及本次会议新提交的两条条款草案（第5条第3款和第16条），涉及减少灾害风险的合作以及减少灾害风险的义务。

关于"习惯国际法的形成与证据"专题，委员会对特别报告员迈克尔·伍德先生提交的第一份报告进行了讨论，该报告介绍了委员会先前开展的工作、联大第六委员会上各国代表的意见、本专题的范围、应参考的材料以及习惯国际法作为国际法渊源的有关问题。秘书处也就委员会此前工作中的相关问题编写了一份备忘录。在全体会议上，委员们讨论了本专题的范围和工作方法、应参考的材料范围以及今后工作计划等问题。委员会最终决定将该专题的标题改为"习惯国际法的识别"。

关于"与条约解释相关的嗣后协定和嗣后惯例"专题，委员会就特别报告员格奥尔格·诺尔特提交的第一份报告进行了讨论，该报告就下列问题提出四项结论草案：条约解释通则和资料，以嗣后协定和嗣后惯例作为解释资料，嗣后协定和嗣后惯例作为条约解释资料的定义，嗣后惯例归因于国家。委员会决定将这四项结论草案转交起草委员会。在审议了起草委员会的报告之后，委员会暂时通过了五项结论草案（对特别报告员提出的四项结论草案进行了修订）及其评注。

关于“条约的暂时适用”专题，委员会对特别报告员胡安·曼努埃尔·戈麦斯·罗夫莱提交的第一份报告进行了审议，该报告讨论了本专题的理论方法并简要回顾了现有的国家惯例，梳理了暂时适用的主要法律问题。秘书处就《维也纳条约法公约》第25条在委员会和维也纳条约法会议上的谈判历史准备了一份备忘录。委员会对条约暂时适用的目的、今后应审议的具体问题等进行了讨论。

此外，委员会就或引渡或起诉、最惠国条款等专题在研究组或工作组层面继续进行讨论，武装冲突中的环境保护专题作为新专题进行了非正式磋商。委员会还将保护大气层议题列入正式工作计划，并任命日本籍委员村濑信也为该专题特别报告员，将危害人类罪专题列入长期工作方案。

### 3. 联合国和平利用外层空间委员会

联合国和平利用外层空间委员会（简称“外空委”）及其科学和技术小组委员会和法律小组委员会，是国际社会就和平利用外层空间事务进行交流与合作的主要平台。2013年，中国派代表团出席了外空委第56届会议、科技小组委员会第50届会议和法律小组委员会第52届会议。

#### （1）外空委第56届会议情况

2013年6月12～21日，联合国外空委第56届会议在维也纳举行。中国代表团积极参与了各议题的讨论，除作一般性发言外，还在科技小组和法律小组委员会报告、外空委未来作用等议题下发言，全面阐述中方政策主张。

中国代表团在发言中介绍了中国载人航天、北斗卫星导航系统、卫星技术和应用等最新发展成就，重申反对外空武器化和军备竞赛，提出外空可持续发展应该是公平发展、和谐发展、共同发展、包容发展、依法发展，推动人类共享外空事业的发展成果。

中国首位女航天员刘洋应邀参加了外空委组织的纪念全球首位女宇航员太空飞行50周年活动。外空委大会有关决议还提及2013年9月底外空委秘书处（联合国外空司）将派评估团来华实地考察在北京航空航天大学设立联合国附属的“空间科技教育亚太区域中心”事。

（2）第50届科技小组委员会会议情况

科技小组委员会第50届会议于2013年2月11～22日在维也纳召开，主要讨论了联合国空间应用方案、空间碎片、在外空使用核动力源、近地物体、外空活动的长期可持续性等议题。中国代表团在一般性发言中全面介绍了中国2012年的航天活动情况，并在相关议题下介绍中国在借助空间系统的灾害管理、空间遥感、空间碎片、导航卫星系统、空间天气、空间核动力源使用及筹备设立空间科技教育亚太区域中心等领域的工作进展。

（3）第52届法律小组委员会会议情况

法律小组委员会于2013年4月8～19日在维也纳举行了第52届会议。中国代表团积极参与了各议题的审议，在一般性交换意见、空间碎片、空间国际合作等议题下做发言，介绍中国航天事业进展及外空法制建设情况，阐述中国有关建设和谐外空、包容性发展及倡导开放、平等和非歧视的空间领域国际合作的立场和政策。

## （三）中国在打击跨国犯罪领域的法律工作

### 1.《联合国打击跨国有组织犯罪公约》

2013年11月6～8日，《联合国打击跨国有组织犯罪公约》“贩运人口议定书”工作组第五次会议在维也纳举行。会议围绕“被害人同意概念”、“减少需求”和“议定书未明确规定的剥削形式”议题，就各国相关立法、实践和面临的挑战进行了讨论和交流，最终协商一致通过了50余条建议，将提交下届缔约国大会核准。中国代表团积极参加会议讨论，阐述中国对相关议题的立场，并介绍了相关案例。

### 2.《联合国反腐败公约》

2013年5月，《联合国反腐败公约》实施情况审议组会议在维也纳召开。会议抽签选定了2013年的审议国，并根据前三年履约审议情况，交流了审议中的良好做法和存在的问题。根据抽签结果，越南和巴哈马作为审议国，审议中国实施公约第三章（定罪与执法）和第四章（国际合作）情况。审议于2013年7月1日正式启动。香港、澳门特别行政区随内地一并接受审议。

8月，预防腐败和资产追回工作组会议在维也纳举行。会议就公约实施过程中的预防腐败和资产追回问题进行了讨论。中国代表团深入参加了会议各项议题的讨论，与各国广泛交流履约经验和做法，主张国际社会加强合作，共同打击腐败。

11月25～29日，《联合国反腐败公约》第五届缔约国大会在巴拿马召开。本次会议时值公约通过十周年，150多个国家及国际组织的1500多名代表参加会议，包括50多个国家的部级官员和重要国际组织负责人出席，其规模和规格为历届缔约国会议之最。会议就公约履约审议机制、资产追回、国际合作、预防腐败等议题进行了讨论，通过六项决议和三项决定。外交部副部长刘振民率中国代表团出席会议，并在大会一般性辩论发言，全面介绍了近年来中国在反腐败领域的努力和成就，阐述了中国加强反腐败国际合作的原则立场和主张，着重指出中国新一届中央领导集体高度重视反腐败工作，在最近作出的全面深化改革的决定中推出了多项有关反腐败的重大举措。中国代表团积极参与各项议题讨论，为促进反腐败国际合作和维护履约审议机制健康发展发挥了积极作用。

## （四）中国在国际人权条约领域的工作

### 1. 履行国际人权条约

2013年3月12～13日、18～19日，《公民权利和政治权利国际公约》（ICCPR）履约监督机构——人权事务委员会分别对香港特别行政区和澳门特别行政区执行ICCPR相关规定情况的第三次和首次报告进行了审议。中国不是ICCPR缔约方，但根据“一国两制”和《基本法》，中国中央政府对香港特别行政区和澳门特别行政区参加审议提供了必要的指导和协助。2013年3月28日，人权事务委员会发布审议结论性意见，两个特别行政区报告顺利通过审议。

6月，中国政府向联合国提交了履行《禁止酷刑和其他残忍、不人道或有辱人格的待遇或处罚公约》第六次报告，其中包括香港特别行政区政府和澳门特别行政区政府分别自行撰写的履约部分。

9月26～27日，儿童权利委员会审议中国执行《儿童权利公约》第三、四次合并报告及执行《〈儿童权利公约〉关于儿童卷入武装冲突问题的任择议定书》首次报告。中国由中央政府、香港特别行政区和澳门特别行政区政府派员组成的代表团参加审议。审议中，中国代表团本着积极、自信、包容、开放的态度与委员会进行了建设性的对话。10月9日，委员会公布结论性意见，基调总体平和，中国履约报告审议获得通过。

10月1日，《禁止酷刑和其他残忍、不人道或有辱人格的待遇或处罚公约》第14次缔约国会议在日内瓦改选该公约的履约监督机构——禁止酷刑委员会半数五名委员。中国籍候选人张克宁高票当选，任期四年，自2014年1月1日起算。这是中国籍候选人连续第五次当选该委员会委员。

### 2. 参与人权条约机构体系进程

2013年2～7月，根据第66届联合国大会第254号决议设立的联大加强和增进人权条约机构体系有效运作政府间进程召开了数轮多边非正式磋商、专题讨论、双边磋商、与条约机构的电话会议以及专门由非政府组织参加的论坛。基于上述工作，协调员形成了书面报告，就进程讨论的32项议题分门别类地提出建议。2013年9月20日，第68届联大通过第68/2号决议，决定将联大进程延长至2014年2月15日，并任命冰岛及突尼斯常驻联合国代表担任进程新一轮磋商协调员。中国政府深度参与了上述工作，就改善人权条约机构体系阐述中国政府的立场和主张，并发挥了建设性作用。

## （五）中国在国际私法领域的工作——海牙国际私法会议

2013年2月，海牙国际私法会议“判决项目”工作组和专家组会议先后在海牙举行。工作组会议讨论了项目与《选择法院协议公约》的关系，以及项目未来制订的公约的基本框架和核心要素。专家组会议讨论了是否就直接管辖权制订法律文书、应当规定的管辖权清单、禁止行使的管辖权清单及平行诉讼等问题。由于部分与会国家在专家组是否应与工作组平行工作的问题上存在较大争议，会议决定暂停工作组和专家组工作。中国代表团参与了工作组和专家组会议，并主张专家组应继续研究直接管辖权问题。

8月，海牙国际私法会议及其亚太区域办事处在武汉举行亚太区域国际诉讼问题研讨会，推介《选择法院协议公约》并介绍“判决项目”进展。12个亚太国家的代表团与会。中国派出包括香港特别行政区代表在内的代表团出席会议。

## （六）中国与外国的司法协助和法律合作

### 1. 涉及香港和澳门特区的条约法律事务

中央人民政府严格根据《中华人民共和国香港特别行政区基本法》和《中华人民共和国澳门特别行政区基本法》和“一国两制”方针处理涉及香港特区和澳门特区的条约和法律事务，为两特区在有关领域参与国际合作、开展对外交往提供支持。

#### （1）双边协定方面

2013年，中央人民政府授权香港特区政府分别与意大利、以色列签署移交逃犯协定，与伊朗签署移交被判刑人协定，授权澳门特区政府与佛得角签署法律及司法互助协定。

#### （2）国际公约方面

2013年8月，根据香港特区和澳门特区的请求，中央政府照会《国际诱拐儿童民事方面公约》保存机关荷兰外交部，为香港特区政府声明，接受韩国、摩洛哥、安道尔和俄罗斯加入公约；为澳门特区政府声明，接受韩国和哈萨克斯坦加入公约。

10月，根据香港特区的请求，中央政府照会海牙国际私法会议常设局，指定香港特区区域法院麦莎朗法官接替潘兆初法官，担任《国际诱拐儿童民事方面公约》国际海牙法官网络联络法官。

### 2. 与外国缔结双边司法协助条约状况

中国重视在司法领域加强国际合作，共同打击跨国犯罪，并积极推动与各国谈判缔结双边司法协助类条约，夯实司法合作法律基础，保障中国和其他国家之间人员和经贸往来顺利进行。

2013年，中国与外国签署了三项双边司法协助类条约：中国和阿富汗引渡条约、中国和阿根廷引渡条约、中国和英国刑事司法协助条约。

2013年生效的双边司法协助类条约共有两项：中国和安哥拉引渡条约、中国和科威特民商事司法协助协定。

截至2013年年底，中国已与62个国家缔结司法协助类条约共123项。其中，民、刑事司法协助条约68项（61项生效），引渡条约37项（28项生效），移管被判刑人条约11项（七项生效），打击“三股势力”协定七项（六项生效）。

### 3. 中美执法合作

近年来，中美执法合作联合联络小组（JLG）引领下的执法合作一直是中美双边合作的重要内容和亮点之一。2013年7月举行的第五轮中美战略与经济对话继续将执法合作列入成果清单，指出双方决定继续在相互尊重、平等互利的基础上，就共同关心的问题深化和加强执法合作，特别是通过中美JLG渠道。

11月13～15日，中美JLG第11次会议在华盛顿举行。双方结合有关成功个案，回顾和评价了JLG第十次会议以来的执法合作总体情况，就双方关注的执法和司法合作问题深入交换意见，听取下设的追逃、禁毒、知识产权刑事执法、遣返、网络犯罪、反腐败、刑事司法协助工作组汇报，并就2014年重点合作领域和具体工作作出了规划。

### 4. 中加司法和执法合作

2013年6月24～25日，中加就分享被没收资产和返还财物协定举行了第二轮谈判，就协定全部条款达成一致并草签协定。这是中国就追缴犯罪所得对外谈判的第一项专门协定，将为中国从加拿大追赃提供法律基础。

## （七）中国在国际海洋法领域的工作

### 1. 多边海洋法事务

（1）《联合国海洋法公约》第23次缔约国会议

2013年6月10～14日，《联合国海洋法公约》第23次缔约国会议在纽约联合国总部举行。会议讨论了国际海洋法法庭、国际海底管理局、大陆架界限委员会工作有关情况，以及联合国秘书长关于海洋法新进展的报告。中国常驻联合国副代表王民大使作为中国代表团团长在会上发言积极阐述中方构建和维护和谐海洋秩序的主张，呼吁统筹兼顾海洋的科学保护与合理利用，平衡处理沿海国利益和国际社会整体利益，妥为顾及所有国家合法利用海洋的权利和自由，并和平解决海洋争端。

### （2）联合国海洋和海洋法问题非正式磋商进程第14次会议

2013年6月17～20日，联合国海洋和海洋法问题非正式磋商进程第14次会议在纽约联合国总部举行。会议重点讨论了“海洋酸化对海洋环境的影响”问题，各方具体关注虽有不同，但无重大分歧。中国代表团会上表示，中国重视海洋酸化问题，愿积极参与国际合作。中国呼吁国际社会关注发展中国家普遍关切的近海海洋酸化问题，支持发展中国家能力建设。

### （3）全球海洋环境报告和评估经常性进程

2013年4月22～26日，全球海洋环境报告和评估经常性进程（简称“进程”）特设全体工作组第四次会议在纽约联合国总部举行。会议审议了首次全球海洋环境评估报告的准备和进展情况，就主要问题达成一致，对下一阶段的工作提出建议，并提请第68届联大审议通过。中国代表团对“进程”工作进展、评估报告的形式和网站监控等问题阐明了相关立场。

### （4）国家管辖范围外海洋生物多样性养护和可持续利用问题

2013年8月19～23日，国家管辖范围外海洋生物多样性养护和可持续利用问题特设工作组第六次会议在纽约联合国总部举行。为落实2012年“里约+20”峰会的相关要求，会议重点讨论了如何抓紧处理国家管辖范围外海洋生物多样性问题，包括是否就此制定《联合国海洋法公约》执行协定的问题，并向第68届联大提交建议。中国代表团积极参与了深海基因资源、海洋保护区、能力建设等议题的讨论，并阐述了中国政府有关立场和关切。

### （5）第68届联大关于海洋和海洋法议题的审议

第68届联大于2013年12月9日审议了海洋和海洋法议题，表决通过了“海洋和海洋法决议”，并协商一致通过“可持续渔业决议”。海洋和海洋法决议涉及大陆架界限委员会、国际海底管理局和国际海洋法法庭工作、打击海盗、气候变化与海洋、国家管辖范围外海洋生物多样性、非正式磋商进程、全球海洋环境报告和评估经常性进程和加强能力建设等问题。可持续渔业决议涉及打击非法、不报告、不管制捕鱼，强化对渔业活动的监测、控制和管理，促进渔业养护和管理的次区域、区域合作，倡导负责任渔业等问题。

中国常驻联合国代表刘结一大使在发言中全面阐述了中方对海洋和海洋法各相关领域的主张，积极评价了大陆架界限委员会、国际海底管理局和国际海洋法法庭工作，支持在国家管辖范围以外海洋生物多样性问题上应充分尊重成员国的主导权，以循序渐进的方式推进工作。中国愿与各国一起合理规范渔业行为，为实现海洋生物资源的可持续利用作出积极努力。国际社会应加强合作，团结互助，共同应对挑战，共享海洋机遇和财富，共谋海洋永续发展。

### （6）国际海底管理局第19届会议

2013年7月15～26日，国际海底管理局第19届会议在牙买加金斯敦举行。会议审议了有关矿区申请，并对开发规章、合同管理费、联合企业及企业部独立运作等问题进行了讨论。会议以协商一致方式选举中国候选人为财委委员，核准了中国大洋协会位于西太平洋国际海底区域3000平方公里富钴结壳勘探矿区申请。中国成为首个拥有三种国际海底资源矿区的国家，同时也是拥有矿区数量最多的国家。

### （7）多边渔业

中国重视渔业资源的养护和可持续利用，积极参与国际渔业组织的活动。2013年，中国派团参加了印度洋金枪鱼委员会、美洲间热带金枪鱼委员会、养护大西洋金枪鱼委员会等国际渔业组织年会，出席了建立南太平洋区域渔业管理组织委员会第一次会议，并积极参加北太平洋渔业公约谈判和北太平洋渔业委员会第五次筹备会议。

在多边渔业问题上，中国的总体立场是：多边渔业合作的目标是养护渔业资源，规范渔业行为，实现渔业的可持续发展和利用，确保各国、特别是发展中国家人民享有渔业资源。

### （8）极地事务

**第36届《南极条约》协商会议**

2013年5月19～29日，第36届《南极条约》协商会议在比利时布鲁塞尔举行。会议重点讨论了南极搜救合作、生物勘探、旅游活动管理、环境损害责任与赔偿等问题。会议还确定了今后工作的三个重点领域，包括确保南极条约体系的活力和有效性、加强保护南极环境、有效管理和规范人类活动等，并针对各领域确定了具体工作。会上，中国代表团提议设立昆仑站南极特别管理区，并就在东南极设立夏季科考站提交了初步环评报告。针对美国、俄罗斯和英国对中山站和长城站的视察报告中提出的问题，中国代表团进行了解释和说明。会间，中国代表团还与多个国家代表团举行了会谈，积极推动相关领域的国际合作。

**南极海洋生物资源养护委员会**

2013年10月23日至11月1日，南极海洋生物资源养护委员会第32届会议在澳大利亚霍巴特举行。会议重点讨论了海洋保护区、养护措施、遵约评估及入渔申请等问题，制订和修订了多项南极海洋生物资源养护措施，并对各国有关南极磷虾和犬牙鱼的年度捕捞申请进行了审议。中国继续就捕捞南极磷虾提出申请并获得委员会批准。中国代表团积极参与了有关养护措施的制订和修订，强调设立南极海洋保护区应遵循国际法，具备科学依据，充分考虑对有关资源的合理利用。会上，中国代表团还按照有关养护措施规定向会议简要报告了2013年4月“开欣”号船失火沉没事故的相关情况。

**北极事务**

2013年3月20～21日，北极理事会高官会春季会议在瑞典斯德哥尔摩举行。5月15日，北极理事会第八次部长级会议在瑞典基律纳举行，中国等六国成为北极理事会正式观察员。11月22～23日，北极理事会高官会秋季会议在加拿大怀特霍斯举行。中国政府派代表出席了上述会议，强调中国高度重视北极地区的科学研究和环境保护，支持根据海洋法以及相关国际法处理北极问题，尊重北极地区国家根据国际法在北极地区享有的主权、主权权利和管辖权，愿在平等的基础上，与有关各方就北极问题加强互利合作，为实现北极地区的和平、稳定和可持续发展作出贡献。

## 2. 双边海洋法和极地事务对话

### （1）中美第四轮海洋法和极地事务对话

2013年4月8～9日，中美第四轮海洋法和极地事务对话在美国加利福尼亚州阿拉米达市举行。该对话是中美战略和经济对话的重要子对话之一。双方就海洋法和极地领域的多边事务进行了广泛而富有成果的交流。

### （2）中英第三轮海洋法磋商

2013年10月11日，中英第三轮海洋法磋商在伦敦举行，双方就联合国大会、国际海底管理局、国际海事组织等多边平台以及国际海洋法法庭所涉海洋法热点问题进行深入、坦率的沟通，达成广泛共识。

### （3）中法首轮海洋法磋商

2013年10月14日，中法首轮海洋法磋商在巴黎举行，双方就国家管辖范围外海洋生物多样性问题、国际海底管理局工作和国际海洋法法庭事务等议题进行了深入和坦率的交流和沟通，增进了相互理解，达成了广泛的共识。

### （4）中国和阿根廷第二轮海洋法和极地事务对话

2013年11月6日，中阿第二轮海洋法和极地事务对话在北京举行。双方就大陆架、国家管辖范围外海洋生物多样性、国际海底区域、国际海洋法法庭和极地事务等议题进行了深入和坦诚的交流和沟通，成果丰富，达到了增进了解、扩大共识、促进合作的目的。

### （5）中俄首轮北极事务对话

2013年11月26日，中俄首轮北极事务对话在莫斯科举行。双方就北极政策与合作等问题进行了坦诚深入的沟通，达成广泛共识，并商定第二轮对话于2014年在北京举行。

## （八）中国在国际环境法领域的工作

### 1. 气候变化问题

2013年11月11～23日，《联合国气候变化框架公约》（下称《公约》）第19次缔约方会议暨《京都议定书》（下称《议定书》）第九次缔约方会议在波兰华沙举行。其间还举行了《公约》下加强行动德班平台特设工作组（下称“德班平台”）第二次会议第三阶段会议以及《公约》附属履行机构和附属科技咨询机构第39次会议。上述会议统称联合国气候变化华沙会议。

为期两周的谈判异常艰苦，多种矛盾复杂交织，各方分歧难以弥合，会议被迫延期一天才形成最终成果。一是通过了下一阶段德班平台谈判路线图，邀请各方开展国内准备工作，确定“由国家自主决定的贡献”，于2015年缔约方会议前（准备好的缔约方可在2015年第一季度前）作出通报，德班平台工作组将于2014年谈判确认需通报的信息；同时对提高2020年前行动力度做了安排，敦促所有发达国家对议定书第二承诺期量化减限排指标或公约下2020年前减排承诺进行“回头看”，进而提高减排目标，发达国家应进一步提高向发展中国家提供资金和技术支持的力度，发展中国家在发达国家支持下采取进一步行动提出或落实自主减缓行动目标。二是决定在现有的“坎昆适应框架”下建立“华沙损失与损害国际机制”，该机制职能为针对应对损失和损害问题开展经验交流并加强相关行动和支持，要求发达国家为发展中国家开展相关活动提供支持，但未明确补偿发展中国家损失和损害的安排。三是发达国家承诺向适应基金捐资一亿美元，但未明确发达国家到2020年前每年筹资1000亿美元目标的具体路线图。由于各方分歧较大，会议成果未涉及削减氢氟碳化物问题。

来自192个缔约方和观察员国、700多个政府间国际组织和非政府组织及300多家媒体共约8000多人参会。部分国家领导人、联合国秘书长及各国部长级代表出席了高级别会议。

中国派出了由国家发展和改革委员会、外交部、科技部、财政部、环境保护部、农业部、交通运输部、国家林业局、气象局、民用航空局、国务院新闻办公室及香港和澳门特别行政区政府有关部门和相关研究机构组成的代表团出席会议。国家发展和改革委员会副主任解振华任代表团团长，外交部副部长刘振民任代表团第一副团长。

中国代表团全面、积极、深入参与了各个议题的磋商，并积极开展与发展中国家的协调和与发达国家的对话，积极引导谈判走向，为推动华沙会议取得成功发挥了积极、建设性作用。

### 2.《联合国防治荒漠化公约》

2013年9月16～27日，《联合国防治荒漠化公约》（下称《公约》）第11次缔约方会议在纳米比亚温得和克举行。由外交部、国家林业局和环境保护部等部门代表组成的中国代表团出席了会议。为落实2012年联合国可持续发展大会确定的“土地退化零增长”目标，会议决定成立政府间工作组，讨论干旱、半干旱和亚湿润干旱地区“土地退化零增长”问题。会议还完成了《公约》十年（2008～2018）战略中期评估。会议期间，联合国秘书长潘基文任命莫妮克·巴布女士为《公约》新任执行秘书。《公约》秘书处授予中国亿利资源集团“全球旱地卫士”称号，以表彰其对防治荒漠化的贡献。

中国代表团团长、外交部气候变化谈判特别代表高风，国家林业局治沙办主任刘拓在会上分别系统阐述中方对荒漠化问题国际谈判的立场、中国荒漠化治理的理念与实践。会议期间，中国代表团举办了“中国荒漠化防治与绿色发展”主题活动，通过经验介绍、案例展示、现场示范，生动诠释了中国防沙、治沙、用沙三位一体的荒漠化工作思路，受到各方关注和赞誉。

### 3. 联合国环境署关于汞的国际法律文书的谈判

2013年1月12～18日，关于拟定汞问题国际法律文书的政府间谈判委员会第五次会议在瑞士日内瓦举行，来自146个国家、36个国际组织及非政府组织的近1000名代表与会，与会各方在往届会议的基础上最终就汞问题国际法律文书的文本达成一致，并同意将其命名为《关于汞的水俣公约》。公约共有35个条款及五个附件，主要就汞供应与贸易、添汞产品、用汞工艺、手工及小规模采金、汞的排放及释放、汞储存、含汞废物、污染场地以及公约的资金、技术、能力建设、遵约和争端解决机制等作出了规定。

10月7～11日，联合国环境署在日本熊本召开了《关于汞的水俣公约》外交全权代表大会及其筹备会议。共有来自142个国家及欧盟的1000余名代表出席会议。外交全权代表大会通过了公约文本。由环境保护部、外交部、工业和信息化部派员组成的中国政府代表团出席了会议。中国代表团团长、环境保护部总工程师万本太代表中国政府签署了公约。中国代表团在会上介绍了中国提高生态文明水平、建设美丽中国的总体部署和安排，阐明中国积极支持签约和加强汞污染控制的立场和态度，呼吁发达国家为发展中国家提供必要的资金、技术和能力建设支持，为公约尽早生效和有效履约创造条件，得到广大发展中国家的热烈响应。

目前，共有93个国家及欧盟签署了公约，包括欧盟21个成员国、澳大利亚、加拿大、日本等发达国家及中国、巴西、南非等发展中国家。美国已于2013年11月加入公约成为公约首个缔约方。公约目前尚未生效。

### 4. 化学品管理

国际化学品管理领域的主要国际公约包括《控制危险废物越境转移及其处置巴塞尔公约》(简称《巴塞尔公约》)、《关于在国际贸易中对某些危险化学品和农药采用事先知情同意程序的鹿特丹公约》(简称《鹿特丹公约》)和《关于持久性有机污染物的斯德哥尔摩公约》(简称《斯德哥尔摩公约》)，其共同目标是保护人类健康和环境免受危险化学品和废物的危害。近年来，在欧盟积极倡导和推动下，三公约各缔约方会议相继通过决定，对三公约进行协同增效，在国际层面开展联合活动，进行联合管理，以促进三公约更有效实施和协调合作。

2013年4月28日至5月10日，《巴塞尔公约》第11次缔约方会议、《鹿特丹公约》第六次缔约方会议、《斯德哥尔摩公约》第六次缔约方会议以及上述三公约缔约方大会第二次同期特别会议在瑞士日内瓦联合举行。约1400名来自170多个国家、国际组织以及非政府组织的代表出席了会议。

会议重点讨论了增列受控物质、资金和技术援助、遵约机制、三公约协同增效、财政预算等问题，通过了加强危险化学品和废弃物管理的73项决定，其中将六溴环十二烷列入《斯德哥尔摩公约》附件A，将全氟辛烷磺酸盐/脂等四种化学品列入《鹿特丹公约》附件三。

由环境保护部、外交部、科技部、工业和信息化部、住房和城乡建设部、农业部、清华大学、北京大学、中国科学院及香港特别行政区代表组成的中国代表团参加了会议。中国代表团在会上介绍了中国政府加强化学品和废物管理、积极履行公约及参与相关国际合作的情况，并强调应承认和尊重各公约的法律独立性，允许缔约方保有根据本国国情和优先事项采取行动的灵活性。中国代表团还在会场安排了中国履约成果展并举办了主题边会，宣传和展示中国在履约方面所做的工作，受到各方积极关注和高度评价。

### 5. 生物多样性和生物安全

2013年10月14～18日，《生物多样性公约》科咨附属机构第17次会议在加拿大蒙特利尔召开。环境保护部、外交部、农业部、国家林业局派员组成的中国代表团出席了会议。会议讨论了执行《2011～2020年生物多样性战略计划》相关的科学和技术需求、生物多样性和气候变化、全球植物保护战略等议题，并向将于2014年召开的《生物多样性公约》第12次缔约方会议提交有关工作建议。

生物多样性和生态系统服务政府间科学—政策平台（以下简称“平台”）成立于2012年4月，目的是在生物多样性领域搭建沟通科学界和政府决策者的平台，促进科学知识向政府决策转化，推进全球生物多样性保护，目前共有115个成员国。中国于2012年10月正式加入平台。2013年1月21～26日，平台第一届全体会议在德国波恩举行。会议推选产生了平台全体会议主席、主席团成员以及多学科专家组成员，讨论了议事规则、工作方案、预算等议题。12月9～14日，平台第二届全体会议在土耳其安塔利亚召开。会议通过了概念框架文件以及首个五年期工作方案，讨论了平台运行规则、财务制度、预算、外联战略等议题，任命了首任执行秘书，标志着平台工作取得重要进展。由环境保护部、外交部等部门组成的中国代表团出席了上述两次会议。中国科学院院士傅伯杰当选为平台多学科专家组成员。

### 6.《濒危野生动植物种国际贸易公约》

《濒危野生动植物种国际贸易公约》于1975年生效，旨在通过对野生动植物国际贸易的管制保护濒危物种，现共有179个缔约方。中国于1981年加入该公约。

2013年3月3～14日，公约第16次缔约方会议在泰国曼谷举行。来自170多个国家、非政府组织和企业界的共2000余名代表出席会议。会议讨论了政策性议题和物种议题各70多个，通过100多项决议和决定，确定将343种动植物列入公约附录以实施贸易管制，涉及鲨鱼、蝠鲼、龟鳖、热带木材等。

由国家林业局、外交部、国家发展和改革委员会、农业部、海关总署、中国科学院以及香港、澳门特别行政区政府代表组成的中国代表团出席了会议。中国代表团积极、建设性地参与各议题讨论，推动公约朝着健康的方向发展，为会议成功作出积极贡献。中国代表团还参加了打击森林和野生动植物犯罪部长级圆桌会议、全球野生动植物执法网络会议等边会，介绍中国在保护濒危野生动植物、加强相关领域执法工作的政策举措和成就，受到各方关注和积极评价。

### 7.《关于消耗臭氧层物质的蒙特利尔议定书》

《关于消耗臭氧层物质的蒙特利尔议定书》（下称《蒙特利尔议定书》）第25次缔约方会议于2013年10月21～25日在泰国曼谷举行。来自143个缔约方、6个国际组织和一些非政府组织的700多名代表参加了会议。会议分为准备会议和高级别会议两部分，重点讨论了对《蒙特利尔议定书》的修正提案、豁免问题、提供资金问题、消耗臭氧层物质替代物质的其他信息、遵约等议题。会议经过审议，通过了21项决定。

环境保护部、外交部、国家发展和改革委员会、食品药品监管总局、北京大学等派员组成的中国代表团出席了会议。中国代表团团长、环境保护部副部长翟青在高级别会议上发言，就会议讨论的重点议题阐述了中方观点和立场，并介绍了中国在环境保护以及履行议定书方面所做的工作和取得的成绩。中国代表团积极、建设性地参加了会议各项议题的讨论和磋商，与相关国家充分沟通和协调立场，为会议通过有关决定作出了积极贡献。

## （九）中国在网络领域的条法外交工作

### 1. 举办东盟地区论坛网络安全研讨会

2013年9月，中国和马来西亚在北京联合举办东盟地区论坛（ARF）网络安全研讨会。这是ARF框架下涉网络事务研讨会首次在华举行。来自ARF成员方、相关国际组织的近90名官员和专家与会。外交部部长助理郑泽光和马来西亚国家安全理事会秘书长萨居蒂恩出席开幕式并致辞。

会议围绕国家在网络空间中的作用、网络空间的文化范畴、打击网络犯罪、能力建设和国家实践等五项议题进行了深入研讨。会议共同主席在议题讨论的基础上对会议作了总结，强调国际社会应合作应对在网络安全领域面临的威胁与挑战，国家主权原则应予维护，不能以维护人权为由否定国家主权；国家的身份和价值在网络空间应得到尊重和保护，构建和平、安全、开放与合作的网络空间应尊重文化多样性；各国对确保全球网络安全负有责任，国际社会有必要继续探讨制订网络安全国际行为准则并加强全球协作；应加强发展中国家能力建设，合作应对网络犯罪，应进一步开展双边和多边合作，加强对网络关键基础设施的保护。

本次研讨会的成果即共同主席摘要报告提交于2013年12月召开的ARF建立信任措施和预防性外交会间辅助会议审议并获通过。

### 2. 参加网络空间首尔会议

2013年10月，韩国举办了网络空间首尔会议暨“伦敦进程”第三次会议。87个国家及国际组织的约1600名代表出席。会议基调较为平衡，发展中国家参与程度较“伦敦进程”前两次会议有所提高。会议新增了能力建设、文化利益议题，体现了发展中国家的关切和对文化多样性的关注。首尔会议发表了主席声明，并附有一份名为“首尔框架和承诺”的附件，编撰了有关国际组织和会议已通过文件中与经济增长与发展、社会和文化利益、网络安全、国际安全、网络犯罪、能力建设等首尔会议议题相关的部分内容。

中国派政府代表团参加会议，并组织国内相关互联网企业、行业组织和学术机构派人参会。中国代表团团长在年会上作了题为“携手共建和谐共进的国际网络空间秩序”的发言，提出中国所追求的是以“和谐”为本、以“共同进步”为目标、以“携手共建”为实现途径的网络空间秩序，同时对西方国家大搞网络空间军事化、利用技术优势推行网络霸权提出批评。作为会议主席声明附件的“首尔框架和承诺”吸收了包括网络主权、文化多样性、联合国主渠道地位等中国提出的多项合理主张。

#### 3. 举行中欧网络工作小组第二次会议

2013年10月21日，中欧网络工作小组第二次会议在比利时布鲁塞尔举行。外交部、国家互联网信息办公室、工业和信息化部以及中国驻欧盟使团等派人与会，欧方代表团由欧盟对外行动署、欧盟委员会、欧盟网络和信息安全局、欧洲刑警组织等派人与会。双方积极评价中欧网络事务合作，就各自互联网政策和共同关心的网络问题坦诚、深入地交换了意见，并就向第16次中欧领导人会晤报告的成果内容进行了沟通。双方同意，下次会议将于2014年在北京举行。

11月，第16次中欧领导人会晤发表的《中欧合作2020战略规划》提及：“支持并推动构建和平、安全、有弹性和开放的网络空间。通过中欧网络工作小组等平台，推动双方在网络领域的互信与合作。”

#### 4. 参加联合国框架下打击网络犯罪领域相关工作

2013年2月，联合国网络犯罪问题政府间专家组召开第二次会议，包括中国在内的80余国和部分国际组织的代表出席会议。

会议重点围绕专家组秘书处——联合国毒品和犯罪问题办公室起草的《网络犯罪问题综合研究报告》展开讨论。中国等发展中国家积极维护联合国框架下讨论打击网络犯罪问题的多边进程。会议最终作出决定，建议由联合国预防犯罪和刑事司法委员会在2013年4月的年会上进一步审议该报告。

4月，在联合国预防犯罪和刑事司法委员会第22届会议上，巴西、中国、印度等国共同提出“加强打击网络犯罪的国际合作”决议草案，获多数国家支持或响应。会议最终通过相关决议，明确授权联合国网络犯罪问题政府间专家组继续开展工作。联合国框架下研究网络犯罪问题的工作进程得以维护。

## （十）其他条约法律工作

**1. 国际刑事法院**

国际刑事法院是根据2002年7月1日生效的《国际刑事法院罗马规约》设立，旨在对犯有灭绝种族罪、战争罪、危害人类罪和侵略罪的个人追究刑事责任。截至2013年底，规约共有122个缔约国。2010年规约首次审查会议通过了有关侵略罪、战争罪条款的修正案，两个修正案均未生效。

截至2014年1月8日，国际刑事法院正处理八个情势，分别是缔约国提请法院管辖的乌干达情势、刚果（金）情势、中非共和国情势、马里情势，安理会提交的苏丹达尔富尔情势、利比亚情势以及由检察官自行启动调查的肯尼亚情势、科特迪瓦情势。

此外，国际刑事法院检察官办公室还在就阿富汗、格鲁吉亚、几内亚、哥伦比亚、巴勒斯坦、洪都拉斯、韩国和尼日利亚八个情势开展初步调查。

2013年11月20～28日，《国际刑事法院罗马规约》第12届缔约国大会在荷兰海牙召开，中国以观察员身份与会并发言，阐述对法院的原则立场和关切，强调法院在司法活动中应尊重国内司法机构与国际刑事法院的主从关系，切实执行补充性管辖原则，坚持和平与正义并重，妥善处理国际刑事法院与安理会关系，加强国际刑事法院与缔约国的合作，平等对待冲突各国和各方当事人，兼顾惩罚犯罪与赔偿受害人，最终以实际行动赢得缔约国、国际社会的信任和支持。会议举行了“起诉现任国家领导人及其对和平、稳定及民族和解的影响”特别专题辩论，通过了《程序和证据规则》三项修正案，允许领导人不亲自出庭而由代理人代为出庭、通过视频庭审或允许在海牙外庭审，同时允许采信录音证言，而无需控辩双方当庭质证证人。会议选举产生新一届预算和金融委员会委员，并就法院与各方的合作、受害人赔偿等问题进行了讨论。

**2. 国际法院**

国际法院根据《联合国宪章》于1946年2月成立，是联合国的主要司法机构，设在荷兰海牙，其职能包括就国家间争端行使诉讼管辖权，就联合国有关机构提交的法律问题发表咨询意见。国际法院的咨询意见虽不具有法律约束力，但受到联合国及各国尊重，对国际法原则和规则的发展也有重大影响。截至2014年1月8日，国际法院共作出117项判决，发表27项咨询意见。近年来，国际法院的判决和咨询意见越来越受到各国重视，在解决边界、海洋争端方面的作用明显增强，所审理的案件数量呈上升趋势。

国际法院共有15位法官，由联合国大会和安理会共同选举产生。国际法院现任院长为彼得·通卡（斯洛伐克籍），副院长为贝尔纳多·赛普尔韦达·阿莫尔（墨西哥籍），任期至2015年。新中国成立后，先后有倪征燠（1985～1994）、史久镛（1994～2010）、薛捍勤（2010年至今）出任国际法院法官。

### 3. 亚非法律协商组织

亚非法律协商组织（简称“亚非法协”）第52届年会于2013年9月9～12日在印度新德里召开，包括中国在内的36个成员国出席了本届年会。外交部、中国驻印度使馆派人组团与会。

本届年会讨论了海洋法问题、巴勒斯坦问题、环境与可持续发展问题、反腐败的挑战等议题，并专门就国际法委员会相关议题及国内法的域外适用问题举行特别会议。本届年会共通过18项决议。

中国代表团在一般性发言中充分肯定了亚非法协在促进亚非国家之间法律交流与协调方面发挥的重要作用，重申中国继续支持亚非法协工作的一贯立场，阐述了当前国际局势的深入调整给国际法体系带来的机遇与挑战，并就亚非法协发展和亚非国家加强国际法合作提出了看法和建议。此外，中国代表团还就各议题阐述了中国政府的基本主张及立场，介绍了中国政府在有关领域所做工作及取得的成绩，产生良好反响。

# 第七章

# 中国外交中的边界与海洋工作

## （一）概述

中国与14个陆地邻国接壤，陆地国界线总长2.2万多公里，是世界上陆地国界线最长、邻国最多、边界情况最为复杂的国家之一。中国海域辽阔，拥有1.8万多公里的大陆海岸线和6500多个岛屿，与8个国家在海上相邻或相向。目前，中国已与12个陆上邻国彻底解决历史遗留的边界问题，划定并勘定国界线约2万公里，与越南划定了北部湾海域界线。

边界与海洋工作关系国家主权、安全和发展利益，是中国外交的重要组成部分。中国政府高度重视边界与海洋问题，从维护双边友好关系和地区和平与稳定出发，主张根据国际法基本原则，在平等的基础上通过友好协商，公平合理地解决与周边国家的领土与海洋权益争端。

2013年，中国政府坚持睦邻友好、互利合作的周边外交政策，积极开展陆地边界和周边海洋外交工作。中印举行边界问题特别代表会晤，保持边界谈判势头。有序推进同有关国家边界联检工作，维护陆地国界线清晰稳定。加强和完善边界管理，大力推进跨境经济合作和边境基础设施互联互通建设，服务沿边地区经济发展和对外开放。加强对话，努力推动海上共同开发与合作；坚决捍卫国家领土主权和海洋权益，妥善处理同有关国家的领土与海洋权益争端，维护友好合作关系和周边和平稳定。

## （二）陆地边界工作

**1. 中印边界问题特别代表会晤**

2013年6月，中印边界问题特别代表第16次会晤在北京举行，中方特别代表、国务委员杨洁篪和印方特别代表、印国家安全顾问梅农就中印边界问题、双边关系以及共同关心的国际地区问题深入交换了意见。中印边境事务磋商和协调工作机制举行两次会议，就中印边境地区形势保持沟通，妥善处理重大边境事务，维护两国边境地区的和平与安宁。10月，中印两国政府签署了《中印边防合作协议》。

**2. 中俄国界第一次联合检查**

2013年3月，中俄国界第一次联合检查委员会第四次会议在北京举行。双方就启动联检外业等具体问题深入交换意见，并对联检工作作出年度规划。2013年12月，联合检查委员会第五次会议在北京举行。双方审查了有关联检工作成果，总结了全年联检进展情况，并对2014年工作作出具体部署。

## （三）边界管理与合作开发

**1. 中老边界联委会会议**

2013年9月24～27日，中国和老挝边界联合委员会第12次会议在云南昆明举行。双方就边境地区形势、边境地区执法合作、边境口岸管理与合作等问题深入交换意见并达成广泛共识。

**2. 中老关于在磨憨—磨丁口岸设立货运专用通道的工作会晤**

2013年5月15日，中国和老挝关于在磨憨—磨丁口岸设立货运专用通道的工作会晤在磨憨—磨丁口岸举行。会晤期间，双方就在该口岸设立货运专用通道问题达成原则一致。

**3. 中老关于磨憨—磨丁口岸货运专用通道对接点及通关便利化磋商**

2013年11月18～22日，中国和老挝关于磨憨—磨丁口岸货运专用通道对接点及通关便利化磋商在老挝琅勃拉邦举行。双方就口岸货运专用通道对接点方案、通关便利化、边境跨境经济合作、边民跨境婚姻等问题深入交换了意见，并联合对通道对接点进行了实地考察。

**4. 中俄边界联委会会议**

2013年1月、6月和12月，中国和俄罗斯边界联合委员会第11、12、13次会议分别在北京（2次）和莫斯科举行。双方全面回顾和总结了《中俄国界管理制度协定》的执行情况，并就中俄国界第一次联合检查、边界管控与边境地区执法合作、边境口岸管理和跨境基础设施建设、跨界水及界河工程、边境地区经济合作等问题广泛、深入交换意见并达成一系列共识。

**5. 中蒙边界联委会会议**

2013年12月11～12日，中国和蒙古边界联合委员会第一次会议在北京举行。双方就《中蒙边界管理制度条约》生效以来两国边界总体情况、边境地区执法合作、边境口岸开放和升格以及边界水等问题深入交换意见并达成诸多共识。

**6. 中哈利用和保护跨界河流联委会会议**

2013年1月和6月，中国和哈萨克斯坦利用和保护跨界河流联合委员会第10、11次会议分别在阿斯塔纳和伊宁举行。双方高度评价联委会在进一步推动中哈利用和保护跨界河流方面的积极作用，并就两国跨界河流领域有关问题深入交换了意见。

**7. 中哈吉俄塔五国边境裁军联合监督小组会议**

2013年4月和12月，中国同哈萨克斯坦、吉尔吉斯斯坦、俄罗斯、塔吉克斯坦边境裁军联合监督小组第28次和第29次会议分别在杜尚别和北京举行。中方同四国组成的联方高度评价了联合监督小组为促进五国军事领域信任、交流与合作以及维护边境地区安全稳定所发挥的积极作用，充分肯定有关协定的执行情况，制定了联监组2014年工作计划，并就进一步完善相关工作达成一致。

**8. 中巴关于边界管理制度协定的磋商**

2013年5月13～16日，中巴（基斯坦）双方在伊斯兰堡就《中华人民共和国政府和巴基斯坦伊斯兰共和国政府关于边界管理制度的协定》和《中华人民共和国政府和巴基斯坦伊斯兰共和国政府关于边境口岸及其管理制度的协定》举行磋商，双方就两协定草案文本达成一致并予以草签。5月22日国务院总理李克强访巴期间，外交部长王毅与巴基斯坦外交部常务秘书贾利尔·阿巴斯·吉拉尼分别代表两国政府在伊斯兰堡签署上述两协定。

**9. 中越陆地边界联委会会议**

2013年12月4～5日，中国和越南陆地边界联合委员会第四次会议在越南河内举行。双方回顾和总结了联委会2013年工作，就边界管控与边境地区执法、界务工程、边界代表证件启用、边境口岸开放等问题深入交换意见并达成共识。

## （四）中国与周边国家间海洋权益问题

**1. 中越北部湾湾口外海域工作组磋商**

2013年5月29～31日，中国和越南北部湾湾口外海域工作组第三轮磋商在河内举行。10月8～9日，中越北部湾湾口外海域工作组第四轮磋商在北京举行。双方就北部湾湾口外海域划界、共同开发和共同考察等问题交换了意见。

**2. 中越海上低敏感领域合作专家工作组磋商**

2013年4月22～24日，中国和越南海上低敏感领域合作专家工作组第三轮磋商在北京举行，双方就有关优先合作项目达成原则共识。9月24～26日，中越海上低敏感领域合作专家工作组第四轮磋商在河内举行，双方就北部湾海洋和岛屿环境合作研究及长江三角洲与红河三角洲海域全新世沉积演化对比研究共两个项目的合作文本草案内容达成一致，并于李克强总理10月访问越南期间正式签署。

**3. 第23届“处理南海潜在冲突研讨会”**

2013年10月31日至11月2日，第23届“处理南海潜在冲突研讨会”（下称“研讨会”）在印度尼西亚日惹举行。来自中国、东盟十国和中国台北的代表以个人身份参加。会议积极评价研讨会在维护南海稳定、促进各方务实合作方面发挥的积极作用，重申将坚持研讨会的非官方、非正式性质，积极推进研讨会框架下的合作项目。中方与会人员就中国有关单位牵头实施的“建立海洋数据库”项目做了报告。

**4. 中国东海部分海域外大陆架划界案**

2013年8月15日，根据大陆架界限委员会安排，中国政府代表团就2012年12月14日提交的东海部分海域200海里外大陆架划界案在纽约向委员会进行陈述和答辩。

**5. 应对菲律宾提起南海争议国际仲裁**

2013年1月22日，菲律宾就“菲在南海的权利和管辖权”针对中国提起国际仲裁。2月19日，中国退回菲提起仲裁的照会，明确表示拒绝。中国外交部发言人分别于1月23日、2月20日、4月26日、7月16日和10月25日表示，中国不接受、不参与菲提起仲裁的立场有充分的国际法根据，中国的上述立场不会改变。中方敦促菲方纠正错误做法，回到双边谈判解决争议的正确轨道上来。

**6. 落实《南海各方行为宣言》和启动“南海行为准则”磋商**

2013年5月29日，落实《南海各方行为宣言》（下称“《宣言》”）第八次联合工作组会议在泰国曼谷举行。9月15日，落实《宣言》第六次高官会在苏州举行，在高官会前一天背靠背举行了第九次联合工作组会议。中国与东盟国家在两次会议上讨论了推进落实《宣言》后续行动，通过了2013～2014年工作计划，提出新的海上务实合作具体项目并就扩展海上务实合作领域进行了探讨。中国与东盟国家在第六次高官会上正式启动了制定“南海行为准则”磋商进程，授权联合工作组就“南海行为准则”进行具体磋商；采取从易到难、循序渐进的总体思路；从梳理共识开始磋商，逐步扩大共识，缩小分歧；请联合工作组起草“名人专家小组”职权范围。

# 第八章

# 中国外交中的新闻和公共外交工作

## （一）概述

2013年，外交部以国家领导人出访和出席国际会议、党的十八届三中全会、周边外交工作座谈会、“两会”等国内重要政治活动以及博鳌亚洲论坛年会、夏季达沃斯论坛等重大外交活动为契机，精心设计新闻和公共外交工作，向国际社会全面介绍中国和平发展道路、互利共赢的对外开放战略和独立自主的和平外交政策，深入宣介解读中国梦、中国全面深化改革政策举措。通过例行记者会、专题吹风会、媒体通气会、外交部网站群、“外交小灵通”微博、微信、“外交服务站”广播、网络访谈等方式及时发布权威消息，回应民众关切。通过“公众开放日”等活动，与国内外各界就中国外交进行沟通交流，践行“外交为民”理念。加强与外国驻华记者沟通交流，为其全面、客观报道中国提供外交信息，针对国内外媒体关注的问题，介绍中国的外交政策和对重大国际、地区问题的立场主张。

## （二）阐述外交政策

**1. 介绍国家领导人出访和出席国际会议情况**

2013年，中国领导人以出访和出席国际会议为契机，通过接受采访、发表署名文章、共见记者等方式开展丰富多彩的公共外交活动。外交部等有关部委多次向中外记者吹风，介绍相关情况，宣介中国政策主张。

3月22～30日，国家主席习近平对俄罗斯、坦桑尼亚、南非、刚果共和国进行国事访问并出席金砖国家领导人第五次会晤。3月18～20日，外交部举行中外媒体吹风会，外交部副部长程国平会见俄罗斯记者团、与俄罗斯驻华大使拉佐夫举行吹风会，介绍有关情况。出访期间，设立中国代表团新闻中心，安排吹风会、接受采访等公共外交活动，宣介中国政策主张。邀请外交部副部长程国平、中国人民外交学会常务理事程涛等接受采访。3月31日，外交部长王毅向随访中国媒体介绍此访成果和意义。

5月31日至6月8日，国家主席习近平对特立尼达和多巴哥、哥斯达黎加、墨西哥进行国事访问并赴美国举行中美元首会晤。5月29日，外交部召开中外媒体吹风会，外交部部长助理张昆生、郑泽光分别介绍有关情况。出访期间，王毅外长向随访中国媒体介绍访问有关情况。6月8日，国务委员杨洁篪举行中外记者吹风会，介绍中美元首会晤成果。

9月3～13日，国家主席习近平访问土库曼斯坦、哈萨克斯坦、乌兹别克斯坦、吉尔吉斯斯坦并出席二十国集团领导人第八次峰会、上海合作组织成员国元首理事会第13次会议。8月27日，外交部举行中外媒体吹风会，外交部副部长李保东、程国平，财政部副部长朱光耀，中国人民银行副行长易纲介绍有关情况，向港澳媒体吹风。会议期间，设立中国代表团新闻中心，通过吹风会、接受采访等方式宣介中国有关政策主张。邀请商务部长高虎城，中国人民银行行长周小川，全国政协副主席、科技部长万钢，财政部副部长朱光耀，上海合作组织地区反恐怖机构执行委员会主任张新枫举行吹风会或接受采访。9月13日，外交部副部长程国平举行中外媒体吹风会，介绍访问成果。

10月2～8日，国家主席习近平对印度尼西亚、马来西亚进行国事访问并出席亚太经合组织第21次领导人非正式会议。9月29日，外交部举行中外媒体吹风会，外交部副部长李保东、刘振民，商务部国际贸易谈判副代表俞建华分别介绍有关情况，向港澳媒体吹风。会议期间，设立中国代表团新闻中心，通过举行吹风会、接受采访等公共外交活动，宣介中国立场主张。邀请商务部国际贸易谈判副代表俞建华，中国贸易促进委员会副会长于平，中粮集团董事长宁高宁，轩辕国际集团董事长杨云松，亚太经合组织领导人会议北京市筹备工作领导小组副秘书长、北京市政府外事办公室主任赵会民举行专题吹风会或接受专访。播放2014年中国举办亚太经合组织第22次领导人非正式会议宣传片。10月8日，王毅外长向随访中国媒体介绍出访成果。

5月19～27日，国务院总理李克强对印度、巴基斯坦、瑞士、德国进行正式访问。5月16日，外交部举行中外媒体吹风会，外交部副部长宋涛、商务部副部长蒋耀平介绍有关情况。

10月9～25日，国务院总理李克强出席第16次中国—东盟（10+1）领导人会议、第16次东盟与中日韩（10+3）领导人会议和第八届东亚峰会并对文莱、泰国、越南进行正式访问。10月7日，外交部举行中外媒体吹风会，外交部副部长刘振民、财政部副部长朱光耀、商务部副部长高燕分别介绍有关情况。

11月25～29日，国务院总理李克强出席中国—中东欧国家领导人会晤并访问罗马尼亚、出席在乌兹别克斯坦举行的上海合作组织成员国总理第12次会议。11月20～22日，外交部举行中外媒体吹风会，外交部副部长程国平、外交部副部长宋涛、商务部部长助理张向晨分别介绍有关情况。

7月10～11日，中美在华盛顿举行第五轮中美战略与经济对话。7月5日，外交部举行中外媒体吹风会，财政部副部长朱光耀、外交部部长助理郑泽光介绍有关情况。会议期间，邀请财政部部长楼继伟、商务部部长高虎城、国家发展和改革委员会副主任解振华、中国人民银行副行长易纲、国家能源局副局长张玉清举行中外媒体吹风会，介绍有关情况。7月11日，国家主席习近平特别代表、国务院副总理汪洋和国务委员杨洁篪就对话成果致辞。财政部副部长朱光耀、外交部部长助理郑泽光介绍有关情况和成果。

11月21日，中美双方在华盛顿举行第四轮中美人文交流高层磋商。11月15日，外交部举行中外媒体吹风会，教育部长袁贵仁、科技部副部长曹健林、文化部副部长丁伟、外交部部长助理郑泽光分别介绍有关情况。

**2. 例行记者会**

2013年是外交部发言人制度建立30周年。30年来，外交部发言人制度日臻成熟和完善，已成为中国改革开放的一个重要窗口和中国发展进步的重要标志。历任外交部发言人致力于向世界发出中国和平发展的声音，传递合作共赢的理念，播撒友谊信任的种子，增进了中国与世界的相互理解，化解了外界的疑虑和误解。

2013年，外交部发言人共举行200场例行记者会，就中外媒体关注的问题发布消息，阐明中国政府立场。全年主动发布消息220余条，通过例行记者会和电话回答记者提问5000余个。

2013年，外交部接待了来自26个国家和地区120多批、4000多人次旁听例行记者会，其中包括政府官员、社会团体、青少年、热心网民和港澳台同胞等各界人士，增进了国内外公众对中国外交的了解和认知。

## （三）外国记者工作

**1. 外国常驻记者概况**

截至2013年12月底，共有61个国家448家新闻机构在中国派驻常驻记者655名。其中，常驻北京390家机构，515名记者；常驻上海114家机构，123名记者；常驻广州10家机构，10名记者；常驻重庆2家机构，2名记者；常驻沈阳3家机构，3名记者；常驻大连1家机构，1名记者；常驻深圳1家机构，1名记者。

**2. 安排外国媒体采访国家领导人**

2013年，外交部新闻司负责落实国家领导人会见外国记者和接受外国媒体采访9次；在外国主流媒体发表文章7篇；安排国家领导人与外国领导人共见记者活动23次。其中包括：

3月19日，国家主席习近平在出席金砖国家领导人第五次会晤前夕接受俄罗斯俄通社—塔斯社、俄罗斯全国广播电视公司、南非卫星电视五台、印度报业托拉斯、巴西《经济价值报》和中国新华社记者联合采访，就中国同有关国家双边关系、中非关系、金砖国家合作、中国改革开放等答问。

4月25日，国家主席习近平与来访的法国总统奥朗德共同会见记者。

5月31日，国家主席习近平在对特立尼达和多巴哥、哥斯达黎加和墨西哥进行国事访问前夕，接受特立尼达和多巴哥《快报》、哥斯达黎加《共和国报》和墨西哥《至上报》联合书面采访，就中国与三国双边关系、中拉关系、中国“十二五”规划和中国梦等阐述政策。

6月1日，国家主席习近平在访问特立尼达和多巴哥期间，与特立尼达和多巴哥总理比塞萨尔共同会见记者。

6月3日，国家主席习近平在访问哥斯达黎加期间，与哥斯达黎加总统钦奇利亚共同会见记者。

6月4日，国家主席习近平在访问墨西哥期间，与墨西哥总统培尼亚共同会见记者。

6月7日，国家主席习近平在举行中美元首会晤期间，与美国总统奥巴马共同会见记者。

6月27日，国家主席习近平与来访的韩国总统朴槿惠共同会见记者。

9月3日，国家主席习近平在出席二十国集团领导人第八次峰会、上海合作组织元首理事会第13次会议前夕，接受土库曼斯坦《中立的土库曼斯坦报》、俄罗斯国际文传电讯社、哈萨克斯坦电讯社、《哈萨克斯坦真理报》、乌兹别克斯坦“扎洪”通讯社、吉尔吉斯斯坦《言论报》联合采访，就中国同五国双边关系、二十国集团事务、上海合作组织发展、中国经济形势等阐述看法和主张。

10月2日，国家主席习近平在出席亚太经合组织第21次领导人非正式会议前夕接受印度尼西亚《雅加达邮报》、《罗盘报》，马来西亚《马来西亚前锋报》、《星洲日报》、《新海峡时报》联合采访，就中国同两国双边关系、亚太经合组织第21次领导人非正式会议、亚太经济前景、中国经济形势、中国同东盟关系等阐述看法和主张。

10月2日，国家主席习近平在访问印度尼西亚期间，与印度尼西亚总统苏希洛共同会见记者。

10月5日，国家主席习近平在访问马来西亚期间，与马来西亚总理纳吉布共同会见记者。

5月20日，国务院总理李克强在访问印度期间，在印度《印度教徒报》、《觉醒日报》发表题为《跨越喜马拉雅山的握手》的署名文章，就中印关系历史渊源、发展前景和历史遗留问题等阐述立场主张。

5月20日，国务院总理李克强在访问印度期间，与印度总理辛格共同会见记者。

5月22日，国务院总理李克强在访问巴基斯坦期间，接受巴基斯坦媒体联合书面采访，就中巴关系、中巴经贸合作等答问。

5月22日，国务院总理李克强在访问巴基斯坦期间，与巴基斯坦总统扎尔达里共同会见记者。

5月23日，国务院总理李克强在访问瑞士期间，在瑞士《新苏黎世报》发表题为《为什么选择瑞士》的署名文章，就推动中瑞自贸区进程、加强双方金融领域交流与合作、进一步增进两国互信与理解等阐述立场主张。

5月23日，国务院总理李克强在访问德国前夕，在德国《时代》周报发表题为《百尺竿头更进一步》的署名文章，就全方位推进中德合作阐述立场主张。

5月24日，国务院总理李克强在访问瑞士期间，与瑞士联邦主席毛雷尔共同会见记者。

5月26日，国务院总理李克强在访问德国期间，与德国总理默克尔共同会见记者。

5月26日，国务院总理李克强在参观位于德国勃兰登堡州的波茨坦会议旧址后，向在场记者发表讲话，阐述对中日关系和钓鱼岛问题的立场。

9月9日，国务院总理李克强在出席第七届夏季达沃斯论坛前夕，在英国《金融时报》发表署名文章《中国将给世界传递持续发展的讯息》，阐述对中国经济形势和前景的看法。

10月8日，国务院总理李克强在出席第16次中国—东盟（10+1）领导人会议、第16次东盟与中日韩（10+3）领导人会议和第八届东亚峰会前夕，接受东盟国家媒体联合书面采访，就中国—东盟关系、东亚区域合作、南海问题等回答提问。

10月11日，国务院总理李克强在访问泰国期间，在泰国《民意报》发表题为《携手迈向更加美好的明天》的署名文章，就进一步弘扬中泰传统友谊、规划未来务实合作阐述立场主张。

10月11日，国务院总理李克强在访问泰国期间，与泰国总理英拉共同会见记者。

10月13日，国务院总理李克强在访问越南期间，与越南总理阮晋勇共同会见记者。

10月22日，国务院总理李克强与来访的俄罗斯总理梅德韦杰夫共同会见记者。

10月23日，国务院总理李克强与来访的印度总理辛格共同会见记者。

11月21日，国务院总理李克强与来访的欧洲理事会主席范龙佩、欧盟委员会主席巴罗佐共同会见记者。

11月22日，国务院总理李克强在出席中国—中东欧国家领导人会晤前夕，在英国《每日电讯报》发表题为《中欧将从更加紧密的伙伴关系中广泛获益》的署名文章，阐述对中欧经贸合作的立场主张。

11月25日，国务院总理李克强在出席中国—中东欧国家领导人会晤期间，在中东欧16国媒体发表题为《跨越千山万水的问候——写在第二届中国—中东欧国家领导人会晤即将举行之际》的署名文章，阐述对中国—中东欧国家领导人会晤的期待和对中国与中东欧友好交往及经贸合作的立场主张。

11月25日，国务院总理李克强在访问罗马尼亚期间，与罗马尼亚总理蓬塔共同会见记者。

11月26日，国务院总理李克强与中东欧各国总理举行中国—中东欧国家领导人会晤后，与东道主罗马尼亚总理蓬塔共同会见记者。

12月2日，国务院总理李克强在北京与英国首相卡梅伦共同会见记者，介绍中英总理年度会晤成果。

12月6日，国务院总理李克强与来访的法国总理埃罗共同会见记者。

11月9日，国务院副总理马凯与英国财政大臣奥斯本在北京共同主持第三次中英经济财金对话后，与奥斯本共同会见记者。

11月26日，国务院副总理马凯与法国经济和财政部长莫斯科维奇在北京共同主持首次中法高级别经济财金对话后，与莫斯科维奇共同会见记者。

9月19日，国务委员杨洁篪和印度尼西亚政治法律安全统筹部长苏延多在共同主持两国副总理级对话机制第四次会议之后共同会见记者。

### 3. 安排外国媒体采访外交部领导

2013年，外交部新闻司负责安排外交部领导接受外国媒体采访、与外国政要共同会见记者等16次。主要包括：

5月1日，王毅外长在访问泰国期间，与泰国副总理兼外长素拉蓬共同会见记者。

5月4日，王毅外长在访问新加坡期间，与新加坡外长兼律政部长尚穆根共同会见记者。

8月29日，王毅外长与泰国副总理兼外长素拉蓬在中国—东盟特别外长会期间共同会见记者。

11月10日，王毅外长在出席中俄印外长第12次会晤后和俄罗斯外长拉夫罗夫、印度外长库尔希德共同会见记者。

12月18日，王毅外长在访问巴勒斯坦期间，与巴勒斯坦外长马立基共同会见记者。

12月22日，王毅外长在访问阿尔及利亚期间，与阿尔及利亚外长拉马姆拉共同会见记者。

1月29日，外交部副部长傅莹会见日本共同社“评论研究会”代表团及日本主要驻京媒体负责人。

12月4日，外交部副部长翟隽会见法国新闻社社长奥格。

3月18日，外交部副部长程国平会见由俄通社—塔斯社第一副社长古斯曼率领的俄罗斯记者团。

7月10日，外交部副部长程国平会见乌克兰、白俄罗斯、摩尔多瓦联合记者团。

8月22日，外交部副部长程国平会见中亚五国联合记者团和土库曼斯坦记者团并接受土库曼斯坦国家电视台采访。

4月7日，外交部部长助理马朝旭会见德国新闻社副总编兼外事主编路德维希。

7月9日，外交部部长助理马朝旭会见英国广播公司新闻频道国际事务主编辛普森。

10月30日，外交部部长助理郑泽光会见美国“百人会”记者团。

10月31日，外交部部长助理郑泽光会见澳大利亚广播公司董事会主席斯比格曼。

### 4. 外国记者赴各地采访情况

2013年，外交部新闻司共邀请外国驻华记者赴各地采访24次，参加记者2000余人次，主要有：

1月12日，采访北京电视台环球春晚。

1月22日，采访北京市第14届人民代表大会第一次会议和新当选市政府领导中外媒体见面会。

2月27日，赴北京通州区台湖镇采访中国城镇化建设情况。

3月1日，采访北京市第一社会福利院，了解中国政府应对人口老龄化的政策和举措。

3月6日，采访“三八”国际妇女节103周年中外妇女招待会。

4月25日，采访2013年侵权盗版及非法出版物集中销毁活动。

5月3日，采访北京平谷第15届国际桃花音乐节。

5月7～10日，赴广西南宁、柳州、桂林采访广西妇女发展状况及妇女工作情况。

5月17～21日，赴河南采访第八届中国中部投资贸易博览会，当地城镇化建设及经济社会发展情况。

6月9～12日，赴甘肃酒泉卫星发射中心采访“天宫一号”与“神舟十号”载人飞行任务。

6月22日，组织外国记者赴国家京剧院参加京剧体验活动，并观看京剧

《红娘》演出。

6月30日，在北京采访“双甲之约”纪念梅兰芳诞辰120周年活动全球启动仪式。

7月3日，赴河北曲阳采访雕塑文化产业园，了解石雕文化和石雕产业发展。

7月19～22日，赴贵州采访生态文明贵阳国际论坛2013年年会、当地生态文明建设及经济社会发展情况。

7月29日，赴陕西西安采访中国人民解放军陆军第47集团军防空旅。

7月31日至8月3日，赴黑龙江佳木斯市采访当地生态文明建设和经济社会发展情况。

9月6～9日，赴福建厦门、泉州采访第17届中国国际投资贸易洽谈会和当地经济社会发展情况。

9月8～10日，赴辽宁沈阳、大连采访东北老工业基地产业转型及当地经济社会发展情况。

9月14～17日，赴宁夏回族自治区采访“2013中国—阿拉伯国家博览会”、宁夏内陆开放型经济试验区建设和当地经济社会发展情况。

10月1日，采访庆祝中华人民共和国成立64周年向人民英雄纪念碑敬献花篮仪式。

10月28日，采访中国妇女第11次全国代表大会开幕式。

10月22～25日，赴广东深圳、广州和珠海采访深圳前海、广州南沙、珠海横琴三个国家级新区及珠三角地区社会经济发展情况。

11月1～3日，采访21世纪理事会北京理事会议。

12月19日，赴天津采访当地经济社会发展情况。

## （四）对外新闻交往

2013年，外交部新闻司接待来自欧美、亚太和非洲的12批外国记者访华，组织3个中国新闻团与有关国家新闻主管部门举行对话磋商。

### 1. 新闻团互访

2013年3月15～20日，接待俄罗斯记者团访华。

3月16～23日，接待非洲国家联合新闻团访华。

4月21～28日，接待缅甸记者团访华。

7月8～18日，接待乌克兰、白俄罗斯、摩尔多瓦联合记者团访华。

8月18～24日，接待土库曼斯坦记者团访华。

8月19～30日，接待中亚五国联合记者团访华。

9月7～18日，接待太平洋岛国记者团访华。

9月22～30日，接待东南亚联合新闻团访华。

10月26日至11月2日，接待“香港明天更好”基金会美国记者团访华。

10月28～31日，接待美国“百人会”记者团访华。

11月3～9日，接待韩国外交部新闻团访华。

11月24日至12月1日，接待阿拉伯国家联合新闻团访华。

### 2. 对口磋商

2013年4月3～4日，外交部新闻司官员在北京上海合作组织秘书处参加上海合作组织成员国外交部新闻部门磋商。

5月12～15日，中印外交部发言人首次磋商在印度举行。

6月17～22日，中国外交部新闻团访问韩国并与韩国外交部发言人举行磋商。

8月30日，中国与巴基斯坦在北京举行中巴外交部发言人首次磋商。

## （五）公共外交

### 1. 公共外交概况

2013年，外交部和中国驻外外交机构开展内容丰富、形式多样的公共外交活动，大力弘扬平等互信、包容互鉴、合作共赢的精神，推动国际社会全面、客观看待中国，争取社会各界对中国外交政策和外交工作的理解和支持。

2013年，外交部举办的公共外交活动主要有：

3月18日，外交部和中国公共外交协会联合举办“中国企业在非洲——合作、创新、共赢”论坛。中国公共外交协会会长李肇星、外交部副部长翟隽、国家开发银行副行长袁力、坦桑尼亚驻华大使，国家发展和改革委员会、世界银行有关负责人等出席并作主旨发言。非洲国家驻华使节、中国在非企业代表、专家学者等200余人与会，就新形势下中非抓住机遇加强互利合作、中国在非企业形象建设等议题进行研讨。

7月26日，外交部公共外交办公室委托中国公共外交协会、广西壮族自治区外办和钦州市政府在钦州联合举办以“沟通、合作、共赢”为主题的中国企业“走出去”座谈会。外交部、国家发展和改革委员会等相关部门负责人及国家开发银行、中国石油天然气集团公司等企业、学术和新闻机构代表，老挝、泰国、缅甸、柬埔寨驻南宁总领事或代表等100余人与会并踊跃发言。

9月24日，外交部与韩国外交部合作举办以“中韩公共外交合作：为心信之旅的相会”为主题的首届中韩公共外交论坛，中国公共外交协会与韩国国际交流财团承办。王毅外长向论坛致贺信，中国公共外交协会会长李肇星、韩国国会副议长朴炳锡等出席并致辞。中韩政府、学界、媒体、企业、非政府组织和公众代表等200余人与会，围绕如何通过两国政府和民间的全方位公共外交活动增进两国公众的理解、信任和感情进行深入研讨。

10月10日，外交部公共外交办公室委托中国公共外交协会在上海举办以“中欧伙伴、合作共赢”为主题的“中国企业走进欧洲”论坛。中国公共外交协会会长李肇星、上海市副市长周波、外交部副部长翟隽、国家开发银行副行长李吉平致辞。外交部、商务部、国有资产管理委员会、国家开发银行相关负责人、欧盟国家驻华使领馆外交官、欧盟商会代表及中欧专家学者、企业代表等300余人与会，就中欧经济形势、投资法律法规、海外文化传统、企业公共外交等议题深入交换意见。

11月2日，外交部举办主题为“水·生命之源——为云南贫困山区捐建水窖”的第五届“大爱无国界”国际义卖活动。活动由王毅外长夫人钱韦女士主持，王毅外长、外交部扶贫工作名誉大使乐爱妹及90多家驻华使馆、国际组织驻华机构代表及18家国内外企业和个人出席活动。波兰驻华大使霍米茨代表驻华使团致辞。本次活动所筹善款将资助云南省金平县和麻栗坡县各建一个饮水项目，以解决2400多山区民众的饮水困难。

12月25日，外交部公共外交办公室、中国公共外交协会与中国国际广播电台联合举办“走进外交部，走近中国外交——2013年中国外交纵横谈”听众、媒体见面活动，外交部政策司、美大司、边海司、新闻司和领事司的负责人以及中国驻新加坡大使等作主旨发言，并与现场媒体和公众互动交流。

此外，外交部各级外交官积极开展外交政策宣讲，通过接受媒体采访、在国内外报刊发表文章等方式，介绍中国国情和外交政策举措，争取更多理解和支持。2013年，驻外外交机构各级外交官发表文章900余篇，接受媒体采访1200余次，发表演讲1400余次，举办各类公共外交活动9500余次，为增进国际社会对中国了解和认知起到积极作用。

### 2. 外交部公众信息网体系建设

外交部公众信息网体系旨在及时、准确、全面发布中国外交信息，为国内外公众了解中国外交政策和外交工作提供服务。主要包括外交部网站、驻外使领馆网站及相关子网站等256个站点构成的网站群，下设国家领导人出访、出席重大国际活动、大使随笔、钓鱼岛问题、“蓝厅论坛”等专题。2013年，共发布消息逾150万条，共计逾15亿字，配图40多万张，日均点击量700余万次。

2013年，外交部网站先后会同人民网、中国日报网、光明网、中国新闻网、新浪网联合举办十场“外交·大家谈”系列网络访谈，邀请外交部有关地区业务司负责人，就周边外交、大国外交、多边外交、公共外交、领事保护等主题与网民在线交流，全景式介绍中国外交政策，展示中国外交工作成就。与央视网联合举办“中国梦：我爱中国的N个理由”大型网络公共外交活动。与北京市有关方面合作设立2014年中国举办亚太经合组织领导人非正式会议官方网站，并于12月6日正式开通。10月24日，中国信息协会、国家工信部、国家信息中心联合举办“第三届中国政府门户网站发展论坛”，外交部网站被评为“中央部门政府网站互联网影响力第一名”。12月6日，中国社会科学院信息化研究中心举办“2013年中国特色政府网站评选活动”，外交部网站荣获“应用创新奖”。

### 3. 积极开展新媒体公共外交

外交部高度重视并积极运用微博、微信等新媒体开展公共外交工作。目前，已分别在新浪微博、人民微博、腾讯微博和微信等平台上开通“外交小灵通”账号，并以“外交部公共外交办公室”名义公开认证信息。“外交小灵通”微博已成为外交部发布中国外交政策、提供领事服务、与网民交流互动的重要平台。外交部积极建设外交微博群，外交部非洲司、欧洲司以及中国驻意大利、缅甸、津巴布韦、南苏丹、多米尼克、格林纳达使馆，驻法兰克福、拉各斯总领馆，驻日内瓦代表团等均已开通微博，“中国外交微博群”初具规模。

2013年，“外交小灵通”在新浪微博、人民微博、腾讯微博共发布信息1.2万条，处理领事救助500余起，微博粉丝总数突破850万。“外交小灵通”围绕今年重大出来访活动，邀请中外高级外交官、专家、学者举办两场“国之交·民相亲”系列微博访谈。中国驻旧金山总领馆、驻缅甸使馆试点在“脸谱”开通官方账户，驻欧盟使团试点在“推特”开通官方账户，积极面向海外公众开展公共外交活动，借助国际社交网站平台发出“中国声音”。2013年年底，“外交小灵通”荣获腾讯微博“2013年度亲民服务奖”及“2013年度十大政务机构微博”称号。

2013年5月7日，外交部正式开通“外交小灵通”微信官方公共账号，并在部网站首页、中新网、腾讯网等各网站添加微信账号二维码图标，供网民扫描添加。目前已拥有关注用户逾万人。“外交小灵通”微信版设有“重要新闻”、“驻外报道”、“领事提醒”、“外交小知识”等栏目，设置“欢迎信息”、“自动答复”等功能。每天向外界推送一条微信，及时发布最新消息。

# 第九章

# 中国外交中的领事工作

## （一）概述

2013年，世界和地区格局继续深刻复杂演变，经济全球化继续发展。中国改革开放不断深化，中外人员跨境流动继续保持大进大出态势，领事服务的刚性需求呈井喷式增长。

作为外交工作不可或缺的重要组成部分，领事工作助力国家全面深化改革，全心全意打造好海外民生工程，充分彰显中国外交的民本特色，成为中国外交新的增长极和亮点。

致力于构建中外人员交往新秩序。2013年，中国与45个国家完成磋商和领事类协定谈判，与12个国家就设立领事机构及有关领事机构领区调整事宜达成一致，中国驻奥什和驻琅勃拉邦总领馆开馆。与韩国就《中韩领事协定》文本草案达成一致，《中菲（律宾）领事协定》正式生效。与14个国家签署了互免或简化签证手续协议。与塞舌尔、毛里求斯、巴哈马三国签署互免持普通护照人员签证协定，与泰国就商签互免持普通护照人员签证协定的文本达成原则一致。完成《外国人入境出境管理条例》等《中华人民共和国出入境法》配套法规的制定。

为公民和法人“走出去”保驾护航。妥善处置波士顿马拉松爆炸案、韩亚航空客机在旧金山坠毁案等广受民众关注的重大案件中涉中国公民领事保护问题。与地方外办和教育部留学服务中心等部门合作，举办面向企业、高校和普通民众的领保宣介活动，借助媒体进行深度宣传，多渠道发布安全知识和出行提醒，大力开展预防性领事保护工作。

全力提升领事服务水平。推出改进国外护照服务系列措施，加强驻外使领馆窗口服务工作。在疏通因公出国签证渠道的同时，着力破解因私出境签证难问题，对外发布《申办因私出国签证手册》，将三资企业中方（大陆）人员申办亚太经合组织（APEC）商务旅行卡规定的适用范围扩大至全国。实现全国颁发因公电子护照、驻外使领馆启动签发普通电子护照。加紧筹建“外交部全球领事保护与服务应急呼叫中心”，加快建设因公出国护照签证上报系统、APEC商务旅行卡网上申请与审批系统，推进全国领事认证系统联网。中国领事服务网全新改版上线。

大力推进新时期领事理论和实践研究，出版《中华人民共和国领事条约集》（上、下册），完成80万字的《中国领事工作》编撰工作。

## （二）领事保护

2013年，全球范围内传统与非传统安全威胁交织，不可控与自发性风险因素并存，涉及海外中国公民和机构安全与合法权益保护的形势依然严峻，领事保护任务日益繁重。十八届三中全会《中共中央关于全面深化改革若干重大问题的决定》明确提出要完善领事保护体制。2013年，外交部及驻外使领馆会同有关部门、地方政府和企业，不断完善境外中国公民和机构安全保护工作部际联席会议机制建设，全面推进预防性领事保护工作，深入开展提升中国出境旅游公民文明素质等专项行动，积极引导海外中国公民树立文明守法意识。

2013年发生的重大领事保护案件包括：

**1. 处理埃及热气球坠毁事故中香港游客遇难案**

2月26日，埃及卢克索发生一起热气球坠毁事故，造成包括九名香港游客在内的19人遇难。

外交部在事发四小时后紧急派工作组赴埃，会同中国驻埃及使馆、香港特区政府工作组紧急开展应急处置工作，积极开展对外交涉，协助家属做好遗体辨认、遇难人员善后等工作。3月11日，遇难者遗体运抵香港。

**2. 安全撤离在中非共和国的中国公民**

3月下旬，中非北部武装“塞雷卡”向首都发起进攻，中非安全局势危急。

外交部会同中国驻中非使馆密切跟踪形势发展，紧急开展撤离工作，及时分批撤离67名中国在中非公民，并为自愿留下中国公民提供必要协助。

**3. 处理美国波士顿爆炸事件中涉中国公民伤亡案**

4月15日，在美国波士顿马拉松比赛终点发生两起爆炸，造成两名中国留学生一死一伤。

党中央和国家领导人作出重要指示，外交部、中国驻美使领馆立即启动应急机制，第一时间向遇难和受伤家属转达党和国家领导人的关心和慰问，要求美方全力做好伤员救治等工作，协助家属赴美善后，全力为相关人员提供领事协助。

**4. 处理中国登山队员在巴基斯坦遇袭案**

6月22日，十余名武装分子袭击了巴基斯坦南迦帕尔巴特峰登山营地，造成包括两名中国公民在内的11名登山队员遇害，一名中方登山队员获救。

外交部指导中国驻巴基斯坦使馆立即向巴方提出交涉，要求巴方全力营救幸存中国公民，并妥善做好遇难人员善后工作。6月25日，获救中国公民乘商业航班安全回国。27、28日，两名遇害中国公民遗体由巴方专机运送回国。

**5. 处理韩亚航空客机在美国旧金山坠毁事故中涉中国公民伤亡案**

7月6日，韩亚航空公司一架客机在美国旧金山国际机场降落时发生事故，造成三名中国公民死亡，多人受伤。

党和国家领导人作出重要指示。外交部、中国驻美国使领馆、中国驻韩国使馆立即启动应急机制，第一时间向遇难和受伤家属转达党和国家领导人关心和慰问，及时核实中国公民伤亡情况，要求美、韩双方全力做好人员救治、安置等工作，积极协助家属赴美善后。

**6. 处理肯尼亚购物中心恐怖袭击案中涉中国公民伤亡案**

9月21日，十余名索马里极端反政府武装组织“沙巴布”成员对肯尼亚首都一购物中心发动袭击，劫持大量人质并与肯警方对峙交火，造成十余个国家的61名平民和六名肯军警死亡，240余人受伤，其中中国公民一死一伤。

外交部及中国驻肯尼亚使馆第一时间启动应急机制，全面核实中国公民伤亡情况，要求肯方积极救治受伤中国公民。中国驻肯尼亚使馆迅速派工作组赴医院探望受伤中国公民，慰问遇难家属，并妥善处理遇难人员善后事宜。

## （三）领事磋商与会谈

领事磋商与会谈是解决双边重大领事问题、促进领事关系发展的重要途径。2013年，中国与28个国家和组织举行领事磋商和会谈、对话，继续扩大领事领域务实合作，共谋未来发展方向。

1月23日，中国与澳大利亚在墨尔本举行第11轮领事磋商。双方就发展领事关系、便利人员往来、维护公民合法权益等事宜交换了意见。

2月18日，外交部副部长谢杭生在北京与巴西外交部副部长塞尔吉奥·达内斯就加强两国领事部门沟通与合作、便利人员往来等事宜交换了意见。

2月26日，中国与吉尔吉斯斯坦在北京举行第三轮领事磋商。双方就加强领事合作、便利人员往来、维护公民合法权益等事宜交换了意见。同日，外交部副部长谢杭生在北京与吉尔吉斯斯坦外交部副部长阿森·伊萨耶夫就发展双边关系、加强领事合作、便利人员往来等事宜交换了意见。

3月7日，中国与尼日利亚在北京举行第二轮领事磋商。双方就加强领事合作、保护公民和法人安全与合法权益等事宜交换了意见。

3月14日，中国与摩洛哥在拉巴特举行首轮领事磋商。双方就领事磋商机制化、便利人员往来，维护公民安全与合法权益等事宜交换了意见。

3月18日，中国与以色列在耶路撒冷举行第二轮领事磋商。双方就便利人员往来、保护公民安全与合法权益、推动签订双边劳务协议等事宜交换了意见。

3月18日，外交部副部长谢杭生在北京与哈萨克斯坦外交部责任秘书拉皮尔·若希巴耶夫就发展两国关系、加强领事合作、便利人员往来等事宜交换了意见。

4月2日，中国与新加坡在北京举行第五轮领事磋商。双方就发展领事关系、便利人员往来、保护公民和法人合法权益等事宜交换了意见。

4月23日，中国与老挝在琅勃拉邦举行第八轮领事磋商。双方就发展领事关系、便利人员往来等事宜交换了意见。

4月23日，中国与哈萨克斯坦在北京举行第14轮领事磋商。双方就发展领事关系、便利人员往来、维护公民合法权益、执行领事通报等事宜交换了意见。

5月5～6日，外交部副部长谢杭生访问塞舌尔，并代表中国政府与塞方签署了《中华人民共和国政府和塞舌尔共和国政府关于互免签证的协定》。

5月16日，中国与美国在华盛顿举行第七轮领事磋商。双方就发展领事关系、便利人员往来、保护公民和法人合法权益、合作打击非法移民活动、加强领事部门沟通和交流等事宜交换了意见。

5月22日，中国与巴西在巴西利亚举行第三轮领事磋商。双方就发展领事关系、便利人员往来、维护公民合法权益等事宜交换了意见。

5月28日，中国与越南在北京举行第十轮领事磋商。双方就发展领事关系、保护公民和法人合法权益、便利人员往来等事宜交换了意见。

6月5日，中国与泰国在广州举行第五轮领事磋商。双方就发展领事关系、保护公民和法人合法权益、便利人员往来等事宜交换了意见。

6月13日，中国与菲律宾在北京举行第五轮领事磋商。双方就互换领事协定批准书、维护公民合法权益、便利人员往来、中国在达沃设领等事宜交换了意见。

7月25日，外交部领事司与韩国外交部东北亚局在中国山东烟台举行中韩外交部门第三轮渔业问题会谈。

8月8日，中国与蒙古在乌兰巴托举行第15轮领事磋商。双方就加强领事合作、便利人员往来、维护公民和企业合法权益等事宜交换了意见。

8月13日，中国与瑞士在伯尔尼举行第七轮领事（移民）对话。双方就加强领事（移民）合作、便利人员往来、维护公民和企业安全及合法权益等事宜交换了意见。

9月25日，中国与俄罗斯在北京举行第17轮领事磋商。双方就发展领事关系、便利人员往来、维护公民合法权益、执行领事通报等事宜交换了意见。

9月25日，中国与韩国在首尔举行第15轮领事磋商。双方就深化领事合作、便利人员往来、维护公民和企业合法权益、妥善处理渔业纠纷等事宜交换了意见。

10月11日，中国与德国在柏林举行首轮领事磋商。双方就便利人员往来、维护公民合法权益、加强领事合作与交流等事宜交换了意见。

10月14日，中国与欧盟在布鲁塞尔举行首轮人员往来和移民领域对话。双方介绍了各自在人员往来和移民领域的政策，并就便利人员往来、合作打击非法移民活动等事宜交换了意见。

10月16日，中国与摩尔多瓦在基希讷乌举行第二轮领事磋商。双方就发展领事关系、便利人员往来等事宜交换了意见。

11月5日，中国与法国在北京举行领事会晤。双方就发展领事关系与合作、维护公民合法权益、便利人员往来等事宜交换了意见。

11月26日，中国与英国举行《〈中英关于便利人员合法往来和打击非法移民活动谅解备忘录〉之实施细则》第六轮评估。双方就便利人员往来、合作打击非法移民活动等事宜交换了意见。

11月27日，中国与印度尼西亚在北京举行第七轮领事磋商。双方就保护公民和企业合法权益、便利人员往来、商签双边领事条约等事宜交换了意见。

12月17日，外交部领事司与韩国外交部东北亚局在韩国木浦市举行中韩外交部门第四轮渔业问题会谈。

12月18日，中国与伊朗在北京举行第六轮领事磋商。双方就保护公民和机构合法权益、便利人员往来等事宜交换了意见。

12月19日，外交部副部长谢杭生访问巴哈马，代表中国政府与巴方签署了《中华人民共和国政府和巴哈马政府关于互免签证的协定》。

12月23～25日，外交部副部长谢杭生访问老挝，出席中国驻琅勃拉邦总领事馆开馆仪式。

此外，中国还分别与捷克、比利时、波兰举行领事会晤、会见，就有关事宜交换了意见。

## （四）领事类协定

领事类协定是发展中外领事关系的重要法律基石。2013年，中国本着互利共赢的原则同14个国家缔结了签证协定（协议、谅解备忘录、安排），有利促进了双边人员往来。

2013年中国签订的领事协定

| 序号 | 协定名称 | 生效或签订日期 |
|---|---|---|
| 1 | 中华人民共和国政府和俄罗斯联邦政府关于便利公民往来的协议 | 2013.3.22 签订 |
| 2 | 中华人民共和国政府和斯里兰卡民主社会主义共和国政府关于互免持外交、公务（官员）和公务普通护照人员签证的协定 | 2013.4.18 生效 |
| 3 | 中华人民共和国政府和澳大利亚政府关于签证互惠的协议 | 2013.6.1 生效 |
| 4 | 中华人民共和国政府和苏里南共和国政府关于互免持外交、公务护照人员签证的协定 | 2013.6.26 签订 |
| 5 | 中华人民共和国政府和塞舌尔共和国政府关于互免签证的协定 | 2013.6.26 生效 |
| 6 | 中华人民共和国政府和新西兰政府关于简化签证手续的安排 | 2013.7.1 生效 |
| 7 | 中华人民共和国政府和尼日利亚联邦共和国政府关于互免持外交、公务（官员）护照人员签证的协定 | 2013.7.10 签订 |
| 8 | 中华人民共和国政府和大韩民国政府关于互免持外交护照人员签证的协定 | 2013.8.18 生效 |
| 9 | 中华人民共和国政府和肯尼亚共和国政府关于互免持外交、公务（官员）护照人员签证的协定 | 2013.8.19 签订 |
| 10 | 中华人民共和国政府和委内瑞拉玻利瓦尔共和国政府关于互免持外交、公务、公务普通护照人员签证的协定 | 2013.9.22 签订 |
| 11 | 中华人民共和国政府和毛里求斯共和国政府关于互免签证的协定 | 2013.10.31 生效 |
| 12 | 中华人民共和国政府和美利坚合众国政府关于机组人员和海员签证互惠的安排 | 2013.12.4 生效 |

续表

| 序号 | 协定名称 | 生效或签订日期 |
|---|---|---|
| 13 | 中华人民共和国政府和巴哈马国政府关于互免签证的协定 | 2013.12.19 签订 |
| 14 | 中华人民共和国政府和摩洛哥王国政府关于互免持外交、公务护照人员签证的协定 | 2013.12.23 签订 |

## （五）领事机构

领事机构是加强中外领事关系的重要平台。2013年，中国政府在对等互惠基础上通过友好协商，与13个国家就设立领事机构、有关领事机构领区调整及领事机构升格事宜达成一致。

2013年中外双方同意新设的领事机构

| 序号 | 机构或馆长名称 | 达成一致日期 |
|---|---|---|
| 1 | 意大利驻重庆总领事馆 | 2013.3.18 |
| 2 | 塞舌尔驻上海总领事馆 | 2013.5.6 |
| 3 | 中国驻巴塔总领事馆 | 2013.5.13 |
| 4 | 中国驻威廉斯塔德总领事馆 | 2013.6.11 |
| 5 | 荷兰驻重庆总领事馆 | 2013.6.11 |
| 6 | 卡塔尔驻香港总领事馆 | 2013.7.10 |
| 7 | 哥伦比亚驻广州总领事馆 | 2013.7.15 |
| 8 | 老挝驻广州总领事馆 | 2013.8.21 |
| 9 | 以色列驻成都总领事馆 | 2013.8.23 |
| 10 | 中国驻登巴萨总领事馆 | 2013.9.27 |
| 11 | 科特迪瓦驻广州总领事馆 | 2013.10.16 |
| 12 | 中国驻宋卡总领事馆<br>驻普吉领事办公室 | 2013.11.18 |
| 13 | 中国驻累西腓总领事馆 | 2013.11.27 |

2013年中外双方同意扩大或明确领区的领事机构

| 序号 | 机构或馆长名称 | 达成一致日期 | 扩领或明确区域 |
|---|---|---|---|
| 1 | 意大利驻广州总领事馆 | 2013.3.6 | 包括湖南、江西 |
| 2 | 科特迪瓦驻香港名誉领事 | 2013.6.8 | 包括澳门 |

2013年中外双方同意升格的领事机构

| 机构或馆长名称 | 达成一致日期 | 升格后的领事机构名称 |
|---|---|---|
| 中国驻圣克鲁斯领事馆 | 2013.12.23 | 中国驻圣克鲁斯总领事馆 |

## （六）领事证件

领事证件是一项基础性的领事业务。2013年，中国政府借助科技手段，创新工作模式，努力提升证件管理与服务水平，积极发挥了证件工作在促进中外人员交往方面的基础性作用。

护照方面。2013年，外交部继续加强对各因公护照签发机关、各护照申办单位以及中国驻外使领馆的指导，为经贸、文化、科教等重要团组办理护照7000余本；国内发照机关签发因公护照逾31万本；驻外使领馆为海外中国公民办理护照等国际旅行证件22.8万本。制定并实施改进国外护照服务系列措施。引进高新技术，提升护照的科技含量，实现全国颁发带指纹的因公电子护照、驻外使领馆启动签发带指纹信息的普通电子护照。

签证方面。2013年，中国驻外签证机关为外国人来华颁发约900万份签证，并积极为第三届中国—亚欧博览会、第二届亚洲青年运动会、第六届东亚运动会、大连夏季达沃斯年会、太湖文化论坛年会等大型国际活动参会、参赛和参观人员提供方便快捷的签证服务。截至2013年年底，中国与外国达成51份简化公民签证手续的协议或安排，与81个国家达成互免持因公护照人员签证的协议。给予香港特区护照持有人免办签证待遇的国家和地区达147个，给予澳门特区护照持有人免办签证或落地签证待遇的国家和地区为105个。

助力中国公民和企业“走出去”。疏通因公出国签证渠道和破解申办部分国家因私出国签证难问题两手抓，编写《申办因公出国签证手册》和《申请因私签证指南》；促成澳大利亚、新西兰等国驻华使馆主动简化签证材料要求。加强对亚太经济合作组织商务旅行卡的宣传和推介，扩大旅行卡的发放范围，完成旅行卡网上申请与审批系统研发。全年共受理中方申请13175例，外方申请47742例。

公证认证工作。2013年，领事认证发展势头迅猛。外交部全年办理领事认证近50万份，外交部委托的各地方外办办理领事认证逾60万份；各驻外使领馆办理领事认证约44万份，办理公证约21万份。成功举办第九期被授权地方外办领事认证业务培训班。积极做各国驻华使馆工作，协助众多公民和企业加急办理人道主义、海外招投标等紧急事项领事认证。在报刊、网站刊载领事认证知识，增进企业和民众对领事认证工作的了解。全年发布领事认证信息近80条，接听领事认证咨询热线电话近万次。

## （七）涉及外国驻华领事机构事务和涉外案件

### 1. 外国驻华领事机构事务

2013年，中方重视发挥外国驻华领馆的桥梁作用，积极鼓励、支持各领馆推动派遣国与领区内地方开展经贸、文化、教育、旅游等方面的务实合作。各地外办与外国领馆保持良好合作，结合地域特色开展形式多样的活动，增进领事官员对地方经济社会发展情况的了解，促进地方对外开放和经济发展。

中方积极履行国际义务，严格依据《维也纳领事关系公约》、双边领事条约和中国相关法律法规，为外国驻华使领馆官员执行领事职务提供必要便利和协助。外交部全年共为60多位外国新任驻华总领事和名誉领事颁发了《领事证书》和《名誉领事证书》，并为1600余名新任领馆人员及其随任家属颁发了身份证件。

### 2. 涉外案件处理

中方依法保护在华外国人和机构的合法权益，在自然灾害等重大突发事件发生后迅速行动，注意做好相关涉外工作。2013年4月20日四川芦山地震发生后，外交部第一时间与有关地方外办联系，了解涉及外国公民和外国领事机构情况。在确认无外国公民伤亡后，及时在外交部官网发布信息，并回复外国驻华使馆的问询。

随着来华外国人数量不断增加，涉及外国人的案件数量呈上升趋势。外交部及时回应外国驻华使馆的合理关切，协调依法为外方执行领事职务提供便利。

## （八）移民合作

2013年，中国政府继续本着建设性态度参与移民领域对话，与有关各方密切合作，共同防范和打击非法出入境等跨国犯罪活动，为国际间人员交流健康有序发展发挥了积极作用。

4月2日，中国驻印度尼西亚大使刘建超率中国政府代表团出席巴厘进程第五次部长级会议。

9月3日，外交部副部长张业遂会见国际移民组织总干事威廉·斯温，双方就国际移民形势、促进全球移民有序流动、侨民保护及开展相关务实合作等事宜交换了意见。

9月5日，中国政府派代表参加“中国移民管理能力建设二期项目”框架下的“中欧移民问题”研讨会。

12月5～6日，中国政府派代表参加“中国移民管理能力建设二期项目”框架下的“国际移民法”研讨会。

# 附录一

## 2013年中国外交重要活动

### 一月

8～9日　俄罗斯联邦安全会议秘书帕特鲁舍夫来华举行中俄第八轮战略安全磋商。

10～11日　国务委员戴秉国赴印度出席金砖国家安全事务高级代表第三次会议。

16～22日　泰国国会副主席兼上议长尼空对中国进行正式友好访问。

24～30日　中国政府特使、外交部副部长翟隽赴埃塞俄比亚首都亚的斯亚贝巴出席非盟第20届首脑会议，并访问也门和阿曼。其间，与阿曼外交部秘书长巴德尔·布赛义迪举行两国外交部第七轮战略磋商。

27日至2月1日　全国人大常委会委员长吴邦国出席在俄罗斯符拉迪沃斯托克举行的亚太议会论坛第21届年会，并对蒙古进行正式友好访问。

29～30日　文莱外交与贸易部第二部长林玉成对中

国进行正式访问。

## 二月

2～4日　委内瑞拉外交部长埃里亚斯·豪阿对中国进行正式访问。

3～7日　全国政协主席贾庆林赴柬埔寨出席柬太皇西哈努克葬礼，并对马来西亚进行正式友好访问。

12～20日　国务院副总理回良玉赴意大利罗马出席国际农业发展基金第36届理事会，并访问斯洛伐克和瑞士。

14～17日　非盟委员会主席祖马对中国进行正式访问。其间，外交部长杨洁篪与祖马主席共同主持中国—非盟第五次战略对话。

17～19日　外交部长杨洁篪对南非进行正式访问。

20～22日　外交部长杨洁篪对俄罗斯进行正式访问。

23～27日　秘鲁外交部长拉斐尔·龙卡利奥洛对中国进行正式访问。

24～28日　文莱外交与贸易部长穆罕默德亲王对中国进行正式访问。

25日　国务院副总理、中俄能源合作委员会中方主席王岐山与俄罗斯副总理、俄方主席德沃尔科维奇在北京举行中俄能源合作委员会双方主席会晤。

## 三月

19～20日　美国财政部长雅各布·卢作为中美战略与经济对话美国元首特别代表访问中国。

22～30日　国家主席习近平对俄罗斯、坦桑尼亚、南非、刚果共和国进行国事访问并出席在南非德班举行的金砖国家领导人第五次会晤。

## 四月

6～8日　博鳌亚洲论坛2013年年会在海南博鳌举行，国家主席习近平出席开幕式并发表主旨演讲。文莱、哈萨克斯坦、缅甸、秘鲁、赞比亚、芬兰、墨西哥、柬埔寨、新西兰、澳大利亚、阿尔及利亚、蒙古等国领导人以及第67届联合国大会主席耶雷米奇、国际货币基金组织总裁拉加德等出席。其间，文莱苏丹哈桑纳尔·博尔基亚、赞比亚总统萨塔、墨西哥总统恩里克·培尼亚·涅托、秘鲁总统奥扬塔·乌马拉·塔索、哈萨克斯坦总统纳扎尔巴耶夫、芬兰总统尼尼斯托、缅甸总统登盛对中国进行国事访问，澳大利亚总理吉拉德、新西兰总理约翰·基、柬埔寨首相洪森对中国进行正式访问。

12～13日　法国外交部长洛朗·法比尤斯访问中国。

13～14日　美国国务卿约翰·福布斯·克里访问中国。

13～18日　冰岛总理约翰娜·西于尔扎多蒂对中国进行正式访问。

17～20日　吉尔吉斯斯坦外交部长埃尔兰·阿布德尔达耶夫对中国进行工作访问。

19日　摩洛哥国王特使、国王顾问塔伊卜·法西·费赫里一行访问中国。

21～28日　泰国国会主席兼下议长颂萨·杰素拉暖访问中国。

24日　韩国外交部长官尹炳世对中国进行正式访问。

25日　瑞士联邦副主席兼外交部长布尔克哈尔特访问中国。

25～26日　法国总统奥朗德对中国进行国事访问。

25～28日　欧盟外交与安全政策高级代表凯瑟琳·阿什顿访问中国。

## 五月

1～5日　外交部长王毅对泰国、印度尼西亚、新加坡、文莱进行正式访问。

3日　中国驻吉尔吉斯斯坦奥什总领事馆开馆。

5～7日　巴勒斯坦国总统马哈茂德·阿巴斯对中国进行国事访问。

6～10日　以色列总理本雅明·内塔尼亚胡对中国进行正式访问。

8～9日　国务委员杨洁篪访问蒙古。

9～10日　印度外交部长萨尔曼·库尔希德对中国进行正式访问。

9～16日　国家副主席李源潮对阿根廷、委内瑞拉进行正式访问。

10～12日　中越（南）双边合作指导委员会第六次会议在北京召开，国务委员杨洁篪同越政府副总理阮善仁共同主持。

12～19日　爱尔兰众议长巴雷特和参议长伯克率议会代表团对中国进行正式友好访问。

13～19日　莫桑比克总统阿曼多·埃米利奥·格布扎来华出席太湖文化论坛第二届年会并赴湖北、上海和浙江访问。

17日　沙特阿拉伯外交大臣沙特·费萨尔·本·阿卜杜勒阿齐兹·阿勒沙特亲王访问中国。

18～19日　太湖文化论坛第二届年会在杭州举行，全国政协主席俞正声出席开幕式，莫桑比克总统格布扎、安提瓜和巴布达总督路易丝·莱克–

塔克、希腊总理萨马拉斯等国政要以及专家学者出席。其间，希腊总理萨马拉斯对中国进行正式访问。

18～23日　比利时联邦众议长弗拉奥访问中国。

19～20日　塔吉克斯坦总统埃莫马利·拉赫蒙对中国进行国事访问。

19～22日　墨西哥外交部长何塞·梅亚德·库里布雷尼亚对中国进行工作访问。

19～27日　国务院总理李克强对印度、巴基斯坦、瑞士、德国进行正式访问。

21～25日　国家主席习近平特别代表、国务院副总理汪洋赴埃塞俄比亚首都亚的斯亚贝巴出席庆祝非洲统一组织成立50周年非盟特别峰会并于会前访问津巴布韦。

25～28日　乌拉圭总统何塞·穆希卡对中国进行工作访问。

26～28日　俄罗斯国家杜马主席谢尔盖·纳雷什金对中国进行正式友好访问。

26～28日　美国总统国家安全事务助理托马斯·多尼隆访问中国。

29日　第二届中国（北京）国际服务贸易交易会暨全球服务论坛峰会在北京举行，国务院总理李克强出席，斯里兰卡总统马欣达·拉贾帕克萨、斐济总理乔萨亚·沃伦盖·姆拜尼马拉马、坦桑尼亚桑给巴尔总统穆罕默德·谢因、新加坡副总理兼财政部长尚达曼、联合国贸发会议秘书长素帕猜、联合国副秘书长阿查亚出席并致辞。其间，斯里兰卡总统马欣达·拉贾帕克萨对中国进行国事访问，斐济总理乔萨亚·沃伦盖·姆拜尼马拉马对中国进行工作访问。

30～31日　亚洲政党专题会议在西安举行。国家副主席李源潮出席开幕式。

30日至6月7日　全国政协主席俞正声对芬兰、瑞典、丹麦进行正式友好访问。

31日至6月8日　国家主席习近平对特立尼达和多巴哥、哥斯达黎加、墨西哥进行国事访问，并同美国总统奥巴马在美加利福尼亚州安纳伯格庄园举行会晤。

## 六月

3日　外交部副部长张业遂同韩国外交部第一次官金奎显在北京举行第六次中韩外交部门高级别战略对话。

3～9日　波兰众议长艾娃·科帕奇对中国进行正式友好访问。

**6日** 首届中国—南亚博览会暨第21届中国昆明进出口商品交易会在昆明开幕，马凯副总理出席开幕式，马拉维总统乔伊丝·班达、斯里兰卡总理迪萨纳亚克·贾亚拉特纳、尼泊尔副总统贾阿、老挝副总理宋沙瓦·凌沙瓦、越南副总理武文宁、马来西亚前总理马哈蒂尔·穆罕默德、泰国前总理颂猜·翁沙瓦、南亚区域合作联盟秘书长艾哈迈德·萨利姆等政要出席开幕式。其间，老挝国会主席巴妮·雅陶都对中国进行正式访问。

**6～8日** 2013成都《财富》全球论坛召开，国家主席习近平致信祝贺，国务院副总理张高丽出席开幕晚宴。

**11日** 荷兰外交大臣弗兰斯·蒂莫曼斯率荷兰国家足球队访问中国。

**12～14日** 芬兰议长海内卢奥马访问中国。

**12～16日** 埃塞俄比亚总理海尔马里亚姆对中国进行正式访问。

**15～19日** 太平洋岛国论坛秘书长斯莱德访问中国。

**17～19日** 古巴共和国国务委员会第一副主席兼部长会议第一副主席米格尔·马里奥·迪亚斯-卡内尔·贝穆德斯对中国进行正式访问。

**18～19日** 联合国支持巴以和平国际会议在北京举行。

**18～21日** 联合国秘书长潘基文对中国进行正式访问。

**19日** 外交部副部长张业遂同朝鲜外务省第一副相金桂冠在北京举行战略对话。

**19～21日** 越南国家主席张晋创对中国进行国事访问。

**19～21日** 苏里南外交部长温斯顿·拉金对中国进行工作访问。

**19～22日** 国务院副总理张高丽赴俄罗斯出席第17届圣彼得堡国际经济论坛。

**20～22日** 欧盟委员会贸易委员德古赫特访问中国并出席第27届中欧经贸混委会。

**23～25日** 国务委员杨洁篪访问缅甸和尼泊尔。

**24～28日** 西班牙外交与合作大臣马加略对中国进行正式访问。

**27日** 第二届世界和平论坛在清华大学举行，国家副主席李源潮出席开幕式。塞拉利昂总统科罗马、苏里南总统鲍特瑟访问中国并出席论坛。

**27～28日** 中阿合作论坛“第五届中阿关系暨中阿文明对话研讨会”在新疆乌鲁木齐举行。

**27～30日** 韩国总统朴槿惠对中国进行国事访问。

**28～29日** 中印（度）边界问题特别代表第16次会晤在北京举行，中方特别代表、国务委员杨洁篪和印方特别代表、印国家安全顾问梅农共同主持。

**30日至7月2日** 外交部长王毅出席在文莱斯里巴加湾举行的中国—东

盟（10+1）外长会、东盟与中日韩（10+3）外长会、东亚峰会外长会、东盟地区论坛外长会。

## 七月

2～4日　重庆市人民政府和中国—中东欧国家合作秘书处在重庆联合举办中国—中东欧国家地方领导人会议。马其顿总理格鲁埃夫斯基、罗马尼亚总理蓬塔出席。

2～4日　中共中央政治局委员、中央政法委书记孟建柱赴俄罗斯符拉迪沃斯托克出席第四届安全事务高级代表国际会议，并出席金砖国家代表团团长非正式会晤。

3～4日　加拿大外交部长约翰·贝尔德对中国进行正式访问。

3～8日　巴基斯坦总理穆罕默德·纳瓦兹·谢里夫对中国进行正式访问。

4～9日　西班牙众议长波萨达访问中国。

4～11日　哥斯达黎加立法大会主席路易斯·费尔南多·门多萨·希门内斯对中国进行正式访问。

7～13日　委内瑞拉统一社会主义党第一副主席、全国代表大会主席迪奥斯达多·卡韦略率团访华。

9日　外交部副部长张业遂与美国国务院常务副国务卿伯恩斯在华盛顿主持第三次中美战略安全对话。

9～12日　尼日利亚总统古德勒克·乔纳森对中国进行国事访问。

10～11日　第五轮中美战略与经济对话在美国华盛顿举行。国家主席习近平特别代表、国务院副总理汪洋和国务委员杨洁篪同美国总统奥巴马特别代表、国务卿克里（第二天美方代表为国务院常务副国务卿伯恩斯）和财政部部长雅各布·卢共同主持对话。

12～19日　外交部长王毅出席在吉尔吉斯斯坦举办的上海合作组织外长理事会会议并对吉尔吉斯斯坦、乌兹别克斯坦和土库曼斯坦进行正式访问。

15～17日　白俄罗斯总统卢卡申科对中国进行国事访问。

17～21日　委内瑞拉玻利瓦尔共和国副总统豪尔赫·阿雷阿萨·蒙特塞拉特对中国进行正式访问。

19～21日　生态文明贵阳国际论坛2013年年会在贵阳举行，多米尼克总理斯凯里特，瑞士联邦主席兼国防、民防和体育部长毛雷尔，汤加王国首相图伊瓦卡诺等政要出席。

21～28日　塞舌尔外交部长让-保罗·亚当对中国进行正式访问。

22～24日　津巴布韦总统特使、外交部长蒙本盖主访问中国。

24～27日　亚美尼亚外交部长爱德华·纳尔班江对中国进行正式访问。

25～28日　中共中央政治局委员、国家副主席李源潮率中国代表团访问朝鲜，并出席朝鲜战争停战60周年纪念活动。

29日至8月2日　澳大利亚外交部长鲍勃·卡尔访问香港、四川、重庆、福建。

30日至8月3日　爱尔兰副总理兼外交贸易部长埃蒙·吉尔摩对中国进行正式访问。

## 八月

1～6日　外交部长王毅赴泰国出席中国—东盟高层论坛，并对马来西亚、老挝、越南进行正式访问。

14～16日　国务委员杨洁篪访问俄罗斯并举行中俄第九轮战略安全磋商。

18～20日　墨西哥外交部长何塞·安东尼奥·梅亚德·库里布雷尼亚、通信交通部长赫拉尔多·鲁伊斯·埃斯帕萨、旅游部长克劳迪娅·鲁伊斯·马谢乌组成部长联合访华团对中国进行工作访问。

18～23日　肯尼亚总统乌胡鲁·肯雅塔对中国进行国事访问。

19日　外交部副部长刘振民在泰国与泰国外交部次长西哈萨举行首轮中泰战略对话。

19～20日　外交部长王毅对哈萨克斯坦进行正式访问。

19～20日　世界卫生组织总干事陈冯富珍访问中国。

19～21日　俄罗斯副总理、中俄总理定期会晤委员会俄方主席德米特里·罗戈津来华同国务院副总理、委员会中方主席汪洋共同举行中俄总理定期会晤委员会双方主席会晤。

20日　外交部副部长刘振民赴印度与印度外交秘书苏嘉塔·辛格举行中印第五次战略对话。

20～22日　新西兰外交部长默里·麦卡利对中国进行正式访问。

20～25日　牙买加总理波西娅·辛普森-米勒对中国进行正式访问。

21日　外交部长王毅对柬埔寨进行正式访问。

21～24日　阿根廷副总统兼参议长阿马多·布杜对中国进行正式访问。

21～26日　苏丹外交部长阿里·艾哈迈德·库尔提访问中国。

22～28日　索马里副总理兼外交部长福西娅·优素福·哈吉·阿丹对

中国进行正式访问。

25～29日 塞尔维亚总统托米斯拉夫·尼科利奇对中国进行国事访问。

25～31日 新加坡总理李显龙对中国进行正式访问。

26～28日 乍得外交和非洲一体化部部长穆萨·法基·穆罕默德对中国进行工作访问。

27日至9月1日 巴基斯坦参谋长联席会议主席韦恩访问中国并出席第十届中巴防务安全磋商。

28～30日 中国—东盟特别外长会在北京召开，外交部长王毅与泰国副总理兼外交部长素拉蓬·都威乍猜军共同主持。马来西亚外交部长阿尼法·宾·阿曼、新加坡外交部长尚穆根、菲律宾外交部长阿尔韦特·德尔罗萨里奥、印度尼西亚外交部长马尔迪·纳塔勒加瓦、文莱外交与贸易部长穆罕默德·博尔基亚亲王、柬埔寨副首相兼外交国际合作部大臣贺南洪、老挝副总理兼外交部长通伦、缅甸外交部长温纳貌伦、越南外交部长范平明、东盟秘书长黎良明出席。

## 九月

1～7日 国际移民组织总干事斯温访问中国。

2～7日 第三届中国—亚欧博览会在新疆乌鲁木齐举行，国家副主席李源潮出席博览会开幕式和主论坛。吉尔吉斯斯坦总理萨特巴尔季耶夫、塔吉克斯坦第一副总理达夫拉托夫、蒙古国家大呼拉尔副主席贡其格道尔吉、联合国开发计划署署长克拉克和尼泊尔前制宪会议主席内姆旺等外国政要出席。

3～6日 第十届中国—东盟博览会暨中国—东盟商务与投资峰会在广西南宁举行，国务院总理李克强出席开幕式。缅甸总统登盛、柬埔寨首相洪森、老挝总理通邢·塔马冯、越南总理阮晋勇、泰国总理英拉·西那瓦及新加坡副总理兼国家安全统筹部长及内政部长张志贤等政要出席。

3～13日 国家主席习近平对土库曼斯坦、哈萨克斯坦、乌兹别克斯坦、吉尔吉斯斯坦进行国事访问，出席在俄罗斯圣彼得堡举行的二十国集团领导人第八次峰会和金砖国家领导人非正式会晤，并出席在吉尔吉斯斯坦比什凯克举行的上海合作组织成员国元首理事会第13次会议。

5～12日 中共中央政治局常委、中央书记处书记刘云山对白俄罗斯、乌克兰、斯里兰卡、柬埔寨进行正式友好访问。

8～12日 禁止化学武器组织总干事尤祖姆居访问中国。

11～13日 2013年夏季达沃斯论坛在大连举行，国务院总理李克强出席开幕式。亚美尼亚总理谢尔日·萨尔基相、保加利亚总理普拉门·奥雷沙尔斯基、比利时首相埃利奥·迪吕波、芬兰总理于尔基·卡泰宁、马耳他总理约瑟夫·穆斯卡特、俄罗斯副总理阿尔卡季·德沃尔科维奇、土耳其副总理阿里·巴巴詹、英国前首相戈登·布朗和世界经济论坛主席克劳斯·施瓦布等出席。

15～18日　安哥拉外交部长乔治斯·希科蒂对中国进行正式访问。

15～18日　世界银行行长金墉访问中国。

15～19日　“2013中国—阿拉伯国家博览会”在宁夏银川举行，全国政协主席俞正声出席开幕式。约旦国王阿卜杜拉二世·本·侯赛因、巴林国王哈马德·本·伊萨·阿勒哈利法、瓦努阿图总理莫阿纳·卡凯塞斯等政要出席。其间，巴林国王哈马德·本·伊萨·阿勒哈利法、约旦国王阿卜杜拉二世·本·侯赛因对中国进行国事访问。

16～25日　全国人大常委会委员长张德江对乌干达、尼日利亚、斯洛伐克、俄罗斯进行正式友好访问。

18～20日　国务委员杨洁篪访问印度尼西亚并与印尼政治法律安全统筹部长苏延多共同主持中印尼副总理级对话机制第四次会议。

18～27日　外交部长王毅访问美国并出席在纽约联合国总部举行的第68届联合国大会一般性辩论。

21～24日　委内瑞拉总统尼古拉斯·马杜罗·莫罗斯对中国进行国事访问。

23～26日　乌克兰第一副总理阿尔布佐夫来华出席中乌政府间合作委员会第二次会议和在西安举行的2013欧亚经济论坛。

25～28日　阿富汗总统哈米德·卡尔扎伊对中国进行国事访问并出席在西安举行的2013欧亚经济论坛开幕式。

26～30日　老挝人民革命党中央总书记、国家主席朱马里·赛雅颂对中国进行正式友好访问。

## 十月

2～8日　国家主席习近平对印度尼西亚、马来西亚进行国事访问并出席在印尼巴厘岛举行的亚太经合组织第21次领导人非正式会议。

9～15日　国务院总理李克强出席在文莱斯里巴加湾市举行的第16次中国—东盟（10+1）领导人会议、第16次东盟与中日韩（10+3）领导人会议、第八届东亚峰会，并对文莱、泰国和越南进行正式访问。

9～19日　加拿大外交部长约翰·贝尔德对中国进行正式访问。

14～15日　第五次中英经济财金对话在北京举行，国务院副总理马凯与英国财政大臣奥斯本共同主持对话。

16～19日　东盟秘书长黎良明对中国进行正式访问。

17～23日　巴布亚新几内亚议长佐伦诺克访问中国。

20～22日　孟加拉国外交部长迪布·莫尼对中国进行正式访问。

21～23日　国务院副总理张高丽访问新加坡并主持中新双边合作联委会第十次会议、苏州工业园区联合协调理事会第15次会议和天津生态城联合协调理事会第六次会议。

22～23日　俄罗斯总理梅德韦杰夫对中国进行正式访问，国务院总理李克强与梅德韦杰夫总理举行中俄总理第18次定期会晤。

22～24日　印度总理曼莫汉·辛格对中国进行正式访问。

22～24日　联合国难民事务高级专员古特雷斯访华。

23～27日　中国西部国际博览会在成都举行，国务院副总理汪洋出席。澳大利亚总督昆廷·布赖斯、加拿大总督戴维·约翰斯顿、马其顿总统格奥尔基·伊万诺夫、蒙古总理诺罗布·阿勒坦呼雅格、坦桑尼亚总理米曾戈·平达、白俄罗斯副总理托济克·阿纳托利等政要出席。其间，澳大利亚总督昆廷·布赖斯、加拿大总督戴维·约翰斯顿对中国进行国事访问，蒙古总理诺罗布·阿勒坦呼雅格对中国进行正式访问。

24～25日　周边外交工作座谈会在北京召开，中共中央总书记、国家主席习近平在会上发表重要讲话。中共中央政治局常委、国务院总理李克强主持会议。中共中央政治局常委张德江、俞正声、刘云山、王岐山、张高丽出席会议。

27～30日　南非副总统莫特兰蒂对中国进行正式访问并与国家副主席李源潮共同主持召开中南国家双边委员会第五次全体会议。其间，外交部副部长翟隽与南非国际关系和合作部副部长易卜拉欣共同主持外交分委会第四次会议暨中南第六次战略对话。

27～31日　外交部长王毅访问圣马力诺、意大利及法国。

29日至11月1日　伊朗议长阿里·拉里贾尼对中国进行正式友好访问。

## 十一月

4日　中国—海湾合作委员会第三轮战略对话在北京举行。外交部长王毅与海湾合作委员会轮值主席国巴林外交大臣哈立德·本·艾哈迈德·阿勒哈利法共同主持，海湾合作委员会下任轮值主席国科威特副首相兼外交大臣萨巴赫·哈立德·哈马德·萨巴赫和阿拉伯联合酋长国能源部长苏海勒·穆罕默德·马兹鲁伊、沙特阿拉伯外交事务国务大臣纳扎尔·欧拜德·迈达尼、海湾合作委员会秘书长阿卜杜拉提夫·本·拉希德·扎耶尼及其他成员国代表出席。

4～5日　中国—葡语国家经贸合作论坛成立十周年暨第四届部长级会议在澳门举行，国务院副总理汪洋出席开幕式。几内亚比绍过渡政府总理鲁伊·杜阿尔特·德巴罗斯、巴西副总统米歇尔·特梅尔、葡萄牙副总理保罗·波尔塔斯、东帝汶副总理费尔南多·拉萨马等多国政要出席。

4～7日　塞拉利昂外交与国际合作部部长萨穆拉·卡马拉对中国进行工作访问。

4～10日　巴西副总统米歇尔·特梅尔对中国进行正式访问，并与国务院副总理汪洋共同主持中国—巴西高层协调与合作委员会第三次会议。

5～7日　古巴外交部长布鲁诺·罗德里格斯对中国进行正式访问。

5～8日　阿根廷外交部长埃克托尔·蒂梅尔曼访问中国。

7～8日　第二届中国—太平洋岛国经济发展合作论坛在广州举行。国务院副总理汪洋出席。密克罗尼西亚联邦总统莫里，萨摩亚总理图伊拉埃帕，巴布亚新几内亚总理彼得·奥尼尔，瓦努阿图总理莫阿纳·卡凯塞斯，库克群岛总理普那，汤加首相图伊瓦卡诺，纽埃总理塔拉吉，斐济农业、渔业和林业部长伊尼亚·塞努伊拉图和太平洋岛国论坛秘书长图伊洛马·内洛尼·斯莱德等出席。

8～13日　世界知识产权组织总干事高锐访问中国。

10日　国家主席习近平会见来华访问的联合国工业发展组织总干事李勇。

10～11日　外交部长王毅赴印度新德里出席中俄印外长第12次会晤及第11届亚欧外长会议。

12～15日　也门总统阿卜杜拉布·曼苏尔·哈迪对中国进行国事访问。

15～16日　荷兰首相马克·吕特对中国进行正式访问。

17～19日　国务委员杨洁篪访问韩国。

17～23日　科特迪瓦国民议会议长索罗对中国进行正式友好访问。

18～21日　厄瓜多尔外交部长里拉多·帕蒂尼奥对中国进行正式访问。

18～26日　国务院副总理刘延东赴美国与美国务卿克里共同主持第四轮中美人文交流高层磋商，并访问埃塞俄比亚。

20日　国务委员杨洁篪与欧盟外交与安全政策高级代表兼欧盟委员会副主席阿什顿在北京共同主持第四轮中欧高级别战略对话。

20～21日　欧洲理事会主席范龙佩和欧盟委员会主席巴罗佐来华出席第16次中国欧盟领导人会晤。

25～29日　国务院总理李克强出席在罗马尼亚布加勒斯特举行的第二届中国—中东欧国家领导人会晤并对罗马尼亚进行正式访问，出席在乌兹别克斯坦举行的上海合作组织成员国政府首脑（总理）理事会第12次会议。

26日　国务院副总理马凯与法国经济和财政部部长莫斯科维奇在北京共同主持首次中法高级别经济财金对话。

## 十二月

1～3日　约旦外交与侨务大臣纳赛尔·朱达访问中国。

2～4日　英国首相戴维·卡梅伦对中国进行正式访问并举行中英总理年度会晤。

3～6日　乌克兰总统维克多·亚努科维奇对中国进行国事访问。

4～5日　美国副总统约瑟夫·拜登对中国进行正式访问。

4～7日　大韩民国国会议长姜昌熙访问中国。

5～9日　法国总理让-马克·埃罗对中国进行正式访问。

6～7日　澳大利亚外交部长毕晓普对中国进行正式访问。外交部长王毅与其举行首轮中澳外交与战略对话。

6～8日　国务委员杨洁篪应邀赴南非开普敦出席金砖国家安全事务高级代表第四次会议并访问伊朗。

9～11日　国家副主席李源潮作为国家主席习近平特别代表赴南非出席南前总统曼德拉葬礼。

12～17日　保加利亚议长米科夫访问中国。

14～16日　埃及外交部长纳比勒·法赫米对中国进行正式访问。

16～21日　波兰参议长波格丹·博鲁塞维奇访问中国。

18～25日　外交部长王毅访问巴勒斯坦、以色列、阿尔及利亚、摩洛哥、沙特阿拉伯。

19～20日　第24届中美商贸联合委员会在北京举行，国务院副总理汪洋与美国贸易代表弗洛曼、美商务部长普利兹克共同主持。

19～21日　玻利维亚总统胡安·埃沃·莫拉莱斯对中国进行国事访问。

23日　中韩首次外交安全对话在北京举行，外交部亚洲司司长罗照辉与韩国外交部东北亚局局长朴俊勇共同主持。

25日　中国驻老挝琅勃拉邦总领事馆开馆。

# 附录二

## 2013年中国外交重要文献

### 重要讲话

国家主席习近平接受俄罗斯俄通社—塔斯社、俄罗斯全国广播电视网、南非卫星电视五台、印度报业托拉斯、巴西《经济价值报》和中国新华社记者联合采访（2013年3月19日）

国家主席习近平在俄罗斯“中国旅游年”开幕式上的致辞（2013年3月22日）

国家主席习近平在莫斯科国际关系学院的演讲（2013年3月23日）

国务院副总理张高丽在中国发展高层论坛2013年年会上的讲话（2013年3月24日）

国家主席习近平在坦桑尼亚尼雷尔国际会议中心的演讲（2013年3月25日）

国家主席习近平在金砖国家领导人第五次会晤时的主旨讲话（2013年3月27日）

国家主席习近平在刚果共和国议会的演讲（2013年3月29日）

国家主席习近平主席在博鳌亚洲论坛2013年年会上的主旨演讲（2013年4月7日）

中共中央政治局常委、中央书记处书记刘云山在第四届中欧政党高层论坛开幕式上的讲话（2013年4月22日）

全国政协主席俞正声在太湖文化论坛第二届年会上的讲话（2013年5月18日）

国务院总理李克强在印度《印度教徒报》、《觉醒报》发表的署名文章（2013年5月20日）

国务院总理李克强在印度世界事务委员会的演讲（2013年5月21日）

国务院总理李克强在巴基斯坦参议院的演讲（2013年5月23日）

国务院总理李克强接受巴基斯坦媒体联合书面采访（2013年5月23日）

国务院总理李克强在德国《时代》周报发表的署名文章（2013年5月23日）

国务院总理李克强在瑞士《新苏黎世报》发表的署名文章（2013年5月23日）

国务院总理李克强在瑞士经济金融界人士午餐会上的演讲（2013年5月24日）

全国人大常委会委员长张德江出席非洲统一组织成立50周年招待会的致辞（2013年5月25日）

国务院总理李克强在波茨坦会议旧址发表的讲话（2013年5月26日）

国务院总理李克强在中德工商界午宴上的演讲（2013年5月27日）

国家副主席李源潮在亚洲政党专题会议上的讲话（2013年5月30日）

国家主席习近平接受特立尼达和多巴哥《快报》、哥斯达黎加《共和国报》和墨西哥《至上报》的联合书面采访（2013年5月31日）

国家主席习近平在墨西哥参议院的演讲（2013年6月5日）

国务院副总理张高丽在2013《财富》全球论坛开幕晚宴上的讲话（2013年6月7日）

国务院副总理张高丽在第17届圣彼得堡国际经济论坛上的致辞（2013年6月21日）

国家副主席李源潮在第二届世界和平论坛上的主旨演讲（2013年6月27日）

外交部长王毅在第二届世界和平论坛午餐会上的演讲（2013年6月27日）

中共中央政治局委员、中央政法委书记孟建柱在第四届安全事务高级

代表国际会议上的讲话（2013年7月4日）

国务院副总理汪洋在第五轮中美战略与经济对话联合开幕式上的致辞（2013年7月10日）

国务委员杨洁篪在第五轮中美战略与经济对话联合开幕式上的致辞（2013年7月10日）

外交部长王毅在中国—东盟高层论坛开幕式上的致辞（2013年8月2日）

国家副主席李源潮在第三届中国—亚欧经济发展合作论坛上的讲话（2013年9月2日）

国家主席习近平接受土库曼斯坦、俄罗斯、哈萨克斯坦、乌兹别克斯坦、吉尔吉斯斯坦五国媒体联合采访（2013年9月3日）

国务院总理李克强在第十届中国—东盟博览会和中国—东盟商务与投资峰会上的致辞（2013年9月3日）

国家主席习近平在二十国集团领导人第八次峰会第一阶段会议上的发言（2013年9月5日）

国家主席习近平在哈萨克斯坦纳扎尔巴耶夫大学的演讲（2013年9月7日）

国务院总理李克强在英国《金融时报》发表署名文章（2013年9月9日）

国务院总理李克强在第七届夏季达沃斯论坛上的致辞（2013年9月11日）

国家主席习近平在上海合作组织成员国元首理事会第13次会议上的讲话（2013年9月13日）

外交部长王毅在联合国可持续发展高级别政治论坛对话会上的发言（2013年9月24日）

外交部长王毅在联合国千年发展目标特别会议开幕式上的发言（2013年9月25日）

国务院副总理汪洋在2013欧亚经济论坛开幕式上发表的主旨演讲（2013年9月26日）

外交部长王毅在七十七国集团第37届外长年会上的发言（2013年9月26日）

外交部长王毅在第68届联大一般性辩论上的发言（2013年9月27日）

外交部长王毅在联合国安理会表决叙利亚化学武器问题决议草案后的发言（2013年9月27日）

国家主席习近平接受印度尼西亚《雅加达邮报》、《罗盘报》，马来西亚《马来西亚前锋报》、《星洲日报》、《新海峡时报》联合采访（2013年10月2日）

国家主席习近平在印度尼西亚国会的演讲（2013年10月3日）

国家主席习近平在亚太经合组织第21次领导人非正式会议上的讲话（2013年10月7日）

国家主席习近平在亚太经合组织第21次领导人非正式会议第一阶段会议上关于全球经济形势和多边贸易体制的发言（2013年10月7日）

国家主席习近平在亚太经合组织工商领导人峰会上的演讲（2013年10月8日）

国务院总理李克强在第16次中国—东盟（10+1）领导人会议上的讲话（2013年10月10日）

国务院总理李克强在第16次东盟与中日韩（10+3）领导人会议上的讲话（2013年10月10日）

国务院总理李克强在第八届东亚峰会上的讲话（2013年10月10日）

国务院总理李克强在文莱苏丹哈桑纳尔举行的欢迎宴会上的致辞（2013年10月10日）

国务院总理李克强在泰国《民意报》发表的署名文章（2013年10月11日）

国务院总理李克强在泰国国会的演讲（2013年10月11日）

国务院总理李克强在与越南总理阮晋勇共同会见记者时的讲话（2013年10月13日）

国务院总理李克强在中越工商界午餐会上的讲话（2013年10月15日）

国家主席习近平在周边外交工作座谈会上的讲话（2013年10月25日）

国务院总理李克强在21世纪理事会北京会议开幕式上的演讲（2013年11月1日）

国务委员杨洁篪在21世纪理事会北京会议上的演讲（2013年11月2日）

国家主席习近平致“鲁本斯、凡·戴克与佛兰德斯画派——列支敦士登王室珍藏展”开展的贺信（2013年11月5日）

国务院副总理汪洋在第二届中国—太平洋岛国经济发展合作论坛暨2013中国国际绿色创新技术产品展开幕式上的演讲（2013年11月9日）

外交部长王毅在第11届亚欧外长会议上的发言（2013年11月11日）

国务院总理李克强致俄罗斯“中国旅游年”闭幕式的贺词（2013年11月22日）

国务院总理李克强在中东欧国家媒体发表署名文章（2013年11月25日）

国务院总理李克强在中国—中东欧国家领导人会晤时的讲话（2013年11月26日）

国务院总理李克强在第三届中国—中东欧国家经贸论坛上的致辞（2013

年11月26日）

国家副主席李源潮在第二届中越青年大联欢上的致辞（2013年11月26日）

国务院总理李克强在罗马尼亚议会的演讲（2013年11月27日）

国务院总理李克强在上海合作组织成员国总理第12次会议上的讲话（2013年11月29日）

国家主席习近平特别代表、国家副主席李源潮出席南非前总统曼德拉官方追悼活动的致辞（2013年12月10日）

外交部长王毅在外交部2014年新年招待会上的致辞（2013年12月11日）

外交部长王毅在外交部发言人制度30周年暨外国驻华记者新年招待会上的致辞（2013年12月13日）

外交部长王毅在“新起点、新理念、新实践——2013中国与世界”研讨会上的演讲（2013年12月16日）

## 声明、宣言和公报

中华人民共和国和俄罗斯联邦关于合作共赢、深化全面战略协作伙伴关系的联合声明（2013年3月22日）

中华人民共和国与坦桑尼亚联合共和国联合公报（2013年3月25日）

中华人民共和国和南非共和国联合公报（2013年3月26日）

金砖国家领导人第五次会晤德班宣言（2013年3月27日）

中华人民共和国和刚果共和国联合公报（2013年3月30日）

中华人民共和国和缅甸联邦共和国联合新闻公报（2013年4月5日）

中华人民共和国和文莱达鲁萨兰国联合声明（2013年4月5日）

中华人民共和国和柬埔寨王国联合新闻公报（2013年4月9日）

中美气候变化联合声明（2013年4月13日）

中华人民共和国政府和冰岛政府关于全面深化双边合作的联合声明（2013年4月15日）

中法联合新闻公报（2013年4月25日）

中华人民共和国政府同希腊共和国政府联合声明（2013年5月17日）

中华人民共和国和塔吉克斯坦共和国关于建立战略伙伴关系的联合宣言（2013年5月20日）

中华人民共和国和印度共和国联合声明（2013年5月20日）

中华人民共和国和巴基斯坦伊斯兰共和国关于深化两国全面战略合作

的联合声明（2013年5月23日）

中德关于国务院总理李克强访问德国的联合公报（2013年5月26日）

中华人民共和国与斯里兰卡民主社会主义共和国联合公报（2013年5月30日）

中华人民共和国和墨西哥合众国联合声明（2013年6月4日）

中越联合声明（2013年6月21日）

中韩面向未来联合声明（2013年6月27日）

中华人民共和国和白俄罗斯共和国关于建立全面战略伙伴关系的联合声明（2013年7月16日）

中华人民共和国和塞尔维亚共和国关于深化战略伙伴关系的联合声明（2013年8月26日）

中华人民共和国和土库曼斯坦关于建立战略伙伴关系的联合宣言（2013年9月3日）

二十国集团圣彼得堡峰会领导人声明（2013年9月6日）

二十国集团峰会五周年声明（2013年9月6日）

中华人民共和国和哈萨克斯坦共和国关于进一步深化全面战略伙伴关系的联合宣言（2013年9月7日）

中华人民共和国和乌兹别克斯坦共和国关于进一步发展和深化战略伙伴关系的联合宣言（2013年9月9日）

中华人民共和国和吉尔吉斯共和国关于建立战略伙伴关系的联合宣言（2013年9月11日）

上海合作组织成员国元首比什凯克宣言（2013年9月13日）

上海合作组织成员国元首理事会会议新闻公报（2013年9月13日）

中华人民共和国和巴林王国联合公报（2013年9月16日）

中非外长第三次政治磋商联合公报（2013年9月23日）

中华人民共和国与阿富汗伊斯兰共和国关于深化战略合作伙伴关系的联合声明（2013年9月27日）

中华人民共和国和老挝人民民主共和国联合声明（2013年9月30日）

纪念中国—东盟建立战略伙伴关系十周年联合声明（2013年10月10日）

中华人民共和国和文莱达鲁萨兰国联合声明（2013年10月11日）

新时期深化中越全面战略合作的联合声明（2013年10月15日）

中俄总理第18次定期会晤联合公报（2013年10月22日）

中印战略合作伙伴关系未来发展愿景的联合声明（2013年10月23日）

中华人民共和国、俄罗斯联邦和印度共和国外交部长第12次会晤联合公报（2013年11月13日）

中华人民共和国政府和罗马尼亚政府关于新形势下深化双边合作的联合声明（2013年11月25日）

上海合作组织成员国政府首脑（总理）理事会第12次会议联合公报（2013年11月29日）

上海合作组织成员国政府首脑（总理）关于进一步开展交通领域合作的联合声明（2013年11月30日）

中华人民共和国和乌克兰关于进一步深化战略伙伴关系的联合声明（2013年12月5日）

## 其 他

充实中韩战略合作伙伴关系行动计划（2013年6月27日）

关于新时期深化中巴战略合作伙伴关系的共同展望（2013年7月5日）

中美气候变化工作组提交中美战略与经济对话的报告（2013年7月10日）

第五轮中美战略与经济对话框架下战略对话具体成果清单（2013年7月12日）

第五轮中美战略与经济对话框架下经济对话联合成果情况说明（2013年7月12日）

金砖国家领导人圣彼得堡非正式会晤新闻稿（2013年9月5日）

2015年后发展议程中方立场文件（2013年9月22日）

中华人民共和国外交部与联合国驻华机构共同编写《中国实施千年发展目标进展情况报告》（2013年版）（2013年9月22日）

中印尼全面战略伙伴关系未来规划（2013年10月4日）

中华人民共和国和马来西亚联合新闻稿（2013年10月5日）

中泰关系发展远景规划（2013年10月13日）

中华人民共和国和蒙古国战略伙伴关系中长期发展纲要（2013年10月25日）

中意政府委员会第五次联席会议共同文件（2013年10月30日）

第16次中国欧盟领导人会晤发表《中欧合作2020战略规划》（2013年11月23日）

中国—中东欧国家合作布加勒斯特纲要（2013年11月26日）

关于加强中美经济关系的联合情况说明（2013年12月6日）

# 附录三

## （一）2013年中华人民共和国外交部组织机构表

办　公　厅
政策规划司
亚　洲　司
西亚北非司
非　洲　司
欧　亚　司
欧　洲　司
北美大洋洲司
拉丁美洲和加勒比司
国　际　司
国际经济司
军　控　司
条约法律司

边界与海洋事务司
新　闻　司
礼　宾　司
领　事　司（领事保护中心）
香港澳门台湾事务司
翻　译　室
外事管理司
涉外安全事务司
干　部　司
离退休干部局
行　政　司
财　务　司
一　　　局
部　纪　委
机关党委（国外工作局）
档　案　馆
外交部机关及驻外机构服务中心

## （二）中华人民共和国外交部领导成员名单

（截止至2014年2月20日）

王　毅　　外交部长
张业遂　　外交部副部长
李保东　　外交部副部长
王　超　　外交部副部长
程国平　　外交部副部长
谢杭生　　外交部领导成员
刘振民　　外交部副部长
张　明　　外交部副部长
张昆生　　外交部部长助理
郑泽光　　外交部部长助理
刘建超　　外交部部长助理
钱洪山　　外交部部长助理

# （三）同中国建交的国家、建交日期和2013年中国驻外使节一览表

（以建交先后为序）

| 序号 | 国名 | 建交日期 | 中国在任使节 |
|---|---|---|---|
| 1 | 俄罗斯联邦① | 1949年10月3日 | 李辉 |
| 2 | 保加利亚共和国 | 1949年10月4日 | 郭业洲<br>魏敬华<br>（9月以后） |
| 3 | 罗马尼亚 | 1949年10月5日 | 霍玉珍（女） |
| 4 | 匈牙利 | 1949年10月6日 | 肖千 |
| 5 | 朝鲜民主主义人民共和国 | 1949年10月6日 | 刘洪才 |
| 6 | 捷克共和国② | 1949年10月6日 | 于庆泰 |
| 7 | 斯洛伐克共和国② | 1949年10月6日 | 顾子平<br>潘伟芳<br>（3月以后） |
| 8 | 波兰共和国 | 1949年10月7日 | 徐坚 |
| 9 | 蒙古国 | 1949年10月16日 | 王小龙 |
| 10 | 阿尔巴尼亚共和国 | 1949年11月23日 | 叶皓 |
| 11 | 越南社会主义共和国 | 1950年1月18日 | 孔铉佑 |
| 12 | 印度共和国 | 1950年4月1日 | 魏苇 |
| 13 | 印度尼西亚共和国 | 1950年4月13日 | 刘建超 |
| 14 | 瑞典王国 | 1950年5月9日 | 兰立俊<br>陈育明<br>（10月以后） |
| 15 | 丹麦王国 | 1950年5月11日 | 李瑞宇<br>刘碧伟<br>（11月以后） |
| 16 | 缅甸联邦共和国 | 1950年6月8日 | 李军华<br>杨厚兰<br>（3月以后） |

续表

| 序号 | 国名 | 建交日期 | 中国在任使节 |
|---|---|---|---|
| 17 | 瑞士联邦 | 1950年9月14日 | 吴恳<br>许镜湖（女）<br>（5月以后） |
| 18 | 列支敦士登公国[③] | 1950年9月14日 | 梁建全（兼） |
| 19 | 芬兰共和国 | 1950年10月28日 | 黄兴 |
| 20 | 巴基斯坦伊斯兰共和国 | 1951年5月21日 | 刘健<br>孙卫东<br>（6月以后） |
| 21 | 挪威王国 | 1954年10月5日 | 赵军 |
| 22 | 塞尔维亚共和国[④] | 1955年1月2日 | 张万学 |
| 23 | 阿富汗伊斯兰共和国 | 1955年1月20日 | 徐飞洪<br>邓锡军<br>（9月以后） |
| 24 | 尼泊尔联邦民主共和国 | 1955年8月1日 | 杨厚兰<br>吴春太<br>（3月以后） |
| 25 | 阿拉伯埃及共和国 | 1956年5月30日 | 宋爱国 |
| 26 | 阿拉伯叙利亚共和国 | 1956年8月1日 | 张迅 |
| 27 | 也门共和国 | 1956年9月24日 | 常华 |
| 28 | 斯里兰卡民主社会主义共和国 | 1957年2月7日 | 吴江浩 |
| 29 | 柬埔寨王国 | 1958年7月19日 | 潘广学<br>布建国（女）<br>（7月以后） |
| 30 | 伊拉克共和国 | 1958年8月25日 | 倪坚<br>王勇<br>（12月以后） |
| 31 | 摩洛哥王国 | 1958年11月1日 | 许镜湖（女）<br>孙树忠<br>（7月以后） |
| 32 | 阿尔及利亚民主人民共和国 | 1958年12月20日 | 刘玉和 |
| 33 | 苏丹共和国 | 1959年2月4日 | 罗小光 |
| 34 | 几内亚共和国 | 1959年10月4日 | 赵立兴<br>卞建强<br>（11月以后） |
| 35 | 加纳共和国 | 1960年7月5日 | 龚建忠 |
| 36 | 古巴共和国 | 1960年9月28日 | 张拓 |

续表

| 序号 | 国名 | 建交日期 | 中国在任使节 |
|---|---|---|---|
| 37 | 马里共和国 | 1960年10月25日 | 曹忠明 |
| 38 | 索马里联邦共和国⑤ | 1960年12月14日 | |
| 39 | 刚果民主共和国 | 1961年2月20日 | 王英武 |
| 40 | 老挝人民民主共和国 | 1961年4月25日 | 布建国（女）<br>关华兵<br>（6月以后） |
| 41 | 乌干达共和国 | 1962年10月18日 | 赵亚力 |
| 42 | 肯尼亚共和国 | 1963年12月14日 | 刘光源 |
| 43 | 布隆迪共和国 | 1963年12月21日 | 郁序忠 |
| 44 | 突尼斯共和国 | 1964年1月10日 | 火正德<br>边燕花（女）<br>（9月以后） |
| 45 | 法兰西共和国 | 1964年1月27日 | 孔泉<br>（5月以前） |
| 46 | 刚果共和国 | 1964年2月22日 | 关键 |
| 47 | 坦桑尼亚联合共和国 | 1964年4月26日 | 吕友清 |
| 48 | 中非共和国 | 1964年9月29日 | 孙海潮 |
| 49 | 赞比亚共和国 | 1964年10月29日 | 周欲晓 |
| 50 | 贝宁共和国 | 1964年11月12日 | 陶卫光 |
| 51 | 毛里塔尼亚伊斯兰共和国 | 1965年7月19日 | 陈公来 |
| 52 | 加拿大 | 1970年10月13日 | 章均赛 |
| 53 | 赤道几内亚共和国 | 1970年10月15日 | 王士雄<br>赵宏声<br>（3月以后） |
| 54 | 意大利共和国 | 1970年11月6日 | 丁伟<br>李瑞宇<br>（12月以后） |
| 55 | 埃塞俄比亚联邦民主共和国 | 1970年11月24日 | 解晓岩 |
| 56 | 智利共和国 | 1970年12月15日 | 杨万明 |
| 57 | 尼日利亚联邦共和国 | 1971年2月10日 | 邓波清 |
| 58 | 科威特国 | 1971年3月22日 | 崔建春 |
| 59 | 喀麦隆共和国 | 1971年3月26日 | 沃瑞棣 |
| 60 | 圣马力诺共和国⑥ | 1971年5月6日 | 丁伟（兼）<br>李瑞宇（兼）<br>（12月以后） |
| 61 | 奥地利共和国 | 1971年5月28日 | 赵彬 |

续表

| 序号 | 国名 | 建交日期 | 中国在任使节 |
|---|---|---|---|
| 62 | 塞拉利昂共和国 | 1971年7月29日 | 旷伟霖<br>赵彦博<br>（12月以后） |
| 63 | 土耳其共和国 | 1971年8月4日 | 宫小生 |
| 64 | 伊朗伊斯兰共和国 | 1971年8月16日 | 郁红阳 |
| 65 | 比利时王国 | 1971年10月25日 | 廖力强 |
| 66 | 秘鲁共和国 | 1971年11月2日 | 黄敏慧（女） |
| 67 | 黎巴嫩共和国 | 1971年11月9日 | 吴泽献<br>姜江<br>（4月以后） |
| 68 | 卢旺达共和国 | 1971年11月12日 | 舒展<br>沈永祥<br>（7月以后） |
| 69 | 塞内加尔共和国 | 1971年12月7日 | 夏煌 |
| 70 | 冰岛共和国 | 1971年12月8日 | |
| 71 | 塞浦路斯共和国 | 1971年12月14日 | 刘昕生 |
| 72 | 马耳他共和国 | 1972年1月31日 | 蔡金彪 |
| 73 | 墨西哥合众国 | 1972年2月14日 | 曾钢<br>邱小琪<br>（8月以后） |
| 74 | 阿根廷共和国 | 1972年2月19日 | 殷恒民 |
| 75 | 大不列颠及北爱尔兰联合王国 | 1972年3月13日 | 刘晓明 |
| 76 | 毛里求斯共和国 | 1972年4月15日 | 边燕花（女）<br>李立<br>（3月以后） |
| 77 | 荷兰王国 | 1972年5月18日 | 陈旭 |
| 78 | 希腊共和国 | 1972年6月5日 | 杜起文 |
| 79 | 圭亚那共和国 | 1972年6月27日 | 张利民 |
| 80 | 多哥共和国 | 1972年9月19日 | 王作峰<br>刘豫锡<br>（11月以后） |
| 81 | 日本国 | 1972年9月29日 | 程永华 |
| 82 | 德意志联邦共和国 | 1972年10月11日 | 史明德 |
| 83 | 马尔代夫共和国⑦ | 1972年10月14日 | 余洪耀<br>王福康<br>(12月以后) |

续表

| 序号 | 国名 | 建交日期 | 中国在任使节 |
|---|---|---|---|
| 84 | 马达加斯加共和国 | 1972年11月6日 | 沈永祥<br>杨民<br>（7月以后） |
| 85 | 卢森堡大公国 | 1972年11月16日 | 曾宪柒 |
| 86 | 牙买加 | 1972年11月21日 | 郑清典<br>董晓军<br>（9月以后） |
| 87 | 乍得共和国[⑧] | 1972年11月28日 | 胡志强 |
| 88 | 澳大利亚联邦 | 1972年12月21日 | 陈育明<br>马朝旭<br>（8月以后） |
| 89 | 新西兰 | 1972年12月22日 | 徐建国<br>王鲁彤<br>（10月以后） |
| 90 | 西班牙王国 | 1973年3月9日 | 朱邦造 |
| 91 | 几内亚比绍共和国 | 1974年3月15日 | 李宝钧<br>王华<br>（7月以后） |
| 92 | 加蓬共和国 | 1974年4月20日 | 孙继文 |
| 93 | 马来西亚 | 1974年5月31日 | 柴玺 |
| 94 | 特立尼达和多巴哥共和国 | 1974年6月20日 | 杨优明<br>黄星原<br>（4月以后） |
| 95 | 委内瑞拉玻利瓦尔共和国 | 1974年6月28日 | 赵荣宪 |
| 96 | 尼日尔共和国 | 1974年7月20日 | 石虎 |
| 97 | 巴西联邦共和国 | 1974年8月15日 | 李金章 |
| 98 | 博茨瓦纳共和国 | 1975年1月6日 | 刘焕兴<br>郑竹强<br>（4月以后） |
| 99 | 菲律宾共和国 | 1975年6月9日 | 马克卿（女） |
| 100 | 莫桑比克共和国 | 1975年6月25日 | 李春华 |
| 101 | 泰王国 | 1975年7月1日 | 管木<br>宁赋魁<br>（8月以后） |
| 102 | 孟加拉人民共和国 | 1975年10月4日 | 李军 |
| 103 | 斐济共和国 | 1975年11月5日 | 黄勇 |

续表

| 序号 | 国名 | 建交日期 | 中国在任使节 |
|---|---|---|---|
| 104 | 萨摩亚独立国 | 1975年11月6日 | 赵卫平<br>李燕端（女）<br>（1月以后） |
| 105 | 科摩罗联盟 | 1975年11月13日 | 王乐友 |
| 106 | 佛得角共和国 | 1976年4月25日 | 苏健 |
| 107 | 苏里南共和国 | 1976年5月28日 | 袁南生<br>杨子刚<br>（3月以后） |
| 108 | 塞舌尔共和国 | 1976年6月30日 | 史忠俊 |
| 109 | 巴布亚新几内亚独立国 | 1976年10月12日 | 仇伯华 |
| 110 | 利比里亚共和国 | 1977年2月17日 | 赵鉴华 |
| 111 | 约旦哈希姆王国 | 1977年4月7日 | 岳晓勇<br>高育生<br>（12月以后） |
| 112 | 巴巴多斯 | 1977年5月30日 | 徐宏<br>王克（女）<br>（12月以后） |
| 113 | 阿曼苏丹国 | 1978年5月25日 | 吴久洪 |
| 114 | 利比亚国[⑨] | 1978年8月9日 | 王旺生<br>李志国<br>（7月以后） |
| 115 | 美利坚合众国 | 1979年1月1日 | 张业遂<br>崔天凯<br>（4月以后） |
| 116 | 吉布提共和国 | 1979年1月8日 | 张国庆<br>符华强<br>（4月以后） |
| 117 | 葡萄牙共和国 | 1979年2月8日 | 黄松甫 |
| 118 | 爱尔兰共和国 | 1979年6月22日 | 罗林泉 |
| 119 | 厄瓜多尔共和国 | 1980年1月2日 | 苑桂森<br>王士雄<br>（4月以后） |
| 120 | 哥伦比亚共和国 | 1980年2月7日 | 汪晓源 |
| 121 | 津巴布韦共和国 | 1980年4月18日 | 林琳 |
| 122 | 瓦努阿图共和国 | 1982年3月26日 | 谢波华 |

续表

| 序号 | 国名 | 建交日期 | 中国在任使节 |
|---|---|---|---|
| 123 | 安提瓜和巴布达 | 1983年1月1日 | 刘汉明<br>任共平<br>（4月以后） |
| 124 | 安哥拉共和国 | 1983年1月12日 | 高克祥 |
| 125 | 科特迪瓦共和国 | 1983年3月2日 | 张国庆 |
| 126 | 莱索托王国 | 1983年4月30日 | 胡定贤 |
| 127 | 阿拉伯联合酋长国 | 1984年11月1日 | 黄杰民 |
| 128 | 多民族玻利维亚国⑩ | 1985年7月9日 | 李东 |
| 129 | 格林纳达 | 1985年10月1日 | 徐建国<br>欧渤芊（女）<br>（5月以后） |
| 130 | 乌拉圭东岸共和国 | 1988年2月3日 | 屈生武<br>严邦华<br>（3月以后） |
| 131 | 卡塔尔国 | 1988年7月9日 | 高有祯 |
| 132 | 巴勒斯坦国⑪ | 1988年11月20日 | 刘爱忠 |
| 133 | 巴林王国 | 1989年4月18日 | 李琛 |
| 134 | 密克罗尼西亚联邦 | 1989年9月11日 | 张连云 |
| 135 | 纳米比亚共和国 | 1990年3月22日 | 忻顺康 |
| 136 | 沙特阿拉伯王国 | 1990年7月21日 | 李成文 |
| 137 | 新加坡共和国 | 1990年10月3日 | 段洁龙 |
| 138 | 爱沙尼亚共和国 | 1991年9月11日 | 曲喆 |
| 139 | 拉脱维亚共和国 | 1991年9月12日 | 胡业顺<br>杨国强<br>（3月以后） |
| 140 | 立陶宛共和国 | 1991年9月14日 | 刘增文 |
| 141 | 文莱达鲁萨兰国 | 1991年9月30日 | 郑祥林 |
| 142 | 乌兹别克斯坦共和国 | 1992年1月2日 | 张霄 |
| 143 | 哈萨克斯坦共和国 | 1992年1月3日 | 周力<br>乐玉成<br>（8月以后） |
| 144 | 乌克兰 | 1992年1月4日 | 张喜云 |
| 145 | 塔吉克斯坦共和国 | 1992年1月4日 | 范先荣 |
| 146 | 吉尔吉斯共和国 | 1992年1月5日 | 王开文<br>齐大愚<br>（2月以后） |

续表

| 序号 | 国名 | 建交日期 | 中国在任使节 |
|---|---|---|---|
| 147 | 土库曼斯坦 | 1992年1月6日 | 肖清华 |
| 148 | 白俄罗斯共和国 | 1992年1月20日 | 宫建伟 |
| 149 | 以色列国 | 1992年1月24日 | 高燕平（女） |
| 150 | 摩尔多瓦共和国 | 1992年1月30日 | 佟明涛 |
| 151 | 阿塞拜疆共和国 | 1992年4月2日 | 宏九印 |
| 152 | 亚美尼亚共和国 | 1992年4月6日 | 田长春 |
| 153 | 斯洛文尼亚共和国 | 1992年5月12日 | 张宪一 |
| 154 | 克罗地亚共和国 | 1992年5月13日 | 申知非<br>邓英（女）<br>（12月以后） |
| 155 | 格鲁吉亚 | 1992年6月9日 | 陈建福<br>岳斌<br>（9月以后） |
| 156 | 大韩民国 | 1992年8月24日 | 张鑫森 |
| 157 | 厄立特里亚国 | 1993年5月24日 | 牛强 |
| 158 | 马其顿共和国 | 1993年10月12日 | 崔志伟 |
| 159 | 安道尔公国⑫ | 1994年6月29日 | 朱邦造(兼) |
| 160 | 摩纳哥公国⑬ | 1995年1月16日 | 孔泉（兼）<br>（5月以前） |
| 161 | 波斯尼亚和黑塞哥维那 | 1995年4月3日 | 三辅国<br>董春风<br>（3月以后） |
| 162 | 巴哈马国 | 1997年5月23日 | 胡山<br>苑桂森<br>（11月以后） |
| 163 | 库克群岛⑭ | 1997年7月25日 | 徐建国（兼）<br>王鲁彤（兼）<br>（10月以后） |
| 164 | 南非共和国 | 1998年1月1日 | 田学军 |
| 165 | 汤加王国 | 1998年11月2日 | 王东华<br>黄华光<br>（12月以后） |
| 166 | 东帝汶民主共和国 | 2002年5月20日 | 田广凤 |
| 167 | 多米尼克国 | 2004年3月23日 | 王宗来<br>李江宁<br>（12月以后） |

续表

| 序号 | 国名 | 建交日期 | 中国在任使节 |
|---|---|---|---|
| 168 | 黑山⑮ | 2006年7月6日 | 智昭林 |
| 169 | 哥斯达黎加共和国 | 2007年6月1日 | 宋彦斌 |
| 170 | 纽埃⑯ | 2007年12月12日 | 徐建国（兼）<br>王鲁彤（兼）<br>（10月以后） |
| 171 | 马拉维共和国 | 2007年12月28日 | 潘和钧 |
| 172 | 南苏丹共和国 | 2011年7月9日 | 李志国<br>马强<br>（7月以后） |

**注：**

① 1949年10月3日系中国与前苏联建交日。1991年12月27日，国务委员兼外长钱其琛致电俄罗斯外长，宣布中国承认俄罗斯联邦政府并决定中国驻前苏联大使改任驻俄罗斯大使。

② 1949年10月6日系中国与原捷克斯洛伐克建交日。1992年12月31日捷斯联邦解体，1993年1月1日捷克共和国和斯洛伐克共和国成为独立主权国家，中国政府分别予以承认并与两国建立大使级外交关系。

③ 中国同列支敦士登公国1950年9月14日建交。1988年9月，中国驻苏黎世兼驻列支敦士登公国总领事馆开馆，中国首次向列国派驻总领事，由中国驻苏黎世总领事兼任。

④ 1955年1月2日系中国与前南斯拉夫社会主义联邦共和国建交日。1992年4月30日，中国外交部发言人宣布，中国驻前南斯拉夫大使改任驻南联盟共和国大使。2003年2月4日，南斯拉夫联盟共和国将国名改为塞尔维亚和黑山。2006年6月3日，黑山共和国独立，塞尔维亚共和国继承塞黑国际法主体地位。6月14日，中国外交部照会塞外交部，宣布中国驻塞尔维亚和黑山特命全权大使转任驻塞尔维亚共和国特命全权大使，驻塞黑使馆同时更名。

⑤ 由于索马里国内原因，中国驻索马里外交人员自1991年撤离后迄今未返索。

⑥ 中国驻意大利大使兼任驻圣马力诺大使。

⑦ 中国2011年11月在马尔代夫共和国设立大使馆。此前驻马尔代夫共和国大使由中国驻斯里兰卡大使兼任，余洪耀为首任常驻马尔代夫大使，中国驻斯里兰卡大使不再兼任驻马尔代夫大使。

⑧ 中国同乍得共和国1972年11月28日建交，1997年8月15日中止外交关系，2006年8月6日复交。

⑨ 2013年5月，大阿拉伯利比亚人民社会主义民众国将国名改为利比亚国。

⑩ 2009年3月，玻利维亚共和国将国名改为多民族玻利维亚国。

⑪ 中国在拉马拉设驻巴勒斯坦国办事处，现任办事处主任为刘爱忠。

⑫ 中国驻西班牙大使兼任驻安道尔公国大使。

⑬ 中国同摩纳哥公国自1995年1月16日起建立领事关系，中国驻马赛总领事兼任驻摩纳哥总领事。2006年2月升格为大使级外交关系，中国驻法国大使兼任驻摩纳哥大使。

⑭ 中国驻新西兰大使兼任驻库克群岛大使。

⑮ 2007年10月19日，黑山共和国将国名改为黑山。

⑯ 中国驻新西兰大使兼任驻纽埃大使。

# （四）中华人民共和国常驻联合国、驻其他国际组织代表团（处）名称、驻地和2013年常驻代表（团长）一览表

| 名称 | 驻地 | 常驻代表 |
|---|---|---|
| 中华人民共和国常驻联合国代表团 | 纽约 | 李保东大使<br>刘结一大使<br>（8月以后） |
| 中华人民共和国常驻联合国日内瓦办事处和瑞士其他国际组织代表团 | 日内瓦 | 刘振民大使<br>（5月之前） |
| 中华人民共和国常驻联合国维也纳办事处和其他国际组织代表团 | 维也纳 | 成竞业大使 |
| 中华人民共和国驻欧盟使团 | 布鲁塞尔 | 吴海龙大使 |
| 中华人民共和国常驻美洲国家组织观察员办事处[①] | 华盛顿 | 张业遂大使（兼）<br>崔天凯大使（兼）<br>（4月以后） |
| 中华人民共和国常驻禁止化学武器组织代表团[②] | 海牙 | 陈旭大使（兼） |
| 中华人民共和国常驻联合国环境规划署代表处[③] | 内罗毕 | 刘光源大使（兼） |
| 中华人民共和国常驻联合国人居署代表处[④] | 内罗毕 | 刘光源大使（兼） |
| 中华人民共和国常驻国际海底管理局代表处[⑤] | 金斯敦 | 郑清典大使（兼）<br>董晓军大使（兼）<br>（9月以后） |
| 中华人民共和国常驻世界贸易组织代表团 | 日内瓦 | 易小准大使<br>俞建华大使<br>（11月以后） |
| 中华人民共和国常驻联合国教育、科学及文化组织代表团 | 巴黎 | 尤少忠大使 |
| 中华人民共和国常驻联合国粮农机构代表处 | 罗马 | 夏敬源（代表） |
| 中华人民共和国常驻国际民用航空组织代表处 | 蒙特利尔 | 马涛（代表） |
| 中华人民共和国常驻联合国亚洲及太平洋经济社会委员会代表处 | 曼谷 | 张越（代表）<br>黎弘（代表）<br>（12月以后） |
| 中华人民共和国驻东盟使团 | 雅加达 | 杨秀萍大使（女） |

**注：**

① 中国驻美国大使兼任中国常驻美洲国家组织观察员。

② 中国驻荷兰大使兼任中国常驻禁止化学武器组织代表。

③ 中国驻肯尼亚大使兼任中国常驻联合国环境规划署代表。

④ 中国驻肯尼亚大使兼任中国常驻联合国人居署代表。

⑤ 中国驻牙买加大使兼任中国常驻国际海底管理局代表。

# （五）中国与外国互设领事机构一览表

（按国名英文字母顺序排列）

## 1. 中国在外国设立领事机构一览表

（1）总领事馆

| 序号 | 国名 | 驻地 | 协议日期 | 开馆日期 | 领区 | 2013年在任馆长 |
|---|---|---|---|---|---|---|
| 1 | 澳大利亚 | 悉尼 | 1978.9.18 | 1979.3.19 | 新南威尔士州 | 李华新 |
| 2 | 澳大利亚 | 墨尔本 | 1986.6.23 | 1986.9.11 | 维多利亚州、塔斯马尼亚州 | 宋昱旻 |
| 3 | 澳大利亚 | 珀斯 | 1994.4.15 | 1994.10.18 | 西澳大利亚州 | 黄亲国 |
| 4 | 澳大利亚 | 布里斯班 | 2006.9.22 | 2007.3.24 | 昆士兰州 | 赵永琛 |
| 5 | 奥地利 | 萨尔茨堡 | 1994.6.24 | 未开馆 | 萨尔茨堡、克恩顿州、蒂罗尔州、弗拉尔贝格州 | 无 |
| 6 | 比利时 | 安特卫普 | 1985.6.3 | 未开馆 | 安特卫普省、东佛兰德省、西佛兰德省 | 无 |
| 7 | 巴西 | 圣保罗 | 1984.8.15 | 1985.11.4 | 圣保罗州、巴拉那州、圣卡塔林纳州、南里约格朗德州 | 陈曦 |
| 8 | 巴西 | 里约热内卢 | 1991.8.5 | 1992.6.15 | 里约热内卢州、米纳斯吉拉斯州、圣埃斯皮里托州、巴伊亚州 | 陈小玲 |
| 9 | 巴西 | 累西腓 | 2013.11.27 | 未开馆 | 伯南布哥州、帕拉伊巴州、北里奥格朗德州、塞阿拉州、皮奥伊州、马拉尼昂州、阿拉戈斯州、塞尔希培州 | 无 |
| 10 | 加拿大 | 温哥华 | 1973.10.24 | 1974.11.17 | 不列颠哥伦比亚省、育空地区 | 刘菲 |
| 11 | 加拿大 | 多伦多 | 1980.8.25 | 1984.12.20 | 安大略省、曼尼托巴省 | 房利 |

续表

| 序号 | 国名 | 驻地 | 协议日期 | 开馆日期 | 领区 | 2013年在任馆长 |
|---|---|---|---|---|---|---|
| 12 | 加拿大 | 卡尔加里 | 1997.11.28 | 1998.10.2 | 阿尔伯塔省、萨斯喀彻温省、西北地区 | 王新平 |
| 13 | 加拿大 | 蒙特利尔 | 2010.3.22 | 2011.6.22 | 魁北克省、新不伦瑞克省 | 赵江平 |
| 14 | 智利 | 伊基克 | 1985.4.29 | 1997.12.30<br>2011.5.25（复馆） | 第一大区、第二大区、第十五大区 | 李娇云 |
| 15 | 朝鲜 | 清津 | 1986.9.15 | 1987.7.1 | 咸境北道、咸境南道、两江道、罗先特别市 | 李杰 |
| 16 | 厄瓜多尔 | 瓜亚基尔 | 1984.5.17 | 1984.9.10 | 瓜亚斯省、马纳维省、洛斯里奥斯省、埃尔奥罗省 | 雷同立 |
| 17 | 埃及 | 亚历山大 | 1967.7.4 | 1968.2.5 | 塞得港省、亚历山大省、伊斯梅利亚省、苏伊士省 | 陈小明 |
| 18 | 赤道几内亚 | 巴塔 | 2013.5.13 | 未开馆 | 海岸省、中南省、基埃—恩特姆省及维勒—恩萨斯省 | 顾稼丰 |
| 19 | 法国 | 马赛 | 1980.10.17 | 1985.12.19 | 阿列日省、阿韦龙省、塔恩—加龙省、热尔省、洛特省、上比利牛斯省、塔恩省、上加龙省、奥德省、洛泽尔省、东比利牛斯省、上普罗旺斯阿尔卑斯省、沃克吕兹省、滨海阿尔卑斯省、上阿尔卑斯省、上科西嘉省、南科西嘉省、罗讷河口省、加尔省、埃罗省、瓦尔省 | 余劲松 |
| 20 | 法国 | 斯特拉斯堡 | 1997.3.21 | 1998.4.28 | 阿尔萨斯、洛林、弗朗斯贡地、香槟阿登四个大区的14个省 | 张国斌 |

续表

| 序号 | 国名 | 驻地 | 协议日期 | 开馆日期 | 领区 | 2013年在任馆长 |
|---|---|---|---|---|---|---|
| 21 | 法国 | 里昂 | 2006.9.13 | 2009.12.2 | 罗讷省、安省、阿尔代什省、德龙省、伊泽尔省、卢瓦尔省、上萨瓦省、萨瓦省、多姆山省、阿列省、康塔尔省、上卢瓦尔省 | 殷立贤 |
| 22 | 法国 | 圣但尼 | 2007.6.25 | 2010.2.6 | 留尼汪省 | 张国保 |
| 23 | 德国 | 汉堡 | 1979.10.24 | 1984.5.14 | 汉堡州、不来梅州、下萨克森州、石勒苏益格—荷尔斯泰因州 | 杨惠群 |
| 24 | 德国 | 慕尼黑 | 1995.7.13 | 1997.6.7 | 巴伐利亚州 | 朱万金 |
| 25 | 德国 | 法兰克福 | 2003.12.1 | 2005.6.23 | 黑森州、北莱茵—威斯特法伦州、巴登—符腾堡州、莱茵兰—普法耳茨州、萨尔州 | 温振顺 |
| 26 | 印度 | 孟买 | 1991.12.13 | 1992.12.8 | 孟买市、马哈拉斯特拉邦、卡纳塔克邦 | 刘友法 |
| 27 | 印度 | 加尔各答 | 2006.11.21 | 2008.9.7 | 西孟加拉邦、奥里萨邦、查提斯加尔邦、贾坎德邦、比哈尔邦 | 王雪峰 |
| 28 | 印度尼西亚 | 泗水 | 2005.2.28 | 2006.11.9 | 东爪哇省、巴厘省、西努沙登加拉省、东努沙登加拉省（待中国驻登巴萨总领馆开馆后，领区将调整为东爪哇省、中爪哇省、日惹特区、北马鲁古省、马鲁古省） | 王华根 |
| 29 | 印度尼西亚 | 棉兰 | 2009.11.30 | 2011.9.8 | 北苏门答腊省、南苏门答腊省、西苏门答腊省、占碑省、朋古鲁省、廖内省、廖内群岛、邦加和勿里洞省、楠榜省及亚齐特区 | 杨玲珠 |
| 30 | 印度尼西亚 | 登巴萨 | 2013.9.27 | 未开馆 | 巴厘省、西努沙登加拉省、东努沙登加拉省 | 无 |

续表

| 序号 | 国名 | 驻地 | 协议日期 | 开馆日期 | 领区 | 2013年在任馆长 |
|---|---|---|---|---|---|---|
| 31 | 意大利 | 米兰 | 1979.11.6 | 1985.6.11 | 伦巴第大区、艾米利亚—罗马涅大区、皮埃蒙特大区、威尼托大区 | 廖菊华 |
| 32 | 意大利 | 佛罗伦萨 | 1997.11.3 | 1998.6.1 | 托斯卡纳大区、翁布里亚大区、马尔盖大区、利古里亚大区 | 王新霞 |
| 33 | 日本 | 大阪 | 1975.8.15 | 1976.3.8 | 大阪府、京都府、兵库县、奈良县、和歌山县、滋贺县、三重县、爱媛县、香川县、高知县、德岛县、岛根县、鸟取县、广岛县、冈山县 | 刘毅仁 |
| 34 | 日本 | 札幌 | 1980.2.1 | 1980.9.10 | 北海道、青森县、秋田县、岩手县 | 许金平 |
| 35 | 日本 | 福冈 | 1984.12.26 | 1985.5.4 | 福冈县、佐贺县、大分县、熊本县、鹿儿岛县、宫崎县、冲绳县、山口县 | 李天然 |
| 36 | 日本 | 长崎 | 1984.12.26 | 1985.5.4 | 长崎县 | 李文亮 |
| 37 | 日本 | 名古屋 | 2005.9.26 | 2007.7.17 | 爱知县、三重县、岐阜县、福井县、石川县、富山县 | 张立国 |
| 38 | 日本 | 新潟 | 2009.6.25 | 2010.6.24 | 新潟县、山形县、福岛县、宫城县 | 王华 |
| 39 | 哈萨克斯坦 | 阿拉木图 | 2007.8.18 | 2008.12.23 | 阿拉木图市、南哈萨克斯坦州、江布尔州、东哈萨克斯坦州、阿拉木图州 | 杜德文 |
| 40 | 吉尔吉斯斯坦 | 奥什 | 2011.9.14 | 2013.5.3 | 巴特肯州、贾拉拉巴德州、奥什州、奥什市 | 吴颖钦 |
| 41 | 老挝 | 沙湾拿吉 | 1991.12.25 | 未开馆 | 沙湾拿吉、沙拉湾、占巴塞、色贡、阿速坡、甘蒙 | 无 |

续表

| 序号 | 国名 | 驻地 | 协议日期 | 开馆日期 | 领区 | 2013年在任馆长 |
|---|---|---|---|---|---|---|
| 42 | 老挝 | 琅勃拉邦 | 2012.8.14 | 2013.12.25 | 琅勃拉邦省、丰沙里省、乌多姆塞省、琅南塔省、波乔省、华潘省 | 李可武 |
| 43 | 列支敦士登 | 瓦杜兹 | 1950.9.14 | 1988.9.15 | 全国 | 梁建全(兼) |
| 44 | 马来西亚 | 古晋 | 1993.10.18 | 1994.8.3 | 沙捞越州、沙巴州、纳闽联邦辖州 | 刘全 |
| 45 | 墨西哥 | 蒂华纳 | 1984.10.10 | 1985.8.15 | 北下加利福尼亚州、南下加利福尼亚州、奇瓦瓦州、索诺拉州 | 王西安 |
| 46 | 蒙古 | 扎门乌德 | 2012.12.27 | 未开馆 | 东戈壁省、南戈壁省、中戈壁省、苏赫巴托省赫和东方省 | 李向阳 |
| 47 | 缅甸 | 曼德勒 | 1993.8.19 | 1994.8.22 | 曼德勒省、克钦邦、掸邦 | 郁伯仁 |
| 48 | 荷兰 | 威廉斯塔德 | 2013.6.11 | 未开馆 | 由库拉索、阿鲁巴、圣马丁、圣俄斯塔休斯、博纳尔、萨巴组成的荷兰王国加勒比地区 | 陈绮曼 |
| 49 | 新西兰 | 奥克兰 | 1991.5.9 | 1992.6.15 | 奥克兰区、怀卡托区、北部区 | 牛清报 |
| 50 | 新西兰 | 克赖斯特彻奇 | 2010.6.14 | 2011.12.2 | 坎特伯雷、莫尔伯勒、尼尔森、奥塔戈、塔斯曼、西岸和南部地区 | 谭秀甜 |
| 51 | 尼日利亚 | 拉各斯 | 2003.8.27 | 2003.9.3 | 拉各斯州、奥约州、奥贡州、奥雄州、埃基提州、翁多州、科吉州、埃多州、三角州、贝耶尔萨州、阿南布拉州、依莫州、河流州、埃努古州、阿比亚州、阿夸依邦州、纳萨拉瓦州、贝努埃州、埃邦州、十字河州、塔拉巴州 | 刘显法 |
| 52 | 巴基斯坦 | 卡拉奇 | 1966.5.16 | 1966.8.5 | 卡拉奇省、信德省、俾路支省 | 马亚欧 |

续表

| 序号 | 国名 | 驻地 | 协议日期 | 开馆日期 | 领区 | 2013年在任馆长 |
|---|---|---|---|---|---|---|
| 53 | 菲律宾 | 宿务 | 1994.12.8 | 1995.10.2 | 伊洛伊洛省、西内格罗省、保和省、宿务省、东内格罗省、锡基霍尔省、东萨马省、莱特省、北萨马省、西萨马省、南莱特省 | 张卫国 |
| 54 | 菲律宾 | 达沃 | 1996.11.26 | 未开馆 | 巴西兰省、苏禄省、塔威塔威省、北三宝颜省、南三宝颜省、北阿古桑省、南阿古桑省、布基农省、卡米昆省、西米萨米斯省、东米萨米斯省、北苏里高省、南苏里高省、北达沃省、南达沃省、东达沃省、南哥打巴托省、北哥打巴托省、北拉瑙省、南拉瑙省、马京达瑙省、苏丹库达拉省 | 无 |
| 55 | 波兰 | 革但斯克 | 1954.4.7 | 1958.12.1 | 滨海省、西滨海省、库亚瓦–滨海省、瓦尔米亚–马祖尔省 | 刘垣垣 |
| 56 | 韩国 | 釜山 | 1992.12.30 | 1993.9.6 | 釜山市、大邱市、蔚山市、庆尚南道、庆尚北道 | 郝晓飞 |
| 57 | 韩国 | 光州 | 2008.10.20 | 2009.6.18 | 光州广域市、全罗南道、全罗北道 | 滕安军 |
| 58 | 韩国 | 济州 | 2012.1.4 | 2012.7.14 | 济州特别自治道 | 张欣 |
| 59 | 罗马尼亚 | 康斯坦察 | 1978.8.21 | 1985.12.16 | 康斯坦察市、康斯坦察县、图尔恰县、加拉茨县、布勒依拉县 | 宿彦文 |
| 60 | 俄罗斯 | 圣彼得堡 | 1985.6.13 | 1986.12.10 | 圣彼得堡市、列宁格勒州、卡累利阿自治共和国、摩尔曼斯克州、普斯科夫州、阿尔汉格尔斯克州、诺夫哥罗德州 | 季雁池 |

续表

| 序号 | 国名 | 驻地 | 协议日期 | 开馆日期 | 领区 | 2013年在任馆长 |
|---|---|---|---|---|---|---|
| 61 | 俄罗斯 | 哈巴罗夫斯克 | 1990.9.25 | 1992.9.9 | 哈巴罗夫斯克边疆区、滨海边疆区、萨哈林州、阿穆尔州、犹太自治州 | 李文信 |
| 62 | 俄罗斯 | 叶卡捷琳堡 | 2004.10.14 | 2009.9.25 | 克拉斯诺亚尔斯克边疆区、新西伯利亚州、鄂木斯克州、斯维尔德洛夫斯克州、秋明州、车里雅宾斯克州 | 袁恒革 |
| 63 | 俄罗斯 | 伊尔库茨克 | 2006.12.22 | 2009.12.18 | 伊尔库茨克州、布里亚特共和国、后贝加尔边疆区、哈卡西共和国、图瓦共和国 | 郭志军 |
| 64 | 沙特阿拉伯 | 吉达 | 1992.2.16 | 1993.4.25 | 吉达市、塔伊夫市、麦加省、麦地那省 | 安瓦尔 |
| 65 | 南非 | 约翰内斯堡 | 1997.12.30 | 1999.2.3 | 豪登省、自由州省 | 孙大立 |
| 66 | 南非 | 开普敦 | 1997.12.30 | 1999.2.9 | 西开普省、东开普省、北开普省 | 梁梳根 |
| 67 | 南非 | 德班 | 1997.12.30 | 1999.2.9 | 夸祖鲁、纳塔尔省 | 刁鸣生 |
| 68 | 西班牙 | 巴塞罗那 | 1984.11.15 | 1987.4.6 | 巴塞罗那省、赫罗那省、莱里达省、塔拉戈纳省 | 屈生武 |
| 69 | 瑞典 | 哥德堡 | 1996.7.3 | 1997.4.7 | 韦尔姆兰、斯科耐、延雪平、哈兰德、克鲁努贝里、布莱金厄、西约特兰省 | 张卫华 |
| 70 | 瑞士 | 苏黎世 | 1987.1.8 | 1988.9.15 | 苏黎世州、沙夫豪森州、图尔高州、圣加伦州、内罗登阿本策尔半州、外罗登阿本策尔半州、格劳宾登州、格拉鲁斯州、施维茨州、楚格州、阿尔高州、卢塞恩州 | 梁建全 |
| 71 | 坦桑尼亚 | 桑给巴尔 | 1964.5.24 | 1999.1.11 | 桑给巴尔地区 | 谢云亮 |

续表

| 序号 | 国名 | 驻地 | 协议日期 | 开馆日期 | 领区 | 2013年在任馆长 |
|---|---|---|---|---|---|---|
| 72 | 泰国 | 清迈 | 1988.7.22 | 1991.4.10 | 清迈府、清莱府、夜丰颂府、南奔府、南邦府、碧瑶府、难府、帕府、程逸府、彭世洛府、素可泰府、达府 | 张伟才 |
| 73 | 泰国 | 宋卡 | 1993.8.16 | 1994.7.27 | 宋卡府、春蓬府、拉廊府、素叻他尼府、攀牙府、普吉府、甲米府、洛坤府、董里府、博他伦府、沙敦府、北大年府、也拉府、陶公府 | 张晋雄 |
| 74 | 泰国 | 孔敬 | 2012.4.17 | 2012.10.23 | 孔敬府、呵叻府、乌隆府、廊开府、那空帕侬府、沙功那空府、乌汶府、四色菊府、素林府、武里南府、穆达汉府、玛哈沙拉堪府、猜也蓬府、黎府、加拉信府、汶甘府、益梭通府、黎逸府、侬布兰普府、安那乍楞府 | 谢福根 |
| 75 | 土耳其 | 伊斯坦布尔 | 1984.10.2 | 1985.7.26 | 伊斯坦布尔省、特基尔达省、科贾埃利省、布尔萨省、巴尔克西尔省、查纳卡累省、伊兹密尔省、马尼萨省、埃迪尔内省、克尔克拉霍利省 | 张清洋 |
| 76 | 乌克兰 | 敖德萨 | 2005.6.14 | 2011.11.29 | 敖德萨州、尼古拉耶夫州、赫尔松州、基洛沃格勒州、扎波罗热州、顿涅茨克州、克里米亚自治共和国、塞瓦斯托波尔直辖市 | 吴小莺 |

续表

| 序号 | 国名 | 驻地 | 协议日期 | 开馆日期 | 领区 | 2013年在任馆长 |
|---|---|---|---|---|---|---|
| 77 | 阿拉伯联合酋长国 | 迪拜 | 1988.3.14 | 1989.2.14 | 迪拜、沙迦、阿治曼、乌姆盖万、哈伊马角、富查伊拉 | 唐卫斌 |
| 78 | 英国 | 曼彻斯特 | 1984.4.17 | 1986.6.30 | 大曼彻斯特郡、泰恩和威尔郡、兰开夏郡、北约克郡、南约克郡、默西塞德郡、西约克郡、达勒姆郡、德比郡 | 潘云东 |
| 79 | 英国 | 爱丁堡 | 1996.9.2 | 1997.11.4 | 苏格兰、北爱尔兰 | 李瑞佑 |
| 80 | 美国 | 休斯敦 | 1979.8.24 | 1979.11.20 | 得克萨斯州、路易斯安那州、亚拉巴马州、阿肯色州、佛罗里达州、佐治亚州、密西西比州、俄克拉荷马州及联邦领地波多黎各 | 许尔文 |
| 81 | 美国 | 旧金山 | 1979.8.24 | 1979.12.13 | 加利福尼亚州北部48个县、俄勒冈州、华盛顿州、阿拉斯加州、内华达州 | 袁南生 |
| 82 | 美国 | 纽约 | 1981.6.16 | 1981.12.12 | 康涅狄格州、缅因州、马萨诸塞州、新罕布什尔州、新泽西州、纽约州、俄亥俄州、宾夕法尼亚州、罗德岛州、佛蒙特州 | 孙国祥 |
| 83 | 美国 | 芝加哥 | 1981.6.16 | 1985.7.26 | 科罗拉多州、伊利诺伊州、印第安纳州、艾奥瓦州、堪萨斯州、密歇根州、明尼苏达州、密苏里州、威斯康星州 | 赵卫平 |
| 84 | 美国 | 洛杉矶 | 1981.6.16 | 1988.3.2 | 夏威夷州及美属太平洋岛屿、亚利桑那州、新墨西哥州、加利福尼亚州南部10个县 | 刘健 |
| 85 | 越南 | 胡志明市 | 1992.11.22 | 1993.5.28 | 尚未商定 | 柴文睿 |

续表

| 序号 | 国名 | 驻地 | 协议日期 | 开馆日期 | 领区 | 2013年在任馆长 |
|---|---|---|---|---|---|---|
| 86 | 也门 | 亚丁 | 1990.5.26 | 1990.6.1 | 亚丁、拉赫杰、阿比洋、夏布瓦、哈达拉毛、马哈拉拉 | 潘志南 |

（2）领事馆

| 序号 | 国名 | 驻地 | 开馆日期 | 领区 | 2013年在任馆长 |
|---|---|---|---|---|---|
| 1 | 玻利维亚 | 圣克鲁斯 | 1992.5.6 | 圣克鲁斯省 | 王仁明 |
| 2 | 喀麦隆 | 杜阿拉 | 1993.12.21 | 滨海省（含杜阿拉）、西南省、西部省、西北省 | 肖明 |
| 3 | 哥伦比亚 | 巴兰基亚 | 1990.6.26 | 大西洋省、马格达莱纳省、玻利瓦尔省 | 魏廷保 |
| 4 | 法国 | 帕皮提 | 2007.9.13 | 法属波利尼西亚 | 武东 |
| 5 | 马达加斯加 | 塔马塔夫 | 1996.5.17 | 塔马塔夫省（含塔马塔夫市）和迪耶果—苏瓦雷斯省 | 朱开宪 |
| 6 | 菲律宾 | 拉瓦格 | 2007.4.11 | 科迪勒拉行政区（阿拉布省、阿巴尧省、本格特省、伊夫肴省、卡林巴省、高山省）、第一地区（北伊罗戈省、南伊罗戈省、拉允隆省、班诗兰省）和第二地区（巴坦省、卡加延省、伊莎贝拉省、新比斯开省、基里诺省） | 赵桥梁 |

（3）领事办公室

| 序号 | 国名 | 驻地 | 所属馆 | 开馆年份 |
|---|---|---|---|---|
| 1 | 埃及 | 塞得港 | 驻亚历山大总领事馆 | 1978 |
| 2 | 老挝 | 孟赛 | 驻老挝大使馆 | 未开馆 |
| 3 | 俄罗斯 | 符拉迪沃斯托克 | 驻哈巴罗夫斯克总领事馆 | 2005 |
| 4 | 泰国 | 普吉 | 驻宋卡总领馆 | 未开馆 |

**注：**

表内数据截至2013年12月31日，如与往年数据不同，以本表数据为准。

# 2. 外国在中国内地设立领事机构一览表

（1）总领事馆

| 序号 | 国名 | 驻地 | 领区 | 协议日期 |
|---|---|---|---|---|
| 1 | 阿根廷 | 上海 | 上海、江苏、浙江、安徽 | 1995.10.4 |
| 2 | 阿根廷 | 广州 | 广东、福建、海南、广西 | 1988.5.16 |
| 3 | 澳大利亚 | 上海 | 上海、江苏、浙江、安徽、江西、湖北 | 1978.9.18 |
| 4 | 澳大利亚 | 广州 | 广东、广西、海南、福建、湖南 | 1992.5.27 |
| 5 | 澳大利亚 | 成都 | 四川、贵州、云南、重庆 | 2012.11.8 |
| 6 | 奥地利 | 上海 | 上海、江苏、浙江、安徽 | 1994.6.24 |
| 7 | 奥地利 | 广州 | 广东、海南、湖南、云南、贵州、广西 | 2007.4.6 |
| 8 | 孟加拉国 | 昆明 | 云南、广西、重庆、四川、贵州 | 2011.9.20 |
| 9 | 白俄罗斯 | 上海 | 上海、江苏、安徽、江西、浙江、福建 | 2008.8.5 |
| 10 | 比利时 | 上海 | 上海、江苏、浙江、安徽 | 1985.6.3 |
| 11 | 比利时 | 广州 | 广东、云南、海南、福建、广西 | 2005.10.10 |
| 12 | 玻利维亚 | 广州 | 广东 | 1987.10.16 |
| 13 | 巴西 | 上海 | 上海、江苏、浙江、安徽、山东 | 2002. 9.30 |
| 14 | 巴西 | 广州 | 广东、海南、福建、广西、贵州、云南、湖南 | 1991.12.23 |
| 15 | 保加利亚 | 上海 | 上海、江苏、浙江、安徽、江西、福建 | 2005.1.25 |
| 16 | 柬埔寨 | 广州 | 广东、福建、海南 | 1997.12.25 |
| 17 | 柬埔寨 | 上海 | 上海、江苏、浙江、安徽 | 1999.5.28 |
| 18 | 柬埔寨 | 昆明 | 云南、四川、贵州 | 2003.9.23 |
| 19 | 柬埔寨 | 重庆 | 重庆、湖北、湖南、陕西 | 2004.7.30 |
| 20 | 柬埔寨 | 南宁 | 广西 | 2005.7.29 |
| 21 | 加拿大 | 上海 | 上海、江苏、浙江、安徽、湖北 | 1980.8.25 |
| 22 | 加拿大 | 广州 | 广东、广西、福建、海南、江西、湖南 | 1980.8.25 |
| 23 | 加拿大 | 重庆 | 重庆、四川、贵州、云南 | 2011.11.29 |
| 24 | 智利 | 上海 | 上海、江苏、浙江、安徽 | 1985.4.29 |
| 25 | 哥伦比亚 | 上海 | 上海、江苏、浙江、安徽、福建、江西 | 2011.12.22 |
| 26 | 哥伦比亚 | 广州 | 广东、海南、云南、贵州、广西 | 2013.7.15 |
| 27 | 科特迪瓦 | 广州 | 广东、福建、海南、江西、广西 | 2013.10.16 |
| 28 | 古巴 | 上海 | 上海、江苏、浙江 | 1989.6.8 |
| 29 | 古巴 | 广州 | 广东、广西、海南 | 2006.11.8 |
| 30 | 捷克 | 上海 | 上海、江苏、浙江、安徽 | 1987.3.7 |
| 31 | 丹麦 | 上海 | 上海、江苏、浙江、安徽、江西 | 1994.3.25 |
| 32 | 丹麦 | 广州 | 广东、广西、福建、海南 | 1998.8.4 |

续表

| 序号 | 国名 | 驻地 | 领区 | 协议日期 |
|---|---|---|---|---|
| 33 | 丹麦 | 重庆 | 重庆、四川、贵州、云南 | 2012.11.6 |
| 34 | 朝鲜 | 沈阳 | 辽宁、吉林、黑龙江 | 1986.2.13 |
| 35 | 厄瓜多尔 | 上海 | 上海、江苏、浙江、安徽 | 1984.5.17 |
| 36 | 厄瓜多尔 | 广州 | 广东 | 2009.3.17 |
| 37 | 埃及 | 上海 | 上海、江苏、浙江、安徽 | 1983.3.11 |
| 38 | 爱沙尼亚 | 上海 | 上海、安徽、福建、江苏、江西、浙江 | 2010.9.6 |
| 39 | 埃塞俄比亚 | 广州 | 广东、湖南、福建、江西、海南、广西 | 2009.5.31 |
| 40 | 埃塞俄比亚 | 重庆 | 重庆、四川、贵州 | 2011.9.20 |
| 41 | 埃塞俄比亚 | 上海 | 上海、江苏、浙江、安徽 | 2012.3.31 |
| 42 | 斐济 | 上海 | 上海、江苏、浙江、安徽 | 2011.7.11 |
| 43 | 芬兰 | 上海 | 上海、江苏、浙江、安徽、江西 | 1995.7.6 |
| 44 | 芬兰 | 广州 | 广东、福建、海南、广西、云南 | 2004.11.1（2012.8暂时闭馆） |
| 45 | 法国 | 上海 | 上海、江苏、浙江、安徽 | 1980.10.17 |
| 46 | 法国 | 广州 | 广东、广西、福建、海南 | 1991.4.29 |
| 47 | 法国 | 武汉 | 湖北、湖南、江西 | 1998.4.3 |
| 48 | 法国 | 成都 | 四川、云南、贵州、重庆 | 2005.7.18 |
| 49 | 法国 | 沈阳 | 辽宁、吉林、黑龙江 | 2007.8.22 |
| 50 | 德国 | 上海 | 上海、江苏、浙江、安徽 | 1979.10.24 |
| 51 | 德国 | 广州 | 广东、广西、福建、海南 | 1995.7.13 |
| 52 | 德国 | 成都 | 四川、贵州、云南、重庆 | 2003.12.1 |
| 53 | 德国 | 沈阳 | 辽宁、吉林、黑龙江 | 2011.11.28 |
| 54 | 希腊 | 上海 | 上海、山东、江苏、浙江、安徽、江西 | 2004.2.11 |
| 55 | 希腊 | 广州 | 广东、福建、海南、广西 | 2006.8.14 |
| 56 | 匈牙利 | 上海 | 上海、浙江、江苏、安徽、福建 | 2004.4.7 |
| 57 | 匈牙利 | 重庆 | 重庆、四川、云南、贵州、陕西、甘肃 | 2010.1.25 |
| 58 | 冰岛 | 上海 | 上海、江苏、浙江 | 2009.9.18（2011.4暂时闭馆） |
| 59 | 印度 | 上海 | 上海、江苏、浙江 | 1991.12.13 |
| 60 | 印度 | 广州 | 广东、福建、湖南、海南、云南、四川、广西 | 2006.11.21 |

续表

| 序号 | 国名 | 驻地 | 领区 | 协议日期 |
|---|---|---|---|---|
| 61 | 印度尼西亚 | 广州 | 广东、广西、福建、海南 | 2002.3.24 |
| 62 | 印度尼西亚 | 上海 | 上海、江苏、浙江、安徽、江西 | 2002.3.24 |
| 63 | 伊朗 | 上海 | 上海、江苏、浙江、安徽 | 1988.9.26 |
| 64 | 伊朗 | 广州 | 广东、福建、湖南、广西 | 2011.2.28 |
| 65 | 爱尔兰 | 上海 | 上海、江苏、浙江、安徽、江西 | 2000.1.19 |
| 66 | 以色列 | 上海 | 上海、江苏、浙江、安徽 | 1993.10.8 |
| 67 | 以色列 | 广州 | 广东、福建、海南、广西 | 2008.9.8 |
| 68 | 以色列 | 成都 | 四川、重庆、贵州、云南 | 2013.8.23 |
| 69 | 意大利 | 上海 | 上海、江苏、浙江、安徽 | 1979.11.6 |
| 70 | 意大利 | 广州 | 广东、广西、福建、海南、湖南、江西 | 1997.11.3 |
| 71 | 意大利 | 重庆 | 重庆、四川、云南、贵州 | 2013.3.18 |
| 72 | 日本 | 上海 | 上海、江苏、浙江、安徽、江西 | 1975.8.15 |
| 73 | 日本 | 广州 | 广东、海南、福建、广西 | 1980.2.1 |
| 74 | 日本 | 沈阳 | 辽宁、黑龙江、吉林 | 1985.12.3 |
| 75 | 日本 | 重庆 | 重庆、四川、贵州、云南、陕西 | 2004.12.3 |
| 76 | 日本 | 青岛 | 山东 | 2008.12.18 |
| 77 | 哈萨克斯坦 | 上海 | 上海、江苏、安徽、浙江、江西、福建 | 2005.3.25 |
| 78 | 科威特 | 上海 | 上海、浙江、江苏、安徽 | 2008.1.2 |
| 79 | 科威特 | 广州 | 广东、福建、海南、广西 | 2008.1.2 |
| 80 | 吉尔吉斯斯坦 | 广州 | 广东、福建、江西、湖南、海南、广西 | 2011.9.14 |
| 81 | 老挝 | 昆明 | 云南 | 1991.12.25 |
| 82 | 老挝 | 南宁 | 广西、广东（自老挝驻广州总领馆开馆之日起广东自动划为老挝驻广州总领馆领区） | 2009.9.2 |
| 83 | 老挝 | 上海 | 上海、江苏、浙江、安徽 | 2012.8.14 |
| 84 | 老挝 | 广州 | 广东、江西、海南、福建 | 2013.8.21 |
| 85 | 卢森堡 | 上海 | 上海、江苏、浙江、安徽、福建 | 2006.1.23 |
| 86 | 马来西亚 | 广州 | 广东、福建、海南、江西、湖南 | 1993.10.18 |
| 87 | 马来西亚 | 上海 | 上海、江苏、浙江、安徽 | 1999.9.20 |
| 88 | 马来西亚 | 昆明 | 云南、广西、贵州、四川、重庆 | 1999.11.4 |
| 89 | 马里 | 广州 | 广东、福建、广西、海南 | 2011.6.8 |
| 90 | 墨西哥 | 上海 | 上海、江苏、浙江、安徽 | 1984.10.10 |
| 91 | 墨西哥 | 广州 | 广东、海南、福建、湖南、江西、广西 | 2005.8.31 |

续表

| 序号 | 国名 | 驻地 | 领区 | 协议日期 |
|---|---|---|---|---|
| 92 | 蒙古 | 呼和浩特 | 内蒙古呼和浩特市、包头市、乌海市、赤峰市、通辽市、鄂尔多斯市、巴彦淖尔市、乌兰察布市、阿拉善盟 | 1989.3.30 |
| 93 | 缅甸 | 昆明 | 云南、贵州、四川、重庆 | 1993.8.19 |
| 94 | 缅甸 | 南宁 | 广西、广东、湖南 | 2009.10.15 |
| 95 | 尼泊尔 | 拉萨 | 未定 | 1958.1.17 |
| 96 | 荷兰 | 上海 | 上海、江苏、浙江、安徽 | 1994.8.23 |
| 97 | 荷兰 | 广州 | 广东、广西、福建、海南 | 1997.4.1 |
| 98 | 荷兰 | 重庆 | 重庆、四川、陕西 | 2013.6.11 |
| 99 | 新西兰 | 上海 | 上海、江苏、浙江、安徽 | 1991.5.9 |
| 100 | 新西兰 | 广州 | 广东、广西、海南、湖南、福建 | 2007.3.24 |
| 101 | 尼日利亚 | 上海 | 上海、浙江、江苏、安徽、福建 | 2007.10.8 |
| 102 | 挪威 | 上海 | 上海、江苏、浙江、安徽、江西 | 1996.6.28 |
| 103 | 挪威 | 广州 | 广东、福建、海南、广西 | 2007.12.25 |
| 104 | 巴基斯坦 | 上海 | 上海、江苏、浙江、安徽 | 1996.12.1 |
| 105 | 巴基斯坦 | 成都 | 四川、贵州、云南、重庆 | 2006.11.24 |
| 106 | 巴基斯坦 | 广州 | 广东、福建、海南、广西、湖南 | 2007.12.11 |
| 107 | 秘鲁 | 上海 | 上海、江苏、浙江、安徽、福建、江西 | 2002.2.20 |
| 108 | 秘鲁 | 广州 | 广东、广西、贵州、海南、云南、湖南 | 2006.4.13 |
| 109 | 菲律宾 | 厦门 | 福建、江西 | 1994.12.8 |
| 110 | 菲律宾 | 广州 | 广东、海南、湖南、广西 | 1996.11.26 |
| 111 | 菲律宾 | 上海 | 上海、江苏、浙江、安徽、湖北 | 2001.10.30 |
| 112 | 菲律宾 | 重庆 | 重庆、贵州、云南 | 2008.8.21 |
| 113 | 菲律宾 | 成都 | 四川 | 2008.11.25 |
| 114 | 波兰 | 上海 | 上海、江苏、浙江、安徽、福建 | 1954.4.1 |
| 115 | 波兰 | 广州 | 广东、广西、海南 | 1987.11.11 |
| 116 | 葡萄牙 | 上海 | 上海、浙江、江苏、安徽、江西 | 2005.5.23 |
| 117 | 韩国 | 上海 | 上海、江苏、浙江、安徽 | 1992.12.30 |
| 118 | 韩国 | 广州 | 广东、广西、福建、海南 | 2000.10.8 |
| 119 | 韩国 | 青岛 | 山东 | 1993.12.22 |
| 120 | 韩国 | 沈阳 | 辽宁、黑龙江、吉林 | 1999.1.28 |
| 121 | 韩国 | 成都 | 四川、云南、贵州、重庆 | 2004.1.21 |
| 122 | 韩国 | 西安 | 陕西、甘肃、宁夏 | 2006.6.13 |
| 123 | 韩国 | 武汉 | 湖北、湖南、江西、河南 | 2009.9.17 |
| 124 | 罗马尼亚 | 上海 | 上海、江苏、浙江、安徽 | 1984.10.10 |

续表

| 序号 | 国名 | 驻地 | 领区 | 协议日期 |
|---|---|---|---|---|
| 125 | 俄罗斯 | 上海 | 上海、江苏、浙江、安徽 | 1985.6.13 |
| 126 | 俄罗斯 | 沈阳 | 辽宁、吉林、黑龙江 | 1990.9.25 |
| 127 | 俄罗斯 | 广州 | 广东、福建、海南、云南、江西、广西 | 2005.10.6 |
| 128 | 沙特阿拉伯 | 上海 | 上海、江苏、浙江、福建 | 1992.8.14 |
| 129 | 塞尔维亚 | 上海 | 上海、江苏、浙江、安徽、江西、福建 | 1998.2.11 |
| 130 | 塞舌尔 | 上海 | 上海、江苏、浙江、安徽 | 2013.5.6 |
| 131 | 新加坡 | 上海 | 上海、江苏、浙江、安徽 | 1991.10.25 |
| 132 | 新加坡 | 厦门 | 福建、江西 | 1995.10.25 |
| 133 | 新加坡 | 广州 | 广东、海南、湖南、贵州、云南、广西 | 2006.4.13 |
| 134 | 新加坡 | 成都 | 四川、陕西、重庆 | 2011.2.28 |
| 135 | 斯洛伐克 | 上海 | 上海、江苏、浙江、福建、安徽、江西 | 2004.7.30 |
| 136 | 南非 | 上海 | 上海、山东、江苏、浙江、安徽、福建、广东 | 1997.12.30 |
| 137 | 西班牙 | 上海 | 上海、江苏、浙江、安徽、江西 | 1984.11.15 |
| 138 | 西班牙 | 广州 | 广东、福建、湖南、广西、海南、贵州、云南 | 2007.4.5 |
| 139 | 斯里兰卡 | 上海 | 上海、福建、湖南、江苏、浙江、安徽 | 2008.4.18 |
| 140 | 斯里兰卡 | 广州 | 广东、福建、江西、海南、广西 | 2012.1.12 |
| 141 | 瑞典 | 上海 | 上海、江苏、浙江、安徽 | 1996.7.3 |
| 142 | 瑞典 | 广州 | 广东、广西、福建、海南 | 2002.9.10（2009.11暂时闭馆） |
| 143 | 瑞士 | 上海 | 上海、江苏、浙江、安徽 | 1995.2.15 |
| 144 | 瑞士 | 广州 | 广东、福建、海南、广西、湖南、江西 | 2005.8.5 |
| 145 | 泰国 | 广州 | 广东、海南 | 1988.7.22 |
| 146 | 泰国 | 昆明 | 云南、贵州、湖南 | 1993.8.26 |
| 147 | 泰国 | 上海 | 上海、江苏、浙江、安徽 | 1996.3.25 |
| 148 | 泰国 | 成都 | 四川、重庆 | 2006.5.17 |
| 149 | 泰国 | 厦门 | 福建、江西 | 2006.5.17 |
| 150 | 泰国 | 西安 | 陕西、甘肃、宁夏 | 2008.5.20 |
| 151 | 泰国 | 南宁 | 广西 | 2008.5.20 |
| 152 | 土耳其 | 上海 | 上海、江苏、浙江、安徽 | 1996.4.15 |
| 153 | 土耳其 | 广州 | 广东、福建、海南、广西 | 2011.5.23 |
| 154 | 乌干达 | 广州 | 广东、福建、广西、海南 | 2011.7.5 |
| 155 | 乌克兰 | 上海 | 上海、江苏、浙江、安徽、福建、江西 | 2000.3.2 |
| 156 | 乌克兰 | 广州 | 广东、贵州、海南、湖南、广西 | 2011.6.20 |

续表

| 序号 | 国名 | 驻地 | 领区 | 协议日期 |
|---|---|---|---|---|
| 157 | 阿拉伯联合酋长国 | 上海 | 上海、浙江、江苏、安徽、福建 | 2008.9.19 |
| 158 | 英国 | 上海 | 上海、江苏、浙江、安徽 | 1984.4.17 |
| 159 | 英国 | 广州 | 广东、福建、海南、湖南、广西、江西 | 1996.9.2 |
| 160 | 英国 | 重庆 | 重庆、四川、贵州、云南 | 1999.4.14 |
| 161 | 美国 | 上海 | 上海、江苏、浙江、安徽 | 1979.1.31 |
| 162 | 美国 | 广州 | 广东、广西、福建、海南 | 1979.1.31 |
| 163 | 美国 | 沈阳 | 辽宁、吉林、黑龙江 | 1980.9.17 |
| 164 | 美国 | 成都 | 四川、云南、贵州、西藏、重庆 | 1980.9.17 |
| 165 | 美国 | 武汉 | 河南、湖北、湖南、江西 | 1980.9.17 |
| 166 | 乌拉圭 | 上海 | 上海、江苏、浙江、安徽 | 2002.8.26 |
| 167 | 乌兹别克斯坦 | 上海 | 上海、浙江、江苏、安徽、江西、湖南、福建 | 2005.7.12 |
| 168 | 瓦努阿图 | 上海 | 上海、江苏、浙江、安徽 | 2000.10.12 |
| 169 | 委内瑞拉 | 上海 | 上海、浙江、江苏 | 2005.7.5 |
| 170 | 越南 | 广州 | 广东 | 1992.11.22 |
| 171 | 越南 | 南宁 | 广西 | 2003.10.16 |
| 172 | 越南 | 昆明 | 云南 | 2003.10.16 |
| 173 | 越南 | 上海 | 上海、江苏、浙江 | 2010.6.11 |

（2）领事馆

| 序号 | 国名 | 驻地 | 领区 | 协议日期 |
|---|---|---|---|---|
| 1 | 蒙古 | 二连浩特 | 内蒙古呼伦贝尔市、锡林郭勒盟、兴安盟 | 1996.7.22 |
| 2 | 斯洛文尼亚 | 上海 | 上海、江苏、浙江、安徽 | 2010.6.17 |
| 3 | 斯里兰卡 | 成都 | 四川、云南、贵州、陕西、重庆 | 2009.9.28 |
| 4 | 苏丹 | 广州 | 广东、江西、福建、湖南、贵州、云南、浙江、广西 | 2009.3.24 |

（3）领事代理处

| 国名 | 驻地 | 领区 | 协议日期 |
|---|---|---|---|
| 蒙古 | 上海 | 上海、江苏、浙江 | 2008.3.31 |

（4）领事办公室

| 序号 | 国名 | 驻地 | 名称 | 协议日期 |
|---|---|---|---|---|
| 1 | 朝鲜 | 丹东 | 朝鲜驻沈阳总领事馆领事办公室 | 2008.11.18 |
| 2 | 日本 | 大连 | 日本驻沈阳总领事馆<br>常驻大连办公室 | 1993.1.1 |
| 3 | 老挝 | 景洪 | 老挝驻昆明总领事馆<br>常驻景洪办公室 | 1998.4.29 |
| 4 | 韩国 | 大连 | 韩国驻沈阳总领事馆常驻大连领事办公室 | 2011.8.9 |
| 5 | 俄罗斯 | 哈尔滨 | 俄罗斯驻沈阳总领事馆常驻哈尔滨办公室 | 1993.4.16 |
| 6 | 也门 | 上海 | 也门驻华大使馆驻上海领事办公室 | 2006.1.5 |
| 7 | 也门 | 广州 | 也门驻华大使馆驻广州领事办公室 | 2006.1.5 |

（5）名誉领事

| 序号 | 国名 | 驻地 | 领区 | 协议日期<br>委派日期 |
|---|---|---|---|---|
| 1 | 几内亚 | 上海 | 上海 | 2002.2.25<br>尚未委派 |
| 2 | 牙买加 | 上海 | 上海、浙江、江苏、安徽 | 1999.11.15<br>尚未委派 |
| 3 | 马尔代夫 | 上海 | 上海 | 2004.9.30<br>2006.10委派 |
| 4 | 摩纳哥 | 上海 | 上海、江苏、浙江、安徽 | 2000.5.22<br>2002.1委派 |
| 5 | 摩纳哥 | 北京 | 北京 | 2007.2.13<br>2008.8委派 |
| 6 | 尼泊尔 | 上海 | 上海 | 2002.7.10<br>2003.1委派 |
| 7 | 尼日尔 | 广州 | 未定 | 2001.9.21<br>尚未委派 |
| 8 | 巴布亚<br>新几内亚 | 上海 | 上海 | 2005.7.15<br>2006.8. 委派 |
| 9 | 坦桑尼亚 | 广州 | 未定 | 2001.3.8<br>尚未委派 |

**注：**

表内数据截至2013年12月31日，如与往年数据不同，以本表数据为准。

# 3. 外国在中国香港设立领事机构一览表

(1)总领事馆

| 序号 | 国名 | 领区 | 保留(设立)总领事馆协议日期 | 备注 |
|---|---|---|---|---|
| 1 | 安哥拉 | 香港 | 2005.6.28 | |
| 2 | 安提瓜和巴布达 | 香港、澳门 | 1998.6.19 | 尚未开馆 |
| 3 | 阿根廷 | 香港、<br>澳门(扩领) | 1997.1.31<br>1999.6.17 | |
| 4 | 澳大利亚 | 香港<br>(可在澳门执行职务) | 1996.9.26<br>1999.9.8 | |
| 5 | 奥地利 | 香港<br>(可在澳门执行职务) | 1997.6.20 | |
| 6 | 巴哈马 | 香港<br>(可在澳门执行职务) | 1999.1.15 | 暂时闭馆 |
| 7 | 孟加拉国 | 香港<br>(可在澳门执行职务) | 1997.1.29 | |
| 8 | 比利时 | 香港<br>(可在澳门执行职务) | 1997.2.3 | |
| 9 | 巴西 | 香港、<br>澳门(扩领) | 1996.11.8<br>1999.12.15 | |
| 10 | 文莱 | 香港、澳门 | 2006.7.14 | |
| 11 | 保加利亚 | 香港 | 1997.5.5 | 暂时闭馆 |
| 12 | 柬埔寨 | 香港、<br>澳门(扩领) | 1999.7.8<br>2002.2.22 | |
| 13 | 加拿大 | 香港<br>(可在澳门执行职务) | 1996.9.19 | |
| 14 | 智利 | 香港<br>(可在澳门执行职务) | 1996.11.6<br>1998.5.6 | |
| 15 | 哥伦比亚 | 香港<br>(可在澳门执行职务) | 1996.10.21<br>1999.12.17 | |
| 16 | 捷克 | 香港<br>(可在澳门执行职务) | 1997.6.27 | |
| 17 | 丹麦 | 香港<br>(可在澳门执行职务) | 1997.6.6 | 2012.8<br>暂时闭馆 |
| 18 | 朝鲜 | 香港 | 1999.6.1 | |
| 19 | 厄瓜多尔 | 香港 | 1997.3.21 | 尚未复馆 |

续表

| 序号 | 国名 | 领区 | 保留（设立）总领事馆协议日期 | 备注 |
|---|---|---|---|---|
| 20 | 埃及 | 香港、<br>澳门（扩领） | 1996.11.11<br>2000.3.31 | |
| 21 | 芬兰 | 香港<br>（可在澳门执行职务） | 1996.12.9 | |
| 22 | 法国 | 香港<br>（可在澳门执行职务） | 1997.5.15 | |
| 23 | 德国 | 香港<br>（可在澳门执行职务） | 1997.6.23 | |
| 24 | 希腊 | 香港<br>（可在澳门执行职务） | 1997.3.18<br>1999.11.18 | |
| 25 | 匈牙利 | 香港、澳门 | 1998.5.19 | 2013年7月5日重新开馆 |
| 26 | 印度 | 香港<br>（可在澳门执行职务） | 1996.11.29 | |
| 27 | 印度尼西亚 | 香港、<br>澳门（扩领） | 1996.12.6<br>2008.3.17 | |
| 28 | 伊朗 | 香港、<br>澳门（扩领） | 1999.7.5<br>2005.11.28 | |
| 29 | 以色列 | 香港<br>（可在澳门执行职务） | 1997.2.4 | |
| 30 | 意大利 | 香港<br>（可在澳门执行职务） | 1997.6.5 | |
| 31 | 日本 | 香港<br>（可在澳门执行职务） | 1997.3.29 | |
| 32 | 哈萨克斯坦 | 香港、澳门 | 2003.7.2 | |
| 33 | 科威特 | 香港、<br>澳门（扩领） | 1999.6.30<br>2007.2.27 | |
| 34 | 老挝 | 香港、澳门 | 1999.4.30 | |
| 35 | 马来西亚 | 香港<br>（可在澳门执行职务） | 1997.5.14 | |
| 36 | 墨西哥 | 香港、<br>澳门（扩领） | 1996.11.22<br>1999.10.29 | |
| 37 | 蒙古 | 香港、澳门 | 2011.2.24 | |

续表

| 序号 | 国名 | 领区 | 保留（设立）总领事馆协议日期 | 备注 |
|---|---|---|---|---|
| 38 | 缅甸 | 香港、<br>澳门（扩领） | 1997.4.25<br>2000.6.2 | |
| 39 | 尼泊尔 | 香港、<br>澳门（扩领） | 1997.5.20<br>2001.2.6 | |
| 40 | 荷兰 | 香港<br>（可在澳门执行职务） | 1996.11.12 | |
| 41 | 新西兰 | 香港<br>（可在澳门执行职务） | 1997.1.22 | |
| 42 | 尼日利亚 | 香港<br>（可在澳门执行职务） | 1997.4.28 | |
| 43 | 挪威 | 香港<br>（可在澳门执行职务） | 1997.2.5 | 暂时闭馆 |
| 44 | 巴基斯坦 | 香港<br>（可在澳门执行职务） | 1996.12.1<br>1999.6.28 | |
| 45 | 秘鲁 | 香港、<br>澳门（扩领） | 1997.6.23<br>1999.11.26 | |
| 46 | 菲律宾 | 香港 | 1996.11.26 | |
| 47 | 波兰 | 香港<br>（可在澳门执行职务） | 1997.5.19 | |
| 48 | 卡塔尔 | 香港<br>（可在澳门执行职务） | 2013.7.10 | |
| 49 | 韩国 | 香港<br>（可在澳门执行职务） | 1997.4.24 | |
| 50 | 罗马尼亚 | 香港、澳门 | 2003.8.11 | |
| 51 | 俄罗斯 | 香港<br>（可在澳门执行职务） | 1997.6.27 | |
| 52 | 沙特阿拉伯 | 香港、澳门 | 1998.4.29 | |
| 53 | 新加坡 | 香港、<br>澳门（扩领） | 1997.2.5<br>2008.1.21 | |
| 54 | 南非 | 香港、<br>澳门（扩领） | 1997.12.30<br>1999.6.7 | |
| 55 | 西班牙 | 香港<br>（可在澳门执行职务） | 1997.6.18 | |
| 56 | 瑞典 | 香港<br>（可在澳门执行职务） | 1996.11.3 | |

续表

| 序号 | 国名 | 领区 | 保留（设立）总领事馆协议日期 | 备注 |
|---|---|---|---|---|
| 57 | 瑞士 | 香港<br>（可在澳门执行职务） | 1997.4.11 | |
| 58 | 泰国 | 香港<br>（可在澳门执行职务） | 1997.4.2 | |
| 59 | 土耳其 | 香港<br>（可在澳门执行职务） | 1997.5.8 | |
| 60 | 阿拉伯联合酋长国 | 香港 | 1998.10.29 | |
| 61 | 英国 | 香港<br>（可在澳门执行职务） | 1996.9.26<br>1999.10.29 | |
| 62 | 美国 | 香港<br>（可在澳门执行职务） | 1997.3.25 | |
| 63 | 乌拉圭 | 香港<br>（可在澳门执行职务） | 1997.1.29 | 暂时闭馆 |
| 64 | 委内瑞拉 | 香港、<br>澳门（扩领） | 1996.11.13<br>1999.10.11 | |
| 65 | 越南 | 香港、<br>澳门（扩领） | 1996.12.19<br>2003.5.16 | |
| 66 | 津巴布韦 | 香港、澳门 | 2008.5.31 | |

（2）名誉领事

| 序号 | 国名 | 领区 | 保留（委派）名誉领事协议日期 | 备注 |
|---|---|---|---|---|
| 1 | 阿尔巴尼亚 | 香港 | 2003.11.4 | |
| 2 | 巴哈马 | 香港 | 2008.12.23 | |
| 3 | 巴林 | 香港 | 2001.4.5 | |
| 4 | 巴巴多斯 | 香港 | 1997.4.30 | |
| 5 | 贝宁 | 香港 | 1997.2.28 | 尚未委派 |
| 6 | 不丹 | 香港 | 2004.4.27 | 尚未委派 |
| 7 | 博茨瓦纳 | 香港 | 2006.3.10 | |
| 8 | 布隆迪 | 香港 | 2006.2.10 | |

续表

| 序号 | 国名 | 领区 | 保留（委派）名誉领事协议日期 | 备注 |
|---|---|---|---|---|
| 9 | 喀麦隆 | 香港 | 1997.6.2 | |
| 10 | 中非 | 香港 | 2001.9.28 | 尚未委派 |
| 11 | 刚果共和国 | 香港 | 1997.2.26 | 国名简称“刚果（布）” |
| 12 | 科特迪瓦 | 香港、<br>澳门（扩领） | 1997.6.2<br>2013.6.8 | |
| 13 | 克罗地亚 | 香港 | 2002.5.15 | |
| 14 | 古巴 | 香港 | 1996.12.31 | |
| 15 | 塞浦路斯 | 香港、<br>澳门（扩领） | 1997.2.3<br>2010.5.7 | |
| 16 | 吉布提 | 香港 | 1997.1.22 | |
| 17 | 刚果民主共和国 | 香港 | 1999.12.29 | 国名简称“刚果（金）”，尚未委派 |
| 18 | 赤道几内亚 | 香港 | 1997.4.8 | |
| 19 | 厄立特里亚 | 香港、澳门 | 2005.8.10 | |
| 20 | 爱沙尼亚 | 香港 | 1998.12.11 | |
| 21 | 埃塞俄比亚 | 香港、澳门 | 2002.6.18 | |
| 22 | 斐济 | 香港 | 1997.6.20 | |
| 23 | 加蓬 | 香港 | 1996.8.22 | |
| 24 | 加纳 | 香港 | 1997.5.5 | |
| 25 | 格林纳达 | 香港 | 2006.7.27 | |
| 26 | 几内亚 | 香港 | 1997.5.5 | 尚未委派 |
| 27 | 匈牙利 | 香港、澳门 | 2010.6.8 | |
| 28 | 冰岛 | 香港、<br>澳门（扩领） | 1996.12.17<br>2009.9.14 | |
| 29 | 爱尔兰 | 香港 | 1997.6.20 | |
| 30 | 牙买加 | 香港 | 1997.5.29 | |
| 31 | 约旦 | 香港 | 1997.2.3 | |

续表

| 序号 | 国名 | 领区 | 保留（委派）名誉领事协议日期 | 备注 |
|---|---|---|---|---|
| 32 | 肯尼亚 | 香港、澳门 | 2003.12.9 | |
| 33 | 拉脱维亚 | 香港 | 2002.8.12 | |
| 34 | 莱索托 | 香港 | 2001.9.5 | |
| 35 | 利比里亚 | 香港 | 2004.9.7 | 尚未委派 |
| 36 | 列支敦士登 | 香港 | 2012.6.20 | |
| 37 | 立陶宛 | 香港、<br>澳门（扩领） | 1997.5.29<br>2008.9.3 | |
| 38 | 卢森堡 | 香港 | 1997.4.23 | |
| 39 | 马达加斯加 | 香港 | 1997.5.28 | |
| 40 | 马尔代夫 | 香港、<br>澳门（扩领） | 1997.4.15<br>2009.5.21 | |
| 41 | 马里 | 香港 | 1997.4.22 | |
| 42 | 马耳他 | 香港 | 1997.4.9 | |
| 43 | 毛里求斯 | 香港 | 1997.4.14 | |
| 44 | 密克罗尼西亚联邦 | 香港 | 2011.6.17 | |
| 45 | 摩纳哥 | 香港 | 1997.5.6 | |
| 46 | 摩洛哥 | 香港、<br>澳门（扩领） | 1996.12.25<br>2011.6.24 | |
| 47 | 莫桑比克 | 香港 | 1997.5.7 | |
| 48 | 纳米比亚 | 香港、<br>澳门（扩领） | 1997.1.30<br>2000.8.18 | |
| 49 | 尼日尔 | 香港 | 1999.3.1 | |
| 50 | 挪威 | 香港、澳门 | 2003.9.10 | |
| 51 | 阿曼 | 香港 | 1997.4.4 | |
| 52 | 巴布亚新几内亚 | 香港 | 1996.7.16 | |
| 53 | 葡萄牙 | 香港 | 2005.1.7 | |

续表

| 序号 | 国名 | 领区 | 保留（委派）名誉领事协议日期 | 备注 |
|---|---|---|---|---|
| 54 | 卢旺达 | 香港、澳门 | 2000.7.26 | |
| 55 | 萨摩亚 | 香港 | 2004.7.22 | |
| 56 | 圣马力诺 | 香港、<br>澳门（扩领） | 2005.7.5<br>2010.7.1 | |
| 57 | 塞内加尔 | 香港 | 2009.6.17 | |
| 58 | 塞舌尔 | 香港、<br>澳门（扩领） | 1997.1.3<br>2009.3.6 | |
| 59 | 斯洛伐克 | 香港、<br>澳门（扩领） | 1997.6.19<br>2011.9.30 | |
| 60 | 斯洛文尼亚 | 香港、<br>澳门（扩领） | 1997.6.20<br>2006.1.12 | |
| 61 | 斯里兰卡 | 香港、<br>澳门（扩领） | 1997.5.21<br>2004.8.4 | |
| 62 | 苏丹 | 香港、<br>澳门（扩领） | 2005.12.19<br>2009.3.10 | |
| 63 | 苏里南 | 香港 | 1997.2.17 | |
| 64 | 坦桑尼亚 | 香港、澳门 | 1998.4.8 | |
| 65 | 多哥 | 香港 | 1996.12.19 | |
| 66 | 汤加 | 香港 | 2003.1.22 | |
| 67 | 特立尼达和多巴哥 | 香港 | 1997.3.24 | |
| 68 | 突尼斯 | 香港 | 1997.5.2 | |
| 69 | 乌干达 | 香港 | 1999.1.8 | |
| 70 | 乌克兰 | 香港 | 2003.8.20 | 尚未委派 |
| 71 | 乌拉圭 | 香港、<br>澳门（扩领） | 2002.12.23<br>2003.8.8 | |
| 72 | 瓦努阿图 | 香港 | 1997.1.9 | 尚未委派 |
| 73 | 也门 | 香港 | 2005.10.24 | |

注：

表内数据截至2013年12月31日，如与往年数据不同，以本表数据为准。

# 4. 外国在中国澳门设立领事机构一览表

（1）总领事馆

| 序号 | 国名 | 领区 | 保留（设立）总领事馆协议日期 | 备注 |
|---|---|---|---|---|
| 1 | 安哥拉 | 澳门 | 2006.7.26 | |
| 2 | 菲律宾 | 澳门 | 2000.9.25 | |
| 3 | 葡萄牙 | 澳门、<br>香港（扩领） | 1999.7.28<br>2003.10.15 | |

（2）名誉领事

| 序号 | 国名 | 领区 | 保留（委派）名誉领事协议日期 | 备注 |
|---|---|---|---|---|
| 1 | 不丹 | 澳门 | 2000.1.12 | 尚未委派 |
| 2 | 佛得角 | 澳门 | 2000.10.11 | |
| 3 | 爱沙尼亚 | 澳门 | 1999.8.25 | |
| 4 | 法国 | 澳门 | 1999.12.14 | 尚未委派 |
| 5 | 格林纳达 | 澳门 | 2005.4.26 | |
| 6 | 几内亚 | 澳门 | 1999.5.24 | |
| 7 | 几内亚比绍 | 澳门 | 1999.11.22 | |
| 8 | 马里 | 澳门 | 1999.3.18 | |
| 9 | 莫桑比克 | 澳门 | 1999.4.12 | |
| 10 | 尼日尔 | 澳门 | 2002.7.3 | |
| 11 | 秘鲁 | 澳门 | 1999.11.26 | |
| 12 | 苏里南 | 澳门 | 1999.11.16 | 尚未委派 |
| 13 | 英国 | 澳门 | 1999.10.29 | |

注：

表内数据截至2013年12月31日，如与往年数据不同，以本表数据为准。

# （六）中国与外国互免签证协议（协定）或安排一览表

（按协议国国名英文字母顺序排列，截至2013年12月31日）

| 序号 | 协议国 | 互免签证的证件类别 | 生效日期 |
|---|---|---|---|
| 1 | 阿尔巴尼亚 | 外交、公务（特别）护照 | 1956.8.25 |
| 2 | 阿根廷 | 外交、公务（官员）护照 | 1993.8.14 |
| 3 | 亚美尼亚 | 外交、公务、因公普通、加注“因公”字样普通护照 | 1994.8.3 |
| 4 | 阿塞拜疆 | 外交、公务、因公普通护照 | 1994.2.10 |
|  |  | 团体旅游 | 1994.5.1 |
| 5 | 巴哈马 | 外交护照（需停留30天以上的短期访问人员除外） | 2009.6.15 |
| 6 | 孟加拉国 | 外交、公务（官员）、因公普通护照、加注“政府公务”或“免费”字样普通护照 | 1989.12.18 |
| 7 | 白俄罗斯 | 外交、公务护照；团体旅游 | 1993.3.1 |
| 8 | 贝宁 | 外交、公务、因公普通护照、附有“公务证明”普通护照 | 1993.11.6 |
| 9 | 玻利维亚 | 外交、公务（官员）护照 | 1987.11.15 |
|  |  | 公务普通护照 | 2008.1.18 |
| 10 | 波斯尼亚和黑塞哥维那[①] | 外交、公务、因公普通护照、加注“因公”字样普通护照 | 1980.1.9 |
| 11 | 巴西 | 外交、公务（官员）护照 | 2004.8.10 |
| 12 | 文莱 | 外交、公务（官员）护照 | 2005.6.18 |
| 13 | 保加利亚 | 外交、公务护照 | 2012.4.14 |
| 14 | 柬埔寨 | 外交、公务护照 | 2006.9.14 |
| 15 | 智利 | 外交、公务（官员）护照 | 1986.5.7 |
| 16 | 哥伦比亚 | 外交护照 | 1987.11.14 |
|  |  | 公务（官员）护照 | 1991.11.14 |
| 17 | 哥斯达黎加 | 外交、公务护照 | 2008.1.15 |
| 18 | 克罗地亚 | 外交、公务（官员）护照 | 1995.4.9 |
| 19 | 古巴 | 外交、公务（官员）、因公普通护照 | 1988.12.23 |
| 20 | 塞浦路斯 | 外交、公务护照 | 1991.10.2 |

续表

| 序号 | 协议国 | 互免签证的证件类别 | 生效日期 |
|---|---|---|---|
| 21 | 朝鲜 | 外交、公务护照 | 1956.10.1 |
| | | 因公普通、因公团体护照 | 1965.1.1 |
| 22 | 厄瓜多尔 | 外交、公务（官员）护照 | 1987.7.11 |
| | | 因公普通（特别）护照 | 1988.12.25 |
| 23 | 埃及 | 外交、公务（特别）护照 | 2007.1.27 |
| 24 | 赤道几内亚 | 外交、公务（官员）护照 | 2006.1.1 |
| 25 | 格鲁吉亚 | 外交、公务、因公普通护照；团体旅游 | 1994.2.3 |
| 26 | 格林纳达 | 外交、公务（官员）护照 | 2010.1.17 |
| 27 | 圭亚那 | 外交、公务（官员）、因公普通护照 | 1998.8.19 |
| 28 | 匈牙利 | 外交、公务护照 | 1992.5.28 |
| 29 | 印度尼西亚 | 外交、公务护照 | 2005.11.14 |
| 30 | 伊朗 | 外交、公务护照 | 1989.7.12 |
| 31 | 牙买加 | 外交、公务（官员）护照 | 1995.6.8 |
| 32 | 约旦 | 外交、公务（特别）护照 | 1993.3.11 |
| 33 | 哈萨克斯坦 | 外交、公务护照 | 1994.2.1 |
| 34 | 吉尔吉斯斯坦 | 外交、公务护照 | 2003.6.14 |
| 35 | 老挝 | 外交、公务、因公普通、加注有效公务签证的普通护照 | 1989.11.6 |
| 36 | 立陶宛 | 外交、公务护照、海员证（随船） | 1992.9.14 |
| 37 | 马其顿 | 外交、公务、因公普通护照、标有“因公”字样普通护照 | 1994.7.19 |
| 38 | 马来西亚 | 外交、公务（官员）护照 | 2011.5.18 |
| 39 | 马尔代夫 | 外交、公务护照 | 1984.11.27 |
| 40 | 马耳他 | 外交、公务护照 | 2008.3.6 |
| 41 | 毛里求斯 | 外交、公务、公务普通、普通护照 | 2013.10.31 |
| 42 | 墨西哥 | 外交、公务（官员）护照 | 1998.1.1 |
| 43 | 摩尔多瓦 | 外交、公务、因公普通、加注“公务”字样普通护照；团体旅游 | 1993.1.1 |
| 44 | 蒙古 | 外交、公务、因公普通护照 | 1989.4.30 |
| 45 | 黑山① | 外交、公务、因公普通护照、加注“因公”字样普通护照 | 1980.1.9 |
| 46 | 缅甸 | 外交、公务（官员）护照 | 1998.3.5 |
| 47 | 尼泊尔 | 外交、公务（官员）护照 | 2006.10.16 |
| 48 | 阿曼 | 外交、公务（特别）护照 | 2010.4.16 |
| 49 | 巴基斯坦 | 外交、公务（官员）护照 | 1987.8.16 |
| | | 因公普通护照 | 1988.4.30 |

续表

| 序号 | 协议国 | 互免签证的证件类别 | 生效日期 |
|---|---|---|---|
| 50 | 秘鲁 | 外交、公务（特别）护照 | 2004.5.12 |
| 51 | 菲律宾 | 外交、公务（官员）护照（限临时访问人员） | 2005.2.28 |
| 52 | 韩国 | 外交护照 | 2013.8.18 |
| 53 | 波兰 | 外交、公务护照、海员证、机组人员证件 | 1992.7.27 |
| 54 | 罗马尼亚 | 外交、公务护照 | 1981.9.16 |
| 55 | 俄罗斯 | 团体旅游 | 2000.12.1 |
| | | 外交护照，随车执行公务的国际列车乘务员、指定定期机组人员、持海员证执行公务船员 | 2001.5.25 |
| 56 | 萨摩亚 | 外交、公务（官员）护照 | 2011.2.18 |
| 57 | 圣马力诺 | 外交、公务、普通护照 | 1985.7.22 |
| 58 | 塞尔维亚① | 外交、公务、因公普通、加注“因公”字样普通护照 | 1980.1.9 |
| 59 | 塞舌尔 | 外交、公务、公务普通 | 1992.2.20 |
| | | 普通护照 | 2013.6.26 |
| 60 | 新加坡 | 外交、公务、公务普通护照 | 2011.4.17 |
| 61 | 斯洛伐克② | 外交、公务（特别）护照 | 1956.6.1 |
| 62 | 斯洛文尼亚 | 外交、公务护照 | 1994.7.1 |
| 63 | 南非 | 外交护照 | 2010.11.27 |
| 64 | 南苏丹 | 外交、公务、特别护照 | 2011.7.9 |
| 65 | 斯里兰卡 | 外交、公务、公务普通护照 | 2013.4.18 |
| 66 | 苏丹 | 外交、公务、特别、官员护照 | 1995.10.26 |
| 67 | 塔吉克斯坦 | 外交、公务、因公普通、加注“公务”字样普通护照 | 1993.6.1 |
| 68 | 坦桑尼亚 | 外交、公务护照 | 2005.7.11 |
| 69 | 泰国 | 外交、公务（官员）护照 | 2003.10.18 |
| 70 | 汤加 | 外交、公务(官员)、公务普通护照 | 2012.11.10 |
| 71 | 特立尼达和多巴哥 | 外交、公务(官员)护照 | 2006.11.23 |
| 72 | 突尼斯 | 外交、公务（特别）护照 | 2006.9.29 |
| 73 | 土耳其 | 外交、公务(特别)、因公普通护照 | 1989.12.24 |
| 74 | 土库曼斯坦 | 外交、公务、因公普通、加注“公务”字样普通护照；团体旅游 | 1993.2.1 |
| 75 | 乌克兰 | 外交、公务护照、海员证 | 2002.3.31 |
| 76 | 阿拉伯联合酋长国 | 外交护照 | 2012.3.21 |
| 77 | 英国③ | 外交、部分公务护照 | 2007.10.25 |

续表

| 序号 | 协议国 | 互免签证的证件类别 | 生效日期 |
|---|---|---|---|
| 78 | 乌拉圭 | 常驻对方国家使领馆人员所持外交、公务（官员）护照 | 1988.11.7 |
| | | 外交护照 | 1994.1.1 |
| 79 | 乌兹别克斯坦 | 外交护照 | 2010.7.9 |
| 80 | 委内瑞拉 | 外交、公务护照 | 1989.7.13 |
| 81 | 越南 | 外交、公务、因公普通护照 | 1992.3.15 |

注：

① 目前适用中国与前南斯拉夫社会主义联邦共和国有关协议。

② 目前适用中国与前捷克斯洛伐克共和国有关协议。

③ 根据2007年10月签订的《〈中华人民共和国政府和大不列颠北爱尔兰联合王国政府关于便利人员合法往来和打击非法移民活动谅解备忘录〉之实施细则》，中英双方持外交护照和部分持公务护照人员享受免签待遇。

④ 持用协议规定的证件免签入境并不等于可以无限期在协议国停留或居住。根据协议规定，持有关证件免签入境后，一般只允许停留不超过30天。如需停留30天以上，应尽快向当地主管机关申请办理居留手续。

⑤ 2007年实施《中华人民共和国护照法》以后，中方开始颁发公务普通护照，取代因公普通护照。

⑥ 表内数据如与往年数据不同，以本表数据为准。

## （七）2013年中国参加的多边条约一览表

| 序号 | 条约名称 | 签订日期/地点/保存机关 | 生效日期 | 中国采取行动情况 | 备注 |
|---|---|---|---|---|---|
| 1 | 南太平洋公海渔业资源养护和管理公约 | 2009.11.14<br>奥克兰<br>新西兰<br>政府 | 2012.8.24 | 2010.8.19<br>签署<br>2013.1.19<br>批准 | 暂不适用于香港特区 |
| 2 | 上海合作组织成员国组织和举行联合反恐演习的程序协定 | 2008.8.28<br>杜尚别 | 2013.11.29 | 2008.6.28<br>签署<br>2013.6.29<br>核准<br>2013.11.29<br>对中国生效 | 适用澳门<br>暂不适用香港特区 |
| 3 | 关于持久性有机污染物的斯德哥尔摩公约新增列九种持久性有机污染物修正案 | 2011.4.29<br>通过<br>日内瓦 | | 2013.8.30<br>批准 | 适用香港及澳门特区 |
| 4 | 关于持久性有机污染物的斯德哥尔摩公约新增列硫丹修正案 | 2011.4.29<br>通过<br>日内瓦 | | 2013.8.30<br>批准 | 适用香港及澳门特区 |
| 5 | 修正《国际海道测量组织公约》议定书 | 2005.4.14<br>摩纳哥 | | 2013.12.5<br>接受 | 适用香港及澳门特区 |

# （八）2013年中国与外国签订的主要双边条约一览表

| 序号 | 条约名称 | 签署日期 | 签署地点 |
|---|---|---|---|
| 1 | 中华人民共和国政府和厄瓜多尔共和国政府对所得避免双重征税和防止偷漏税的协定 | 2013.1.21 | 基多 |
| 2 | 中华人民共和国政府和乍得共和国政府文化协定 | 2013.2.15 | 恩贾梅纳 |
| 3 | 关于修订《中华人民共和国政府和大不列颠及北爱尔兰联合王国政府对所得和财产收益避免双重征税和防止偷漏税的协定》的议定书 | 2013.2.27 | 北京 |
| 4 | 中华人民共和国政府和阿塞拜疆共和国政府关于阿塞拜疆共和国驻华大使馆使用土地的协议 | 2013.3.1 | 北京 |
| 5 | 中华人民共和国和俄罗斯联邦关于合作共赢、深化全面战略协作伙伴关系的联合声明 | 2013.3.22 | 莫斯科 |
| 6 | 中华人民共和国政府和俄罗斯联邦政府关于便利公民往来的协议 | 2013.3.22 | 莫斯科 |
| 7 | 中华人民共和国政府和俄罗斯联邦政府关于合作打击非法移民活动的协议 | 2013.3.22 | 莫斯科 |
| 8 | 中华人民共和国政府和俄罗斯联邦政府关于设立文化中心的协定补充议定书 | 2013.3.22 | 莫斯科 |
| 9 | 中华人民共和国政府和俄罗斯联邦政府关于保护候鸟及其栖息环境的协定 | 2013.3.22 | 莫斯科 |
| 10 | 中华人民共和国政府和坦桑尼亚联合共和国政府关于在坦桑尼亚设立中国文化中心的谅解备忘录 | 2013.3.24 | 达累斯萨拉姆 |
| 11 | 中华人民共和国政府和坦桑尼亚联合共和国政府关于促进和相互保护投资协定 | 2013.3.24 | 达累斯萨拉姆 |
| 12 | 中华人民共和国政府和赞比亚共和国政府文化合作协定2013～2016年执行计划 | 2013.4.6 | 三亚 |
| 13 | 中华人民共和国政府和新西兰政府关于简化签证手续的安排 | 2013.4.10 | 北京 |
| 14 | 中华人民共和国政府和塞舌尔政府关于在上海设立总领事馆的换文 | 2013.4.22<br>2013.5.6 | |

续表

| 序号 | 条约名称 | 签署日期 | 签署地点 |
|---|---|---|---|
| 15 | 中华人民共和国政府和塞舌尔共和国政府关于互免签证的协定 | 2013.5.6 | 维多利亚 |
| 16 | 中华人民共和国政府与委内瑞拉玻利瓦尔共和国政府合作协定 | 2013.5.13 | 加拉加斯 |
| 17 | 中华人民共和国和塔吉克斯坦共和国关于建立战略伙伴关系的联合宣言 | 2013.5.20 | 北京 |
| 18 | 中华人民共和国政府和巴基斯坦伊斯兰共和国政府关于边境口岸及其管理制度的协定 | 2013.5.22 | 伊斯兰堡 |
| 19 | 中华人民共和国政府和澳大利亚政府关于签证互惠的换文 | 2013.5.24 | 北京 |
| 20 | 中华人民共和国政府和荷兰王国政府对所得避免双重征税和防止偷漏税的协定及议定书 | 2013.5.31 | 北京 |
| 21 | 中华人民共和国和墨西哥合众国联合声明 | 2013.6.4 | 墨西哥城 |
| 22 | 中华人民共和国政府和科特迪瓦政府关于科特迪瓦驻香港名誉领事区扩大至澳门的换文 | 2013.5.22<br>2013.6.8 | 北京 |
| 23 | 中华人民共和国政府和越南社会主义共和国政府关于互设文化中心的谅解备忘录 | 2013.6.19 | 北京 |
| 24 | 中华人民共和国政府和佛得角共和国政府文化合作协定2013～2016年执行计划 | 2013.6.19 | 北京 |
| 25 | 中华人民共和国政府与缅甸联邦共和国政府关于落实中缅全面战略合作伙伴关系行动计划 | 2013.6.23 | 内比都 |
| 26 | 中华人民共和国政府和匈牙利政府关于互设文化中心的协定 | 2013.6.27 | 布达佩斯 |
| 27 | 中华人民共和国政府和大韩民国政府关于互免持外交护照人员签证的协定 | 2013.6.27 | 北京 |
| 28 | 中华人民共和国政府和伊朗伊斯兰共和国政府关于打击跨国犯罪的合作协议 | 2013.7.4 | 北京 |
| 29 | 中华人民共和国政府和尼日利亚联邦共和国政府关于互免外交、公务（官员）护照人员签证的协定 | 2013.7.10 | 北京 |
| 30 | 中华人民共和国政府和哥伦比亚政府关于在广州设立总领事馆的换文 | 2013.6.13<br>2013.7.15 | 北京 |
| 31 | 中华人民共和国和白俄罗斯共和国关于建立全面战略伙伴关系的联合声明 | 2013.7.16 | 北京 |
| 32 | 中华人民共和国政府和美利坚合众国政府关于机组人员和海员签证互惠的安排 | 2013.7.11<br>2013.7.19 | |

续表

| 序号 | 条约名称 | 签署日期 | 签署地点 |
|---|---|---|---|
| 33 | 中华人民共和国外交部和塞舌尔共和国外交部关于建立政治磋商机制的协议 | 2013.7.22 | 北京 |
| 34 | 中华人民共和国外交部和亚美尼亚共和国外交部磋商议定书 | 2013.7.25 | 北京 |
| 35 | 中华人民共和国政府与瑞士联邦委员会关于非法进出境文化财产及其返还的协定 | 2013.8.16 | 北京 |
| 36 | 中华人民共和国政府和塞尔维亚共和国政府关于深化战略伙伴关系的联合声明 | 2013.8.26 | 北京 |
| 37 | 中华人民共和国政府和毛里求斯共和国政府关于互免签证的协定 | 2013.8.29 | 路易港 |
| 38 | 中华人民共和国和土库曼斯坦关于建立战略伙伴关系的联合宣言 | 2013.9.3 | 阿什巴德 |
| 39 | 中华人民共和国政府与阿根廷共和国政府关于成立两国政府间常设委员会的谅解备忘录 | 2013.9.5 | 圣彼得堡 |
| 40 | 中华人民共和国政府与阿根廷共和国政府关于建立经济合作与协调战略对话机制的谅解备忘录 | 2013.9.5 | 圣彼得堡 |
| 41 | 中华人民共和国和哈萨克斯坦共和国关于进一步深化全面战略伙伴关系的联合宣言 | 2013.9.7 | 阿斯塔纳 |
| 42 | 中华人民共和国政府和哈萨克斯坦共和国政府关于中华人民共和国公民在哈萨克斯坦共和国和哈萨克斯坦共和国公民在中华人民共和国的短期劳务协定 | 2013.9.7 | 阿斯塔纳 |
| 43 | 中华人民共和国政府和哈萨克斯坦共和国政府关于和平研究与利用外层空间的合作协定 | 2013.9.7 | 阿斯塔纳 |
| 44 | 中华人民共和国和乌兹别克斯坦共和国友好合作条约 | 2013.9.9 | 塔什干 |
| 45 | 中华人民共和国和乌兹别克斯坦共和国关于进一步发展和深化战略伙伴关系的联合宣言 | 2013.9.9 | 塔什干 |
| 46 | 中华人民共和国和吉尔吉斯共和国关于建立战略伙伴关系的联合宣言 | 2013.9.11 | 比什凯克 |
| 47 | 中华人民共和国政府和巴林王国政府关于对所得避免双重征税和防止偷漏税的协定及议定书 | 2013.9.16 | 北京 |
| 48 | 中华人民共和国政府和瑞士联邦委员会对所得和财产避免双重征税的协定及议定书 | 2013.9.25 | 北京 |
| 49 | 中华人民共和国政府和印度尼西亚共和国政府关于中国在登巴萨设立总领事馆达成协议的换文 | 2013.9.27 | 雅加达 |
| 50 | 中华人民共和国政府和印度尼西亚共和国政府关于探索与和平利用外层空间的合作协定 | 2013.10.2 | 雅加达 |

续表

| 序号 | 条约名称 | 签署日期 | 签署地点 |
|---|---|---|---|
| 51 | 中华人民共和国政府和智利共和国政府关于成立两国政府间常设委员会的谅解备忘录 | 2013.10.6 | 巴厘岛 |
| 52 | 中华人民共和国政府与智利共和国政府关于建立经济合作与协调战略对话机制的谅解备忘录 | 2013.10.6 | 巴厘岛 |
| 53 | 中华人民共和国政府和比利时王国联邦政府关于在比利时设立中国文化中心的谅解备忘录 | 2013.10.10 | 布鲁塞尔 |
| 54 | 中华人民共和国政府和文莱达鲁萨兰国政府关于海上合作的谅解备忘录 | 2013.10.11 | 斯里巴加湾 |
| 55 | 中华人民共和国政府和越南社会主义共和国政府关于共同建设水口—驮隆中越界河公路二桥的协定及关于简化共同建设水口—驮隆中越界河公路二桥的人员、交通工具、施工设备和建筑材料经水口—驮隆口岸出入境手续的议定书 | 2013.10.14 | 河内 |
| 56 | 中华人民共和国政府和大不列颠及北爱尔兰联合王国政府关于加强民用核能领域合作的谅解备忘录 | 2013.10.15 | 北京 |
| 57 | 中华人民共和国政府和印度共和国政府边防合作协议 | 2013.10.23 | 北京 |
| 58 | 中蒙战略伙伴关系中长期发展纲要 | 2013.10.25 | 北京 |
| 59 | 中华人民共和国政府与南非共和国政府旅游合作协议 | 2013.10.28 | 北京 |
| 60 | 中华人民共和国政府和塞浦路斯共和国政府关于防止盗窃、盗掘和非法进出境文化财产的协定 | 2013.10.29 | 尼科西亚 |
| 61 | 中华人民共和国政府和伊朗伊斯兰共和国政府关于互设文化中心的谅解备忘录 | 2013.11.2 | 德黑兰 |
| 62 | 中华人民共和国政府和泰王国政府关于中国在普吉设立驻宋卡总领事馆领事办公室的换文 | 2013.11.18 | |
| 63 | 中欧能源安全联合声明 | 2013.11.21 | 北京 |
| 64 | 中华人民共和国政府和美利坚合众国政府关于中美人文交流高层磋商机制的谅解备忘录 | 2013.11.21 | 华盛顿 |
| 65 | 中华人民共和国政府和罗马尼亚政府关于互设文化中心的协定 | 2013.11.25 | 布加勒斯特 |
| 66 | 中华人民共和国政府和罗马尼亚政府2013～2016年文化合作计划 | 2013.11.25 | 布加勒斯特 |
| 67 | 中华人民共和国政府和巴西政府关于中国在累西腓设立总领事馆的换文 | 2013.11.21<br>2013.11.27 | 巴西利亚 |
| 68 | 中华人民共和国政府和乌兹别克斯坦共和国政府旅游合作协定 | 2013.11.29 | 塔什干 |

续表

| 序号 | 条约名称 | 签署日期 | 签署地点 |
| --- | --- | --- | --- |
| 69 | 中华人民共和国政府和丹麦王国政府关于互设文化中心的协定 | 2013.12.5 | 哥本哈根 |
| 70 | 中华人民共和国和乌克兰关于进一步深化战略伙伴关系的联合声明 | 2013.12.5 | 北京 |
| 71 | 中华人民共和国和乌克兰友好合作条约 | 2013.12.5 | 北京 |

# （九）2013年中国与各建交国双边贸易总值表

（按国名英文字母顺序排列）

金额单位：万美元

| 国家 | 进出口 | | 出口 | | 进口 | |
|---|---|---|---|---|---|---|
| （地区） | 金额 | 同比% | 金额 | 同比% | 金额 | 同比% |
| 亚洲 | | | | | | |
| 阿富汗 | 33800.9 | –28 | 32841.1 | –29.2 | 959.8 | 85.1 |
| 亚美尼亚 | 19518.9 | 32.5 | 11980.8 | 5.8 | 7538.1 | 121.3 |
| 阿塞拜疆 | 110277.1 | –14.1 | 86875.2 | –18.8 | 23401.9 | 9.4 |
| 巴林 | 154321.5 | –0.5 | 123892.4 | 3 | 30429.1 | –12.6 |
| 孟加拉国 | 1030838.6 | 22 | 970611.8 | 21.8 | 60226.8 | 25.5 |
| 文莱 | 179357.6 | 10.3 | 170377.2 | 36 | 8980.4 | –75.9 |
| 柬埔寨 | 377215.2 | 29 | 341063.0 | 25.9 | 36152.2 | 67.9 |
| 朝鲜民主主义人民共和国 | 655664.8 | 8.6 | 363247.6 | 2.8 | 292417.2 | 16.8 |
| 格鲁吉亚 | 91647.0 | 18.4 | 86198.4 | 16.5 | 5448.6 | 62.2 |
| 印度 | 6547132.3 | –1.5 | 4844337.9 | 1.6 | 1702794.3 | –9.4 |
| 印度尼西亚 | 6835450.2 | 3.2 | 3693240.2 | 7.7 | 3142210.0 | –1.7 |
| 伊朗 | 3954151.0 | 8.4 | 1414764.9 | 22 | 2539386.2 | 2.1 |
| 伊拉克 | 2487200.2 | 41.6 | 690114.6 | 40.5 | 1797085.7 | 42 |
| 以色列 | 1082719.8 | 9.3 | 764456.0 | 9.4 | 318263.8 | 8.9 |
| 日本 | 31255328.5 | –5.1 | 15027512.8 | –0.9 | 16227815.7 | –8.7 |
| 约旦 | 360248.3 | 10.7 | 343256.4 | 16 | 16991.9 | –42.8 |
| 哈萨克斯坦 | 2859433.9 | 11.3 | 1254587.4 | 14 | 1604846.5 | 9.3 |
| 科威特 | 1225528.7 | –2.4 | 267454.5 | 28 | 958074.3 | –8.5 |
| 吉尔吉斯斯坦 | 513761.5 | –0.5 | 507534.6 | 0 | 6226.9 | –30 |
| 老挝 | 274100.1 | 59.3 | 172030.3 | 84.2 | 102069.9 | 29.8 |
| 黎巴嫩 | 253513.4 | 48.1 | 248935.1 | 47.1 | 4578.3 | 125.2 |
| 马来西亚 | 10607538.7 | 11.9 | 4593255.3 | 25.8 | 6014283.4 | 3.1 |
| 马尔代夫 | 9785.6 | 27.6 | 9737.6 | 27.3 | 48.0 | 158.9 |
| 蒙古 | 595557.2 | –9.8 | 244960.1 | –7.7 | 350597.1 | –11.2 |

续表

| 国家（地区） | 进出口 | | 出口 | | 进口 | |
|---|---|---|---|---|---|---|
| | 金额 | 同比% | 金额 | 同比% | 金额 | 同比% |
| 缅甸 | 1015043.0 | 45.6 | 733995.8 | 29.4 | 281047.2 | 116.5 |
| 尼泊尔 | 225366.9 | 12.8 | 221042.0 | 12.3 | 4324.9 | 46.5 |
| 阿曼 | 2292076.7 | 22 | 190049.7 | 4.9 | 2102027.0 | 23.8 |
| 巴基斯坦 | 1421872.7 | 14.5 | 1101897.4 | 18.8 | 319975.3 | 2 |
| 巴勒斯坦 | 9093.7 | 121.7 | 9072.5 | 123.1 | 21.2 | –37.4 |
| 菲律宾 | 3806561.0 | 4.6 | 1983538.5 | 18.6 | 1823022.5 | –7.2 |
| 卡塔尔 | 1015534.1 | 19.7 | 171075.7 | 42 | 844458.4 | 16 |
| 大韩民国 | 27424847.4 | 7 | 9117586.0 | 4 | 18307261.5 | 8.5 |
| 沙特阿拉伯 | 7220387.9 | –1.5 | 1874241.0 | 1.6 | 5346146.9 | –2.6 |
| 新加坡 | 7591430.5 | 9.6 | 4586404.8 | 12.6 | 3005025.7 | 5.3 |
| 斯里兰卡 | 362014.5 | 14.5 | 343760.2 | 14.5 | 18254.3 | 12.7 |
| 叙利亚 | 69453.7 | –42.1 | 68983.3 | –42 | 470.5 | –56.9 |
| 塔吉克斯坦 | 195801.1 | 5.5 | 186926.1 | 6.9 | 8874.9 | –18.5 |
| 泰国 | 7126142.1 | 2.2 | 3273844.1 | 4.9 | 3852298.0 | –0.1 |
| 东帝汶 | 4778.3 | –24.3 | 4738.6 | –24.2 | 39.7 | –42.3 |
| 土耳其 | 2221192.6 | 16.3 | 1775292.8 | 13.9 | 445899.7 | 27 |
| 土库曼斯坦 | 1003480.1 | –3.3 | 114155.4 | –32.8 | 889324.7 | 2.5 |
| 阿拉伯联合酋长国 | 4623019.1 | 14.4 | 3340917.4 | 13 | 1282101.7 | 18.1 |
| 乌兹别克斯坦 | 455096.9 | 58.3 | 261322.8 | 46.5 | 193774.1 | 77.5 |
| 越南 | 6548244.7 | 29.8 | 4859288.2 | 42.1 | 1688956.5 | 4.1 |
| 也门 | 519978.3 | –6.5 | 213872.2 | 9.4 | 306106.1 | –15.1 |
| **非洲** | | | | | | |
| 阿尔及利亚 | 819002.9 | 6 | 602626.2 | 11.3 | 216376.7 | –6.4 |
| 安哥拉 | 3593510.0 | –4.4 | 396533.2 | –1.8 | 3196976.8 | –4.7 |
| 贝宁 | 319859.5 | 19.6 | 299238.8 | 24 | 20620.7 | –21.2 |
| 博茨瓦纳 | 34318.6 | 13.3 | 14820.2 | –18.6 | 19498.4 | 61.6 |
| 布隆迪 | 6021.3 | 5.4 | 5090.6 | 9.6 | 930.7 | –12.8 |
| 喀麦隆 | 188038.3 | –3.8 | 151422.6 | 42.3 | 36615.7 | –58.9 |
| 佛得角 | 6199.6 | 7.8 | 6199.6 | 7.8 | 0 | –85.7 |
| 中非 | 5010.8 | –24.4 | 945.9 | –46.5 | 4064.9 | –16.4 |
| 乍得 | 48722.1 | 23.8 | 38372.1 | 122.1 | 10350.0 | –53.1 |
| 科摩罗 | 2986.8 | 99.8 | 2986.0 | 99.8 | 0.8 | 26.1 |
| 刚果共和国 | 648763.2 | 27.8 | 77689.4 | 49.1 | 571073.7 | 25.3 |

续表

| 国家（地区） | 进出口 | | 出口 | | 进口 | |
|---|---|---|---|---|---|---|
| | 金额 | 同比% | 金额 | 同比% | 金额 | 同比% |
| 科特迪瓦 | 121293.2 | 28.2 | 95580.6 | 18.9 | 25712.7 | 80.4 |
| 吉布提 | 102170.6 | 13.2 | 102143.2 | 13.3 | 27.4 | -55.7 |
| 刚果民主共和国 | 371636.0 | -14.6 | 95295.9 | 13.8 | 276340.1 | -21.3 |
| 埃及 | 1021313.5 | 7 | 836194.5 | 1.7 | 185119.0 | 40.2 |
| 赤道几内亚 | 282735.5 | 29.5 | 35753.0 | -1 | 246982.5 | 35.5 |
| 厄立特里亚 | 18944.6 | 245.8 | 13795.7 | 157.7 | 5149.0 | 3988.5 |
| 埃塞俄比亚 | 218205.3 | 18.7 | 186635.1 | 22 | 31570.3 | 2 |
| 加蓬 | 133176.1 | 27.5 | 43270.6 | 1.4 | 89905.5 | 45.5 |
| 加纳 | 514823.1 | -5.3 | 394670.3 | -17.6 | 120152.8 | 86.7 |
| 几内亚 | 99173.0 | 29.7 | 90763.8 | 20.4 | 8409.2 | 664.8 |
| 几内亚比绍 | 2859.5 | 26.9 | 1177.0 | -26 | 1682.5 | 153.6 |
| 肯尼亚 | 327046.6 | 15.1 | 321754.4 | 15.4 | 5292.2 | 1 |
| 莱索托 | 10330.9 | 3.5 | 8989.6 | -4.8 | 1341.3 | 147.6 |
| 利比里亚 | 249636.2 | -32.1 | 233337.9 | -32.3 | 16298.3 | -28.7 |
| 利比亚 | 487189.2 | -44.4 | 283296.4 | 18.8 | 203892.8 | -68 |
| 马达加斯加 | 81614.4 | 24.3 | 64265.3 | 18.5 | 17349.1 | 51.6 |
| 马拉维 | 25223.8 | -14.9 | 21381.7 | -14.2 | 3842.1 | -19.1 |
| 马里 | 42710.7 | -31.3 | 27463.9 | -5.4 | 15246.8 | -54 |
| 毛里塔尼亚 | 233747.9 | 21.7 | 59836.3 | 31.4 | 173911.6 | 18.7 |
| 毛里求斯 | 66067.7 | 4.7 | 64853.0 | 4.6 | 1214.7 | 13.4 |
| 摩洛哥 | 380607.7 | 3.1 | 327272.3 | 4.5 | 53335.4 | -4.7 |
| 莫桑比克 | 164943.9 | 22.8 | 119868.8 | 27.4 | 45075.1 | 12.2 |
| 纳米比亚 | 73915.3 | 8.7 | 48170.1 | 9.7 | 25745.2 | 6.7 |
| 尼日尔 | 19958.9 | 2 | 18371.4 | 15.9 | 1587.5 | -57.3 |
| 尼日利亚 | 1358835.9 | 28.6 | 1204438.3 | 29.6 | 154397.6 | 21.2 |
| 卢旺达 | 24303.1 | 50.4 | 13407.0 | 48.8 | 10896.1 | 52.5 |
| 塞内加尔 | 103521.1 | 22.5 | 99544.3 | 25.4 | 3976.8 | -22.6 |
| 塞舌尔 | 3907.2 | 16.9 | 3867.0 | 16.6 | 40.2 | 53 |
| 塞拉利昂 | 160214.5 | 113 | 15215.3 | -38.9 | 144999.2 | 188.3 |
| 索马里 | 15004.7 | 44 | 13370.7 | 32.2 | 1634.0 | 426.4 |
| 南非 | 6515028.4 | 8.6 | 1683115.2 | 9.8 | 4831913.2 | 8.2 |
| 南苏丹 | 253950.9 | 375.6 | 7523.1 | 117.9 | 246427.8 | 393.4 |
| 苏丹 | 449916.8 | 20.5 | 239804.7 | 10.1 | 210112.1 | 35.2 |

续表

| 国家（地区） | 进出口 | | 出口 | | 进口 | |
|---|---|---|---|---|---|---|
| | 金额 | 同比% | 金额 | 同比% | 金额 | 同比% |
| 坦桑尼亚 | 369118.8 | 49.5 | 313911.3 | 50.2 | 55207.5 | 45.6 |
| 多哥 | 256134.4 | –26.1 | 244340.1 | –27.8 | 11794.4 | 39.1 |
| 突尼斯 | 143950.9 | –8.2 | 126277.3 | –9.3 | 17673.6 | –0.1 |
| 乌干达 | 52405.2 | –2.6 | 45213.1 | –8.7 | 7192.1 | 67.7 |
| 赞比亚 | 381168.7 | 12.5 | 73015.9 | 4.7 | 308152.9 | 14.5 |
| 津巴布韦 | 110175.7 | 8.6 | 41382.6 | –3.9 | 68793.2 | 17.7 |
| 欧洲 | | | | | | |
| 阿尔巴尼亚 | 56404.6 | 15.8 | 32430.7 | –5.7 | 23973.9 | 67.5 |
| 安道尔 | 225.9 | –91.7 | 224.4 | –91.6 | 1.5 | –95.4 |
| 奥地利 | 706849.2 | 4.5 | 203817.9 | –0.1 | 503031.3 | 6.5 |
| 白俄罗斯 | 145150.5 | –8.3 | 87099.7 | –5.3 | 58050.9 | –12.5 |
| 比利时 | 2543093.5 | –3.5 | 1556380.3 | –5 | 986713.1 | –1 |
| 波斯尼亚和黑塞哥维那 | 11226.0 | 60.3 | 9135.8 | 95.6 | 2090.2 | –10.3 |
| 保加利亚 | 207953.8 | 9.8 | 111688.5 | 5.9 | 96265.3 | 14.8 |
| 克罗地亚 | 149499.9 | 8.8 | 139004.9 | 6.9 | 10495.1 | 40.8 |
| 塞浦路斯 | 102441.2 | –17.2 | 97161.4 | –11.1 | 5279.8 | –63.5 |
| 捷克 | 945209.1 | 8.3 | 683784.8 | 8.1 | 261424.4 | 8.6 |
| 丹麦 | 908785.6 | –3.8 | 571214.7 | –12.7 | 337570.9 | 16.2 |
| 爱沙尼亚 | 130956.4 | –4.4 | 110988.1 | –10 | 19968.3 | 47.1 |
| 芬兰 | 974096.9 | –13.6 | 583169.8 | –21.6 | 390927.1 | 2 |
| 法国 | 4983164.4 | –2.3 | 2671852.9 | –0.7 | 2311311.5 | –4.2 |
| 德国 | 16155151.3 | 0.3 | 6734761.3 | –2.7 | 9420390.0 | 2.5 |
| 希腊 | 365109.7 | –9.2 | 321772.5 | –10.4 | 43337.2 | 1.4 |
| 匈牙利 | 840822.1 | 4.3 | 569274.1 | –0.8 | 271548.1 | 16.9 |
| 冰岛 | 22244.1 | 20.7 | 14664.2 | 53.7 | 7579.9 | –14.8 |
| 爱尔兰 | 667252.2 | 13.2 | 247713.5 | 18.1 | 419538.8 | 10.5 |
| 意大利 | 4333425.9 | 3.9 | 2575646.5 | 0.4 | 1757779.4 | 9.4 |
| 拉脱维亚 | 147340.3 | 6.7 | 137424.6 | 4.7 | 9915.8 | 44.1 |
| 列支敦士登 | 13297.0 | 53.7 | 1773.4 | 16.4 | 11523.6 | 61.7 |
| 立陶宛 | 181125.8 | 5.3 | 168658.9 | 3.4 | 12466.9 | 39.3 |
| 卢森堡 | 206457.2 | –7 | 180794.1 | –7.6 | 25663.1 | –2.3 |
| 马其顿 | 17158.3 | –24.9 | 6347.6 | –28.5 | 10810.7 | –22.7 |
| 马耳他 | 323981.1 | 3.5 | 251457.3 | 12 | 72523.8 | –18 |

续表

| 国家 | 进出口 | | 出口 | | 进口 | |
|---|---|---|---|---|---|---|
| （地区） | 金额 | 同比% | 金额 | 同比% | 金额 | 同比% |
| 摩尔多瓦 | 13121.5 | –8 | 11262.9 | –9.1 | 1858.6 | –0.2 |
| 摩纳哥 | 3765.4 | –57.8 | 2879.7 | –65.1 | 885.7 | 31 |
| 黑山 | 10262.3 | –38.8 | 8633.9 | –40.8 | 1628.4 | –26 |
| 荷兰 | 7014739.2 | 3.8 | 6031681.8 | 2.4 | 983057.4 | 13 |
| 挪威 | 621108.4 | 2 | 273854.9 | –9.3 | 347253.5 | 13.2 |
| 波兰 | 1481242.7 | 3 | 1257554.3 | 1.5 | 223688.4 | 12 |
| 葡萄牙 | 390652.3 | –2.7 | 250755.4 | 0.3 | 139896.9 | –7.7 |
| 罗马尼亚 | 403092.7 | 6.7 | 282274.9 | 0.9 | 120817.8 | 23.3 |
| 俄罗斯 | 8921268.9 | 1.1 | 4959483.9 | 12.6 | 3961785.0 | –10.3 |
| 圣马力诺 | 392.6 | 69 | 199.5 | 34.3 | 193.1 | 130.3 |
| 塞尔维亚 | 61218.4 | 19.1 | 43191.2 | 4.6 | 18027.2 | 77.9 |
| 斯洛伐克 | 654250.9 | 7.6 | 308434.9 | 27.3 | 345815.9 | –5.4 |
| 斯洛文尼亚 | 213704.9 | 17.2 | 183420.8 | 17.1 | 30284.2 | 18.3 |
| 西班牙 | 2491345.3 | 1.4 | 1892965.8 | 3.8 | 598379.5 | –5.5 |
| 瑞典 | 1378268.7 | 3.3 | 679914.5 | 6 | 698354.2 | 0.9 |
| 瑞士 | 5952862.1 | 126.3 | 351188.8 | 0.6 | 5601673.3 | 145.5 |
| 乌克兰 | 1111521.4 | 7.3 | 784423.9 | 7.1 | 327097.5 | 7.9 |
| 英国 | 7004017.4 | 11 | 5094930.7 | 10 | 1909086.7 | 13.6 |
| **美洲** | | | | | | |
| 安提瓜和巴布达 | 24581.7 | –67.1 | 24547.8 | –67.1 | 33.9 | 374.6 |
| 阿根廷 | 1483948.3 | 2.8 | 875021.4 | 11.2 | 608926.8 | –7.2 |
| 巴哈马 | 33659.2 | –52.5 | 33651.6 | –43.2 | 7.7 | –99.9 |
| 巴巴多斯 | 8289.8 | –22.2 | 7021.0 | –27 | 1268.8 | 21.5 |
| 玻利维亚 | 80870.0 | 19.6 | 53141.2 | 51 | 27728.8 | –14.4 |
| 巴西 | 9027854.3 | 5.3 | 3619244.6 | 8.3 | 5408609.6 | 3.4 |
| 加拿大 | 5443798.4 | 6 | 2921913.8 | 3.9 | 2521884.6 | 8.7 |
| 智利 | 3380588.2 | 1.7 | 1311299.9 | 4.1 | 2069288.3 | 0.3 |
| 哥伦比亚 | 1044855.6 | 11.3 | 683045.4 | 9.7 | 361810.3 | 14.6 |
| 哥斯达黎加 | 568480.8 | –7.9 | 92669.2 | 2.8 | 475811.6 | –9.7 |
| 古巴 | 187895.0 | 7.8 | 137430.3 | 17.1 | 50464.7 | –11.3 |
| 多米尼克 | 2308.6 | –12.7 | 2297.6 | –9.2 | 10.9 | –90.5 |
| 厄瓜多尔 | 374184.7 | 5.3 | 296651.4 | 13.5 | 77533.3 | –17.4 |
| 格林纳达 | 779.3 | –60.8 | 776.1 | –60.9 | 3.2 | 630 |

续表

| 国家（地区） | 进出口 | | 出口 | | 进口 | |
|---|---|---|---|---|---|---|
| | 金额 | 同比％ | 金额 | 同比％ | 金额 | 同比％ |
| 圭亚那 | 18117.4 | −19.7 | 16005.6 | −19.8 | 2111.8 | −19 |
| 牙买加 | 63097.2 | −22.7 | 62716.2 | −20.2 | 381.1 | −87.6 |
| 墨西哥 | 3921727.2 | 6.9 | 2896846.8 | 5.3 | 1024880.5 | 11.9 |
| 秘鲁 | 1462281.6 | 6 | 618857.5 | 16.1 | 843424.1 | −0.4 |
| 苏里南 | 20207.2 | −4.9 | 17398.5 | −8 | 2808.7 | 20.3 |
| 特立尼达和多巴哥 | 44129.5 | −2.3 | 32122.5 | 2.9 | 12007.1 | −14 |
| 美国 | 52100208.9 | 7.5 | 36842676.3 | 4.7 | 15257532.6 | 14.8 |
| 乌拉圭 | 478954.5 | 10.8 | 232341.3 | −3.7 | 246613.2 | 29 |
| 委内瑞拉 | 1924190.3 | −19.3 | 606381.8 | −34.8 | 1317808.5 | −9.4 |
| **大洋洲** | | | | | | |
| 澳大利亚 | 13637746.1 | 11.5 | 3755972.1 | −0.4 | 9881773.9 | 16.8 |
| 库克群岛 | 2048.7 | 305.5 | 1948.0 | 382.9 | 100.8 | −1 |
| 斐济 | 30388.3 | 28.7 | 24450.9 | 14.2 | 5937.4 | 167.9 |
| 密克罗尼西亚联邦 | 1492.1 | −0.6 | 493.8 | 21.1 | 998.3 | −8.6 |
| 新西兰 | 1238502.1 | 28 | 413203.1 | 6.9 | 825299.0 | 42 |
| 巴布亚新几内亚 | 135258.4 | 5.5 | 55287.5 | −13.6 | 79970.9 | 24.5 |
| 萨摩亚 | 5448.3 | −24.1 | 5447.2 | −24.1 | 1.1 | −53.2 |
| 汤加 | 3850.6 | 91 | 3848.0 | 90.9 | 2.5 | 6791.1 |
| 瓦努阿图 | 38272.7 | 181.4 | 38048.3 | 184.8 | 224.4 | −7.2 |

**注：**

以上统计数字由海关总署提供，该数字未包括各建交国与中国香港特别行政区、中国澳门特别行政区和中国台湾省的贸易额。

# （十）2013年中国接受各建交国留学生情况统计表

（按国名英文字母顺序排列）

| 国别 | 长期留学生人数 | 短期留学生人数 | 总数 |
|---|---|---|---|
| 亚洲 | | | |
| 阿富汗 | 341 | 44 | 385 |
| 亚美尼亚 | 127 | 15 | 142 |
| 阿塞拜疆 | 234 | 50 | 284 |
| 巴林 | 439 | 1 | 440 |
| 孟加拉国 | 1833 | 131 | 1964 |
| 文莱 | 19 | 10 | 29 |
| 柬埔寨 | 1105 | 285 | 1390 |
| 朝鲜民主主义人民共和国 | 1491 | 180 | 1671 |
| 格鲁吉亚 | 76 | 21 | 97 |
| 印度 | 11497 | 284 | 11781 |
| 印度尼西亚 | 10768 | 2724 | 13492 |
| 伊朗 | 1058 | 107 | 1165 |
| 伊拉克 | 392 | 110 | 502 |
| 以色列 | 235 | 188 | 423 |
| 日本 | 11440 | 5786 | 17226 |
| 约旦 | 947 | 49 | 996 |
| 哈萨克斯坦 | 9674 | 1491 | 11165 |
| 科威特 | 40 | 6 | 46 |
| 吉尔吉斯斯坦 | 2523 | 592 | 3115 |
| 老挝 | 3490 | 509 | 3999 |
| 黎巴嫩 | 106 | 56 | 162 |
| 马来西亚 | 3905 | 2221 | 6126 |
| 马尔代夫 | 187 | 20 | 207 |
| 蒙古 | 7398 | 656 | 8054 |
| 缅甸 | 1616 | 683 | 2299 |
| 尼泊尔 | 3249 | 209 | 3458 |
| 阿曼 | 44 | 21 | 65 |

续表

| 国别 | 长期留学生人数 | 短期留学生人数 | 总数 |
|---|---|---|---|
| 巴基斯坦 | 10739 | 202 | 10941 |
| 巴勒斯坦 | 206 | 32 | 238 |
| 菲律宾 | 1250 | 1667 | 2917 |
| 卡塔尔 | 9 | 3 | 12 |
| 大韩民国 | 49253 | 13776 | 63029 |
| 沙特阿拉伯 | 2011 | 78 | 2089 |
| 新加坡 | 2449 | 2841 | 5290 |
| 斯里兰卡 | 1202 | 129 | 1331 |
| 叙利亚 | 555 | 18 | 573 |
| 塔吉克斯坦 | 1493 | 451 | 1944 |
| 泰国 | 13453 | 6653 | 20106 |
| 东帝汶 | 27 | 19 | 46 |
| 土耳其 | 1704 | 286 | 1990 |
| 土库曼斯坦 | 1829 | 260 | 2089 |
| 阿拉伯联合酋长国 | 33 | 39 | 72 |
| 乌兹别克斯坦 | 1529 | 276 | 1805 |
| 越南 | 11071 | 1728 | 12799 |
| 也门 | 1730 | 87 | 1817 |
| **非洲** | | | |
| 阿尔及利亚 | 524 | 143 | 667 |
| 安哥拉 | 345 | 66 | 411 |
| 贝宁 | 365 | 63 | 428 |
| 博茨瓦纳 | 219 | 52 | 271 |
| 布隆迪 | 533 | 116 | 649 |
| 喀麦隆 | 1115 | 191 | 1306 |
| 佛得角 | 228 | 13 | 241 |
| 中非 | 126 | 6 | 132 |
| 乍得 | 190 | 24 | 214 |
| 科摩罗 | 158 | 24 | 182 |
| 刚果共和国 | 1227 | 67 | 1294 |
| 科特迪瓦 | 300 | 96 | 396 |
| 吉布提 | 234 | 23 | 257 |
| 刚果民主共和国 | 846 | 115 | 961 |
| 埃及 | 625 | 120 | 745 |
| 赤道几内亚 | 445 | 41 | 486 |

续表

| 国别 | 长期留学生人数 | 短期留学生人数 | 总数 |
|---|---|---|---|
| 厄立特里亚 | 114 | 43 | 157 |
| 埃塞俄比亚 | 614 | 466 | 1080 |
| 加蓬 | 212 | 26 | 238 |
| 加纳 | 2759 | 138 | 2897 |
| 几内亚 | 561 | 171 | 732 |
| 几内亚比绍 | 369 | 42 | 411 |
| 肯尼亚 | 1147 | 172 | 1319 |
| 莱索托 | 71 | 18 | 89 |
| 利比里亚 | 285 | 66 | 351 |
| 利比亚 | 197 | 20 | 217 |
| 马达加斯加 | 810 | 73 | 883 |
| 马拉维 | 196 | 47 | 243 |
| 马里 | 415 | 98 | 513 |
| 毛里塔尼亚 | 151 | 40 | 191 |
| 毛里求斯 | 1176 | 61 | 1237 |
| 摩洛哥 | 514 | 119 | 633 |
| 莫桑比克 | 264 | 58 | 322 |
| 纳米比亚 | 409 | 22 | 431 |
| 尼日尔 | 466 | 233 | 699 |
| 尼日利亚 | 2018 | 99 | 2117 |
| 卢旺达 | 571 | 14 | 585 |
| 塞内加尔 | 311 | 79 | 390 |
| 塞舌尔 | 74 | 6 | 80 |
| 塞拉利昂 | 375 | 83 | 458 |
| 索马里 | 1305 | 19 | 1324 |
| 南非 | 858 | 161 | 1019 |
| 南苏丹 | 68 | 38 | 106 |
| 苏丹 | 1198 | 131 | 1329 |
| 坦桑尼亚 | 1068 | 99 | 1167 |
| 多哥 | 360 | 42 | 402 |
| 突尼斯 | 215 | 38 | 253 |
| 乌干达 | 722 | 113 | 835 |
| 赞比亚 | 989 | 31 | 1020 |
| 津巴布韦 | 712 | 103 | 815 |

续表

| 国别 | 长期留学生人数 | 短期留学生人数 | 总数 |
|---|---|---|---|
| 欧洲 | | | |
| 阿尔巴尼亚 | 87 | 2 | 89 |
| 安道尔 | 1 | 29 | 30 |
| 奥地利 | 305 | 275 | 580 |
| 白俄罗斯 | 441 | 79 | 520 |
| 比利时 | 552 | 632 | 1184 |
| 波斯尼亚与黑塞哥维那 | 14 | 3 | 17 |
| 保加利亚 | 213 | 32 | 245 |
| 克罗地亚 | 78 | 5 | 83 |
| 塞浦路斯 | 24 | 6 | 30 |
| 捷克 | 277 | 140 | 417 |
| 丹麦 | 529 | 762 | 1291 |
| 爱沙尼亚 | 76 | 44 | 120 |
| 芬兰 | 386 | 213 | 599 |
| 法国 | 6392 | 3257 | 9649 |
| 德国 | 4728 | 2330 | 7058 |
| 希腊 | 120 | 92 | 212 |
| 匈牙利 | 303 | 34 | 337 |
| 冰岛 | 48 | 42 | 90 |
| 爱尔兰 | 285 | 271 | 556 |
| 意大利 | 2841 | 1883 | 4724 |
| 拉脱维亚 | 103 | 44 | 147 |
| 列支敦士登 | 0 | 2 | 2 |
| 立陶宛 | 138 | 66 | 204 |
| 卢森堡 | 22 | 7 | 29 |
| 马其顿 | 29 | 5 | 34 |
| 马耳他 | 4 | 3 | 7 |
| 摩尔多瓦 | 136 | 11 | 147 |
| 摩纳哥 | 3 | 1 | 4 |
| 黑山 | 13 | 0 | 13 |
| 荷兰 | 1048 | 760 | 1808 |
| 挪威 | 410 | 336 | 746 |
| 波兰 | 694 | 171 | 865 |
| 葡萄牙 | 363 | 217 | 580 |
| 罗马尼亚 | 276 | 77 | 353 |

| 国别 | 长期留学生人数 | 短期留学生人数 | 总数 |
|---|---|---|---|
| 俄罗斯 | 12280 | 3638 | 15918 |
| 圣马力诺 | 1 | 0 | 1 |
| 塞尔维亚 | 95 | 47 | 142 |
| 斯洛伐克 | 123 | 48 | 171 |
| 斯洛文尼亚 | 76 | 27 | 103 |
| 西班牙 | 1791 | 564 | 2355 |
| 瑞典 | 1291 | 526 | 1817 |
| 瑞士 | 482 | 282 | 764 |
| 乌克兰 | 1679 | 357 | 2036 |
| 英国 | 2459 | 3006 | 5465 |
| 美洲 | | | |
| 安提瓜和巴布达 | 90 | 4 | 94 |
| 阿根廷 | 196 | 108 | 304 |
| 巴哈马 | 130 | 6 | 136 |
| 巴巴多斯 | 20 | 1 | 21 |
| 玻利维亚 | 157 | 18 | 175 |
| 巴西 | 994 | 492 | 1486 |
| 加拿大 | 2221 | 1539 | 3760 |
| 智利 | 225 | 235 | 460 |
| 哥伦比亚 | 676 | 245 | 921 |
| 哥斯达黎加 | 225 | 18 | 243 |
| 古巴 | 104 | 24 | 128 |
| 多米尼克 | 82 | 13 | 95 |
| 厄瓜多尔 | 261 | 33 | 294 |
| 格林纳达 | 64 | 3 | 67 |
| 圭亚那 | 61 | 5 | 66 |
| 牙买加 | 112 | 7 | 119 |
| 墨西哥 | 1178 | 598 | 1776 |
| 秘鲁 | 280 | 83 | 363 |
| 苏里南 | 50 | 1 | 51 |
| 特立尼达和多巴哥 | 21 | 93 | 114 |
| 美国 | 11395 | 13917 | 25312 |
| 乌拉圭 | 32 | 6 | 38 |
| 委内瑞拉 | 320 | 72 | 392 |

续表

| 国别 | 长期留学生人数 | 短期留学生人数 | 总数 |
|---|---|---|---|
| **大洋洲** | | | |
| 澳大利亚 | 1458 | 1988 | 3446 |
| 库克群岛 | 1 | 0 | 1 |
| 斐济 | 107 | 10 | 117 |
| 密克罗尼西亚联邦 | 35 | 1 | 36 |
| 新西兰 | 400 | 351 | 751 |
| 巴布亚新几内亚 | 143 | 1 | 144 |
| 萨摩亚 | 89 | 7 | 96 |
| 汤加 | 79 | 15 | 94 |
| 瓦努阿图 | 30 | 3 | 33 |

**注:**

本表由教育部提供，表中未包括各建交国在中国香港特别行政区、中国澳门特别行政区和中国台湾省就读的留学生人数。

# 后 记

《中国外交》由外交部政策规划司主编、外交部各地区业务司撰稿、世界知识出版社出版发行，每年出版一卷，向国内外公开发行。

《中国外交》旨在准确、全面地阐述中国的外交政策和中国对国际形势的最新看法，系统、完整地介绍中国上年度对外关系及外交实践。

《中国外交》(2014年版)主要介绍2013年的中国外交，同时发行中文版和英文全译本。

《中国外交》(2014年版)共分九章。

第一章和第二章主要介绍中国对2013年国际形势的看法和中国的外交工作概况。

第三章主要介绍2013年中国与各建交国家的关系。

第四章主要介绍2013年中国与国际和地区组织的关系以及中国对有关问题的立场及观点。

第五章介绍2013年中国外交中的军控、裁军与防扩散工作。

第六章介绍2013年中国外交中的条约法律工作。

第七章介绍2013年中国外交中的边界与海洋工作。

第八章介绍2013年中国外交中的新闻工作和公共外交工作。

第九章介绍2013年中国外交中的领事工作。

最后为附录，收录了“2013年中国外交重要活动”、“2013年中国外交重要文献”目录以及“2013年中华人民共和国外交部组织机构表”、“中华人民共和国外交部领导成员名单”和2013年中国与各建交国有关情况的部分资料、数据等。

**外交部政策规划司**

二〇一四年三月七日

图书在版编目(CIP)数据

中国外交：2014年版 / 中华人民共和国外交部政策规划司编. —北京：世界知识出版社，2014.5

ISBN 978-7-5012-4646-5

Ⅰ.①中… Ⅱ.①中… Ⅲ.①外交—概况—中国—2014 Ⅳ.①D82

中国版本图书馆CIP数据核字（2014）第074191号

中国外交 / 2014年版

Zhongguo Waijiao / 2014 Nian Ban

责任编辑 / 吴　捷

责任出版 / 王勇刚

责任校对 / 陈可望

出版发行 / 世界知识出版社

地址邮编 / 北京市东城区干面胡同51号（100010）

网　　址 / www.wap1934.com

经　　销 / 新华书店

印　　刷 / 北京新华印刷有限公司

开本印张 / 720×1020毫米　1/16　28印张　505千字

版次印次 / 2014年5月第一版　2014年5月第一次印刷

标准书号 / ISBN 978-7-5012-4646-5

定　　价 / 58.00元（平装）